उर्दू साहित्य कोश

उर्दू साहित्य कोश

कमल नसीम

वाणी प्रकाशन

प्रकाशन के उत्कृष्टतम 62 वर्ष

पहला संस्करण : 1998
दूसरा संस्करण : 2025

vaniprakashan.com

वाणी प्रकाशन

4695, 21-ए, दरियागंज, नयी दिल्ली-110 002

फ़ोन : + 91 11 23273167, 23275710

शाखाएँ

अशोक राजपथ, पटना-800 004, बिहार

कॉफ़ी हाउस कैम्पस, महात्मा गांधी मार्ग, प्रयागराज-211 001, उत्तर प्रदेश

महात्मा गांधी अन्तरराष्ट्रीय हिन्दी विश्वविद्यालय, वर्धा-442 001, महाराष्ट्र

sales@vaniprakashan.in
vaniprakashan@gmail.com

Urdu Sahitya Kosh
by Kamal Naseem

ISBN : 978-81-7055-134-8

मूल्य : ₹ 895

जी.एस. ऑफ़सेट, दिल्ली-110 095 में मुद्रित

वाणी प्रकाशन का लोगो मक़बूल फ़िदा हुसैन की कूची से

समर्पित

पापा स्वर्गीय किशोरीलाल नसीम व

माँ स्वर्गीया कैलाश नसीम

की पुण्य स्मृति को

जो आशीर्वाद की तरह सदा मेरे साथ हैं

प्रस्तावना

एक ही देश की भूमि पर अंकुरित, पल्लवित और पुष्पित होने वाला विभिन्न भाषाओं का साहित्य राष्ट्रीय एकता और भावात्मक रागात्मकता का श्रेष्ठतम् समन्वय सूत्र है। जातियों की अनेकता, आचार-विचार, व्यवहार और रहन-सहन की विविधता के बावजूद जैसे उन सब में आत्मीयता की भागीरथी प्रवहमान है, वैसे ही भाषाओं की विविधता में सृजन की एक धारा बहती है— निर्द्वन्द्व, निर्भय, अनन्त। अन्तर केवल वाह्य रूप का है। यद्यपि अधिकांश का उद्‌गम एक है किन्तु कालान्तर में इनमें से प्रत्येक का एक विशिष्ट रूप और साहित्य सामने आया। हर्ष का विषय है कि आज क्षेत्रीय भाषाओं में लिखे जाने वाले साहित्य के प्रति एक नया उत्साह और एक नई दृष्टि पाठकों में विकसित हुई है। यह एक शुभ संकेत है। कोई भी भाषा दूसरी भाषाओं की अवहेलना करके देशीय जीवन की मुख्य धारा से जुड़ी नहीं रह सकती और न ही सार्वभौमिक साहित्य की रचना कर सकती है। अनुवाद आज विभिन्न भाषाओं और संस्कृतियों के बीच सेतु का काम कर रहे हैं और उर्दू तो यदि देवनागरी लिपि में लिख दी जाए तो अधिकांश हिन्दीभाषियों के लिए उसमें अतिरिक्त परिवर्तन की भी आवश्यकता नहीं होगी।

भाषा और साहित्य किसी वर्ग या सम्प्रदाय विशेष की सम्पत्ति नहीं। पंडित दयाशंकर 'नसीम', पं० रतननाथ 'सरशार', जगत मोहन लाल 'खाँ', मुं० ज्वालाप्रसाद 'बर्क़', वेनी नारायन 'जहाँ', रामचन्द्र, तिलोक चन्द 'महरुम', जगन्नाथ 'आज़ाद', रघुपति सहाय 'फ़िराक़', आनन्द नारायण मुल्ला, नरेश कुमार 'शाद', राजेन्द्र सिंह बेदी और कृश्न चन्दर जैसे उर्दू के रचनाकार इसके उदाहरण हैं। साहित्य धर्म और जातीयता से ऊपर उठकर ही श्रेष्ठता की परिधि में प्रवेश पाता है। भारत-भूमि की यह सहिष्णुता उर्दू-काव्य में स्वतः उजागर है। यह वह कविता है जिसमें धार्मिक संकीर्णता और वैचारिक कट्टरता का कोई स्थान नहीं। यहाँ आडम्बर और पाखंड का विरोध ही नहीं किया गया, धार्मिक कर्मकाण्ड के पक्षधर शेख़, ज़ाहिद और वाएज़ जैसे धर्मोपदेशकों

का खुलकर उपहास किया गया है। यह वह कविता है जिसमें देर-ओ-हरम और शेख-ओ-बिरहमन एक साथ आते हैं और काबे की राह बुतख़ाने से निकलती है। बुतों की पूजा शायर के लिए कुफ़्र नहीं क्योंकि प्रेम उसका धर्म है।

उर्दू कविता हुस्न और इश्क़ यानी सौन्दर्य और प्रेम की कविता है। और इसमें आध्यात्मिक और भौतिक-प्रेम के दोनों ही पक्ष विद्यमान हैं। उर्दू साहित्य के विकास के प्रारंभिक चरण में, विशेष रूप से दक्षिण भारत में भक्ति सम्प्रदाय के सूफ़ी-कवियों का प्रभाव आध्यात्मिक प्रेम के वर्णन में लक्षित होता है। अध्यात्म की धारा सिमटी तो भौतिक प्रेम के रंग उभरे। प्रेम के सुख-दुख, विकलता, विवशता, मिलन की आतुर प्रतीक्षा, प्रेम-निवेदन, प्रिय का सौन्दर्य वर्णन, उसकी शोख़ी और चंचलता ने एक नई जीवन्तता प्रदान की उर्दू काव्य को। प्रेम के अधिक उदात्त चित्रण में प्रिय उसका प्रतीक हो गया जिसकी तलाश किसी न किसी रूप में हर किसी को है और इस तरह व्यक्ति की विरह-व्यथा सारे विश्व की वेदना से एकाकार हो गई। सम्बन्धों के प्रति एक नया दृष्टिकोण विकसित हुआ सन् 1957 की क्रान्ति के बाद। दो महायुद्धों के साथ विश्व-साहित्य में एक नये युग का आरंभ हुआ। पाश्चात्य साहित्य का प्रभाव भारतीय भाषाओं के साहित्य पर भी पड़ा। उर्दू अछूती नहीं रह सकती थी। समस्याओं और स्थितियों को आँकने का एक नया दृष्टिकोण सामने आया। परम्परागत प्रेमाभिव्यक्ति में सामाजिक और आर्थिक चेतना का समावेश हुआ। फ़ारसी की पुरानी साहित्यिक परम्परा से ग्रहण किए गए रूपक, उपमान सीमित एवं कुंठित जान पड़े। विषय क्षेत्र का विस्तार हुआ और सदियों से सूरज की किरणों से भी छिपकर पर्दे के पीछे रहने वाला महबूब नदी से पानी भरने को बाहर निकल आया। प्रियतमा के लिए स्त्रीलिंग का प्रयोग किया जाने लगा। जाम-ओ-मीना का स्थान गागर, खजूर की जगह अमराईयाँ और घुंघरू की जगह पायल ने ले ली। यही वह समय था जब बड़ी लोकप्रिय नज़्में लिखी गईं। शोषण और परतंत्रता के विरुद्ध साहित्य ने आवाज़ उठाई, नारी की पीड़ा को शब्दों ने उकेरा। यह राष्ट्रीय और सामाजिक चेतना का युग था। कोई भी जीवित साहित्य समाज का दर्पण होता है। यथार्थ को निरूपित करने की उर्दू रचनाकारों की क्षमता ने साहित्य को पलायन प्रवृत्ति के अपराध से बचा लिया। स्वतंत्रता-संग्राम, सन् 1947 ई० का नर संहार, अमानवीयता और साम्प्रदायिकता की आँधी, विभाजन की पीड़ा और स्वाधीनता के मोह-भंग ने बड़ी सशक्त-रचनाओं को जन्म दिया।

यह कहना ग़लत न होगा कि अभिव्यक्ति का माधुर्य और सरसता उर्दू की भाषागत विशिष्टता है। विधा कोई भी हो, उर्दू की बुनावट में सौन्दर्यानुभूति और शालीनता है। भाषा में हिन्दी शब्दों का प्राचुर्य, कोमल शब्दा-

वली, भावों की सरसता, कविता में सौन्दर्य और प्रेम की प्रधानता तथा विशिष्ट रूपक इसके कुछ एक कारण हैं। यहाँ यह भी स्मरणीय है कि उर्दू भाषा और साहित्य के परिमार्जन में राजाओं-महाराजाओं, नवाबों के प्रश्रय और शाही स्तर पर मुशायरों के आयोजनों ने एक महत्त्वपूर्ण भूमिका निभाई।

उर्दू साहित्यिक गद्य का विकास काव्य की तुलना में अपेक्षाकृत देर से हुआ। सन् 1800 में कलकत्ता में फ़ोर्ट विलियम कॉलेज की नींव डाली गई। यद्यपि इसके पीछे अंग्रेज़ी सरकार के राजनैतिक स्वार्थ निहित थे, किन्तु अपरोक्ष रूप से यह संस्था उर्दू गद्य के विकास में सहायक सिद्ध हुई। यहाँ अनेकों हिन्दू-मुसलमान लेखकों और अनुवादकों ने बड़े महत्त्वपूर्ण शब्दकोश, तज़किरे, व्याकरण सम्बन्धी पुस्तकें और अनुवाद तैयार किए जिनकी विस्तृत जानकारी आपको प्रस्तुत पुस्तक में यथास्थान मिलेगी। सन् 1825 ई० में दिल्ली कॉलेज की स्थापना हुई। यहाँ उच्च शिक्षा का माध्यम उर्दू भाषा थी। सन् 1835 में फ़ारसी के स्थान पर उर्दू को सरकारी भाषा घोषित कर दिया गया। उर्दू की कई पत्र-पत्रिकाएँ निकाली गईं, अनेक प्रकाशन संस्थान खुले, धारावाहिक उपन्यास लिखे गए जो बड़े ही लोकप्रिय और बहुचर्चित हुए। सन् 1875 ई० में अलीगढ़ में एक कॉलेज खोला गया जो सन्1883 में विश्वविद्यालय बना। सर सैयद ने उर्दू गद्य और उर्दू-शिक्षा के प्रचार-क्षेत्र में बड़ा महत्त्वपूर्ण काम किया। धीरे-धीरे उर्दू गद्य का क्षेत्र विस्तृत और प्रशस्त हुआ और इसमें साहित्य, दर्शन, धर्म, इतिहास, शिक्षा, जीवन चरित्र इत्यादि सभी विषयों का समावेश होने लगा। उर्दू में नाटक और व्यवस्थित आलोचना बीसवीं सदी की देन है।

उर्दू भाषा के जन्म, प्रवर्तन, विकास तथा उर्दू साहित्य तथा साहित्यकारों से सम्बद्ध अधिकाधिक एवं प्रामाणिक जानकारी सुगम, सुबोध भाषा में सुधी पाठकों तक पहुँचाना है। उर्दू के जन्म से लेकर आज तक के रचनाकारों को इस पुस्तक के कलेवर में समाविष्ट किया है। सातवें और आठवें दशक के कितने नये हस्ताक्षर स्थायी सिद्ध होंगे इसका निर्णय समय ही करेगा। उर्दू साहित्य की सभी विधाओं पर आवश्यक सामग्री आपको इस पुस्तक में मिलेगी। साहित्यकारों के जीवन वृत, कृतित्व, पुस्तक सूची और साहित्य को विशिष्ट योगदान का समावेश इसमें हुआ है। यथासंभव साहित्य के इतिहास के परिप्रेक्ष्य में इनका समीक्षात्मक मूल्यांकन करने का प्रयास भी किया गया है। कुछ साहित्यिक रचनाएँ लोक स्मृति में रचनाकार से भी अधिक स्थान बना लेती हैं। ऐसी कालजयी रचनाओं पर अलग प्रवृष्टियाँ हैं। साहित्य के कुछ पात्र इतने जीवन्त होते हैं कि वे पाठक को चिर-परिचित जान पड़ते हैं। ऐसे जाने-पहचाने चरित्र भी प्रस्तुत पुस्तक में सम्मिलित किए गए हैं।

साहित्यकारों, प्रसिद्ध कृतियों, पात्रों एवं प्रवृत्तियों का परिचय देने के अति-

रिक्त हमारा उद्देश्य उर्दू साहित्य, विशेष रूप से उर्दू काव्य के रसास्वादन की अनुकूल मन:स्थिति और एक विशेष परिवेश रचने का भी रहा है। इसी दृष्टि से हमने उर्दू के विभिन्न काव्य-रूपों एवं पारिभाषिक शब्दों का विस्तृत परिचय, उनका इतिहास, परिवर्तित रूप और वर्तमान तक की यात्रा का विवरण दिया है। इसके साथ ही उर्दू में बहुधा प्रयुक्त होने वाले रूपकों और प्रतीकों का महत्त्व और अर्थवत्ता उदाहरण देकर स्पष्ट की गई है। उर्दू काव्य के वाएज, नासेह, रक़ीब, क़ासिद, मोहतसिब, शेख़ आदि कुछ विशिष्ट चरित्र हैं जिनको जाने बिना प्रसंग की प्रखरता और शैली का चुटीलापन—दोनों ही नष्ट हो जाते हैं। इनका परिचय भी उदाहरण सहित दिया गया है। ऐतिहासिक और पौराणिक सन्दर्भों की पूरी जानकारी देने का भी प्रयास किया गया है ताकि साहित्य के रसास्वादन में किसी भी प्रकार की बाधा का निराकरण हो सके। उर्दू के विकास में महत्त्वपूर्ण भूमिका निभाने वाली कुछ संस्थाओं और समाचार-पत्रों का उल्लेख भी यथास्थान किया गया है।

हमें आशा है कि प्रस्तुत पुस्तक उर्दू साहित्य के प्रेमियों की अपेक्षाओं को पूरा करने में सफल होगी।

—कमल नसीम

संकेत-सूची

दे०	देखिए
कृ०	कृति
पा०	पात्र
पारि०	पारिभाषिक
प्र०	प्रवृत्ति
पौ०	पौराणिक
वि०	विधा
अं०	अंतर्कथा

उर्दू साहित्य कोश

अ

अंजाम, उम्दतुल मुल्क अमीर ख़ाँ (मृत्यु : सन् 1736 ई०)

अमीर ख़ाँ मुहम्मद शाह आलमगीर के ज़माने के अमीर थे। आपके पिता क़ाबुल के सूबेदार थे और आप स्वयं भी इलाहाबाद के सूबेदार रहे। 'अंजाम' तख़ल्लुस करते थे। खुद शायर थे और शायरों को नवाज़ते थे। फ़ारसी और उर्दू दोनों में लिखा। अरबी-फ़ारसी के अतिरिक्त संस्कृत और ब्रजभाषा पर भी अच्छा अधिकार रखते थे। दुर्भाग्यवश किसी राजनैतिक षड्यन्त्र का शिकार हो गये और शाही महल में क़त्ल कर दिये गये। घर के अलावा इनका अनमोल पुस्तकालय भी ध्वस्त कर दिया गया। इसी में इनके क़लाम का अधिकांश भाग नष्ट हो गया। जो अशआर मिले हैं उनमें भाषा का सुथरापन और मुहावरों का अच्छा प्रयोग दिखायी देता है। उर्दू को 'अंजाम' की सबसे बड़ी देन है ऐसी सभा का आयोजन 'जिसमें उस वक्त के बड़े-बड़े आलिम और ज़बान के पारखी शरीक होते, लफ़्जों और मुहावरों पर बहस होती और बड़े रगड़े-झगड़ों और छानबीन के बाद इस सभा के दफ़्तर में लफ़्ज और मुहावरे दर्ज होते; और फिर सारे हिन्द में उसकी नक़ल भेज दी जाती। (नवाब नसीर हुसैन ख़याल : 'सभापति का भाषण')।

अंजुमन-तरक़्क़ी-उर्दू (हिन्द)

नियोजित ढंग से उर्दू भाषा के प्रसार एवं उर्दू साहित्य में शोधकार्य को प्रोत्साहित करने के लिए इस प्रकार की संस्था की परिकल्पना प्रसिद्ध साहित्यकार, शिक्षाशास्त्री एवं समाज-सुधारक सर सैयद अहमद ख़ाँ

(दे०) ने की थी। उनकी परिकल्पना से प्रेरित होकर उर्दू-प्रेमियों ने सन् 1903 ई० में अंजुमन तरक़्क़ी उर्दू (हिन्द) की स्थापना की। बड़े-बड़े साहित्यकार, राजनेता और शिक्षाविद इस अंजुमन से सम्बद्ध रहे। प्रो० टी० अर्नाल्ड, शिबली (दे०), हाली (दे०) क़ाज़ी अब्दुल ग़फ़्फ़ार, पंडित कैफ़ी (दे०) और पंडित आनन्द नारायण मुल्ला (दे०) जैसे अनेक जाने-माने लेखक समय-समय पर इसकी कार्यकारिणी के सदस्य रहे।

आज भारत में अंजुमन तरक़्क़ी उर्दू की 621 शाखाएँ हैं। आन्ध्र, उत्तर प्रदेश और बिहार में ये शाखाएँ प्रौढ़ शिक्षा कार्यक्रम के तहत उर्दू की कक्षाओं का आयोजन करती हैं। उत्तर प्रदेश में उर्दू के माध्यम से शिक्षा देने वाले कई मॉडेल स्कूल चलाए जा रहे हैं। आन्ध्र में एक उर्दू मीडियम कॉलेज इसी के प्रयास का फल है।

अंजुमन ने अब तक साहित्य, इतिहास, समाजशास्त्र, अर्थशास्त्र, भाषा-विज्ञान, मनोविज्ञान, शिक्षा आदि विविध विषयों पर लगभग 600 पुस्तकें प्रकाशित की हैं। देशी और विदेशी भाषाओं की बहुत-सी पुस्तकों के अनुवाद तैयार कराने और उर्दू प्रेमियों तक पहुँचाने का श्रेय भी इस अंजुमन को प्राप्त है।

अंदाज़े (कृति। रचनाकाल : सन् 1949 ई०)

यह रघुपति सहाय 'फ़िराक' गोरखपुरी (दे०) का समीक्षा ग्रन्थ है। फ़िराक साहब मूलत: कवि हैं और वह भी सौन्दर्यवादी। रचनाओं में सर्वत्र आपका सौन्दर्य-प्रेम कई रूपों और रंगों में झलकता है। एक समीक्षक की हैसियत से इस पुस्तक को लिखने का आपका उद्देश्य पाठकों को प्राचीन लेखकों और कवियों की रचनाओं के सौन्दर्य का रसास्वादन कराना है। नयी पीढ़ी को पुरानी साहित्यिक परम्पराओं से परिचित कराना है। साहित्य की सामाजिक पृष्ठभूमि की चेतना के साथ-साथ 'फ़िराक' जीवन और साहित्य में एक भावात्मक तादात्म्य स्थापित करते चलते हैं। प्रगतिशील आलोचना सिद्धान्त उनके सहज सौन्दर्य-बोध को कहीं भी दबा नहीं पाते। आनन्द की यह सृष्टि इस पुस्तक की विशेषता है। 'फ़िराक' का दूसरा समीक्षा-ग्रन्थ है—'हाशिये'।

अकबर इलाहाबादी (सन् 1846-1921 ई०)

पूरा नाम सैयद अकबर हुसैन था। जन्म इलाहाबाद ज़िले की बारा तहसील में हुआ। साधारण शिक्षा के बाद कई तरह की नौकरियाँ कीं। सन् 1872 ई० में वकील हुए और 1880 में मुंसिफ़। आपको 'ख़ान बहादुर' की उपाधि और इलाहाबाद विश्वविद्यालय की फ़ेलोशिप भी प्राप्त हुई।

अक़बर की रचनात्मकता का आरंभ वहीद इलाहाबादी की शागिर्दी में हुआ और इन्होंने अपनी शुरू की ग़ज़लें उस्ताद की शैली में ही कहीं। लेकिन सन् 1885 ई० के बाद से अक़बर ने अपनी नयी राह निकाली और हास्य और व्यंग्य को अभिव्यक्ति का माध्यम बनाया। अपने इसी विशिष्ट रंग के लिए अक़बर को असाधारण लोकप्रियता प्राप्त हुई। उर्दू के अन्तर्मुखी रुझान से हटकर यथार्थ का चित्रण और सामाजिक परिवर्तनों की चेतना अकबर के काव्य का प्रधान गुण है। मानव-प्रेम इस सामाजिक चेतना की आधारशिला है। लेकिन अकबर की एक सीमा है—वे पुरातनवादी कवि हैं और मर्यादाओं के प्रति आस्था रखते हैं। उनका परम्परा प्रेम विज्ञान और नये विचारों को अपनाने से परहेज़ करता है। उनके लिए पूरब और पश्चिम में कोई समझौता संभव नहीं। धर्म और नैतिकता के पक्षधर हैं। नये को अपनाने का उत्साह नहीं। लेकिन अकबर की रचनाओं का कला पक्ष सबल है। अभिव्यक्ति में कसाव है। हंसी-मज़ाक में चुटीली बातें सहज कह जाते हैं। शैली की विनोदात्मकता उर्दू में हिन्दी और अंग्रेज़ी शब्दों के प्रयोग से और बढ़ जाती है।
'कुल्लियाते-अकबर' के नाम से आपकी रचनाएँ चार भागों में प्रकाशित हो चुकी हैं।

अख़बार आम

इसे लाहौर से पं० मुकुन्दराम ने निकाला था। पंडित जी पहले मुंशी हरसुख राय के 'कोहेनूर' में काम कर चुके थे। इसमें कोई साहित्यिक विशेषता नहीं थी, मगर इसे सरकारी सहायता प्राप्त थी और यह स्कूल-कालेजों में जाता था। सस्ता होने के कारण आम जनता की इसे पढ़ने में रुचि थी। पहले यह साप्ताहिक था, बाद में दैनिक हो गया।

अख़वानुल सफ़ा (कृ०)

यह एक अरबी नीति ग्रन्थ है जिसकी रचना चार विद्वानों ने की। इसमें 51 परिच्छेद हैं। मौलवी इकराम अली ने इसके तीसरे परिच्छेद का उर्दू अनुवाद किया। इस परिच्छेद में मनुष्य पर पशु की श्रेष्ठता के प्रश्न पर रोचक वाद-विवाद है। इस पूरी पुस्तक का अनुवाद डा० एफ० डीट्रेस ने सन् 1850-79 ई० में किया।

अख़्तर अंसारी (जन्म : सन् 1909 ई०)

जन्म बदायूं ज़िले में हुआ। इनके पिता दिल्ली में सिविल सर्जन थे सो शिक्षा वहीं से प्राप्त की। सन् 1930 में मिशन कॉलेज से इतिहास में बी० ए० ऑनर्स किया। पिता की अकाल मृत्यु के कारण परिवार के

भरण-पोषण का भार इन पर आ पड़ा। बी० टी० करके अलीगढ़ हाई स्कूल में 17 वर्ष तक अध्यापन किया। फिर एम० ए० किया और अलीगढ़ विश्वविद्यालय तथा ट्रेनिंग कॉलेज में प्राध्यापक और फिर रीडर रहे।

अख़्तर को सामाजिक और आर्थिक कठिनाइयों से जूझना पड़ा। परिणामत: आपकी शायरी में नैराश्य और करुणा का स्वर प्रखर है। अंग्रेज़ी रोमाण्टिक कवियों का भी आप पर प्रभाव पड़ा। अख़्तर की भाषा मधुर, रस और भावपूर्ण है। आपकी चेतना प्रगतिशील आंदोलन से प्रभावित हुई और आपने सामाजिक और राजनैतिक विषयों पर विचारशील रचनाएँ कीं। कवि होने के साथ आप एक कथाकार और आलोचक भी हैं। आप की कहानियाँ छोटी-छोटी घटनाओं की बड़ी सच्ची और सादा तस्वीरें हैं। कला पक्ष भी सुदृढ़ है। अख़्तर के चार कहानी संग्रह हैं 'अंधी दुनियाँ', 'ख़ूनी', 'यह ज़िन्दगी', 'बाज़ी'। काव्य-संग्रह हैं—'आबगीने', 'रूहे-असर', 'ख़ूनाब' और 'ख़न्द-ए-सहर'। आलोचना पुस्तकें 'इफ़ादी अदब', 'ग़ज़ल और दरसे ग़ज़ल', 'मुताअला व तनक़ीद' और 'एक अदबी डायरी' आपके विचार-गांभीर्य का परिचय देती हैं।

अख़्तर ओरीनवी (सन् 1910-1977 ई०)

बिहार के रहने वाले हैं। वहीं से शिक्षा प्राप्त की और पटना विश्वविद्यालय के उर्दू विभाग में प्रोफ़ेसर रहे। 'बिहार में उर्दू अदब का इर्तिका' नामक शोधग्रंथ के लिए पटना विश्वविद्यालय ने आपको डी० लिट्० की उपाधि से सम्मानित किया। कहानीकार के रूप में विशेष प्रसिद्ध हैं। वैसे आपने नज़्में, उपन्यास, नाटक और आलोचनाएँ भी लिखी हैं। आपकी कहानियों में सामाजिक चेतना मनोभावों के ज़रिये उभरती है। सरल, हृदयग्राही भाषा प्रयोग करते हैं। कहानियों के प्रकाशित संग्रह हैं—'मंज़री पसमंज़र', 'भूलभुलइयाँ और अनारकली', 'कलियाँ और काँटे', 'केचलियाँ और बाले-जिबरील' तथा 'एक मामूली सी लड़की'। आलोचना के क्षेत्र में आपकी विचारधारा सामान्यत: सौन्दर्यवाद और प्रभाववाद से प्रेरित है। उल्लेखनीय पुस्तकें हैं—'बिहार में उर्दू ज़बानो अदब', 'क़द्रो नज़र', 'तनक़ीदे जदीद', 'तनक़ीको तनक़ीद' और 'मिनहासो सिराज'।

अख़्तर, काज़ी मौलवी मुहम्मद सादिक ख़ां

'अख़्तर' बंगाल में काज़ी थे। सन् 1818 ई० में वतन छोड़कर लखनऊ आ गये और ज़िन्दगी यहीं बसर की। अपने को लखनवी ही कहते थे और अहले लखनऊ भी इनको लखनवी मानने में फ़ख्र महसूस करते।

यहाँ यह तहसीलदार के पद पर थे, और शायरी भी करते थे। मिर्ज़ा क़तील इनके उस्ताद थे। लखनऊ के राजदरबार में इनका मान था। नवाब ग़ाज़ीउद्दीन हैदर ने इन्हें 'मलिकुश्शुअरा' की उपाधि दी थी। सन् 1857 ई० की क्रांति के बाद इनका देहान्त हो गया।

अख़्तर ने लखनऊ के 'ख़ारिजी' रंग में लिखा है। इनका क़लाम काफ़ी दुरूह है और उसमें जाए है, आए है, नित, सो, प्यारे, बसे है, मत, बुतों ज्यूं जैसे बहुत से शब्द मिलते हैं जिनका नासिख़ ने बहिष्कार किया। भाषा में क्लिष्टता है।

अख़्तर के सम्बन्ध में विशेष सूचना नहीं मिलती, उक्तलिखित तथ्य 'असर' लखनवी (दे०) की पुस्तक 'छानबीन' (1950) से प्रकाश में आये।

अख़्तर, नवाब वाजिद अली शाह (सन् 1827-87 ई०)

नवाब अमजद अली शाह की मृत्यु के बाद वाजिद अली शाह बीस साल की आयु में सन् 1847 ई० में गद्दीनशीन हुए। ये अवध के आख़िरी नवाब थे। नवाब की विलासप्रियता और कुछ ग़लत मुसाहिबों की संगत से राज्य में अराजकता फैल गई। 'अख़्तर' कुशल प्रशासक सिद्ध न हुए। सन् 1856 में अंग्रेज़ों ने अवध पर अधिकार कर लिया और नवाब साहब को कलकत्ता के मटियाबुर्ज में कैद कर दिया। वहीं सन् 1887 ई० में इनकी मृत्यु हुई।

वाजिद अली शाह नृत्य, संगीत और साहित्य के बड़े प्रेमी थे। दरबार में हर समय कलाकारों का जमघट लगा रहता था। 'अख़्तर' उपनाम से स्वयं भी लिखते थे। कहते हैं रहस-ख़ाना नामक नाट्य गृह की इन्होंने स्थापना की और 'इन्दर सभा' (दे०) नाटक में स्वयं राजा इन्दर (दे०) की भूमिका किया करते थे। आपकी ग़ज़लों के छः दीवान हैं—'शुआ-ए-फ़ैज़', 'क़मरे-मज़मून', 'सुख़ने-अशरफ़', 'नज़्मे-नामवर' और 'गुलदस्ता-ए-आशिक़ाँ'। 'हुज़्ने-अख़्तर' नामक मसनवी में निर्वासन की व्यथा का मार्मिक वर्णन किया है। 'ख़िताबाते-महलात' में अपनी सारी बेग़मात और उनकी संतानों के बारे में लिखा है। 'दरफ़ने-मौसीक़ी' संगीत से सम्बन्धित है। 'जिल्दे-मरासी' में पच्चीस, 'दफ़्तरे-ग़मे-बहरे-अलम' में बाईस और 'सरमाया-ए-ईमान' में तेईस मरसिये हैं। अख़्तर के उर्दू और फ़ारसी के क़सीदों का संग्रह 'क़सायदुल मुबारक' है। इसके अतिरिक्त आपने अवधी में ठुमरियाँ भी लिखीं जो बहुत लोकप्रिय हुईं और जिनका भाषा-विज्ञान की दृष्टि से आज भी महत्त्व है। ज़ीनत महल के नाम लिखे इनके पत्र भी प्रकाशित हो चुके हैं। रचनाओं की कुल संख्या चालीस है।

साहित्य को राजसी प्रश्रय भी दिया।

अख़्तर की भाषा में सफ़ाई और मिठास है। नख-शिख वर्णन में सजीवता है लेकिन भावों में गहराई नहीं। शायरी में भी आत्मकेन्द्रित बने रहते हैं और एक तड़पते हुए युग की वेदना को शब्दों में ढालने में असमर्थ हैं।

अख़्तर, पण्डित हरीचन्द (सन् 1901-58 ई०)

जन्म होशियारपुर ज़िले के साहबा गाँव में हुआ। गवर्नमेण्ट हाई स्कूल जालन्धर में पढ़ते हुए 'हफ़ीज़' जालन्धरी (दे०) के सम्पर्क में आये और दोनों अच्छे मित्र बन गये। 'हफ़ीज़' के काव्य-संग्रह 'सोज़ो-साज़' (1934 ई०) की प्रस्तावना अख़्तर ने ही लिखी। गद्य और पद्य दोनों में ही लिखना 15 वर्ष की आयु से प्रारंभ कर दिया था। लाहौर से अंग्रेज़ी में एम० ए० और फ़ारसी में मुंशी फ़ाज़िल किया। पहले 'शर्मा' और फिर 'हफ़ीज़' की सलाह से 'अख़्तर' के नाम से लिखा। 'दोज़खी' के नाम से भी बहुत-सी नज़्में विभिन्न पत्र-पत्रिकाओं में छपीं जो व्यंग्य एवं परिहास-पूर्ण होने के कारण बड़ी लोकप्रिय हुईं। 'रहनुमा' लाहौर के लिए बहुत से लेख फ़ारसी में लिखे। वहीं से प्रकाशित 'पारस' के सम्पादकीय और 'नमकदान' शीर्षक से व्यंग्य लेख लिखे जिन्होंने लाहौर के अखबारनवीसों में ख़ासा तहलका मचाया। इसके अलावा अख़्तर ने उच्च स्तर की ग़ज़लें और नज़्में भी कहीं। कहानियाँ और आलोचनाएँ लिखीं मगर उन्हें पुस्तक रूप में प्रकाशित नहीं करवाया। 'आजकल' के सम्पादक 'अर्श' मलसियानी (दे०) साहब के पास इनका कुछ क़लाम संकलित था।

अख़्तर शीरानी (सन् 1905-48 ई०)

पूरा नाम था दाऊद खाँ और 'अख़्तर' तख़ल्लुस करते थे। अफ़गानों के शीरानी क़बीले से सम्बद्ध होने के कारण 'अख़्तर' शीरानी के नाम से प्रसिद्ध हुए। साहित्य जगत में 'अख़्तर' का पदार्पण आपकी 'जोगन' नामक नज़्म के एक उर्दू पत्रिका में प्रकाशन से हुआ। इस समय 'अख़्तर' की आयु केवल 19 वर्ष की थी, फिर तो 'अख़्तर' के प्रशंसकों की संख्या बढ़ती चली गयी। 'अख़्तर' शीरानी इस शताब्दी के सबसे प्रमुख रोमांसवादी कवि माने जाते हैं। प्रेम की अनुभूति का जैसा सुन्दर और हृदयग्राही चित्रण 'अख़्तर' की रचनाओं में हुआ है वह अत्यन्त दुर्लभ है। इनकी हर नज़्म पूर्णतया भौतिक प्रेम के रस में डूबी मादक अभिव्यक्ति है जिसमें सौन्दर्यानुभूति के साथ समर्पण की तड़प है। 'अख़्तर' असफल प्रेमी थे। अपनी प्रेयसी को नज़्मों में 'सलमा' के नाम से सम्बोधित करते हैं। अख़्तर के आठ काव्य संग्रह 'फूलों के गीत', 'सुबहे-बहार', 'नग़मा-ए-हरम', 'अख़्त-

रिस्तान', 'लाला-ए-तयूर', 'तयूरे आवारा', 'शहनाज़' और 'शहरोद' प्रकाशित हुए हैं। 'अख़्तर' ने देशभक्ति की कुछ सफल नज़्में भी लिखीं। इसके अतिरिक्त आप एक गद्य लेखक और पत्रकार भी थे। गद्य पुस्तकों में 'आईनाख़ाने में', 'धड़कते दिल', और 'जुहाक' प्रमुख हैं। पत्रकारिता में 'अख़्तर' ने 'हुमाँयु' के सम्पादकीय विभाग में कुछ समय तक काम किया। 'सहेली' के सम्पादक रहे। ताजवर नजीबाबादी (दे०) के 'शाहकार' में सहयोग दिया। 'शीराज़ा' का सम्पादन किया और स्वयं 'बहारिस्तान', 'ख़्यालिस्तान' और 'रोमान' नामक पत्र निकाले जो 'अख़्तर' की व्यावसायिक सूझ-बूझ के अभाव में अस्थायी रूप से ही सफल हो सके।

अत्यधिक मदिरापान के कारण तैंतालीस वर्ष की आयु में ही लाहौर में 'अख़्तर' शीरानी का देहान्त हो गया।

अख़्तर हुसैन रायपुरी (जन्म : सन् 1912 ई०)

जन्म रायपुर में हुआ, शिक्षा अलीगढ़ में। विद्यार्थी जीवन से ही लिखना आरंभ कर दिया था। उर्दू के अलावा संस्कृत, हिन्दी, बंगला और फ्रेंच के अच्छे जानकार हैं और कई महत्त्वपूर्ण अनुवाद कर चुके हैं। कुछ समय तक प्रगतिशील आंदोलन से भी जुड़े रहे। भारत विभाजन के बाद पाकिस्तान चले गये।

अख़्तर की कहानियों पर हिन्दी और बंगला साहित्य का स्पष्ट प्रभाव है। यह नवीनता उनकी विशेषता है। 'मुहब्बत और नफ़रत' तथा 'ज़िन्दगी का मेला' आपके दो कहानी संग्रह हैं। अनुवादों में 'शकुन्तला' नाटक, काज़ी नज़रुल इस्लाम की कविताओं और गोर्की की आत्मकथा का अनुवाद महत्त्वपूर्ण है। साहित्य को समाज की पृष्ठभूमि में देखने का महत्व-पूर्ण प्रयास आपने 'अदब और ज़िन्दगी' नामक आलोचनात्मक लेख से किया। यद्यपि आपके तर्कों से असहमति हो सकती है, मगर यह आलोचना की एक नयी दिशा थी। 'अदब और इंकिलाब' और 'संगेमील' अख़्तर के आलोचनात्मक लेखों के दो संग्रह हैं।

अख़्तरिस्तान (कृ०। रचनाकाल सन् 1946 ई०)

यह अख़्तर शीरानी (दे०) का काव्य-संग्रह है जो किताब मंजिल, लाहौर द्वारा प्रकाशित किया गया। मिलन-विरह, आशा-निराशा में जलते-बुझते चिराग़ की तरह असफल प्रेम की यातना भोगते कवि की मनोभावनाओं की ललित, रसपूरित और संगीतमय अभिव्यक्ति हैं इस संकलन की रचनाएँ। अधिकांश कविताओं की प्रेरणा है अख़्तर की प्रेमिका 'सलमा'—

शृंगार और वेदना का केन्द्रबिन्दु—बीसवीं शताब्दी की महान रोमानी कविता का स्रोत। कुछ अन्य प्रसिद्ध शृंगारिक रचनाएँ भी इस संग्रह में शामिल की गयी हैं। रूप, यौवन, प्रेम और संगीत का झरना है 'अख़्तरिस्तान'।

अख़्तरुल ईमान (जन्म : सन् 1915 ई०)

अख़्तरुल ईमान का जन्म नजीबाबाद ज़िला बिजनौर में हुआ। कुछ ही समय बाद माता-पिता का देहान्त हो गया और इनका बचपन दिल्ली के अनाथालय में बीता। अपने स्वाध्याय के बल पर दिल्ली के ही ऐंग्लो-एरेबिक कॉलेज से बी० ए० किया। एम० ए० करना चाहते थे मगर फ़ीस न जुटा सकने के कारण यह इरादा छोड़ना पड़ा। साहित्य-सृजन के साथ-साथ आजीविका के लिए कई तरह की नौकरियाँ कीं। आख़िर सन् 1944 में कहानी व संवाद लेखक की हैसियत से शालीमार पिक्चर्स में आ गये। फिर बम्बई चले गये और वहाँ फ़िल्मों के संवाद लिखने लगे। बम्बई के फ़िल्म जगत में आपकी ख्याति गीतकार के रूप में नहीं, संवाद-लेखक के रूप में है।

अख़्तरुल ईमान की रचनाओं में व्यक्तिगत अनुभूतियों और व्यथा का बड़ा वास्तविक चित्रण हुआ है। व्यक्ति की समस्या, उसकी कठिनाई और संघर्ष का चित्र खींचते हुए आपकी सामाजिक चेतना भी उभर आती है और आप प्रगतिशील लेखकों के रंग में लिखने लगते हैं। किन्तु अख़्तरूल ईमान की मूल चेतना व्यक्तिवादी है और शैली सांकेतिक। आपकी नज़्में बहुत आहिस्ता-आहिस्ता धीमी-धीमी लय में आगे बढ़ती हैं और मन पर गहरा प्रभाव छोड़ जाती हैं।

अख़्तरुल ईमान ने नज़्म के लिए ग़ज़ल से अलग शब्दावली और भाषा-शैली का चुनाव किया। आपने प्रतीकों का प्रयोग भी बहुतायत से किया है लेकिन इसके बावजूद आपकी रचनाएँ दुरूह या अस्पष्ट नहीं हैं। अख़्तरुल ईमान के सात संग्रह—'गिर्दाब', 'तारीक़ सय्यारा' 'यादें', 'आबजू', 'बिनते लम्हात', 'नया आहंग' और 'सरो समन' प्रकाशित है। आपकी एक काव्य नाटिका है—'सबरंग',। 'यादें' को सन् 1962 का साहित्य अकादमी पुरस्कार प्राप्त है।

अज़मतुल्ला ख़ाँ (सन् 1880-1927 ई०)

दिल्ली के रहने वाले थे। एक गद्यकार और पत्रकार के रूप में उल्लेखनीय हैं। आप उर्दू, अरबी, फ़ारसी के अतिरिक्त हिन्दी, अंग्रेज़ी, बंगला और फ्रेंच के अच्छे जानकार थे और अपने इस ज्ञान से उर्दू को समृद्ध

और परिमार्जित किया। 'अलमु अल्लम' नामक पत्रिका के सह-संपादक और हैदराबाद से प्रकाशित 'जामे-जमशेद' तथा 'नुमायश' के संपादक रहे। जामिया उसमानिया में 'दार उल-तर्जुमा' और 'दार उल-तबा' की स्थापना में आपकी महत्त्वपूर्ण भूमिका थी। आपने उर्दू कविता में हिन्दी शब्दों और छंदों के प्रयोग पर ज़ोर दिया। 'सुरीले बोल', 'ड्रामा और अफ़साने', 'हज़रत ख़्वाजा मीर दर्द', 'पस-ए-पर्दा', 'बच्चों की अज़मत', 'इल्मदोस्त ख़वातीन' इत्यादि आपकी प्रकाशित पुस्तकें हैं। 'सुरीले बोल' नागरी लिपि में भी प्रकाशित हो चुकी है।

अज़ल

आदि दिवस को रोज़े-अज़ल कहते हैं। इस दिन ईश्वर ने रूहों को पैदा किया और रूहों ने उसे अपना ख़ुदा तस्लीम किया। रूहों द्वारा ख़ुदा को दिया गया अहद 'पैमाने-अज़ल' और 'पैमाने-अलस्त' कहलाता है। ईश्वर को 'साक़ी ए-अज़ल' भी कहते हैं। उर्दू काव्य में इस प्रसंग का बहुधा उल्लेख होता है।

अज़ीज़ अहमद

आप वर्तमान युग के लोकप्रिय कहानीकार और उपन्यासकार हैं। आपके दो कहानी संग्रह 'रक्से-नातमाम' और 'बेकार दिन बेकार रातें' प्रकाशित हो चुके हैं। आपकी कहानियों में सामान्यत: यौन जीवन की इच्छाओं और कुण्ठाओं का चित्रण मिलता है। फ्रायड से काफ़ी प्रभावित हैं। यौन कुण्ठाओं के आर्थिक और सामाजिक कारणों का विश्लेषण आपके यहाँ नहीं मिलता, उपन्यासों में भी एक विशिष्ट विचारधारा के दर्शन होते हैं। शिल्प पर अज़ीज़ अहमद की अच्छी पकड़ है। कुछ पाश्चात्य शैलियों का प्रयोग भी किया है। 'गुरेज़', 'ऐसी बलन्दी ऐसी पस्ती' और 'शबनम' आपके लोकप्रिय उपन्यास हैं। आपने आलोचना पुस्तकें भी लिखी हैं।

अज़ीज़ मिर्ज़ा, मौलवी (मृत्यु : सन् 1912 ई०)

सन् 1885 ई० में अलीगढ़ से बी० ए० किया। हैदराबाद में जीवन का अधिकांश भाग बीता। वहाँ होम सेक्रेटरी के पद पर थे। सन् 1909 ई० में त्यागपत्र देकर आल इंडिया मुस्लिम लीग के जनरल सेक्रेटरी हो गये।

सरल भाषा में गद्य लिखते थे। कालिदास के नाटक 'विक्रमोर्वशीय' का उर्दू अनुवाद किया। इस अनुवाद की प्रस्तावना शोधपूर्ण है। इसके अतिरिक्त 'सरितुल महमूद' नाम से बहमनी राजाओं के मंत्री इमामुद्दीन महमूद गावान की जीवनी लिखी।

अज़ीज़ लखनवी (सन् 1882-1935 ई०)

पूरा नाम था मिर्ज़ा मुहम्मद हादी, 'अज़ीज़' तखल्लुस करते थे। इनके पूर्वज शीराज़ से कश्मीर आये और फिर लखनऊ में स्थायी रूप से बस गये। जब 'अज़ीज़' सात वर्ष के थे, इनके पिता की मृत्यु हो गयी। अपनी प्रतिभा और लगन से 'अज़ीज़' ने छोटी-सी आयु में ही अरबी-फ़ारसी में अच्छी योग्यता प्राप्त कर ली। अमीनाबाद हाई स्कूल में अध्यापक और लखनऊ विश्वविद्यालय में फ़ारसी के परीक्षक रहे। 1928 से महमूदाबाद के युवराज के शिक्षक और पुस्तकालयाध्यक्ष रहे। इसी पद पर सन् 1935 ई० में 'अज़ीज़' का देहान्त हुआ।

कविता में 'अज़ीज़' 'सफ़ी' लखनवी के शिष्य थे। किन्तु किसी बात पर गुरु-शिष्य में मनमुटाव हो गया जो अंत तक बना रहा। 'अज़ीज़' के अपने शिष्यों में 'जोश' मलीहाबादी, 'आशुफ़्ता', 'असर' लखनवी, 'शेफ्ता' लखनवी, 'कैफी' लखनवी, जगत मोहन लाल 'रवाँ' उल्लेखनीय हैं।

'अज़ीज़' ने लखनवी कविता का परिमार्जन किया। नये विषय लाकर ग़ज़ल के क्षेत्र को बढ़ाया और प्रेम को बिना किसी हल्केपन के लालित्यपूर्ण ढंग से प्रस्तुत किया। इनकी भाषा ओजपूर्ण और संगीतमय है। अभिव्यक्ति में करुणा का पुट है और वर्णन में नवीनता। ग़ज़ल के अतिरिक्त इन्होंने कसीदे भी उच्चकोटि के लिखे। इनके दो दीवान 'गुलकदा' और 'अंजुमकदा' तथा कसीदों का एक संग्रह 'सहीफ़े-विला प्रकाशित हो चुके हैं।

अज़ीम बेग चुग़ताई (सन् 1895-1941 ई०)

जोधपुर के रहने वाले थे। शिक्षा अलीगढ़ में प्राप्त की और वक़ालत हैदराबाद में की। आप इस्मत चुग़ताई (दे०) के बड़े भाई थे। हास्य रस के लेखकों में उल्लेखनीय हैं। इनके लेखों और कहानियों की विशेषता यह है कि हास्य का स्रोत शब्द और वाक्य-विन्यास में नहीं, कथानक में है। आपकी रचनाएँ शुद्ध हास्य का नमूना हैं क्योंकि वे कोई सामाजिक या नैतिक उद्देश्य लेकर नहीं चलतीं। साधारण जीवन के चित्र प्रभावशाली ढंग से प्रस्तुत करते हैं।

प्रकाशित रचनाओं के नाम हैं—'शरीर बीबी', 'कोलतार', 'ख़ानम', 'चमकी', 'कमज़ोरी' और 'जन्नत का भूत'। कुछ रचनाओं का हिन्दी अनुवाद हो चुका है।

अदम, सैयद अब्दुल हमीद (जन्म : सन् 1909 ई०)

जन्म पाकिस्तान के तिलवण्डी मूसाखाँ, ज़िला गुजराँवाला में हुआ। बी०

ए० लाहौर से किया। कुछ समय तक लाहौर के सैनिक कार्यालय में क्लर्क के रूप में काम किया। फिर एम० एस० सी० करके उसी दफ़्तर में ऑडीटर नियुक्त हुए। अतिशय मदिरापान के कारण जीवन असंतुलित रहा मगर लिखने की गति कभी कम नहीं हुई। यूं तो 'अदम' ने नज़्में, क़तआत, रुबाइयाँ—सभी कुछ कहा है मगर ग़ज़ल आपकी विशेषता है। ग़ज़लों में उच्चकोटि का चिन्तन-मनन नहीं, मगर अपनी सादगी के कारण मन पर प्रभाव डालती हैं। अधिकांश शराब, हुस्न और इश्क़ के बारे में ही लिखा है। इनका प्रतीक रूप में भी प्रयोग किया है। छोटी बहर में शेर कहते हैं। ग़ज़ल के स्वभाव को खूब पहचानते थे।

अदम ने बहुत लिखा है। वह सब एक स्तर का नहीं। कुछ संग्रहों के नाम हैं—'पेचो ख़ग', 'गुलनार' 'बतीमे', 'शहरे-फरियाद', 'क़सरे शीरीं' 'शहरे खूबाँ', 'खराबात' और 'रम-आहू'।

अनक़ा (अं०)

प्राचीन दंतकथाओं में अनक़ा नाम के पक्षी का उल्लेख मिलता है। किन्तु अनक़ा नाम का कोई पक्षी वस्तुतः कभी था, यह निश्चित नहीं है। साहित्य में कालान्तर में अनक़ा शब्द का प्रयोग काल्पनिक वस्तु के लिए होने लगा।

अनवर, सैयद शुजाउद्दीन

ये ज़हीरुद्दीन 'ज़हीर' के छोटे भाई थे और पहले 'ज़ौक' (दे०) और फिर 'ग़ालिब' (दे०) के शिष्य। आप एक अच्छे कवि थे और अपने समय में काफ़ी प्रतिष्ठा प्राप्त की। दुर्भाग्यवश 38 वर्ष की आयु में ही इनका देहान्त हो गया। कहते हैं इनके दो काव्य-संग्रह नष्ट हो गये। किन्तु 'खुमख़ाना-ए-जावेद' के लेखक लाला श्री राम (दे०) ने अत्यन्त परिश्रम और खोज के बाद इनकी रचनाओं को एकत्र कर एक दीवान प्रकाशित करा दिया है। अनवर के यहाँ ज़ौक (दे०) ग़ालिब (दे०) और मोमिन (दे०) इन तीनों का रंग मिलता है।

अनवार सुहेली (कृ०।)

मुल्ला हुसैन वाइज़ काशफ़ी की 'अनवार सुहेली' अरबी के 'कलेला-दमना' का फ़ारसी अनुवाद है। आरंभ में इसका भाषान्तर संस्कृत से हुआ। इसमें हितोपदेश और पंचतंत्र की कहानियाँ हैं। 'अयार दानिश' के नाम से इसका उर्दू अनुवाद हफ़ीज़ुद्दीन अहमद अबुल-फ़ज़ल ने सन् 1803 ई० में किया। 'अनवार सुहेली' का एक अनुवाद दकनी उर्दू में मुहम्मद इब्राहीम बीजापुरी ने किया जो सन् 1824 ई० में मद्रास से छपा। एक

संक्षिप्त अनुवाद नवाब अमीर अली खाँ वास्ती ने सन् 1872 ई० में 'सितारा-ए-हिन्द' के नाम से किया। इसी पुस्तक का एक पद्यबद्ध अनुवाद बिहारीलाल 'राज़ी' भरतपुरी ने सन् 1879 ई० में 'अर्जंग राज़ी' के नाम से किया। 'अनवार सुहेली' का सर्वोत्तम अनुवाद फ़क़ीर मुहम्मद खाँ 'गोया' (दे०) का 'बुस्ताने-हिक़मत' माना जाता है। इसकी तारीख़ 'नासिख़' (दे०) ने कही थी।

अनारकली (कृति। रचनाकाल : सन् 1922 ई०)

इस नाटक के लेखक सैयद इम्तियाज अली 'ताज' (दे०) हैं। इसका कथानक अकबर बादशाह के बेटे सलीम और नादिरा बेगम नाम की एक सुन्दर नर्तकी की प्रेम-कथा है। बहुत से विद्वान इसे ऐतिहासिक घटना भी मानते हैं; किन्तु नाटककार का ऐसा कोई आग्रह नहीं। कहानी बहुत प्रचलित और लोकप्रिय है। शहज़ादा सलीम और नादिरा, जिसे उसके रूप के कारण खुद बादशाह ने 'अनारकली' का ख़िताब दिया है, एक-दूसरे से बहुत प्रेम करते हैं। बादशाह अकबर को इस सम्बन्ध का पता लग जाता है। वह क्रुद्ध हो उठता है। एक साधारण स्त्री का ऐसा दुस्साहस क्षमा नहीं किया जा सकता। अनारकली को क़ैद कर लिया जाता है और बाद में ज़िन्दा दीवार में चिनवा दिया जाता है। सलीम उसके विरह को सह नहीं पाता और विक्षिप्तप्राय हो जाता है। तब बादशाह को अपनी ग़लती का एहसास होता है।

यह उर्दू के प्रसिद्ध नाटकों में से एक है। कथानक की गठन और चरित्र-चित्रण में परिपक्वता है। संवाद जीवन्त हैं। इस नाटक का अनेक बार सफल मंचन हुआ है। यह आग़ा हश्र कश्मीरी (दे०) की नाट्य परम्परा से हटकर किया गया एक प्रयोग था जिनका दर्शकों ने स्वागत किया।

अनीस, मीर बब्बर अली (सन् 1802-74 ई०)

जन्म फ़ैज़ाबाद में हुआ। उम्र लखनऊ में बसर की। अरबी-फ़ारसी और धर्म ग्रन्थों का अध्ययन किया। आपके पिता मीर ख़लीक़ (दे०) विख्यात मरसिया जो थे और दादा मीर हसन (दे०) अविस्मरणीय मसनवी 'सहरुल बयान' (दे०) के रचयिता। अनीस ने कवि जीवन का आरंभ ग़ज़लों से किया था। सलाम, रूबाइयाँ और क़ते भी लिखे। मगर आपकी उत्कृष्टतम रचनाएँ हैं आपके लिखे हज़ारों मरसिये जिनके कारण आपको उर्दू साहित्य का होमर और वाल्मीकि कहा जाता है। लखनऊ का माहौल उन दिनों मरसियागोई के लिए विशेष उपयुक्त था। शासक वर्ग शिया सम्प्रदाय का था और करबला के शहीदों का मातम पूरे चालीस

दिन मनाया जाता था । नवाब गाज़ीउद्दीन हैदर और नवाब वाजिद अली शाह (दे०) इस दौरान अनीस और दबीर (दे०) से मरसिये सुनते । अनीस मरसिया गाकर नहीं पढ़ते थे मगर उनकी आवाज़ का उतार-चढ़ाव बड़ा प्रभावोत्पादक था । अपनी विनम्र, संतोषी, और स्वाभिमानी प्रकृति के कारण अनीस का बड़ा सम्मान था ।

मरसिये (दे०) का क्षेत्र बड़ा व्यापक है और इसमें महाकाव्य और त्रासदी के कई तत्त्व पाये जाते हैं । अनीस ने आंशिक रूप से ऐतिहासिक और धार्मिक कथानक का बड़ी संतुलित और संयमित कल्पनाशक्ति से प्रयोग किया । विभिन्न आयु के चरित्रों और उनके सम्बन्धों का सजीव एवं मार्मिक निरूपण किया । चरित्र के अनुसार अभिव्यक्ति और शब्दों का चयन इन मरसियों के कथनोपकथन की विशेषता है । प्रकृति का सुन्दर चित्रण भी अनीस के मरसियों में मिलता है। जटिल परिस्थितियों और भावों को सहज ही निरूपित कर लेते हैं । भाषा शुद्ध और सरल है । मुहावरों का सटीक प्रयोग करते हैं । शैली में धार्मिक और आदर्शोन्मुख रचनाओं के लिए अपेक्षित गांभीर्य है । करुणा इन मरसियों का प्राण है, संवेदना आधार और मर्यादा आदर्श । अनीस की कविता के पाँच संग्रह नवल किशोर प्रेस (दे०) लखनऊ ने प्रकाशित किये ।

अफ़सर, हमीदुल्ला मेरठी (सन् 1898-1974 ई०)

आपका जन्म मेरठ में हुआ। वहीं स्कूली शिक्षा प्राप्त की और मेरठ कॉलेज से बी० ए० किया । अलीगढ़ मुस्लिम विश्वविद्यालय से एम० ए० और एल० एल० बी० की शिक्षा प्राप्त की और कुछ समय तक नायब तहसीलदार के पद पर काम किया। बाद में जुबली कॉलेज, लखनऊ में अध्यापन शुरू किया और साथ ही साहित्य सेवा में लग गए। आप विशेष रूप से अपनी राष्ट्रीय कविताओं और बच्चों के लिए लिखे गए साहित्य के लिए प्रसिद्ध हुए। आपने विभिन्न विधाओं में लगभग अड़तीस पुस्तकों की रचना की। कुछ प्रकाशित पुस्तकों के शीर्षक इस प्रकार हैं— 'आँख का नूर '(कहानी संग्रह), 'हफ़्त मंज़र' (नाटक संग्रह), 'जूए-खाँ' (काव्य), 'किताबों की जंग', 'तनक़ीदी उसूल और नज़रिया' और 'पयामे-रूह'। इसके अतिरिक्त रवीन्द्रनाथ टैगोर की कविताओं का काव्यानुवाद आपने 'माहे नौ के नाम से तैयार किया। अफ़सर मेरठी को साहित्य सेवा के लिए कई बार पुरस्कृत किया गया।

अफ़सोस, मीर शेर अली (सन् 1738-1809 ई०)

इनके पिता सैयद अली मुज़फ़्फ़र ख़ाँ नवाब अमीर ख़ाँ के यहाँ दिल्ली में

नौकर थे। यहीं 'अफ़सोस' का जन्म हुआ। अफ़सोस ने फ़ैज़ाबाद में सालारजंग और लखनऊ में युवराज मिर्ज़ा जवाँबख़्त के यहाँ काम किया और कुछ समय तक आसफ़ुद्दौला के मंत्री हसन रज़ा ख़ाँ के मुसाहिब भी रहे। हसन रज़ा ख़ाँ ने इनका परिचय कर्नल स्कॉट से कराया और कर्नल स्कॉट ने इन्हें कलकत्ता के फ़ोर्ट विलियम कॉलेज (दे०) के साहित्य निर्माण विभाग में दो सौ रुपया महीना पर नियुक्त करवा दिया। यहीं आठ वर्ष बाद सन् 1809 में अफ़सोस का देहान्त हुआ।
'अफ़सोस' पहले शायरी करते थे और लखनऊ, पटना, दिल्ली आदि के मुशायरों में भाग लेकर नाम कमा चुके थे। कलकत्ता पहुँचकर इन्होंने डा० गिलक्रिस्ट (दे०) के निर्देशानुसार शेख़ सादी के 'गुलिस्ताँ' का उर्दू अनुवाद 'बाग़-उर्दू' के नाम से किया। 'बाग़-उर्दू' की शैली प्रवाहमय है लेकिन कहीं-कहीं 'अफ़सोस' फ़ारसी के आकर्षण का संवरण नहीं कर पाते। फिर भी यह रचना काफ़ी लोकप्रिय हुई। इनकी दूसरी पुस्तक प्रसिद्ध फ़ारसी-इतिहास 'ख़ुलासतुल-तवारीख़' का उर्दू अनुवाद 'आरायशे महफ़िल' है। मेजर हेंरीकोर्ट और जॉन शेक्सपियर ने इसका अंग्रेज़ी में अनुवाद किया और यह पुस्तक कई बार प्रकाशित हुई। इसी नाम की एक पुस्तक हैदरी (दे०) ने भी लिखी थी। आपका एक दीवान भी है।

अब्बास, ख़्वाजा अहमद (सन् 1914 ई०)

आपका जन्म पानीपत में हुआ। प्रारंभिक शिक्षा वहीं प्राप्त करने के बाद अलीगढ़ से बी० ए०, एल० एल० बी० किया लेकिन वकालत नहीं की। पत्रकारिता का आरंभ 'बॉम्बे क्रॉनिकल' के उप-सम्पादक की हैसियत से किया। 'इप्टा' से गहरे जुड़े रहे। कई फ़िल्मों की कहानियाँ लिखीं और आलेख तैयार किये। आजकल भी बम्बई में हैं। कई बहु-चर्चित फ़िल्में बना चुके हैं 'सरगम' नामक एक मासिक हिन्दी पत्रिका भी निकाली, मगर वह अधिक देर तक नहीं चल सकी।
अब्बास मूल रूप से पत्रकार हैं। एक पत्रकार की सूक्ष्म दृष्टि और वस्तु-चित्रण की प्रवृत्ति उनके साहित्य में विद्यमान है। विभिन्न विषयों पर बड़ी जागरूकता से, सीधे-स्पष्ट ढंग से लिखते हैं। कहानियों का बौद्धिक पक्ष प्रबल है। आलोचनात्मक दृष्टिकोण के बावजूद बड़े सजीव वर्णन करते हैं। सामयिक समस्याओं और साम्प्रदायिक दंगों के विषय में भी लिखा। आपकी अनेक पुस्तकें उर्दू और अंग्रेज़ी में प्रकाशित हैं। कहानी-संग्रहों में 'एक लड़की', 'ज़ाफ़रान के फ़ूल', 'मैं कौन हूँ', 'अँधेरा उजाला', 'कहते हैं जिसको इश्क़' 'पाँव में फूल', 'गेहूँ और गुलाब' उल्लेखनीय हैं।

नाटकों में 'ज़ुबेदा', 'यह अमृत है' और 'चौदह गोलियाँ' प्रसिद्ध हैं। विदेश यात्रा का विवरण मूलतः अंग्रेज़ी में लिखा जो 'मुसाफ़िर की डायरी' के नाम से उर्दू में प्रकाशित हो चुका है।

अब्बास को भोपाल उर्दू अकादमी ने मीर एवार्ड से पुरस्कृत किया। बिहार और हरयाना सरकार ने भी आपको क्रमशः पत्रकारिता और उर्दू साहित्य की सेवा के लिए सम्मानित किया। आपने कई फ़िल्मों का निर्देशन भी किया। विदेशों में, विशेष रूप से रूस में, अब्बास की फ़िल्मों और साहित्यिक रचनाओं का स्वागत हुआ।

अब्दुर्रहमान बिजनौरी

बिजनौर के रहने वाले थे। शिक्षा अलीगढ़ से प्राप्त की और उच्चशिक्षा के लिए यूरोप गये। अंग्रेज़ी और फ्रेंच साहित्य का गहन अध्ययन किया और पाश्चात्य आलोचना शैली से प्रभावित हुए। दर्शन एवं सौन्दर्य-शास्त्र के भी अच्छे जानकार थे। डा० बिजनौरी की 'मुहसिने कलामे-ग़ालिब' उर्दू आलोचना की एक महत्त्वपूर्ण कृति है। आपके लेख, पत्र एवं कविताएँ 'वाक़ियाते बिजनौरी' में संकलित हैं।

अब्दुर्रहमान सैयद (जन्म : सन् 1912 ई०)

आपका जन्म बिहार में हुआ। पटना विश्वविद्यालय से उर्दू एवं फ़ारसी के अलावा विश्व इतिहास और भारत के मध्यकालीन इतिहास में उच्च शिक्षा प्राप्त की। आपने इतिहास, धर्म, दर्शन और साहित्य पर बहुत-सी पुस्तकें और हज़ारों की संख्या में लेख लिखे जो समय-समय पर 'मारिफ़' 'इस्लामिक कल्चर' एवं अन्य पत्र-पत्रिकाओं में प्रकाशित हुए। आपकी कुछ प्रकाशित पुस्तकों के शीर्षक हैं—'मुक़द्दमा-दीवाने-फ़ुग़ाँ', हिन्दुस्तान के अहदे वस्ती की एक झलक' 'हिन्दुस्तान के मुसलमान हुक्मरानों के तमद्दुनी जल्वे', हिन्दुस्तान अमीर ख़ुसरो की नज़र में', 'हिन्दुस्तान के माज़ी की सच्ची कहानियाँ' (दो भाग) 'अमीर ख़ुसरो की सूफ़ियाना शायरी', 'ग़ालिब' (दो भाग) इत्यादि। आपने कुछ अंग्रेज़ी पुस्तकों के उर्दू अनुवाद भी किए।

जनाब सुलेमान नदवी (दे०) साहब के आमंत्रण पर आपने 'शिबली अकादमी' आज़मगढ़ के लिए सन् 1935 से काम करना आरम्भ किया और आज भी उससे जुड़े हैं। आप उर्दू भाषा और साहित्य के विकास कार्य में लगी कई समितियों एवं अकादमियों से सम्बद्ध हैं। आपको साहित्य सेवा के लिए कई बार सम्मानित किया जा चुका है। फ़ारसी में काम करने के लिए सैयद साहब को सन् 1980 में राष्ट्रपति पुरस्कार प्रदान किया गया।

आप बीजापुर के आदिलशाही परिवार से राज्याश्रय पाते थे। अब्दुल मुख्य रूप से अपनी मसनवी 'इब्राहीम नामा' के लिए जाने जाते हैं जिसमें इन्होंने अपने आश्रयदाता बीजापुर के शासक इब्राहीम आदिलशाह द्वितीय (दे०) का जीवन-वृत्तांत लिखा है। यह मनसवी रसूल तथा अब्दुल के काव्य गुरु गेसू दराज़ (दे०) की स्तुति से प्रारंभ होती है। इसकी भाषा पर हिन्दी का प्रभाव अधिक है। अब्दुल ने स्वयं एक स्थान पर लिखा है कि वे हिन्दवी और देहलवी भाषाएँ जानते हैं किन्तु अरबी-फ़ारसी का अधिक ज्ञान नहीं रखते। यह मसनवी सन् 1603 ई० में लिखी गयी। इब्राहीम के जीवनव्रत के साथ यह सोलहवीं-सत्रहवीं शताब्दी के बीजापुर के जीवन का भी दिग्दर्शन कराती है।

अब्दुल ग़फ़्फ़ार, काज़ी (मृत्यु : सन् 1956 ई०)

एक सफल पत्रकार और गद्यकार की हैसियत से याद किये जाते हैं। हैदराबाद से प्रकाशित होने वाले दैनिक समाचार पत्र 'पयाम' के संचालक थे और कांग्रेस के सक्रिय समर्थक। पत्रकारिता में सत्यनिष्ठा और निर्भीकता का आदर्श थे। 'अंजुमन तरक़्क़ी-ए-उर्दू' के माध्यम से उर्दू के प्रसार के लिए महत्त्वपूर्ण काम किया। आपकी गद्य रचनाओं में 'हयाते-अजमल', 'आसारे-अबुल कलाम', 'आसारे जमालुद्दीन अफ़ग़ानी' तथा 'अजीब' उल्लेखनीय हैं। आपकी अन्य दो प्रसिद्ध साहित्यिक कृतियाँ हैं— 'लैला के ख़ुतूत' (दे०) और 'मजनूं की डायरी'।

अब्दुल वदूद, क़ाज़ी (सन् 1897-1984 ई०)

आपका जन्म पटना में हुआ। स्कूली शिक्षा वहीं प्राप्त की। पटना विश्वविद्यालय से बी०ए० किया और अलीगढ़ ट्यूटोरिल कॉलेज से फ्रेंच, लेटिन और जर्मन भाषा सीखी। बैरिस्टरी पास करने के लिए यूरोप गए मगर अस्वस्थता के कारण लौटना पड़ा। वापस आकर आपने पटना में अंजुमन तरक़्क़ी-ए-उर्दू की स्थापना की और 'मयार' के नाम से एक मासिक साहित्यिक पत्रिका निकाली। शोधक्षेत्र में आपको विशेष मान्यता प्राप्त है। काज़ी साहब ने अनेक साहित्यिक कृतियों और रचनाकारों पर गवेषणात्मक लेख लिखे जिनमें से 'अमीरिस्तान' और 'उस्तूरे-सोज़ाँ' प्रकाशित हैं। 'दीवाने जोशिश', इब्ने तूफ़ाँ के 'तज़किरा-ए-शोअरा' तथा 'दीवान-ए-दिलदार' की आपकी लिखी भूमिकाएँ उर्दू आलोचना में महत्त्वपूर्ण स्थान रखती हैं। 'ग़ालिब बहैसियत मुहक्क़िम' आपका एक लम्बा

निबन्ध है । काज़ी साहब के हिन्दुस्तानी और पाकिस्तानी पत्रों में छपे लेखों को जनाब कलीमुद्दीन अहमद (दे०) ने पाँच खण्डों में संकलित किया जिनमें से एक भाग सन् 1977 में बिहार उर्दू अकादमी ने प्रकाशित किया ।

अब्दुल सत्तार, काज़ी (जन्म : सन् 1930 ई०)

आपका जन्म सीतापुर में हुआ । अलीगढ़ मुस्लिम विश्वविद्यालय से उर्दू साहित्य में एम० ए० किया और वहीं से 'उर्दू शायरी में क़ानूतियत' पर शोधकार्य के लिए पी-एच० डी० की उपाधि प्राप्त की । इसी विद्यालय के उर्दू विभाग में आप सन् 1956 से कार्य कर रहे हैं ।

काज़ी अब्दुल सत्तार साहित्य जगत में एक उपन्यासकार एवं कथाकार की हैसियत से जाने जाते हैं । 'पीतल का घण्टा' नामक आपका कहानी-संग्रह अपनी विशिष्ट शैली के कारण चर्चित रहा । आपके प्रमुख उपन्यास हैं—'शब गुज़ीदा', 'ग़ुबारे-शब', 'बादल', 'दारा शिकोह' और 'सलाउद्दीन' । काज़ी साहब को उनकी साहित्यिक सेवाओं के लिए उत्तर प्रदेश उर्दू अकादमी (दे०) ने सन् '76 और '78 में दो बार सम्मानित किया । आपको सन् 1974 में पद्मश्री की उपाधि से विभूषित किया गया । काज़ी साहब को 'इम्तयाज़े-मीर' और 'ग़ालिब-एवार्ड' भी मिल चुके हैं ।

अब्दुल हक़, मौलाना (सन् 1869-1960 ई०)

हक़ साहब हापुड़, ज़िला मेरठ के रहने वाले थे । अलीगढ़ कॉलेज से बी० ए० करके हैदराबाद चले गये और सरकारी नौकरी कर ली । कई जगह काम करने के बाद अन्त में औरंगाबाद कॉलेज के प्रिंसिपल की हैसियत से रिटायर हुए । इसके बाद दस वर्ष तक जामिया उस्मानिया में उर्दू के प्रोफ़ेसर रहे । फिर दिल्ली चले आये और देश के विभाजन तक उर्दू साहित्य की प्रगति और प्रकाशन में लगे रहे ।

मौलाना हक़ की मौलिक रचनाएँ अधिक नहीं हैं लेकिन उर्दू के पुराने लेखकों की रचनाओं को खोजने और उन पर टीका लिखने का जो महत्वपूर्ण काम आपने किया वह प्रशंसनीय है । अपना सारा जीवन उर्दू भाषा को लोकप्रिय बनाने और नये लेखकों को सृजन की ओर प्रोत्साहित करने में लगा दिया । जीवन का अधिकांश भाग हैदराबाद में बिताया और 'उर्दू' नामक एक मुखपत्र का प्रकाशन किया जो साहित्यिक वाद-विवादों और नयी खोजों से भरा होता था । आपकी रचनाओं में 'मराठी पर फ़ारसी का असर', 'नुसरती', 'मरहूम देहली कालिज' और 'सर सैयद अहमद खाँ' प्रसिद्ध हैं । आपके शोधपूर्ण आलोचनात्मक निबन्ध

और भूमिकाएँ 'मुक़द्दमाते अब्दुल हक़', 'तनक़ीदाते-अब्दुल हक़' और 'चन्द हम असर' के नाम से प्रकाशित हो चुके हैं। सरल, प्रवाहपूर्ण, मुहावरेदार उर्दू लिखते हैं, अरबी-फ़ारसी का मुनासिब इस्तेमाल ही करते हैं। उर्दू का प्रामाणिक व्याकरण 'क़वायदे-उर्दू' इन्हीं ने लिखा। पाकिस्तान बनने के बाद मौलाना हक़ वहीं चले गये और वहाँ 'अंजुमन तरक्क़ीए-उर्दू' के माध्यम से उर्दू भाषा की सेवा करते रहे।

अब्दुल्लाह, डा०

डा० अब्दुल्लाह पंजाब यूनिवर्सिटी (पाकिस्तान) में उर्दू के प्रोफ़ेसर थे। फ़ारसी इनका अनुसंधान विषय था किन्तु उर्दू में भी बहुत कुछ लिखा। फ़ारसी के हिन्दू कवियों और लेखकों पर शोधकार्य किया और उर्दू गद्य पर एक पुस्तक अंग्रेज़ी में भी लिखी। प्राचीन साहित्य के अनुसंधान के अतिरिक्त समकालीन लेखकों की आलोचनाएँ भी लिखीं। इनकी रचनाओं में 'बहसो-नज़र', 'मुबाहिस', 'वली से इक़बाल तक', 'सर सैयद और उनके रुफ़क़ा के कारनामे' और 'उर्दू-तज़किरे' उल्लेखनीय हैं।

अब्दुल्ला कुतुबशाह (शासनकाल सन् 1625-72 ई०)

सुल्तान मुहम्मद कुतुबशाह की मृत्यु के बाद उसके अल्पायु पुत्र अब्दुल्ला कुतुबशाह ने सन् 1625 ई० में गोलकुण्डा की सल्तनत संभाली। अब्दुल्ला ने साहित्य और संगीत की बड़ी सेवा की। आपके समय में हैदराबाद साहित्यिक और सांस्कृतिक गतिविधियों का केन्द्र बन गया। बादशाह की मृत्यु के बाद जो कवि इधर-उधर चले गये थे उन सबको वापस बुला कर राज्याश्रय प्रदान किया गया। दकन के अधिकतम श्रेष्ठ कवि इस युग में हुए। अब्दुल्ला कुतुबशाह के यहाँ ग़व्वासी (दे०), वजही (दे०), क़ुत्बी (दे०), ज़ुनैदी (दे०), तबई (दे०) और इब्ने-निशाती (दे०) को सम्मानित और पुरस्कृत किया गया। सुल्तान स्वयं फ़ारसी और उर्दू का कवि और संगीतज्ञ था। इनका एक काव्य-संग्रह है जो प्रकाशित हो चुका है। कई विषयों पर लिखा। इब्राहीम आदिलशाह (दे०) की पुस्तक 'नौरस नामा' के विषय पर एक लम्बी काव्य-रचना भी की। आपकी रचनाएँ बहुत ऊँचे स्तर की नहीं मगर दकनी साहित्य के विकास में आपका योगदान स्मरणीय है।

अब्दुल्लाह हुसैनी

आप बन्दानवाज़ गेसूदराज़ (दे०) के पौत्र थे और आपको एक सूफ़ी कवि के रूप में भी मान्यता मिली। अब्दुल क़ादिर जीलानी (दे०) की

प्रसिद्ध पुस्तक 'निशातुल-इश्क़' का आपने उर्दू में अनुवाद किया और उसका भाष्य लिखा।

अब्दुस्सलाम, मौलाना

आप आज़मगढ़ में मौलाना शिवली (दे०) द्वारा स्थापित संस्था 'दारुल मुसन्नफ़ीन' से सम्बद्ध थे। आपकी पुस्तक 'शेरुल-हिन्द' (दे०) उर्दू काव्य का इतिहास समझने में मदद देती है। लेखक का उद्देश्य, उर्दू-कवियों के जीवन-वृत्त उनकी प्रतिनिधि रचनाओं सहित संकलित करने के अलावा उर्दू-भाषा एवं काव्य की प्रगति और रूपान्तरों से पाठक को परिचित कराना है। यह एक परिचयात्मक पुस्तक है और इसमें पुराने तज़्किरों की अपेक्षा अधिक जानकारी संग्रहीत है। भाषा-शैली साधारण है।

अबरू शाह, मुबारक (सन् 1683-1734 ई०)

आप ग्वालियर के प्रसिद्ध सूफ़ी संत शाह मुहम्मद ग़ौस के वंशज थे। युवावस्था में ही दिल्ली चले आए और दरबार में नौकरी कर ली। आप उत्तर भारत के प्रारम्भिक उर्दू कवियों में से हैं। 'ईहाम गोई' आपके काव्य की विशिष्टता है। इस शैली को शाह अबरू के शिष्यों ने अपनाया और यह बाद में आने वाले कवियों में भी बड़ी लोकप्रिय हुई। उर्दू में 'वासोख्त' (दे०) नामक पद्य रचना के परिमार्जन में भी आपका योगदान स्मरणीय है। आपकी शैली साफ़ और प्रसाद गुण-युक्त है। स्थान-स्थान पर ऐतिहासिक एवं सांस्कृतिक सन्दर्भ भी प्रचुर हैं।

शाह अबरू की काव्य-रचनाएँ 'दीवाने अबरू' के शीर्षक से सन् 1967 में प्रकाशित हुईं। जनाब मुशफ़िक ख़्वाजा ने इनका सम्पादन किया।

अमानत, सैय्यद आग़ा हसन (सन् 1805-58 ई०)

अमानत का जन्म लखनऊ में हुआ। इन्होंने अपने काव्य-जीवन का आरंभ मरसिये और ग़ज़ल से किया। पहले 'दिलगीर' के शागिर्द थे। कहते हैं बीस वर्ष की आयु में यह वाणी खो बैठे थे लेकिन नौ बरस बाद करबला यात्रा की और दैवी चमत्कार से फिर बोलने लगे।

'ख़जायनुल-फ़साहत' आपकी ग़ज़लों का दीवान है और फुटकर पद रचनाएँ 'गुलदस्त-ए-अमानत' में संगृहीत हैं। लेकिन उर्दू साहित्य में अमानत का नाम ग़ज़ल या मरसिये के लिए नहीं, आपके नाटक 'इन्दर सभा' (दे०) के लिए है। यह उर्दू का पहला नाटक था और इतना लोकप्रिय हुआ कि इसे न केवल अनगिनत बार खेला गया, बल्कि इसकी नक़ल में कई कवियों ने इन्दर सभाएँ लिख डालीं। 'इन्दर सभा' शब्द नाटक

का पर्यायवाची माना जाने लगा। केवल इस नाटक के कारण कई नाटक मण्डलियाँ अस्तित्व में आयीं। उर्दू में ही नहीं, गुजराती और हिन्दी में भी यह नाटक छपा। इंडिया आफ़िस के पुस्तकालय में इसके चालीस संस्करण हैं। जर्मनी और फ्रांस में भी इसके कई संस्करण प्रकाशित हुए।

नाटक के अतिरिक्त अमानत ने वासोख़्त (दे०) भी अच्छे कहे हैं। बहुधा अलंकृत और आडम्बरयुक्त भाषा का प्रयोग किया है।

अमानतुल्ला

मौलवी अमानतुल्ला का उपनाम 'शैदा' था। आपने सन् 1804 ई० में 'हिदायतुल इस्लाम' नाम से एक पुस्तक उर्दू और अरबी में लिखी, जिसका अनुवाद गिलक्राइस्ट (दे०) ने किया। सन् 1810 ई० में एक पद्यबद्ध उर्दू व्याकरण की पुस्तक 'सरफ़ उर्दू' के नाम से लिखी। अमानतुल्ला ने कैप्टेन मोगार की आज्ञा से फ़ारसी की 'इख़लाक़-जलाली' का उर्दू अनुवाद 'जामउल इख़लाक़' के नाम से सन् 1805 ई० में किया।

अमीक़ हनफ़ी (जन्म : सन् 1928 ई०)

पूरा नाम अब्दुल अज़ीज़ खाँ। आपका जन्म मऊ मध्यप्रदेश में हुआ। प्रारंभिक शिक्षा देवास में हुई। इंदौर से इतिहास और राजनीति में एम० ए० किया। शुरू में अध्यापन कार्य किया और बाद में आकाशवाणी, भोपाल में आ गये। सम्प्रति आकाशवाणी दिल्ली के उर्दू सेवा विभाग में कार्यरत हैं।

अमीक़ हनफ़ी ने प्रारंभ में उर्दू और हिन्दी दोनों भाषाओं में कविताएँ लिखीं। आपका पहला काव्य-संग्रह 'साँसों का संगीत' (1955) हिन्दी में प्रकाशित हुआ। आपको ख़्याति 'सिंदबाद' नामक लम्बी कविता से मिली जो सन् 1964 में छपी। यह बड़े समय तक साहित्यिक दायरों में चर्चा का विषय रही। 'सलसला-तुल-जरस' (1974) में आपने पहली बार आज़ाद नज़्म में नाअत कही। अमीक़ हनफ़ी की अन्य रचनाएँ हैं—'संग पैरहन', 'शब गश्त' और 'शजरे-सदा'।

अमीर उल लुग़ात (कृ०) (रचनाकाल सन् 1891 ई०)

यह अमीर अहमद अमीर मीनाई (दे०) द्वारा लिखित एवं सम्पादित उर्दू शब्दकोश है जिसके केवल दो भाग पूरे हो सके। इसमें उर्दू में प्रयोग होने वाले अरबी, फ़ारसी, तुर्की, हिन्दी और संस्कृत शब्दों की विशद व्याख्या है। व्याकरण के नियमों, मुहावरों, कहावतों एवं शब्दों के विभिन्न प्रयोगों और भाषा की अनेकानेक विशेषताओं को उदाहरण देकर सम-

झाया गया है। दिल्ली और लखनऊ की उर्दू तथा नई और पुरानी उर्दू का अन्तर भी स्पष्ट किया गया है। भाषाविदों और साहित्यकारों के लिए यह एक अमूल्य ग्रंथ है।

अमीर ख़ुसरो (सन् 1255-1325 ई०)

जन्म पटियाली, ज़िला एटा, उत्तर प्रदेश में हुआ। नाम था अबुल हसन। राज दरबार में रसाई थी। अमीर ख़ुसरो के नाम से प्रसिद्ध थे। ख़िलजी शासनकाल में उच्च पदों पर प्रतिष्ठित रहे। बादशाह बलबन आपका बहुत सम्मान करता था। 'तूतिये-हिन्द' की उपाधि से विभूषित किये गये।

अमीर ख़ुसरो फ़ारसी-अरबी, तुर्की और हिन्दी के विद्वान थे। आपकी गणना फ़ारसी के महान लेखकों में होती है। राज दरबार से सम्बद्ध होने के बावजूद ख़ुसरो जन मानस के निकट थे। अपनी फ़ारसी रचनाओं में आपने भारत की जलवायु, यहाँ के प्राकृतिक सौन्दर्य, ऋतुओं, त्योहारों, बोलियों, परिन्दों, फलो-फूलों के सजीव विवरण दिए हैं। फ़ारसी के अतिरिक्त आपने जनभाषा में बहुत-सी कविताएँ, पहेलियाँ, मुकरनियाँ और दोहे लिखे। उस समय दिल्ली और उसके आस-पास के इलाकों में बोली जाने वाली भाषा में अरबी-फ़ारसी के शब्दों को मिला कर अमीर ख़ुसरो ने एक नयी भाषा का सूत्रपात किया, और उसे 'हिन्दवी' का नाम दिया। कबीर, रहीम, जायसी और रसख़ान ने इसी को अपनाया। कालान्तर में इसी से 'रेख़्ता' निकली जो 19वीं सदी में 'उर्दू' के नाम से जानी गयी। इस तरह उर्दू भाषा के निर्माण में अमीर ख़ुसरो की महत्त्व-पूर्ण भूमिका है।

आपने बहुत-सी पुस्तकें लिखीं किन्तु सब प्राप्य नहीं हैं। 'ख़ालिकबारी' में अरबी-फ़ारसी शब्दों के प्रचलित हिन्दी पर्याय कविता के रूप में दिये गये हैं। इनकी एक अन्य रचना है।

अमीर ख़ुसरो संगीत के भी मर्मज्ञ थे। कहते हैं इन्होंने वीणा से सितार का आविष्कार किया। शास्त्रीय संगीत को आपकी देन अविस्मरणीय है।

अमीर मीनाई (सन् 1828-1900 ई०)

पूरा नाम मुंशी 'अमीर' अहमद। अमीर उपनाम। मौ० करम मुहम्मद 'करम' के पुत्र थे और आपका जन्म लखनऊ में हुआ। अरबी-फ़ारसी, ज्योतिष और हिकमत की शिक्षा प्राप्त की। 'असीर' (दे०) के शागिर्द थे। लखनऊ में इनकी रचनाओं का अच्छा स्वागत हुआ। नवाब वाजिद अली शाह (दे०) से ख़िलअत प्राप्त की। जीवन के 43 वर्ष रामपुर के

नवाब युसूफ़ अली ख़ाँ के संरक्षण में सुख से बिताये। अंतिम समय हैदराबाद के निज़ाम के यहाँ आ गये थे। वहीं देहान्त हुआ।

'अमीर' की शैली और विषय चयन में लखनऊ और दिल्ली की साहित्यिक प्रवृत्तियों का समन्वय है। प्रेम की अनुभूति में भावुकता और गंभीरता का मिश्रण है और धीरे-धीरे कृत्रिमता का आग्रह कम होता जाता है। कहीं-कहीं आध्यात्मिकता का पुट भी है। भाषा बड़ी सुन्दर, सहज और मधुर है। मुहावरों का प्रयोग खूब करते हैं। काव्यशास्त्र और भाषा विज्ञान पर पूरा अधिकार है।

ख़ास लखनऊ की उर्दू और वहाँ का नफ़ीस अन्दाज़ आपकी प्रेम रस में भीगी ग़ज़लों की विशेषता है। परंपरागत विषयों पर ही काव्य रचना की है।

'अमीर' के दो दीवान उपलब्ध हैं 'मिरातुल ग़ैब' और 'सनम-ख़ाना-ए-इश्क़'। 'मीर' (दे०) और 'दर्द' (दे०) के रंग में रँगी हुई ग़ज़लों के दो संग्रह हैं—'गौहरे-इंतख़ाब' और 'जौहरे-इंतख़ाब'। छः वासोख़्त (दे०) का संकलन है 'मीना-ए-सुख़न'। वाजिद अली शाह (दे०) के अनुरोध पर आपने 'इरशादुस्सुलतान' और 'हिदायतुस्सुलतान' लिखी। शृंगार रस पर आधारित दो मसनवियाँ हैं। 'महामिदे-ख़तिमुल-नबैन' में धार्मिक रचनाएँ हैं। 'इन्तख़ाब-यादगार' में रामपुर के कवियों का तज़किरा है। 'बहारे-हिन्दी' मुहावरों का संक्षिप्त कोश है और 'अमीर उल-लुग़ात' (दे०) एक विशद एवं सर्वांगीण शब्दकोश जिसके केवल दो ही भाग लिखे जा सके। यह अमीर के विस्तृत भाषा ज्ञान का परिचायक है।

अमीर हमज़ा (पा०)

यह अहमद हुसैन कमर की सात भागों में लिखी गयी पुस्तक 'दास्ताने-तिलिस्मे-होशरुबा' (दे०) का नायक है। अमीर हमज़ा एक अनन्य वीर योद्धा, इस्लाम धर्म का प्रतिपालक, शरणागत का रक्षक और प्रजा का शुभचिन्तक शासक है। इसके वीर साथी और सेनापति इसके लिए सदा प्राणों की बाज़ी लगाने को तैयार रहते हैं। उन्हीं की सहायता से यह कोहकाफ़ पर्वत पर आक्रमण करता है और उस पर विजय पाता है। होशरुबा नाम की तिलस्मी नगरी पर अमीर अपने साथियों और जादुई शस्त्रों की सहायता से अधिकार करता है। अमीर हमज़ा दरअस्ल सत् का और उसके विरोधी 'अफ़रासियाल' और 'लका' असत् के प्रतीक हैं और यह दास्तान बुराई पर नेकी की विजय की कहानी है। नायक अपने वैयक्तिक गुणों और उद्देश्य के कारण किंग अर्थर की याद दिलाता है। चरित्र में विकास एवं

गहराई का अभाव है। पृष्ठभूमि में अरबी परम्पराएँ और मध्यकालीन लखनऊ का वैभव है।

अम्न लखनवी (सन् 1898-7 जुलाई 1983 ई०)

आपका पूरा नाम था मुंशी गोपीनाथ। 'अम्न' तख़ल्लुस करते थे। लखनऊ के रहने वाले थे। प्रारंभिक शिक्षा वहीं से प्राप्त की। 'अम्न' ने 'अज़ीज़' लखनवी के प्रभाव और प्रेरणा से शायरी शुरू की। बैजनाथ 'फ़िगार' से भी कुछ समय तक इस्लाह ली। 'अनीस' (दे०) से गहरे तक प्रभावित थे। पढ़ाई समाप्त करने के बाद कुछ समय तक म्युनिसिपल कमेटी में नौकरी की और फिर वक़ालत भी। सन् 1920 ई० से स्वतंत्रता आंदोलन से जुड़ गये और कई बार जेल गये। सन् 1932 में दिल्ली के 'तेज' दैनिक के सम्पादकीय में आ गये और लगभग पन्द्रह वर्ष तक वहाँ काम किया। देश स्वतंत्र होने पर दिल्ली प्रान्तीय सरकार के प्रेस-ऑफ़ीसर के पद पर काम किया और शिक्षा-मंत्री भी रहे। सन् '77 में पद्मभूषण से सम्मानित किये गये।

'अम्न' उस युग से सम्बन्ध रखते हैं जब प्रथम महायुद्ध, भारतीय स्वतंत्रता संग्राम, जलियाँवाला बाग़ हत्याकाण्ड, सत्याग्रह एवं असहयोग आंदोलन ने देश के जनमानस को झकझोर दिया था। परिणामतः आज़ादी की ललक, गांधीवादी सिद्धान्तों का समर्थन, शहीदों का सम्मान, सत्तालोभी शक्तियों और युद्ध की बर्बरता का विरोध आपकी शायरी का मुख्य स्वर है। गांधी जी की हत्या पर रचित 'शहादत के बाद' शीर्षक की नज़्म व्यक्तिगत संवेदना और वैचारिक तत्त्व के कारण पारम्परिक मरसिया गोई से ऊपर उठ जाती है। आपने अधिकतर नज़्में लिखीं हैं मगर आपकी ग़ज़लें भी, परम्परागत प्रतीकों के बावजूद, ख़ाबो-ख़याली के दोष से मुक्त हैं और देश के राजनैतिक-सामाजिक जीवन का प्रतिनिधित्व करती हैं। आपके दो काव्य-संग्रह 'करवाने-मंज़िल' और 'चौरंग' प्रकाशित हैं। गद्य में हास्य-व्यंग्य पूर्ण रचनाएँ समसामयिक स्थितियों और व्यक्तियों पर की हैं। 'तन्ज़ो-मज़ाह' और 'साइमन कमीशन और शेख़चिल्ली' इसी प्रकार की रचनाएँ हैं। 'अम्न' करबला की धर्मयुद्ध गाथा से विशेष प्रभावित थे। इस विषय पर आपने कई मरसिये, सलाम, कसीदे और क़तआत नज़्म किये।

अम्मन, मीर

असली नाम मीर अमान था लेकिन प्रसिद्ध मीर अम्मन के नाम से हुए। दिल्ली के रहने वाले थे। इनका परिवार कई पुश्तों से मुग़ल-सम्राट की

सेवा में था। अहमद शाह अब्दाली के आक्रमण से दिल्ली की दुर्दशा हुई तो पटना आ गये। कुछ समय बाद कलकत्ता में नवाब दिलावर जंग के छोटे भाई मीर मुहम्मद काज़िम ख़ाँ को पढ़ाने का काम मिल गया। वहीं इनके मित्र, फ़ोर्ट विलियम कॉलेज (दे०) के मीर मुंशी बहादुर अली हुसैनी (दें०) ने डा० गिलक्रिस्ट (दे०) से इनका परिचय कराया। डा० गिलक्रिस्ट ने इन्हें कॉलेज के साहित्य निर्माण विभाग में रख लिया और 'क़िस्साए-चहार दरवेश' का सरल उर्दू में अनुवाद करने का काम सौंपा। अम्मन की दो ही पुस्तकें मिलती हैं 'चहार-दरवेश' का परिवर्तित रूप 'बाग़ो-बहार' (दे०)और 'गँजे-ख़ूबी' जो फ़ारसी पुस्तक 'अख़लाक़े-मुहसिनी' का उर्दू अनुवाद है। यह दूसरा अनुवाद फ़ोर्ट विलियम कॉलेज से प्रकाशित न हो सका। बाद में बम्बई से छपा और फिर दिल्ली विश्वविद्यालय ने इसका एक और संस्करण निकाला। उर्दू गद्य-साहित्य का रत्न है 'बाग़ो-बहार' और यह अकेली रचना ही मीर अम्मन की अमर कीर्ति के लिए पर्याप्त है। यह रचना मूल फ़ारसी के अतिरिक्त तहसीन के अनुवाद 'नौ-तर्ज़-मुरस्सा' (दे०)से प्रभावित है। किन्तु तहसीन की शैली जहाँ अरबी-फ़ारसी निष्ठ, अनुप्रास और अलंकार से बोझिल है वहाँ अम्मन का 'बाग़ो-बहार' इतनी सरल, स्पष्ट और प्रवाहपूर्ण शैली में लिखा गया है कि आज डेढ़ पौने-दो सौ साल बाद भी शौक़ से पढ़ा जाता है और इसकी लोक-प्रियता वैसी ही बनी हुई है। प्रयोगों में पुरानापन नहीं और शब्द भी आजकल की बोलचाल की भाषा के हैं। इस पुस्तक की दूसरी विशेषता यह है कि इसमें मीर अम्मन ने अपने समय की सामाजिक स्थिति, विशेष-रूप से मुस्लिम संस्कृति और नैतिक मूल्यों का सफल दिग्दर्शन कराया है। कहते हैं मीर अम्मन 'लुत्फ़' उपनाम से शायरी भी करते थे, मगर इनका कोई दीवान उपलब्ध नहीं है।

अयाज़ (अं०)

महमूद ग़ज़नवी के एक स्वामी भक्त सेवक का नाम अयाज़ था। कहा जाता है कि अयाज़ बड़े ही मनोहारी व्यक्तित्व का स्वामी था और महमूद ग़ज़नवी का विशेष कृपा-पात्र था। यह एक ऐसा ग़ुलाम था जिसकी महमूद के हरम तक रसाई थी। महमूद अयाज़ को बेहद चाहता था, यहाँ तक कि हरम की औरतें भी अयाज़ से ईर्ष्या रखने लगीं। एक बार जब अयाज़ सो रहा था तो ईर्ष्यावश एक रानी ने उसकी घुंघराली ज़ुल्फ़ों को कटवा दिया जिन पर महमूद फ़िदा था। इसी विषय पर इक़बाल का

एक शेर देखिये :

न वो हुस्न में रहीं शोख़ियाँ न वो इश्क़ में रहीं गर्मियाँ
न वो ग़ज़नवी में तड़प रही न वो ख़म है ज़ुल्फ़-अयाज़ में।

अरब-ओ हिन्द के ताल्लुक़ात (कृ० : रचनाकाल सन् 1929 ई०)

यह मौलाना सैयद सुलेमान नदवी (दे०) के उन भाषणों का संग्रह है जो उन्होंने हिन्दुस्तानी एकेडमी, इलाहाबाद के समक्ष दिये थे। इन्हें एकेडमी ने ही प्रकाशित कराया। इसके पाँच भाग हैं। लेखों के इन संग्रहों का उद्देश्य ऐतिहासिक और सांस्कृतिक पृष्ठभूमि में भारत और अरब की तुलना, दोनों देशों के आपसी सौहार्द और मित्रता की परम्परा को प्रकाश में लाना है। यह दोनों देशों के सम्बन्ध की विशद विवेचना है जिसमें व्यापार, शिक्षा, यात्रा, राजनीति, सामाजिक और सांस्कृतिक आदान-प्रदान को ठोस तथ्यों के आधार पर बड़े प्रामाणिक रूप से प्रस्तुत किया गया। इस प्रकार यह पुस्तक हिन्दू-मुस्लिम भावात्मक एकता की दिशा में एक महत्त्वपूर्ण प्रेरणात्मक प्रयास सिद्ध हुई।

अर्श मलसियानी (जन्म : सन् 1908 ई०)

पूरा नाम श्री बालमुकुन्द। 'अर्श' तख़ल्लुस। पंजाब के गाँव मलसियान के रहने वाले थे। पिता 'जोश' मलसियानी (दे०) साहब उर्दू के अच्छे शायर थे। प्रारंभिक शिक्षा नकोदर नामक गाँव में हुई। एम० ए० के बाद नहर विभाग में ओवरसियर हुए। मगर इस विभाग में मन न लगा तो इस्तीफ़ा दे दिया और लुधियाना में स्कूल अध्यापक हो गये। वहीं बी० ए० किया। शायरी का शौक विरासत में पाया। लिखना और मुशायरों में शिरक़त करना आरंभ किया। काफ़ी पसन्द किये गये। कई जगह काम करने के बाद सूचना एवं प्रसारण मंत्रालय, दिल्ली में आ गये। सन् 1948 ई० में भारत सरकार के मासिक उर्दू पत्र 'आजकल' के सहायक सम्पादक नियुक्त हुए और 1956 में प्रधान सम्पादक।

ग़ज़ल, नज़्म, रूबाईयात—सभी कुछ लिखा। स्वतन्त्रता संग्राम, साम्प्रदायिक दंगों और कोरिया के युद्ध जैसे समसामयिक विषयों के अलावा ग़ज़ल के पारम्परिक विषयों पर लिखा। काव्य में नवीन और पुरातन का सुन्दर संगम है और अपनी बात बड़ी सच्चाई और सादगी से कह देते हैं। काव्य संग्रह हैं—'हफ़्त रंग', 'चंगो-आहंग' और 'शरारो-संग'।

अलम मुज़फ़्फ़र नगरी (जन्म : सन् 1894 ई०)

पूरा नाम मौ० मुहम्मद इसहाक़। उपनाम 'अलम'। मुज़फ़्फ़र नगर के रहने वाले थे। अरबी-फ़ारसी की उच्च शिक्षा प्राप्त की और वहाँ के

इस्लामिया इण्टर कॉलेज में पढ़ाते रहे। शायरी में आप 'सीमाब' अकबराबादी (दे०) के शिष्य थे। 'सीमाब' ने आपको अपने जीवन में ही मसनदे-उस्तादी प्रदान करके सम्मानित किया। आपके कई शिष्य हुए। अलम ने क़सीदे, मसनवी, रूबाई, नज़्म, ग़ज़ल— सभी कुछ लिखा। ग़ज़ल गोई में आपका अपना विशिष्ट स्थान है। भाषा के अच्छे मर्मज्ञ थे और शब्दों के स्वभाव को पहचानते थे। अभिव्यंजना में सरसता और प्रसाद-गुण विद्यमान है। आपके यहाँ तसव्वुफ़ का रंग प्रधान है। दो प्रकाशित संग्रहों के शीर्षक हैं 'सलसबील' और 'क़ौसरो-तसनीम'। गद्य में भी खूब लिखा है। उर्दू की विभिन्न पत्र-पत्रिकाओं में आपके आलोचनात्मक और अनुसंधानपूर्ण लेख छपे।

अलिफ़ लैला (कृ०)

प्रसिद्ध अरबी दास्तान (दे०) के उर्दू में समय-समय पर अनेक अनुवाद तैयार किये गये। सन् 1842 ई० में अब्दुल करीम ने 'अलिफ़ लैला' लिखी जो 1847 में प्रकाशित हुई। रजब अली बेग 'सुरूर' (दे०) की रचना 'शबिस्ताने-सुरूर' इसी किस्से पर आधारित है। इसी क़िस्से को 'हज़ार दास्तान' के नाम से हमीद अली ख़ाँ ने लिखा और नवल किशोर प्रेस (दे०) लखनऊ ने प्रकाशित किया। लखनऊ के ही द्वारका प्रसाद 'उफ़क' ने इसका रूपान्तर तैयार किया जो प्रकाशित नहीं हो सका। पं० रतननाथ 'सरशार' (दे०) की 'अलिफ़ लैला' दो भागों में लिखी गयी और सन् 1901 में प्रकाशित हुई। इस दास्तान को अबुल हसन मंसूर अहमद ने सात खण्डों में तैयार किया और इसे अंजुमन तरक़्क़ी-ए-उर्दू ने सन् 1940 से '46 के बीच छापा।

इनके अतिरिक्त भी 'अलिफ़ लैला' के कई रूपान्तर किए जा चुके हैं। अंग्रेज़ी एवं अन्य विदेशी भाषाओं में भी इस क़िस्से का अनुवाद हो चुका है।

अली अकबर (अं०)

आप हज़रत इमाम हुसैन (दे०) के ज्येष्ठ पुत्र थे। करबला (दे०) के युद्ध के समय आपकी आयु केवल अठारह वर्ष की थी। ऐसा कहा जाता है कि इनकी शादी तय हो चुकी थी। इस धर्म युद्ध में अली अकबर बहादुरी से लड़ते हुए वीरगति को प्राप्त हुए। बहुत से मरसिया कवियों ने इनकी मृत्यु पर पिता इमाम हुसैन और भावी पत्नी के विलाप के करुण दृश्य बड़े प्रभावशाली रूप से प्रस्तुत किये हैं।

अली अब्बास हुसैनी (जन्म : सन् 1897 ई०)

हुसैनी ग़ाज़ीपुर के रहने वाले हैं। 1919 ई० में बी० ए०, 1921 ई० में एल० टी० और फिर इतिहास में एम० ए० किया। अध्ययन में शुरू से ही असाधारण रुचि थी। इनके अपने कथनानुसार ग्यारह वर्ष की आयु में 'अलिफ़ लैला' सात बार पढ़ चुके थे और अंग्रेज़ी साहित्य में दिलचस्पी का यह आलम कि नवीं कक्षा से लेकर एक उपन्यास हर सप्ताह अवश्य पढ़ते। परिणामस्वरूप अंग्रेज़ी के माध्यम से अन्तर्राष्ट्रीय साहित्य के रुझानों की अच्छी जानकारी प्राप्त कर ली। लगभग 1919 ई० में लिखना शुरू किया और उपन्यास, कहानी, नाटक और आलोचना में अनेक महत्त्वपूर्ण रचनाएँ कर चुके हैं। प्रकाशित पुस्तकों में 'रफ़ीके-तन्हाई', 'बासी फूल', 'आई० सी० एस०', 'कुछ हँसी नहीं है', 'मेला घूमनी' और 'हमारा गाँव' लोकप्रिय हैं। उपन्यास 'शायद कि बहार आयी' हिन्दी में 'कोमल नगरी' के नाम से छपा है। इनका उर्दू का आलोचनात्मक इतिहास 'उर्दू नाविल की तारीख़ और तनक़ीद' एक महत्त्वपूर्ण रचना है।

हुसैनी एक प्रगतिशील लेखक हैं लेकिन उनकी प्रगतिशीलता का आधार कोई ख़ास फ़लसफ़ा या नज़रिया नहीं बल्कि मानव-जीवन के प्रति गहरी सम्वेदना है। किसी भी वाद को सम्पूर्ण मानकर अन्धाधुन्ध उसका प्रचार नहीं करते अपितु एक आदर्शवाद से आरंभ करके उसकी कमियों को पहचानते हुए यथार्थ की ओर बढ़ जाते हैं और जनसाधारण, विशेषतया ग्रामीण जन, की आर्थिक दुर्दशा के चित्र इनके क़लम से उभरने लगते हैं। चरित्रों की मनोवैज्ञानिक पकड़ और कथानक का स्वाभाविक विकास इनकी रचनाओं के विशेष गुण हैं। सुधार की आकांक्षा सर्वत्र विद्यमान है। भाषा साफ़, मुहावरेदार, मधुर और शैली सुगठित है।

अली असग़र (अं०)

ये हज़रत इमाम हुसैन (दे०) के छोटे पुत्र थे और करबला (दे०) के युद्ध के समय केवल छः महीने के थे। हज़रत हुसैन इन्हें गोद में लेकर शत्रु पक्ष से पानी माँगने गये थे मगर उबैदुल्ला (दे०) के सिपाहियों ने इन्हें तीरों से बींध डाला।

उर्दू-मरसियों में इस घटना का बड़ा मार्मिक विवरण मिलता है।

अलीगढ़ तहरीक़ (प्र०)

इस तहरीक के प्रवर्तक थे सर सैयद अहमद ख़ाँ (दे०)। इसका उद्देश्य था मुस्लिम समाज में व्याप्त कुरीतियों और पिछड़ेपन को मिटाना, शिक्षा पर ज़ोर देना और उनके धार्मिक और नैतिक दृष्टिकोण को व्यापक करना

इस दिशा में एक महत्त्वपूर्ण कदम था सर सैयद द्वारा सन् 1862 ई० में ग़ाज़ीपुर में 'साइन्टिफ़िक सोसायटी' की स्थापना। इस सोसायटी ने अरबी-फारसी के पुराने क़िस्से कहानियों के स्थान पर नये वैज्ञानिक विषयों पर लिखी अंग्रेज़ी रचनाओं के अनुवाद तैयार किए। सन् 1964 ई० जब सर सैयद अहमद अलीगढ़ गये तो इस सोसायटी को भी साथ ले गये। सन् 1866 में आपने 'ब्रिटिश इंडियन एसोसिएशन' नाम की एक संस्था की स्थापना की। एक स्कूल मुरादाबाद और एक ग़ाज़ीपुर में खोला। 1869 ई० में अपने पुत्र को साथ लेकर लंदन गये और वहाँ की शिक्षा प्रणाली का अध्ययन किया। वहाँ से लौटने पर 1870 ई० में अपनी प्रसिद्ध पत्रिका 'तहज़ीबुल इख़लाक' का प्रकाशन आरंभ किया। इस पत्रिका में धार्मिक और नैतिक विषयों को एक नये वैज्ञानिक दृष्टि-कोण से प्रस्तुत किया, गद्य के एक नये रूप को जन्म और उर्दू पत्रकारिता को नया आयाम दिया। भारतीय मुसलमानों के आचार-विचार को इस पत्रिका ने बहुत गहराई तक प्रभावित किया। सन् 1875 में सर सैयद ने अलीगढ़ में मुहम्मडन कालिज खोला, सन् '83 से यहाँ उच्चशिक्षा का प्रबन्ध हुआ और अब यह अलीगढ़ मुस्लिम विश्वविद्यालय के नाम से जाना जाता है। 1886 ई० में आपने 'मुहम्मडन एजूकेशनल कान्फ्रेंस' की स्थापना की। कुल मिलाकर इस तहरीक ने भारतीय मुसलमानों के सामाजिक और नैतिक जीवन में क्रान्ति पैदा की और उर्दू गद्य को एक नयी शक्ति और सामर्थ्य दी।

अली जवाद ज़ैदी (जन्म : सन् 1918 ई०)

अपने ज़माने के अन्य शिक्षित युवकों की तरह वकालत पास की मगर गांधी जी के आदर्शों से प्रेरित होकर प्रैक्टिस छोड़ दी। राष्ट्र-प्रेम से ओत-प्रोत रचनाएँ कीं। नयी कविता का आकर्षण होते हुए भी परम्परा से विमुख नहीं हुए। गद्य और पद्य दोनों में सुन्दर, प्रसाद गुण युक्त, मार्मिक रचनाएँ की हैं। 'रंगे-संग' और 'मेरी ग़ज़लें' नाम से दो काव्य संग्रह प्रकाशित हैं।

अली सरदार जाफरी (जन्म : 29 नवम्बर सन् 1913 ई०)

बलरामपुर, गोंडा के एक मध्यवर्गीय कट्टर मुस्लिम परिवार में जन्मे। सन् 1933 ई० में हाई स्कूल पास करने के बाद अलीगढ़ यूनीवर्सिटी गये मगर अपनी क्रांतिकारी राजनैतिक विचारधारा के कारण वहाँ से निकाल दिये गये। बी० ए० दिल्ली से और एम० ए० लखनऊ विश्वविद्यालय से किया। लखनऊ से ही 'मजाज़' (दे०) और सिब्ते हसन के सहयोग से

'नया अदब' नामक पत्रिका निकाली। इसके बाद बम्बई चले गये। आज-कल बम्बई में ही साहित्य रचना कर रहे हैं। कुछ समय तक फ़िल्मों से भी सम्बद्ध रहे।

सरदार जाफ़री ने अपने कवि जीवन की शुरुआत मरसियों से की थी। कुछ शृंगारिक नज़्में भी लिखीं। मगर ज़ुल्म न सह सकने वाला शायर जल्द ही मैदाने जंग में शायरी की तलवार लेकर आ डटा। राजनैतिक और सामाजिक चेतना जाफ़री के काव्य का मुख्य आधार है। साम्राज्य-वाद के विरोधी हैं और न केवल एक देश अपितु सारे विश्व को साम्राज्य-वादी शक्तियों के अत्याचार से मुक्त देखना चाहते हैं। साम्यवाद के समर्थक हैं और उसके कार्यकर्ता भी रहे। मगर राजनैतिक प्रतिबद्धता आपके काव्य सौन्दर्य के आड़े नहीं आयी। इनकी कविता मानव प्रेम से ओत-प्रोत है और ज़ालिम के ख़िलाफ़ अंगारे उगलती मालूम होती है। आम बोलचाल की भाषा इस्तेमाल करने के हक़ में हैं। भाषा प्रवाहपूर्ण, भाव प्रखर और प्रचण्ड हैं। विवरण सजीव। समसामयिक विषयों पर अधिक लिखा है। सरदार जाफ़री के काव्य संग्रह हैं—'ख़ून की लकीर', 'परवाज़', 'एशिया जाग उठा', 'पत्थर की दीवार', 'अम्न का सितारा', और 'एक ख़्वाब और'। 'नयी दुनिया को सलाम' नामक इनका प्रबन्ध काव्य उर्दू में अपनी तरह की अनूठी रचना है और मुक्त-छन्द के प्रयोग का अच्छा उदाहरण है। इसके अतिरिक्त सरदार ने 'दीवाने-ग़ालिब', 'दीवाने मीर' और 'कबीर बानी' का सम्पादन किया है और प्रगतिशील आन्दोलन पर 'तरक़्क़ी पसन्द अदब' के नाम से एक आलोचनात्मक पुस्तक भी लिखी है।

अवध अख़बार

इसे मुं० नवल किशोर ने सन् 1859 ई० में लखनऊ से प्रारंभ किया। पहले साप्ताहिक था, बाद में दैनिक हो गया। राजनैतिक आंदोलन का विरोधी था और इसमें अंग्रेज़ी अख़बार से अनूदित समाचार छपा करते थे। काफ़ी समय तक इसका संपादन पं० रतननाथ 'सरशार' (दे०) ने किया जिनका प्रसिद्ध उपन्यास 'फ़साना-ए-आज़ाद' (दे०) इसमें धारा-वाहिक रूप में छपा जिससे पत्र की लोकप्रियता में काफ़ी वृद्धि हुई।

अवध पंच

यह पत्र मुंशी सज्जाद हुसैन (दे०) ने सन् 1877 ई० में लखनऊ से निकाला। पत्रकारिता और उर्दू गद्य-साहित्य के क्षेत्र में यह एक बड़ा महत्त्वपूर्ण योग-दान था। समाचारों के अतिरिक्त इसमें राजनैतिक एवं सामाजिक विषयों

पर लेख, आलोचना और नवीन साहित्यिक कृतियों का प्रकाशन होता था। उपन्यास लेखन एवं स्वस्थ आलोचना को इसने विशेष रूप से प्रोत्साहित किया। इस पत्र ने हास्य रस को उर्दू गद्य में प्रतिष्ठित किया जिससे एक बड़ी साहित्यिक कमी की पूर्ति हुई। सज्जाद हुसैन की अपनी रचनाओं में सदैव हास्य का पुट रहता था। इस पत्र के अन्य लेखक थे—पं० रतन नाथ 'सरशार' सितम ज़रीफ़, पं० त्रिभुवन नाथ 'हिज्र', मुं० ज्वाला प्रसाद 'बर्क़', अहमद अली कसमंडवी, 'अकबर' इलाहाबादी, नवाब सैयद मुहम्मद 'आज़ाद' इत्यादि।

यह पत्र कांग्रेस के सिद्धान्तों और हिन्दू-मुस्लिम एकता का समर्थक था। इसने अलबर्ट बिल और इनकम-टैक्स एक्ट का विरोध किया। स्त्री शिक्षा के मामले में पुराने विचारों का पक्षपाती था। धर्म और सम्प्रदाय की संकीर्णता से ऊपर था।

अशरफ़

अशरफ़ बीजापुर के रहने वाले थे। इनसे पहले की धार्मिक रचनाओं का विषय मुख्यतः तसव्वुफ़, प्रेम और भक्ति ही था। अशरफ़ ने पहली बार अपने 'नौसरहार' में करबला (दे०) की महान त्रासदी को एक नये ढंग से प्रस्तुत किया और इस तरह धार्मिक कविताओं में मरसिये का एक नया रूप उभरा जिसे बाद में आने वाले कवियों ने निखारा। 'नौसरहार' का रचनाकाल सन् 1525 ई० बताया जाता है।

अशरफ़, सैयद अशरफ़

सैयद अशरफ़ की एक मसनवी 'जंगनामा' जिसमें हज़रत अली के धर्म युद्धों का वर्णन है, ब्रिटिश म्यूज़ियम में है। यह रचना सन् 1913 में समाप्त हुई। इसके अतिरिक्त अशरफ़ ने मरसिये भी लिखे हैं।

अश्क, उपेन्द्रनाथ (जन्म : सन् 1910 ई०),

जन्म पंजाब के जालंधर नगर में हुआ। वहीं से बी० ए० किया और एक स्थानीय स्कूल में अध्यापक हो गये। दो वर्ष अध्यापन कार्य के बाद 'भूचाल' नामक पत्रिका का संपादन सँभाला। एल० एल० बी० भी किया।

'अश्क' हिन्दी और उर्दू दोनों के सफल साहित्यकार हैं। आपने प्रेमचन्द की प्रेरणा से उद्देश्य प्रधान कहानियाँ लिखीं। मध्यवर्ग के सामाजिक-आर्थिक और नैतिक जीवन का आधार लिया। आप कवि, नाटककार और आलोचक भी हैं। कुछ आलोचक इनकी कहानियों पर इनके नाटकों को

वरीयता देते हैं और उन्हें अधिक हृदयग्राही मानते हैं। सरल सहज भाषा का प्रयोग करते हैं । 'अंजो दीदी', 'क़ैद' और 'उड़ान' आपके प्रसिद्ध नाटक हैं। 'तूफ़ान से पहले' 'पर्दा उठाओ-पर्दा गिराओ' तथा 'देवताओं की छाया में' आपके एकांकी संग्रह हैं । कहानियों के कई संग्रह प्रकाशित हो चुके हैं जिनमें से 'कोंपल', 'क़फ़स', 'डाची' 'चट्टान' और 'नासूर' उल्लेखनीय हैं ।

अश्क, ख़लील अली ख़ाँ

अश्क कलकत्ता के फ़ोर्ट विलियम कॉलेज (दे०) से सम्बद्ध थे । आपका जीवन वृतान्त प्राप्त नहीं है । कुछ समय पहले ही 'अमीर हमज़ा' के अनुवादक के रूप में इनका नाम प्रकाश में आया है। 'अमीर हमज़ा' फ़ारसी की एक बड़ी लम्बी कथा है और इसके रचनाकारों तथा रचना-काल के विषय में कुछ निश्चित रूप से नहीं कहा जा सकता । अश्क का उर्दू अनुवाद एक लोकप्रिय रचना है । इसके अतिरिक्त अश्क का 'रिसाला ए-कायनात', 'अबुल-फ़जल' के 'अकबर नामा' का अनुवाद 'वाक़ियाते-अकबर' और चीन की एक प्रेमकथा का फ़ारसी से उर्दू में 'किस्साए-गुलजारे-चीन' नाम से अनुवाद मिलता है ।

'असग़र' गोंडवी (सन् 1884-1936 ई०)

असग़र हुसैन 'असग़र' के पिता गोंडा में क़ानूनगो थे। वहीं आपका जन्म हुआ । आर्थिक स्थिति अनुकूल न होने के कारण 'असग़र' की शिक्षा व्यवस्थित रूप से न हो सकी । किन्तु अध्यवसाय से आपने अरबी-फ़ारसी के साथ अंग्रेज़ी का भी अच्छा ज्ञान प्राप्त कर लिया। आजीविका के लिए व्यापार किया । आमदनी कुछ अच्छी न थी परन्तु स्वभाव से ही संतोषी थे । सहारनपुर में मंगलौर शरीफ़ के हज़रत काज़ी शाह अब्दुल ग़नी साहब से सूफ़ी मत में दीक्षा ली । आत्मप्रदर्शन में बिल्कुल रुचि नहीं थी। स्वान्तः सुखाय लिखते थे, प्रचार के लिए नहीं । लेकिन सूफ़ीवादी चेतना का जो परिष्कृत रूप आपकी रचनाओं में उभरा है वह अन्यत्र दुर्लभ है। पवित्र आध्यात्मिक प्रेम की अभिव्यक्ति में भौतिक प्रेम की सी तीव्रता और जीवन्तता है । आनन्द की वह स्थिति है जहाँ अराध्य और आराधक मिलकर एक हो जाते हैं, आसक्तियाँ तिरोहित हो जाती हैं और पाठक विभोर हो उठता है । 'असग़र' से पहले भी ग़ज़ल गो शायर अध्यात्म का आधार लेते रहे हैं लेकिन असग़र के काव्य में जो रस वृष्टि हुई है उसकी मिसाल नहीं । शैली में अनूठी रंगीनी है । आपके दो दीवान प्रकाशित हुए हैं—'निशाते-रूह' और 'सरोदे-जिन्दगी' । इनमें कुल मिलाकर 112 ग़ज़लें

कुछ नज़्में और क़सीदे हैं। शायरी में 'असग़र' किसी के शिष्य नहीं हुए। 'असग़र' कुछ समय तक लाहौर के 'उर्दू मरकज़' से सम्बद्ध रहे और अन्तिम समय में इलाहाबाद से प्रकाशित 'हिन्दुस्तानी' का सम्पादन कर रहे थे।

असर, ख़्वाजा पीर मुहम्मद

ख़्वाजा असर 'दर्द' (दे०) के छोटे भाई थे। तबीयत से फ़कीर थे। 'दर्द' के बाद ये ही मसनदे-दरवेशी पर आसीन हुए। एक उच्चकोटि के शायर और ग़ज़ल गो थे। 'ख़्वाबो-ख़याल' इनकी एक श्रेष्ठ मसनवी है। मजनूं गोरखपुरी (दे०) ने 'तनक़ीदी हाशिये' (दे०) में इनके प्रेम सम्बन्धी काव्य की बड़ी प्रशंसा की है। उनका कहना है कि असर ने 'जिस सादगी और सहूलियत, जिस दर्दमन्दी और दिलसोज़ी के साथ वारदाते-इश्क़ का बयान किया है, वह उनको एक जुदागाना **असलूब** का मालिक मानने को मजबूर करते हैं। और यह कि असर की ज़बान में 'मीर' से ज़्यादा 'तल्ख़ी, तंज़ और घुलावट' मौजूद है।

'असर' लखनवी (सन् 1885-1966 ई०)

मिर्ज़ा जाफ़र अली ख़ाँ 'असर' का जन्म लखनऊ के एक शिक्षित एवं सम्पन्न परिवार में हुआ। सन् 1906 में आपने बी० ए० किया और 1909 में डिप्टी कलक्टर हो गये। सन् 1940 में रिटायर होने पर इलाहाबाद के एडीशनल कमिश्नर के पद पर काम किया। कुछ समय तक कश्मीर के गृह मंत्री भी रहे। उच्च राजकीय पदों पर काम करते हुए भी आपकी सृजन में गहन रुचि थी और उर्दू साहित्य एवं आलोचना को समृद्ध करने में आपका योगदान महत्त्वपूर्ण है।

'मीर' आपके आदर्श थे। सो 'मीर' जैसा सोज़ोगुदाज और 'मीर' का 'अन्दाज़े-बयाँ' अक्सर 'असर' के कलाम में देखने को मिलता है। ग़ज़लें सादा मगर रंगीन हैं। भाषा सरल और मधुर, अभिव्यक्ति प्रवाहपूर्ण। अधिकांश रचनाओं का विषय प्रेम है—भौतिक किन्तु मर्यादित। प्रेयसी के सौन्दर्य वर्णन में भी कहीं हल्कापन या उच्छृंखलता नहीं। कहीं-कहीं दार्शनिक विचारधारा और सूफ़ियाना रंग का भी असर है।

'असर' अपने ज़माने के माने हुए भाषामर्मज्ञ थे। लखनवी ज़बान के आप ख़ास जानकार माने जाते थे। अंग्रेज़ी और फ़ारसी के भी बड़े विद्वान थे। 'मीर' का आपने गहन अध्ययन किया और उनके काव्य-सौन्दर्य को पाठकों के लिए उद्घाटित किया। 'मीर' की काव्य-रचनाओं को आपने 'मज़ामीर' के नाम से दो भागों में प्रकाशित कराया। इस संग्रह में 'असर' की

प्रस्तावना महत्त्वपूर्ण है। 'असर' ने 'भगवत गीता' का काव्य-अनुवाद किया। यह बड़ी उच्चकोटि की रचना है और 'नग़मा-ए-जावेद' के नाम से प्रसिद्ध है। आलोचनात्मक रचनाओं में इनकी पुस्तकें 'असर के मज़ामीन' 'छान-बीन' और 'अनीस की मरसिया निगारी' उल्लेखनीय हैं। 'फ़रहंगे-असर' में शब्दों और मुहावरों के प्रयोग और उनसे सम्बन्धित त्रुटियों का विवेचन किया गया है। आपकी ग़ज़लों के कई संग्रह प्रकाशित हो चुके हैं जिनमें 'असरिस्तान' 'बहारां', 'नौ बहारां' और 'रंगबस्त' विशेष रूप से उल्लेखनीय हैं।

असीर, सैयद मुज़फ़्फ़र अली ख़ाँ (सन् 1800-81 ई०)

अमेठी में जन्म हुआ। पिता का नाम था सैयद इम्दाद अली। बारह वर्ष की आयु में आपका विवाह लखनऊ के शेख़ज़ादों के घराने में हो गया। तब से लखनऊ में ही बस गये। आप नवाब वाजिद अली शाह (दे०) के मुसाहिबों में थे और कभी-कभी उनके काव्य का संशोधन भी कर देते थे। नवाब साहब को इन पर बड़ा भरोसा था और सन् 1857 ई० के बाद जब ये उनके साथ कलकत्ता नहीं गये तो उन्हें बड़ी मानसिक पीड़ा पहुँची। इसके बाद आप रामपुर चले गये जहाँ नवाब यूसुफ़ अली ख़ाँ ने इनका बड़ा सम्मान किया। अन्तिम समय लखनऊ में थे।

शायरी में असीर 'मुसहफ़ी' (दे०) के शिष्य थे। उर्दू में इनके छः और फ़ारसी में एक दीवान है। एक मसनवी, कुछ क़सीदे और मरसिये भी आपने लिखे। भाषा-विज्ञान और काव्यशास्त्र के विद्वान थे। शैली में लखनवी रंग है। आप अमीर मीनाई (दे०) के काव्य गुरु थे।

अहमद अली (जन्म सन् 1910 ई०)

आपका जन्म दिल्ली में हुआ। स्नातकोत्तर शिक्षा लखनऊ विश्वविद्यालय से प्राप्त की और वहीं सन् 1932-33 और फिर 1936-41 में अध्यापन किया। कुछ समय आगरा कॉलेज और इलाहाबाद विश्वविद्यालय में भी पढ़ाया। सन् '45 में प्रेज़ीडेन्सी कॉलेज, कलकत्ता आ गये और वहाँ से नेशनल सेन्ट्रल यूनिवर्सिटी नानकिंग में विज़िटिंग प्रोफ़ेसर की हैसियत से गये। बी० बी० सी० और पाकिस्तानी पब्लिसिटी विभाग से सम्बद्ध रहे। यद्यपि अहमद अली देश के विभाजन के बाद पाकिस्तान चले गये फिर भी उनकी रचनाओं में दिल्ली की भाषा और पृष्ठभूमि का प्रभाव बना रहा। आपने अंग्रेज़ी और उर्दू दोनों भाषाओं में लिखा। आपकी उर्दू रचनाओं में कभी-कभी पश्चिमी प्रतीकवाद का प्रभाव दिखायी देता है। उर्दू में आप मूलतः एक कहानीकार के रूप में जाने जाते हैं। अहमद अली उन

लेखकों में से हैं जिनका सम्मिलित कहानी संग्रह 'अंगारे' के नाम से लखनऊ से प्रकाशित हुआ था। इस संग्रह ने सचमुच ही तत्कालीन सामाजिक रूढ़ियों और नैतिक मूल्यों पर अंगारे बरसाने का काम किया था। लेकिन इन कहानियों में धर्म, नीति और यौन सम्बन्धों पर भावुक ढंग से प्रहार किया गया था, राजनीतिक और आर्थिक सन्दर्भ में उनका विवेचन नहीं था। अहमद अली के अन्य प्रकाशित कहानी-संग्रह हैं—'शोले', 'हमारी गली', 'क़ैदख़ाना' और 'मौत से पहले'।

अहसन फ़ारुकी

डा० फ़ारुक़ी उर्दू साहित्य जगत में एक उपन्यासकार और आलोचक की हैसियत से जाने जाते हैं। उपन्यासों में 'शामे अवध' और 'संगम' उल्लेखनीय हैं। 'शामे अवध' में सन् 1857 ई० के विप्लव के बाद के लखनऊ की सामाजिक दुर्दशा और मरणासन्न नवाबी सभ्यता का बड़ा सजीव वर्णन है। भाषा बहुत सुन्दर है और चरित्र-चित्रण ज़िन्दगी के करीब। आलोचना में आप सामाजिक दृष्टि को विशेष महत्त्व नहीं देते। साहित्यिक कृतियों को बने-बनाये सिद्धान्तों की कसौटी पर कसते हैं। आपके आलोचना ग्रन्थ हैं—'उर्दू में तनक़ीद' 'फ़रेबे नज़र', 'उर्दू नावेल की तनक़ीदी तारीख़' और 'नावेल का फ़न'।

अहसन लखनवी

सैयद मेहदी हसन 'अहसन' लखनवी मिर्ज़ा 'शौक़' (दे०) के पौत्र थे। ये कवि, संगीतज्ञ और नाटककार थे। अहसन एलफ्रेड थियेट्रिकल कंपनी (दे०) के लिए नाटक लिखते थे। अच्छी साफ़ और मुहावरेदार ज़बान लिखते थे। इन्होंने शेक्सपियर के ड्रामों के उर्दू रूपान्तर तैयार किये जिनमें 'हैमलेट' पर आधारित 'ख़ूने-नाहक' (दे०) विशेष रूप से पसंद किया गया। आपके नाटक हैं—'फ़ीरोज़ गुलनार', 'चंद्रावली', 'दिलफ़रोश', 'भूल-भुलैया', 'बक़ावली' और 'चलता पुर्ज़ा'। अहसन ने 'वाक़याते-अनीस' के नाम से अनीस (दे०) की जीवनी भी लिखी।

आ

आईना-ए-बलाग़त (कृ०)

यह उर्दू काव्य-शास्त्र पर लिखी गयी एक महत्त्वपूर्ण पुस्तक है जिसके रचयिता हैं मिर्ज़ा मुहम्मद अस्करी लखनवी। इसमें गद्य और पद्य के भेदों की विशद विवेचना की गयी है। उर्दू कविता के छन्दों एवं अलंकारों को वर्णानुक्रम में बड़ी सरल और स्पष्ट भाषा में समझाया गया है। उदाहरण केवल आवश्यकतानुसार ही दिये गये हैं। पुस्तक के अन्त में पारिभाषिक शब्दावली फ़ारसी तथा अंग्रेज़ी में दी गयी है। यह पुस्तक सन् 1937 ई० में प्रकाशित हुई।

आंधी में चिराग़ (कृ० : प्रकाशन वर्ष सन् 1962 ई०)

यह ख़्वाजा ग़ुलाम सैय्यदैन (सन् 1904-71 ई०) द्वारा लिखे गये निबन्धों का संग्रह है। आप उर्दू के जाने-माने विद्वान् और शिक्षाविद् हुए हैं।

इस पुस्तक के तीन भाग हैं। पहले भाग में ख़्वाजा साहब ने महात्मा बुद्ध, गुरु नानक, हज़रत मोहम्मद, इमाम हुसैन तथा अन्य धर्म गुरुओं की शिक्षा को बड़े ही उदार एवं निष्पक्ष रूप में प्रस्तुत किया है। वे इस निष्कर्ष पर पहुँचते हैं कि सभी धर्मों का सार मूल रूप में एक ही है और वे सभी एकेश्वरवाद और 'वसुधैव कुटुम्बकम्' के आदर्श की स्थापना करते हैं। पुस्तक के दूसरे भाग में लेखक ने उन समकालीन व्यक्तियों की चर्चा की है जिनसे वे प्रभावित हुए। इनमें महात्मा गांधी, मौ० अबुल कलाम आज़ाद (दे०), डा० ज़ाकिर हुसैन और पंडित नेहरू के अतिरिक्त ख़्वाजा साहिब के परिवार के कुछ सदस्यों का भी उल्लेख है। इन चरित्रों की मानवीय संवेदना और स्वाभाविक ऊष्मा आदर्श होते हुए भी अपने आस-पास लगती है। पुस्तक के तीसरे भाग में मनुष्य, उसका भविष्य, भारत और अन्य देशों की नियति और सभ्यता-संस्कृति की रक्षा के प्रश्नों पर विचार किया गया है। अंत में लेखक ने सही और स्थायी मूल्यों की पुन-

स्थापना तथा आदर्श व्यक्तियों द्वारा दिखाये गये मार्ग पर चलने का आह्वान किया है।

'आंधी में चिराग़' सन् 1963 ई० में साहित्य अकादमी द्वारा पुरस्कृत की गयी।

आग का दरिया (कृ०। प्रकाशन वर्ष सन् 1960 ई०)

यह कुर्रतुल ऐन हैदर (दे०) का एक सशक्त उपन्यास है जो उन्होंने देश के विभाजन के बाद लिखा। इस साहित्यिक कृति में प्राचीन भारतीय सभ्यता, संस्कृति एवं चिन्तन-मनन की अजस्र धाराओं को एक विशद पटल पर बड़े ही संवेदनशील, हृदयग्राही और विचारोत्तेजक ढंग से प्रस्तुत किया गया है। कहानी के ताने-बाने में विचार, घटना और चरित्र बुने हैं। प्राचीन को वर्तमान से जोड़ता हुआ कथानक आने वाले कल की ओर संकेत करता है। पुरातन से प्रारंभ यह यात्रा देश के विभाजन की पीड़ा, उससे उपजे अलगाव, संवेगात्मक और भौतिक संकट तथा हताशा को चित्रित करती है। विभिन्न चरित्रों की बदली हुई परिस्थिति के प्रति विभिन्न प्रतिक्रियाओं में विभाजन का दर्द प्रमुख है। नयी पीढ़ी में यथार्थ दृष्टि और संघर्ष का आग्रह है। उपन्यास की भाषा शैली प्रवाहपूर्ण, सजीव और प्रभावशाली है। इस रचना की गणना साहित्य की श्रेष्ठ रचनाओं में होती है। इसका अनेक भारतीय भाषाओं में अनुवाद हो चुका है।

आगाह, मुहम्मद बाकर

'आगाह' का जन्म बेलोर नगर में हुआ। इनके पूर्वज बीजापुर के रहने वाले थे। इनकी उर्दू रचनाएँ हैं—'हश्तबिहिश्त', 'तुहफ़ तुल-अहबाब', 'तुहफ़तुन्निसा', 'फ़रायद दर अक़ायद', 'रियाज़ुल जना', 'महबूबुल-कुलूब', 'रौजतुल-इस्लाम', 'गुलज़ारे-इश्क़', 'क़िस्सा रिज़वां शाह रूह अफ़ज़ा', 'ख़मसा मुब्तहश' और रूप 'सिंगार'। इनका रचनाकाल सन् 1771 ई० से 1805 माना जाता है। इन काव्य-संग्रहों की भूमिका गद्य में है। 'रियाज़ु-स्सियर' नामक आपकी पूरी पुस्तक गद्य में है।

आग़ा 'हश्र' कश्मीरी (सन् 1879-1935 ई०)

आग़ा मुहम्मद शाह 'हश्र' का जन्म बनारस में हुआ। 1901 में बंबई आ गये और चार वर्ष में चार सफल नाटकों—'मुरीदे शक', 'मारे आस्तीं,' 'मीठी छुरी' और 'असीरे-हिर्स' की रचना की। हिन्दू पृष्ठभूमि पर शुद्ध हिन्दी में 'बिल्वा मंगल', 'गंगा अवतरण', 'बनदेवी', 'सीता बनवास', 'भीष्म प्रतिज्ञा' और 'श्रवणकुमार' आदि नाटक लिखे। 'हश्र' अपनी

प्रतिभा से नाटक संसार पर छा गये। पारसी थियेट्रिकल कंपनी, न्यू एल्फ्रेड थियेट्रिकल कंपनी (दे०) एवं सेठ आर्देशिर भाई ठोंठी की कंपनी ने इनके नाटक मंचित किये। 'हश्र' ने स्वयं भी 'शेक्सपियर थियेट्रिकल कंपनी' आरंभ की जो व्यावसायिक समझदारी के अभाव में शीघ्र ही बंद हो गई। बोलती फ़िल्मों के ज़माने में 'हश्र' कलकत्ता के 'न्यू थियेटर्स में' अभिनेता हो गये और 'चण्डीदास' तथा 'यहूदी की लड़की' के संवाद भी लिखे। इनके अन्य नाटक हैं—'शहीदे नाज़', 'ख़्वाबे हस्ती', 'ठंडी आग', 'खूबसूरत बला', 'तुर्की हूर', 'तस्वीरे-वफा', 'खुदपरस्त', 'सिल्वर किंग' इत्यादि।

'हश्र' के नाटकों में भावों और आवेगों की तीव्रता है, नाटकीय उतार-चढ़ाव और सफल चरित्र चित्रण है। चटक रंगों का प्रयोग करते हैं। कविता का अत्यधिक प्रयोग तथा एक से अधिक कथानक कहीं-कहीं वेग में बाधा डालते हैं। 'आंख का नशा' गद्य में लिखे जाने के कारण नाटक इतिहास में एक क्रांतिकारी मोड़ था।

आज़ाद (पा०)

यह उर्दू के पहले यथार्थवादी उपन्यास 'फ़साना-ए-आज़ाद' (दे०) का नायक है जिसको पं० रतननाथ 'सरशार' (दे०) ने 'अवध अख़बार' (दे०) के लिए धारावाहिक रूप में लिखा। आज़ाद उस समय के लखनऊ का एक सजीला, घुमक्कड़ और प्रगतिशील विचारों का युवक है। वह शिक्षित नहीं मगर फिर भी अंधविश्वासों से मुक्त है, धर्म के ढकोसलों का विरोधी और स्त्री-शिक्षा का समर्थक है। आज़ाद इस उपन्यास का केन्द्रबिन्दु है और सारा कथानक उसके गिर्द घूमता है। आज़ाद के माध्यम से हमें 'सरशार' तत्कालीन लखनऊ के विभिन्न वर्गों, स्थानों, रीति-रिवाजों, मेलों-ठेलों के दर्शन कराते हैं। उपन्यास का नायक 'डॉन क्विकज़ॉट' की याद दिलाता है और ऐसा लगता है कि 'सरशार' का यह चरित्र सर्वेन्टीज़ से प्रभावित है। उसकी यात्राओं के विवरण रोचक हैं मगर चरित्र में गहराई और गतिशीलता का अभाव है। तुर्की से लौटने पर आज़ाद की उदासी इस दिशा में एक संकेत मानी जा सकती है।

आज़ाद, जगन्नाथ (सन् 1918 ई०)

आप उर्दू के प्रसिद्ध कवि स्वर्गीय तिलोकचंद 'महरूम' (दे०) के पुत्र हैं। जन्म पश्चिमी पंजाब के ईसाख़ैल गाँव में हुआ। प्रारंभिक शिक्षा कुलूरकोट में हुई। मियाँवाली से हाईस्कूल पास किया और रावलपिण्डी से बी० ए०। एम० ए० लाहौर से किया। वहाँ अल्लामा 'ताजवर' नजीबा-

बादी (दे०), डा० सर इक़बाल (दे०), सैयद आबिद अली, डा० मुहम्मद अब्दुल्ला आदि के सम्पर्क का सौभाग्य हुआ और साहित्यिक गतिविधियों में रुचि बढ़ी। कुछ समय तक पंजाब कांग्रेस के पत्र 'जयहिन्द' में काम किया। देश-विभाजन के बाद दिल्ली आ गये। पहले श्रम विभाग में और फिर 'आजकल' के सम्पादकीय विभाग में काम किया। 1955 में इन्फ़ॉरमेशन ऑफ़िसर नियुक्त हुए।

आज़ाद ने खुद लिखा है कि भारत-विभाजन से पहले उन्होंने शायरी को कुछ विशेष महत्त्व नहीं दिया, मगर सन् '47 की घटनाओं ने उनके अन्दर सोये हुए शायर को झकझोर दिया और वह क़लम हाथ में लेने को मजबूर हुए। अनुभूति से जन्मी इस करुणा की अभिव्यक्ति ने उन्हें एक सच्चा और लोकप्रिय शायर बना दिया। इस दौरान लिखी गयी उनकी रचनाएँ विशेष रूप से प्रसिद्ध हैं। आज़ाद एक प्रगतिशील लेखक हैं और उनके लेखन में मानव प्रेम सर्वोपरि है। इनके काव्य संग्रह हैं—'बेकराँ', 'सितारों से ज़र्रों तक', और 'अपने वतन में अजनबी'। आपने गद्य में भी लिखा है।

आज़ाद, नवाब सैयद मुहम्मद (जन्म : सन् 1849 ई०)

ढाका के एक धनाढ्य परिवार में जन्मे। उर्दू फ़ारसी के अतिरिक्त अंग्रेज़ी का अच्छा अभ्यास था। आई० एस० ओ० का सम्मान सरकार से पाया। दो बार बंगाल काउंसिल के सभासद भी हुए। आपने 'अवधपंच' (दे०), 'अवध अख़बार' (दे०) और 'आगरा अख़बार' के अतिरिक्त फ़ारसी में 'दूरबीन' के लिये लेख लिखे। सन् 1878 ई० में आपका एक उपन्यास 'नवाबी दरबार' छपा जो बहुत पसन्द किया गया। आपकी एक हास्यरस प्रधान रचना है—'नई लुग़त'।

आज़ाद, मौलाना अबुल कलाम (सन् 1888-1958 ई०)

मौलाना आज़ाद का जन्म मक्का में हुआ। सात-आठ वर्ष की आयु में भारत आ गये और कलकत्ता में अरबी-फ़ारसी और तुर्की भाषाओं का अध्ययन किया। आज़ाद को लोग एक साहित्यकार की अपेक्षा एक राजनैतिक नेता के रूप में अधिक जानते हैं। राजनीति में सदा सक्रिय रहे, राष्ट्रीय स्वतन्त्रता आंदोलन में भाग लिया और मुसलमानों को राष्ट्रीयता की शिक्षा दी। महायुद्ध के समय कांग्रेस के अध्यक्ष थे और स्वतन्त्र भारत के शिक्षा मंत्री रहे। मौलाना ने शुद्ध साहित्य तो नहीं लिखा लेकिन पत्रों में जो राजनैतिक और सामाजिक विषयों पर लेख लिखे उनकी भाषा शैली साहित्यिक गुणों से भरपूर है। पत्रकारिता से मौलाना आज़ाद का

गहरा सम्बन्ध रहा। छोटी-सी आयु में ही इन्होंने 'नैरंगे-नज़र' नामक एक पत्रिका निकाली जो आठ महीने ही चल सकी। इसके बाद वे 'अल-मिस्बाह', 'तुहफ़ए-मुहम्मदिया', 'ख़ुदंगे-नज़र', 'अहसानुल-अख़बार', 'मख़-ज़न', 'अलनिदवा' और 'वकील' आदि पत्रों से किसी न किसी रूप में सम्बद्ध रहे। कुछ समय तक 'लिस्सान उस्सिद्क़' भी चलाया जिसे सन् 1904 में ईराक जाने पर बंद किया। इनके दो महत्त्वपूर्ण प्रकाशन 'अलहिलाल' और 'अलबलाग़' थे। 'अलहिलाल' का उद्देश्य हिन्दू-मुस्लिम एकता पर बल देकर दोनों का ब्रिटिश सत्ता के विरुद्ध आह्वान था। सन् 1915 में मौलाना को बंगाल से निष्कासित कर दिया गया और यह पत्र बंद हो गया। 'अल-बलाग़' दार्शनिक और धार्मिक पत्र था। यह भी कुछ ही वर्ष चला। 1921 से इन्होंने 'पैग़ाम' का सम्पादन आरंभ किया। 1927 में 'अलहिलाल' को पुनः आरंभ किया, लेकिन इस बार भी ब्रिटिश सरकार ने इसे चलने न दिया। मौलाना ने बचपन में कुछ कवि-ताएँ भी लिखी थीं। इनकी प्रारंभिक गद्य रचनाओं में 'तज़किरा' उल्लेख-नीय है, जिसमें इन्होंने अपने पूर्वजों का इतिहास बड़े रोचक ढंग से लिखा है। कुरान का आपने बड़ा विद्वत्तापूर्ण टीका सहित अनुवाद किया। सन् 1942-45 की नज़रबंदी के ज़माने में इन्होंने जो पत्र अपने मित्र को लिखे, वे 'ग़ुबारे ख़ातिर' के नाम से प्रकाशित हुए हैं।

मौलाना आज़ाद की शैली में असाधारण ओज और प्रवाह है। लम्बे वाक्यों और अरबी-फ़ारसी के शब्दों के बहुतायत प्रयोग के बावजूद भी भाषा-प्रवाह में बाधा नहीं पड़ती। यह उल्लेखनीय है कि मौलना जितने बड़े लेखक थे, उतने ही ऊँचे स्तर के वक्ता भी थे। इनका असली नाम मोह-युद्दीन अहमद था लेकिन इनके वक्तृत्व को देखते हुए मौलाना शिबली ने इन्हें 'अबुल कलाम' की उपाधि दी जिसका अर्थ है 'भाषण कला का जनक'। इनकी ज़बान में ऐसा जादू था कि श्रोता मंत्रमुग्ध हो जाते थे। भाषा पर पूरा अधिकार था। कठिन से कठिन विचार को दिमाग़ में बिठा देते। वाक्य विन्यास की गठन इतनी जबरदस्त कि एक शब्द भी इधर से उधर करना कठिन। गद्य में पद्य के उद्धरण खूब देते थे। लेकिन अरबी-फ़ारसी के थोड़े ज्ञान के बिना इनकी रचनाओं का पूरा रसास्वादन संभव नहीं है। मौलाना की अन्य कृतियाँ हैं—'कुर्बानी', 'ग़ुबार-ए-ख़ातिर, 'मज़ामीन-ए-अबुलक़लाम', 'कारवाने ख़्याल' और 'ताज़ा मज़ामीने-अबुल-कलाम'।

आज़ाद, मौलाना मुहम्मद हुसैन (सन् 1833-1910 ई०)

आपका जन्म दिल्ली में हुआ। पिता का नाम मुहम्मद बाकर था और वे भी उर्दू के बड़े विद्वान् थे। 'आज़ाद' ने अरबी-फ़ारसी की शिक्षा प्राप्त की। दिल्ली कॉलेज में प्रो० रामचन्द्र (दे०) के शिष्य रहे। छोटी आयु में ही सृजनात्मक प्रतिभा प्रकट हुई। शायरी में 'ज़ौक' के शागिर्द हुए। सन् 1857 ई० की क्रान्ति में घरबार विनष्ट होने के बाद लाहौर के शिक्षा विभाग में आ गये और वहाँ उर्दू-फ़ारसी की कुछ पाठ्य पुस्तकें लिखीं। दो बार ईरान यात्रा की और आधुनिक फ़ारसी का ज्ञान प्राप्त किया। वहाँ से लौटकर राजकीय कॉलेज में प्राध्यापक नियुक्त हुए। लाहौर में 'अंजुमने-पंजाब' की स्थापना की और 'अतालीक़े पंजाब' तथा 'पंजाब मैगज़ीन' के सह-सम्पादक रहे।

'आज़ाद' ने गद्य और पद्य दोनों में लिखा। आपने उर्दू कविता में वास्तविकता और सामाजिक, आर्थिक, राजनैतिक समस्याओं के समावेश पर बल देकर एक क्रांतिकारी काम किया। इससे राष्ट्रीय और देश-प्रेम विषयक रचनाओं का युग आरंभ हुआ। आज़ाद ने अपनी कविताओं के विषय साधारण जीवन से लिए। पुराने अलंकारों का बहिष्कार किया। नयी अछूती उपमाओं का प्रयोग किया। आपकी कविता में स्वाभाविकता, भावों की कोमलता और प्रवाह है किन्तु मौलिक गूढ़ विचार दर्शन का अभाव। आपने 'शबे क़द्र', 'सुबहे उम्मीद', 'दादे इंसाफ़' 'गंजे कनाअत', 'विदाए-इंसाफ' और 'ख़ाबे-अमन' नामक मसनवियों के अतिरिक्त क़सीदे और मरसिये भी लिखे।

गद्य के क्षेत्र में 'आज़ाद' का योगदान और भी महत्त्वपूर्ण है। सर सैयद अहमद खाँ (दे०) के युग में आपने अपनी अलग शैली और पहचान बनाई। स्वाभाविकता, सादगी, अनौपचारिकता के साथ आपकी भाषा-शैली में बड़ी कोमलता और सुन्दरता है। सर्वत्र संगीत का-सा प्रवाह है। उर्दू गद्य में आपकी अमर रचना है 'आबे-हयात' (दे०) जिसे उर्दू-काव्य का पहला इतिहास कहा जाता है। आपकी अन्य पुस्तकें हैं—'नैरंगे ख़्याल' 'दरबारे-अक़बरी' (दे०), 'सुख़न-दाने-फ़ारस' (दे०), 'कन्दे-पारसी', 'निगारिस्ताने-फ़ारस', 'सिपाको-नमक', 'नसीहत का करन फूल' और 'अल हयात'।

आजिज, मोहम्मद अली

औरंगज़ेब की दकन-विजय के समय में वहाँ थे। पूरा नाम था मोहम्मद अली। आपने 'महबूबुलक़लूब' का 'क़िस्सा फ़िरोज शाह' के नाम से उर्दू

में अनुवाद किया। 'किस्सा मतका मिस्र' को भी फ़ारसी से दकनी में पद्यबद्ध किया। आपकी एक अन्य रचना है 'क़िस्स-ए-लालोगौहर'। इसमें बंगाल के शहज़ादे लाल ज़मर्रुद और जवाहर शाह की बेटी गौहर की प्रेमकथा है।

आज़ुर्दा, मुफ़्ती सदरुद्दीन खाँ

आप मौलवी लुत्फ़ुल्ला काश्मीरी के पुत्र थे। उर्दू, अरबी, फ़ारसी तीनों भाषाओं पर अच्छा अधिकार था और तीनों में काव्य रचना करते थे। उर्दू में पहले 'नसीर' (दे०) और फिर 'ममनून' (दे०) से इस्लाह लेते रहे। 'फ़िराक़' गोरखपुरी ने इन्हें ग़ालिब का शिष्य बताया है। वैसे ग़ालिव (दे०) मोमिन (दे०) ज़ौक (दे०) और शेफ़्ता (दे०) से इनकी मित्रता थी। साहित्यिक समाज में इनका बड़ा आदर था। रामपुर और भोपाल के नवाब इनके शिष्य थे। सर सैयद महमूद भी इनके शिष्य थे, और इनका ज़िक्र बड़ी इज़्ज़त से करते थे। आपके साहित्य के कुछ नमूने उपलब्ध हैं।

आतिश, ख़्वाजा हैदर अली (सन् 1778-1846 ई०)

पिता ख़्वाजा अली बख़्श का साया बचपन में ही आतिश के सिर से उठ गया। परिणामस्वरूप शिक्षा की समुचित व्यवस्था न हो सकी। स्वाध्याय से अरबी-फ़ारसी का ज्ञान प्राप्त किया। स्वभाव से संत थे। फ़ौजी छावनियों में आते-जाते स्वतन्त्रता और निर्भीकता के गुण भी आत्मसात कर लिये। अवध सरकार से अस्सी रुपये महीना पाते थे जिसमें से पन्द्रह अपने लिए रख कर बाक़ी दान कर देते। गेरुए वस्त्र पहनते थे, कमर में तलवार और हाथ में डण्डा रखते थे। टूटे-फूटे घर में बोरिया बिछाये बादशाही करते थे।

आतिश के जमाने में लखनऊ में मुसहफ़ी (दे०), इंशा (दे०) और जुरअत (दे०) का बोलबाला था। यह लखनऊ में ख़ारिजी शायरी (दे०) का युग था। आतिश ने कुछ समय तक मुसहफ़ी की शागिर्दी की। मगर तत्कालीन शायरों की भौतिक लालसाएँ आपकी प्रकृति से मेल नहीं खाती थीं। आप विद्वान् नहीं थे, कवि-हृदय आपको ईश्वरीय देन थी। तसव्वुफ़ के सूक्ष्म भाव और प्रेम की महीन अनुभूतियाँ आतिश की ग़ज़लों में उजागर हुईं। प्रकृति की सरलता शब्दों में प्रतिबिम्बित हुई और भाषा का एक बड़ा ही मधुर, संगीत एवं प्रवाहपूर्ण रूप आतिश के काव्य के रूप में सामने आया। मुहावरों और अलंकारों का भी खूब प्रयोग किया है किन्तु वरीयता भाव एवं कल्पना के सौन्दर्य को देते हैं। भाषा शुद्ध है,

भाव उदात्त। यही कारण है कि ख़ारिजी शायरी का युग समाप्त हो जाने पर भी आतिश की प्रतिष्ठा बनी रही।

आपके दो दीवान प्रकाशित हुए हैं। ग़ज़लें ही कही हैं। कसीदे और हिजो आपके स्वभाव के प्रतिकूल थे। आतिश के शिष्यों में ख़लील, 'रिन्द' (दे०), सबा, शरफ़, मिर्ज़ा शौक़ (दे०) और पं० दयाशंकर नसीम (दे०) विशेष रूप से उल्लेखनीय हैं।

आतिशे-गुल (कृ०)

यह 'जिगर' मुरादाबादी की ग़ज़लों और नज़्मों का संकलन है। मुख्य स्वर सौन्दर्य-प्रेम और शृंगार का है। प्रेम की मर्यादित अभिव्यक्ति और समर्पण की उद्दाम आकांक्षा, आध्यात्मिक से भौतिक का संगम और इस संगम से बहती कोमलता, सरसता और बाँकपन की त्रिवेणी, भावलालित्य और संगीत इस कृति की विशिष्टताएँ हैं। नज़्मों में कहीं-कहीं राष्ट्रीयता का पुट और समसामयिक घटनाओं का प्रभाव भी दृष्टिगोचर होता है। इस संकलन का प्राक्कथन प्रो० रशीद अहमद सिद्दीकी (दे०) और भूमिका अल अहमद 'सुरूर' ने लिखी है।

आत्मकथा (वि०)

अपने बारे में नियोजित और व्यवस्थित ढंग से लिखने की कला बीसवीं शताब्दी की देन कही जा सकती है। इससे पहले हमें आत्मकथात्मक विवरण यत्र-तत्र डायरी, संस्मरण, रिपोर्ताज और ख़तों के रूप में मिलते हैं। इनसे लेखक के व्यक्तित्व का कोई एक पहलू ही प्रकाशित होता है, उसकी बहुआयामी छवि उजागर नहीं हो पाती। न ही इनमें लेखक अपने जीवन अनुभव के प्रति तटस्थ दृष्टि रखता है। ऐसे कुछ उदाहरण पिछली शताब्दी में भी मिलते हैं। मीर तक़ी 'मीर' (दे०) ने आत्मकथात्मक विवरण फ़ारसी में 'ज़िक्रे-मीर' (सन् 1808 ई०) के नाम से कलमबद्ध किए। इसका उर्दू अनुवाद निसार अहमद फ़ारूकी ने सन् 1957 ई० में तैयार किया। 'मसनवी हुस्ने-अख़्तर' में नवाब वाजिद अली शाह (दे०) ने अपने जीवन के अन्तिम 27 वर्षों का वर्णन गद्य में किया। ज़फर थानेसरी की 'तवारीख़े-अजीब' गद्य में लिखी गई उर्दू की पहली आत्मकथा कही जा सकती है। सन् 1910 में ज़ाकिर देहलवी ने आत्मकथा लिखी जो सन् 1857 की क्रान्ति के विस्तृत वर्णन के कारण 'दास्ताने ग़दर' के नाम से छपी।

सन् 1919 ई० में ख़्वाजा हसन निज़ामी ने 'आपबीती' लिखी। इसी वर्ष फ़ज़लुद्दीन अहमद मिर्ज़ा ने मौ० अबुल कलाम 'आज़ाद' (दे०) के

आत्मकथात्मक विवरणों को एक स्थान पर इकट्ठा कर 'तज़किरा' के नाम से छापा। इसका अन्तिम परिच्छेद मौलाना ने स्वयं लिखा। सैयद रज़ा अली की 'अमलनामा' जीवन वृत्त के अतिरिक्त साहित्य, धर्म, दर्शन और राजनीति की समस्याओं से भी दो-चार होती है। यह एक महत्त्वपूर्ण रचना मानी गई है। ज़फ़र हसन ऐबक की 'आपबीती' बड़े सरल और रोचक ढंग से लिखी गई है। एक देशभक्त और बहादुर सिपाही की यह आत्मकथा रोमांचक घटनाओं से परिपूर्ण है। हकीम अहमद शुजा की 'ख़ून बहा' (सन् 1942 ई०) में लेखक के जीवन वृत्तान्त के साथ बहुत-सी साहित्यिक समस्याओं पर विचार, एवं मित्रों, सहयोगियों के रेखाचित्र भी मिलते हैं। भाषा सरल, प्रवाहपूर्ण एवं प्रभावशाली है। हुसैन अहमद मदनी की 'नक्शे-हयात' (1952) दो खण्डों में है। लेखक की आत्मकथा के साथ यह हिन्दुस्तान में अंग्रेज़ी राज की कथा भी कहती है। सरदार दीवानसिंह मफ़तून की 'नाक़ाबिले-फ़रामोश' उनके पत्र 'रियासत' से संकलित है। यह कालानुसार न लिखी जाने पर भी एक सशक्त रचना है और मफ़तून के दबंग व्यक्तित्व को उजागर करती है। जोश बिलग्रामी की 'मुशाहिदत' सन् 1955 ई० में प्रकाशित हुई। 'शाद की कहानी शाद की ज़बानी' (1958) शाद अज़ीमाबादी (दे०) की आत्मकथा है जिसे उनके शिष्य मुस्लिम अज़ीमाबादी ने छपवाया।

अब्दुल माजिद सलीक की 'सरगुज़श्त' (1966) जीवन चरित्र के साथ-साथ विभाजन से पूर्व के भारत की संस्कृति और साहित्यिक स्थिति का चित्रण भी करती है। यूसुफ़, हुसैन खाँ की 'यादों की दुनिया' सन् 1967 में छपी। जोश मलीहाबादी (दे०) की 'यादों की बारात' 1970 में प्रकाशित हुई और चर्चा का विषय रही। यह उर्दू गद्य का सुन्दर उदाहरण मानी जाती है।

ख्वाजा ग़ुलामुस सैय्यदैन की 'मुझे कहना है कुछ अपनी ज़बान में' लेखक की मृत्यु के उपरान्त सन् 1974 में छपी। कलीमुद्दीन अहमद (दे०) के संस्मरण 'अपनी तलाश में' (1975) में संकलित हैं। 'जहाने-दानिश' (1975) एहसान दानिश (दे०) के संघर्षमय जीवन की कथा कहती है। मुश्ताक़ अहमद यूसुफ़ की 'सरगुज़श्त' (1976) हास्य रस से भरपूर है। अब्दुल माजिद दरियाबादी (दे०) की 'आपबीती' (1978) सच्चाई के आग्रह के लिए उल्लेखनीय है।

'कारे जहाँ दराज़ है' कुर्रतुलऐन हैदर (दे०) का एक आत्मकथात्मक उपन्यास है। इस्मत चुग़ताई (दे०) की आत्मकथा 'काग़ज़ी है पैरहन' के नाम से धारावाहिक रूप में उर्दू मासिक 'आजकल' में छपी। इसी पत्र

ने 'गुबारे-क़ारवाँ' नामक स्तंभ में अनेक उर्दू लेखकों की लघु आत्मकथात्मक रचनाएँ छापीं। सन् 1964 में लाहौर के पत्र 'नक़ूश' ने 'आपबीती' विशेषांक निकाला। 'फ़न-ओ'शख़्सियत' का आपबीती विशेषांक सन् 1988 में निकला। उर्दू मासिक 'शायर' में बहुधा आत्मकथात्मक लेख छपते रहे हैं।

आदम (अं०)

क़ुरान से प्राप्त सृष्टि रचना संबंधी कथा के अनुसार आदम आदि पुरुष थे। ख़ुदा ने संसार रचा, फ़रिश्ते और जिन बनाए और फिर मिट्टी को पानी में सानकर एक पुतला बनाया जो ईश्वर का अपना प्रतिरूप था। ईश्वर ने इसमें प्राण फूंके और यह आदि-पुरुष आदम कहलाया। आदम की बाईं पसली से आदि-स्त्री की रचना हुई जिसे हव्वा कहा गया। ये दोनों जीवन की तमाम व्याधियों और दुखों से मुक्त स्वर्ग के उद्यान में स्वच्छन्द विचरण करते थे। बीमारी, वृद्धावस्था, व्यथा-वेदना और मृत्यु से अपरिचित थे। जीवन केवल सौन्दर्य था। मगर शैतान के बहकावे में आकर इन्होंने प्रभु की आज्ञा का उल्लंघन किया और गेहूँ खा लिया। इस अपराध के लिए आदम और हव्वा— दोनों को स्वर्ग से निकालकर पृथ्वी पर भेज दिया गया और यह श्राप दिया कि तुम्हारी संतान मेहनत करके खायेगी। क़ुरान से प्राप्त इस कहानी और बाइबिल की सृष्टि कथा में बहुत साम्य है। उर्दू साहित्य में आदम का उल्लेख यत्र-तत्र देखने को मिलता है। **ग़ालिब** (दे०) का एक शेर देखिए—

निकलना ख़ुल्द से आदम का सुनते आये थे लेकिन
बहुत बेआबरू होकर तेरे कूचे से हम निकले।

और आदम के गुनाह का ज़िक्र किस तेवर के साथ—

ज़िन्दगी क्या है! गुनाहे-आदम
ज़िन्दगी है तो गुनहगार हूँ मैं।

—**मजाज़**

आदिलशाह, इब्राहीम (शासनकाल सन् 1580-1626 ई०)

इब्राहीम आदिलशाह द्वितीय सन् 1580 ई० में बीजापुर के सिंहासन पर आरूढ़ हुआ। यह स्वयं कवि नहीं था किन्तु इसे साहित्य, संगीत एवं कला से गहरा लगाव था। इसने 'नवरस' नामक एक ग्रंथ की रचना की जिसका महत्त्व संगीत के अतिरिक्त भाषा-विज्ञान में भी है। यह ब्रजभाषा में है। लेकिन यह ब्रजभाषा उत्तर-भारत की ब्रजभाषा से भिन्न है और इसमें यत्र-

तत्र अरबी-फ़ारसी शब्दों का प्रयोग मिलता है। 'नवरस' की भूमिका फ़ारसी के कवि 'ज़हूरी' ने लिखी। इस ग्रंथ की हस्तलिखित प्रतियाँ हैदराबाद के पुस्तकालयों में सुरक्षित हैं। इस काव्य-संग्रह को डा० नज़ीर अहमद (दे०) ने 'क़िताबे-नौरस' के नाम से प्रकाशित किया है।

आदिलशाह के समय में बीजापुर साहित्य, कला और संस्कृति का केन्द्र बन गया। इसी युग में यहाँ ज़हूरी के अतिरिक्त मलिक कुंभी, शीराज़ी, मुहम्मद अबुल क़ासिम इत्यादि कवि हुए। मु० अबुल क़ासिम फ़रिश्ता ने बादशाह के आदेश से सन् 1600 में भारत के इतिहास पर एक पुस्तक लिखी जो 'तारीखे-फ़रिश्ता' के नाम से प्रसिद्ध हुई। मलिक कुंभी की मसनवी 'मख़ज़ने-असरारे-निज़ामी' भी बादशाह द्वारा पुरस्कृत की गई। शीराज़ी ने बीजापुर के राज परिवारों के इतिहास पर 'तज़किरातुल-मुलूक' सन् 1608 में लिखी। कवि अब्दुल (दे०) ने अपने आश्रयदाता का जीवन वृतान्त एक लम्बी मसनवी 'इब्राहीम नामा' में प्रस्तुत किया। आदिलशाह की साहित्य और कला को प्रश्रय देने की परम्परा को उसके उत्तराधिकारियों ने आगे बढ़ाया।

आदिलशाह मुहम्मद (राज्यकाल सन् 1626-56 ई०)

इब्राहीम आदिलशाह के बाद सन् 1626 में मुहम्मद आदिलशाह बीजापुर की गद्दी पर बैठा। मुहम्मद और इसकी पत्नी दोनों साहित्य और कला के प्रेमी थे। मुहम्मद आदिलशाह के दरबार में अनेक कवि संरक्षण पाते थे जिनमें रुसतमी (दे०) दौलतशाह (दे०), मलिक खुशनूद (दे०) अब्दुल (दे०) और मुक़ामी (दे०) के नाम उल्लेखनीय हैं।

आबरू, नज्मुद्दीन शाह मुबारक (सन् 1700-1750 ई०)

आपका पूरा नाम था नज्मुद्दीन, शाह मुबारक लक़ब और 'आबरू' तख़ल्लुस। शाह मोहम्मद ग़ौस ग्वालयारी के ख़ानदान से बताए जाते हैं। सिराजुद्दीन 'आरज़ू' के सम्बन्धी थे। बचपन में ही ग्वालियर से दिल्ली चले आए। यहीं शिक्षा प्राप्त की और शायरी की कला में दक्ष हुए। 'आरज़ू' (दे०) से इस्लाह लिया करते थे।

'आबरू' ने ज़्यादातर ग़ज़लें लिखी हैं। इनकी एक मसनवी 'आराइशे-माशूक' भी बताई जाती है। कुछ समय पहले ही इनकी कविताओं का संग्रह मिला था जो प्रकाशित कर दिया गया है। क़लाम में सफ़ाई है। हिन्दी काव्य परम्परा में नखशिख वर्णन भी इनकी मसनवी में मिलता है। अलंकारों में श्लेष का प्रयोग इन्हें विशेष रूप से प्रिय था। मुहावरों का भी खूब प्रयोग किया है।

आबाद, मिर्ज़ा मेहदी हुसैन

आप मिर्ज़ा गुलाम ज़फ़र के बेटे थे और लखनऊ के रईसों में आपका शुमार था। शायरी से दिलचस्पी थी। मुशायरों में भाग लेते और अपने यहाँ साहित्यिक आयोजन भी करते। इनकी कई रचनाएँ हैं, लेकिन सभी साधारण स्तर की। 'नासिख़' (दे०) के शिष्य थे और लखनऊ के ख़ारिजी रंग में लिखते थे।

आबिद हुसैन, सैयद (सन् 1896-1978 ई०)

आपका जन्म भोपाल में हुआ। प्रारंभिक शिक्षा वहीं प्राप्त की। बी० ए० मुयर कालेज इलाहाबाद से किया। सन् 1922 ई० में आक्सफ़ोर्ड विश्वविद्यालय चले गए। 1925 में बर्लिन, जर्मनी से एम० ए० और फिर हरबर्ट स्पेन्सर के शैक्षिक दर्शन पर पी-एच० डी० की उपाधि प्राप्त की। वहीं आप डा० ज़ाकिर हुसैन के सम्पर्क में आए और भारत आकर दिल्ली के जामिया मिलिया इस्लामिया के लिए काम करना आरंभ किया। जामिया मिलिया से आप जीवनपर्यन्त जुड़े रहे। इस संस्था के वर्तमान स्वरूप और पद्धति का बहुत कुछ श्रेय सैयद साहब को है।

सैयद आबिद हुसैन एक प्रखर विचारक, प्रबुद्ध विद्वान और लेखक थे। आपने भारत के स्वतन्त्रता संग्राम में भी सक्रिय योग दिया और गांधीजी से विशेष रूप से प्रभावित हुए। महात्मा गांधी, पंडित नेहरू और भारतीय मुसलमानों पर आपने उर्दू और अंग्रेज़ी दोनों भाषाओं में लिखा। आपने बहुत-सी अंग्रेज़ी और जर्मन पुस्तकों के उर्दू अनुवाद तैयार किए। गांधी जी के आत्मकथा और नेहरू जी की 'डिस्कवरी ऑव इंडिया' एवं 'गिलम्पसेज़ ऑव वर्ल्ड हिस्ट्री' को मिलाकर आपने लगभग 22 महत्त्वपूर्ण पुस्तकों को उर्दू में अनूदित किया। आपकी मौलिक रचनाओं की संख्या अठारह है। सन् 1956 में प्रकाशित 'हिन्दुस्तानी क़ौमियत और क़ौमी तहज़ीब' के लिए आपको साहित्य अकादमी ने सम्मानित किया। काशी विश्वविद्यालय ने आपको डी-लिट की उपाधि और भारत सरकार ने सन् 1957 में आपको 'पद्म विभूषण' से सुशोभित किया।

आबे-हयात (कृ० । रचनाकाल सन् 1878 ई०)

उर्दू तज़किरों (दे०) की परम्परा में मौलवी मुहम्मद हुसैन 'आज़ाद' (दे०) की इस पुस्तक का विशेष ऐतिहासिक महत्त्व है। उर्दू कवियों के जीवन वृत्तान्त और उनकी रचनाओं का समीक्षात्मक विवरण देने वाली यह अपने समय की महत्त्वपूर्ण पुस्तक है। इसमें सूचनाओं का भंडार है और विशुद्ध रूप से आलोचनात्मक न होने पर भी यह पुराने तज़किरों से अधिक परि-

वर्धित और परिमार्जित है। 'आज़ाद' की वर्णनात्मक प्रतिभा का यह एक सुन्दर नमूना है। कवियों और घटनाओं के बड़े सजीव, कलात्मक एवं प्रभावशाली विवरण इस पुस्तक में मिलते हैं। चित्र-विधान में नवीनता और विविधता है, घटनाओं के वर्णन में हास्य-व्यंग्य का चुटीलापन है। भाषा में प्रवाह और संगीत है, शैली में रोचकता। 'आज़ाद' की समालोचना कहीं-कहीं व्यक्तिगत पसन्द-नापसन्द से ऊपर नहीं उठ पाती। 'ज़ौक (दे०) के सामने 'ग़ालिब' (दे०) को छोटा सिद्ध करने का प्रयास इसका एक उदाहरण है। कहीं-कहीं अशुद्धियाँ भी हैं जो अनुसंधान की कमी और कल्पना से अधिक काम लेने की प्रवृत्ति का एहसास दिलाती हैं। किन्तु भाषा के उद्भव, इस पर ब्रज के प्रभाव, युग के अनुसार कवियों का विभाजन, कवि हृदय और वातावरण के परस्पर सम्बन्ध को इस कृति में भली प्रकार उजागर किया गया है। इसे तज़किरों और आधुनिक आलोचना के बीच की कड़ी कहा जा सकता है।

आरज़ू लखनवी (सन् 1872-1951 ई०)

पूरा नाम था सैयद अनवर हुसैनऔर 'आरज़ू' तख़ल्लुस करते थे। औरंगज़ेब के शासनकाल में आपके पूर्वज हिरात से भारत आए और अजमेर में बस गए। सन् 1857 ई० के लगभग इनका परिवार लखनऊ आ गया। यहीं 'आरज़ू' का जन्म हुआ। आपके पिता मीर ज़ाकिर हुसेन 'यास' और भाई मीर यूसुफ़ हुसैन 'क़यास' शायरी करते थे। 'आरज़ू' में काव्य-प्रतिभा थी और इन्होंने तेरह वर्ष की आयु में ही शेर कहना शुरू कर दिया था। 'जलाल' (दे०) आपके काव्य गुरु थे।

'आरज़ू' उन कवियों में से हैं जिन्होंने लखनऊ की कविता को ख़ारिजी रंग की सीमा से बाहर निकालने में महत्त्वपूर्ण भूमिका निभाई। भावपक्ष की प्रखरता में आप मीर के अनुयायी जान पड़ते हैं। आपकी ग़ज़लों में कोमलता और करुणा के तत्त्व हैं। लखनऊ से जुड़े होने के कारण भाषा में वहाँ का विशिष्ट शब्द-विन्यास, प्रवाह, चुटीलापन और मुहावरों का संतुलित प्रयोग देखने को मिलता है। आपकी शायरी के चार संग्रह 'फ़ुग़ाने आरज़ू', 'जहाने-आरज़ू', 'बयाने-आरज़ू' और 'सुरीली बाँसुरी' प्रकाशित हो चुके हैं। 'सुरीली बाँसुरी' भाषा की दृष्टि से एक महत्त्वपूर्ण प्रयोग है। इसमें अरबी-फ़ारसी शब्दों का पूर्णतया बहिष्कार किया गया है। 'आरज़ू' ने थियेटर के लिए गीत भी लिखे। ग़ज़लों के अलावा नज़्म (दे०) क़सीदा (दे०) रुबाई (दे०) मरसिया (दे०) और मसनवी (दे०) भी लिखीं। आपने नाटक भी लिखे जिनमें 'मतवाली जोगन', 'दिलजली

बैरागिन' और 'शरारे-हुस्न' बहुत लोकप्रिय हुए। 'आरज़ू' उर्दू भाषा के विद्वान और मर्मज्ञ थे। आपने बीस वर्ष के परिश्रम से 'निज़ामे उर्दू' नामक उर्दू-व्याकरण की पुस्तक भी लिखी।

आरज़ू, सिराजुद्दीन अली ख़ाँ (सन् 1689-1756 ई०)

शैख़ हिसामुद्दीन 'हिसाम' के पुत्र थे। आपका जन्म दिल्ली में हुआ। युवावस्था में ग्वालियर के मन्सबदार नियुक्त हुए किन्तु सन् 1718 में दिल्ली लौट आए। नादिरशाह के दिल्ली क़त्लेआम के बाद ये लखनऊ चले गए और वहीं इनका देहान्त हुआ। इनकी इच्छा के अनुसार इनका शव दिल्ली में दफ़नाया गया।

ख़ान आरज़ू की पन्द्रह कृतियाँ बताई जाती हैं। इन्होंने मुख्य रूप से फ़ारसी में ही लिखा। लेकिन उर्दू में इनकी जो भी रचनाएँ मिली हैं वे ऊँचे स्तर की हैं। मीर (दे०) सौदा (दे०) मज़हर (दे०) और दर्द (दे०) जैसे महान शायर इनका आदर करते थे और इन्हें उस्ताद मानते थे। मीर हसन (दे०) ने तो इन्हें अपने तज़किरे 'निकातुश्शोअरा' (दे०) में अमीर ख़ुसरो (दे०) के बाद भारत का सबसे बड़ा शायर माना है। और मौलाना मुहम्मद हुसैन आज़ाद (दे०) कहते हैं कि "ख़ान आरज़ू को उर्दू ज़बान पर वही दावा पहुँचता है जो अरस्तू को फ़लसफ़ाए मंतिक पर" मीर तकी मीर (दे०) इनके भतीजे थे। यद्यपि दोनों के सम्बन्ध कभी भी अच्छे नहीं थे, फिर भी मीर ने उन्हें अपने ज़माने का बड़ा 'मुहक्क़क़ और शायरेशीरीज़बान' कहा है। एक उस्ताद और आलोचक की हैसियत से आरज़ू की उर्दू सेवाएँ भुलाई नहीं जा सकतीं। भाषा पर शोधकार्य और मुहावरों की नयी बानगी उनकी देन है। अपने समकालीनों की भाँति इन्होंने भी श्लेष का प्रयोग चमत्कार के लिए किया। लेकिन इसके बावजूद इनकी भाषा में सफ़ाई और एक उत्कृष्टता है जो उनसे पहले के शायरों में कम ही पाई जाती है।

'मजमूआ-ए-नग़्ज़' में हकीम क़ुदरतुल्ला ख़ाँ कासिम ने इनके जीवन की कुछ घटनाओं का उल्लेख किया है और इनके उर्दू कलाम के कुछ अंश उद्धृत किए हैं।

आपका ग़ज़ल और क़सीदों का एक संग्रह है। 'पयामे-शौक़' में पत्र संकलित हैं 'जोशो-ख़रोश' 'मेहरो-माह' और 'इबरत-फ़साना' आपकी मसनवियाँ हैं और 'सिराजुल-लुग़ात', 'मियारुल-अफ़कार' तथा 'चिराग़े-हिदायत' व्याकरण से सम्बन्धित हैं।

आरिफ़, सैयद अली मुहम्मद (सन् 1859-1916 ई०)

'आरिफ़' विख्यात मरसिया-गो 'अनीस' (दे०) के पुत्र 'नफ़ीस' (दे०) के दौहित्र थे। 'नफ़ीस' स्वयं भी अपने पिता की परम्परा में मरसिये लिखते थे। इन्होंने ही 'आरिफ़' को शिक्षा दिलाई और कविता में इनका मार्ग-प्रदर्शन किया। अपनी योग्यता के बल पर 'आरिफ़' शीघ्र ही लखनऊ के प्रमुख कवि और मरसिया-गो माने जाने लगे। अपने समकालीन मरसिया कवियों में इन्हें सबसे अधिक मान्यता मिली। इन्होंने मरसिये की मूल-कथा और मूल संवेदना की ओर अधिक ध्यान दिया और बाह्य आडम्बर में नहीं पड़े। इससे इनकी अभिव्यक्ति की सहजता बनी रही। महमूदाबाद के राजा सर मुहम्मद अली मुहम्मद ख़ाँ मरसिये में इनके शिष्य थे और इन्हें सवा सौ रुपया महीना वेतन देते थे। सन् 1916 के लगभग इनकी मृत्यु हुई।

आला, अमीनुद्दीन (मृत्यु : सन् 1675 ई०)

ये शाह बुरहानुद्दीन जानम (दे०) के पुत्र एवं उत्तराधिकारी थे। अपने पिता की भाँति सिद्धान्त और व्यवहार से सूफ़ी थे और तसव्वुफ़ को ही गद्य और पद्य दोनों में अपना विषय बनाया। 'रमूज़स सालिकीन' आपकी एक महत्त्वपूर्ण काव्य रचना है। गद्य रचनाओं में 'गंजे-मुख़फ़ी' और 'वजूदिया' प्रसिद्ध हैं। 'गुफ्तारे-हज़रत शाह अमीन' से भी इनका नाम जोड़ा जाता है। आला ने अपनी भाषा को 'हिन्दी' और दकनी कहा है। इनकी रचनाओं की भाषा पूर्ववर्ती लेखकों की अपेक्षा सरल और रोचक है। मीरानजी ख़ुदानुमा, मुहम्मद क़ादिरी नूरदरिया, मीरान हुसैनी और शाह मुअज़्ज़म इनके शिष्य थे।

आलोचना (वि०)

तज़किरा (दे०) उर्दू आलोचना का प्रारंभिक रूप माना जा सकता है। तज़किरे वर्णमाला के अक्षरों के क्रमानुसार तैयार किए जाते थे और इनमें कवियों का जीवनवृत्त, व्यक्तित्व एवं कुछ रचनाओं का संकलन होता था। कहीं-कहीं समीक्षात्मक टिप्पणियाँ भी देखने में आती हैं। 'आज़ाद' (दे०) की 'आबे-हयात' (दे०) समीक्षा की ओर एक अच्छा प्रयास है किन्तु इसकी मान्यता शोधकार्य के रूप में ही अधिक है। तज़किरे मूलतः परिचयात्मक हुआ करते थे आलोचनात्मक नहीं। उर्दू आलोचना के विशुद्ध रूप का प्रवर्तक मौ० अलताफ़ हुसैन 'हाली' (दे०) को माना जाता है। अपनी पुस्तक 'शेरो शायरी' (सन् 1893 ई०) के लिए जो विशद भूमिका 'हाली' ने लिखी, वह बाद में 'मुकद्दमा-ए-शेरो-शायरी'

(दे०) के नाम से एक स्वतन्त्र पुस्तक के रूप में प्रकाशित हुई। यह आलोचना की दिशा में पहला संगे-मील है। इस पुस्तक में शायरी और समाज के परस्पर सम्बन्ध, समकालीन उर्दू शायरी की बुराइयों और विभिन्न काव्य-विधाओं का विवेचन किया गया। इसी समय पटना के इमदाद इमाम 'असर' ने 'काशिफुल हक़ायक़' लिखी जिसमें शायरी के उद्देश्य और उसके तत्त्वों पर प्रकाश डाला गया। मौ० शिबली (दे०) ने 'शेरुल-अजम' के नाम से फ़ारसी साहित्य का इतिहास लिखा। इसमें उर्दू शायरी पर भी चर्चा की गई। आपने 'मवाज़ना-ए-अनीसो-दबीर' (दे०) में 'अनीस' और 'दबीर' का तुलनात्मक अध्ययन प्रस्तुत किया। शिबली ने आलोचना में परम्परा और शायरी के बाह्य रूप पर अधिक ज़ोर दिया। बीसवीं शताब्दी के भारतीय लेखक और आलोचक पाश्चात्य समीक्षा सिद्धान्तों से अभिभूत होने लगे थे। पं० ब्रजमोहन दत्तात्रेय 'कैफ़ी' (दे०) ने अपनी कृतियों 'मंशूरात' और 'क़ैफ़िया' में उर्दू साहित्य के कुछ अंशों का विवेचन किया और अंग्रेज़ी के मापदण्ड से उर्दू को परखने की प्रवृत्ति की कटु आलोचना की। डा० अब्दुल हक़ (दे०) भी साहित्य को देशीय संस्कृति और परम्परा से काटकर देखने के पक्ष में नहीं। आपने बहुत-सी पुरानी पुस्तकों का सम्पादन भी किया। अनुशीलन के क्षेत्र में प्रो० महमूद शीरानी (दे०) का नाम उल्लेखनीय है। आपने 'पृथ्वीराज रासो', 'खालिक बारी' और 'फ़िरदौसी' पर काम किया। आपकी प्रसिद्ध पुस्तक 'पंजाब में उर्दू' (दे०) में उर्दू भाषा के प्रारंभिक रूप और विकास तथा उस पर अन्य देशीय भाषाओं के प्रभाव का विश्लेषण है।

पाश्चात्य समीक्षा-सिद्धान्तों से विशेष रूप से प्रभावित हुए अब्दुर्रहमान बिजनौरी (दे०), अब्दुल क़ादिर सर्वरी (दे०) और डा० मोहियुद्दीन क़ादिरी 'ज़ोर' (दे०)। डा० 'ज़ोर' ने कई आलोचना पुस्तकें लिखीं जिनमें 'रूहे-तनक़ीद' (दे०) विशेष रूप से उल्लेखनीय है। हामिदुल्ला 'अफ़सर' की 'नक्दुल-अदब' समीक्षा-सिद्धान्तों से सम्बद्ध है और इस पर पाश्चात्य-समीक्षा का प्रभाव स्पष्ट देखा जा सकता है।

सैयद मसूद हसन रिज़वी (दे०) की कृति 'हमारी शायरी' (दे०) पाश्चात्य और भारतीय आलोचना-नियमों का संतुलित रूप है। प्रगतिवादी आन्दोलन के सिद्धान्तों का प्रतिपादन किया आले अहमद 'सुरुर' (दे०) ने अपनी पुस्तकों 'तनक़ीद क्या है ?' 'तनक़ीदी इशारे,' 'नये पुराने चिराग़' और 'अदब और नज़रिया' में। अख़्तर हुसेन रायपुरी (दे०) का 'अदब और इंकलाब' तथा 'संगे-मील', मजनूं गोरखपुरी (दे०) के 'तनक़ीदी हाशिये', 'अदब और ज़िन्दगी', 'शेरो ग़ज़ल' आदि तथा एहतेशाम हुसैन की पुस्तकें

'अदबी जायज़े,' 'अदब और समाज', 'रवायत और बग़ावत', 'तनक़ीद और अमली तनक़ीद' प्रगतिवादी समीक्षा-सिद्धान्तों से सम्बद्ध हैं। एजाज़ हुसैन (दे०) प्रगतिवादी विचारधारा से प्रभावित हैं। साहित्य का मूल्यांकन जीवन संघर्ष की पृष्ठभूमि में करते हैं। 'आईना-ए-मआरफ़त', 'नये अदबी रूजहानात, 'उर्दू अदब, आज़ादी के बाद' 'अदब और अदीब' आदि आपकी आलोचना पुस्तकें हैं। मुमताज़ हुसैन (दे०) का विशुद्ध मार्क्सवादी दृष्टिकोण उनकी पुस्तकों 'नक़दे-हयात' 'नये गोशे', 'अदब और शऊर', 'तनक़ीदी मसायल' और 'नई क़दरें' में उजागर है। प्रगतिवादी साहित्य पर जो पुस्तकें लिखी गईं उनमें सरदार जाफ़री (दे०) की 'तरक्क़ी पसन्द अदब' विशेष रूप से उल्लेखनीय है। फ़िराक गोरखपुरी (दे०) की पुस्तकें 'अंदाज़े' (दे०) 'हाशिये', 'उर्दू की इश्किया शायरी' और 'उर्दू ग़ज़ल गोयी' प्रभाववादी आलोचना के उदाहरण हैं। नियाज़ फ़तेहपुरी (दे०) भी इसी परम्परा के पोषक हैं। प्रो० हामिद हसन क़ादिरी परम्परा के समर्थक हैं। ग़ज़ल में आप सही शब्दों के चुनाव और सौन्दर्य रचना के प्रशंसक हैं। हास्य-व्यंग्य पर पहली आलोचना पुस्तक—'तन्ज़ियात ओ-मुज़हिक़ात' (दे०) रशीद अहमद सिद्दीक़ी (दे०) ने लिखी। आपकी दूसरी उल्लेखनीय पुस्तक है 'शेरो-शायरी पर एक नज़र'। अनुशीलन के क्षेत्र में मौ० सुलेमान नदवी (दे०) और अब्दुल माजिद दरियाबादी (दे०) ने महत्त्वपूर्ण काम किया है। नुरुल हसन हाशिमी (दे०), डा० गोपीचंद नारंग (दे०) ख़लीक अंजुम (दे०) ने बहुत-सी पुरानी पुस्तकों का सम्पादन किया और उन पर आलोचनात्मक टिप्पणियाँ लिखीं। शोध के क्षेत्र में आपका योगदान प्रशंसनीय है। डा० कलीमुद्दीन अहमद की 'उर्दू तनक़ीद पर एक नज़र' तथा 'उर्दू शायरी पर एक नज़र' महत्त्वपूर्ण आलोचना ग्रंथ हैं। आपके शिष्य डा० अहसन फ़ारुकी ने भी 'उर्दू में तनक़ीद' के अलावा 'उर्दू नावेल की तनक़ीदी तारीख़' नामक पुस्तकें लिखीं।

इनके अतिरिक्त उर्दू भाषा एवं साहित्य के बहुत से विद्वान शोध, अनुसंधान और आलोचना के क्षेत्र में कार्यरत हैं। इनमें डा० मुहम्मद हसन (दे०) विकार अज़ीम (दे०), अख़्तर ओरीनवी (दे०), ख़ाजा अहमद फ़ारुक़ी (दे०) अख़्तर अंसारी (दे०) इबादत बरेलवी (दे०), डा० ख़ुर्शीदुल इस्लाम, डा० ज्ञानचन्द, डा० शकीलुर्रहमान, मसीहुज़्ज़माँ, सैयद शबीहुल हसन और देवेन्द्र इस्सर उल्लेखनीय हैं।

आवारा सजदे, (कृ०। प्रकाशन वर्ष सन् 1974 ई०)

यह प्रगतिशील कवि क़ैफ़ी आज़मी (दे०) की चुनी हुई 37 काव्य रचनाओं का संग्रह है। ये क़ैफ़ी के तीस वर्षीय काव्य जीवन की प्रतिनिधि

रचनाएँ हैं। स्वतन्त्रता, समता और विश्वबन्धुत्व के स्वर सर्वत्र मुखर हैं। नेहरू, लेनिन, तेलंगाना, मास्को, ताशकन्द और बंगलादेश पर लिखी गई कविताएँ वर्णनात्मक हैं। 'आवारा सजदे' नाम की शीर्षक रचना रूस और चीन के राजनीतिक मतभेदों से जन्मे नैराश्य से प्रेरित है।

रचनाओं का संकलन समय स्वर या विधा के विभाजन के आधार पर नहीं किया गया। इसमें पाँच ग़ज़लें भी शामिल हैं।

'आवारा सजदे' को सन् 1975 में साहित्य अकादमी पुरस्कार से सम्मानित किया गया।

आशिक़, मिर्ज़ा मच्छू बेग

पूरा नाम था मिर्ज़ा मुहम्मद मुरतज़ा। लखनऊ के रहने वाले थे और 'नसीम' देहलवी के शागिर्द। गद्य-पद्य दोनों में लिखा। पद्य में गुलज़ार नजात', 'मीलाद शरीफ़' और 'मसनवी नैरंग ख़याल' इनकी उल्लेखनीय रचनाएँ हैं। 'बहार-हिन्द' नामक इनका उर्दू मुहावरों का एक अपूर्ण कोश है। 'अवध पंच' (दे०) में 'सितम ज़रीफ़' के नाम से लिखते थे। इस पत्र में छपे इनके लेखों का संग्रह 'चश्म-बसीरते' के नाम से प्रकाशित हुआ।

आसफ़ नवाब आसफ़ुद्दौला (शासनकाल सन् 1772-1797 ई०)

नवाब शुजाउद्दौला के पुत्र नवाब आसफ़ुद्दौला 'आसफ़' सत्ताईस वर्ष की आयु में अवध के शासक नियुक्त हुए। इन्होंने अपनी राजधानी फ़ैज़ाबाद से बदलकर लखनऊ कर ली। आसफ़ुद्दौला बड़े सहृदय, गुणज्ञ, कलामर्मज्ञ और दानवीर थे। इनके विषय में प्रसिद्ध था 'जिसे न दे मौला उसे भी दे आसफ़ुद्दौला'। इनके शासनकाल में दूर-दूर से विभिन्न कलाओं में कमाल रखने वाले कलाकार लखनऊ पहुँचे। नृत्य संगीत की तो ऐसी उन्नति हुई कि राजधानी ललित कलाओं का रंगस्थल बन गयी। नित नई इमारतें बनतीं और नये बाग़ीचे लगाये जाते। इन्हीं के समय में 'मीर' (दे०) और 'सौदा' (दे०) का लखनऊ दरबार में स्वागत हुआ।

नवाब साहब 'आसफ़' तख़ल्लुस रखते थे और क़लाम का संशोधन 'सोज़' (दे०) से कराते थे। इनकी शैली सरल और मोहक है लेकिन उसमें ऐसी विशिष्टता का अभाव है जो इन्हें साहित्य के क्षेत्र में ऊँचा स्थान दिला पाती। वहाँ सदा बेताज बादशाहों का ही राज रहा।

आपका 570 पृष्ठों का एक दीवान मिलता है जिसमें मसनवी (दे०) हज़ल (दे०) हिजो (दे०) तज़मीन (दे०) और ग़ज़लें (दे०) हैं।

आसार उस् सनादीद (कृ०)

यह सर सैयद अहमद ख़ाँ की पुस्तक है। इसमें आपने दिल्ली की ऐतिहासिक इमारतों, मस्जिदों, मन्दिरों, पुरानी हवेलियों, बाज़ारों, बावलियों, कुंओं आदि के विस्तृत विवरण दिए हैं। साथ में इन स्थानों के नक्शे, चित्र, ऐतिहासिक पृष्ठभूमि और सभी सम्बन्धित जानकारी बड़े अनुसंधान के बाद अत्यन्त प्रामाणिक ढंग से प्रस्तुत की गई है। इसके अतिरिक्त इस पुस्तक में दिल्ली के फ़क़ीरों, उलेमाओं, कवियों, चित्रकारों, संगीतज्ञों का भी परिचय है।

उर्दू में यह अपनी तरह की पहली और अनुपम रचना है। यह सन् 1847 में प्रकाशित हुई।

आसी उल्दनी (सन् 1893-1946 ई०)

पूरा नाम मौलवी अब्दुलबारी। 'आसी' उपनाम। मेरठ ज़िले के उल्दन गाँव में जन्म हुआ। शायरी का शौक विरासत में पाया। आपने अरबी-फ़ारसी के साथ चिकित्सा शास्त्र का अध्ययन भी किया। फ़ारसी के अध्यापक भी रहे। कुछ समय तक दिल्ली के 'हमदर्द' अख़बार से भी सम्बद्ध रहे। फिर लखनऊ चले गए और वहीं आपका देहावसान हुआ। यूं तो 'आसी' मिर्ज़ा दाग़ (दे०) के शिष्य 'नातिक' गुलावटी के शिष्य थे मगर आपने कई रंगों में लिखा। पहले 'नासिख़' (दे०) और फिर 'हाली' (दे०) का अनुकरण किया। 'दाग़' (दे०) की रंगीनी और शोख़ी के अलावा दुअर्थक शेर लिखने का प्रयोग भी किया। ग़ालिब (दे०) से भी प्रभावित हुए। इन तमाम रंगों के गुण-दोषों से अवगत होते हुए अन्ततः अपनी पहचान बनाने में समर्थ हुए।

आसी ने ग़ज़ल (दे०) नज़्म (दे०) कसीदे (दे०) रुबाइयाँ (दे०) और मसनवी (दे०) सभी कुछ लिखा और काफ़ी लिखा, मगर अधिकांश कृतियाँ अप्रकाशित हैं। 600 रुबाइयों का संकलन 'रुबाईयाते असी' के नाम से नवलकिशोर प्रेस लखनऊ से प्रकाशित हुआ।

आसी ग़ाज़ीपुरी (मृत्यु : सन् 1917 ई०)

पूरा नाम शाह अब्दुल अलीम और 'आसी' उपनाम था। आपके जीवन के विषय में विस्तृत सूचना का अभाव है। रचनाओं से स्पष्ट होता है कि कविता में 'नासिख़' (दे०) के अनुयायी थे और अधिकांशतयः लखनवी शैली में कविता की। लखनऊ की ख़ारिजी शायरी (दे०) के प्रभाव में आध्यात्मिक अनुभूतियों में भी भौतिकता का रंग है। भाषा लखनऊ की है। रुबाइयों के लिए विशेष प्रसिद्ध हैं।

आसी की रचनाओं का कोई संग्रह प्रकाशित नहीं हो सका।

इ

इन्दर (पात्र)

यह अमानत (दे०) के प्रसिद्ध नाटक 'इन्दर सभा' (दे०) का नायक है। हिन्दू देवमाला में इन्द्र देवताओं का राजा है। सशक्त और वैभवशाली है। वर्षा का राजा होने के कारण उसका सम्बन्ध प्राकृतिक सौन्दर्य और पृथ्वी की प्रजनन शक्ति से जोड़ा जाता है। वज्र उसकी सामर्थ्य और शक्ति का प्रतीक है। यही इन्द्र आदर्श है 'इन्दर सभा' के राजा इन्दर का जो नाटक में सिंहलद्वीप का राजा बताया गया है। इसका वैभव असीम है। स्वभाव से रसिक है। दिन-रात परियाँ नृत्य संगीत से इसका मनोरंजन करती हैं। 'कोहफाक़' पर्वत की सब्ज़परी, जो कि परियों की रानी है, इन्दर की सेवा में प्रस्तुत है। इन्दर की सभा में आम आदमी की पहुँच नहीं। नृत्य संगीत की इस अलौकिक सभा को देखने वाला मर्त्य प्राण-दण्ड का भागी होता है। इसी अपराध के लिए गुलफ़ाम को एक अँधेरे कुएँ में बन्दी बना दिया जाता है और उसकी सहायता करने वाली सब्ज़परी को भी सभा से निष्कासित कर दिया जाता है। गुलफ़ाम जोगन बन जाती है और इसी रूप में अपने करुण संगीत से इन्दर का मन मोह लेती है। प्रसन्न होकर इन्दर गुलफ़ाम को भी क्षमा कर देता है। कहते हैं कि वाजिद अली शाह (दे०) के ज़माने में यह नाटक लखनऊ में बहुत बार खेला गया और नवाब साहब स्वयं इसमें इन्दर की भूमिका निभाया करते थे। यह भले ही तथ्य न हो मगर यह सच है कि ऐसी रचना उस समय की विलास, प्रमाद और आडम्बरपूर्ण पृष्ठभूमि के अनुकूल थी। हिन्दू मुसलमानों के मेल से जन्मी संस्कृति का स्पष्ट प्रभाव भी इसमें देखा जा सकता है। 'इन्दर' किसी ईरानी बादशाह और गुलफ़ाम अवध के शहज़ादे जैसा लगता है।

इन्दर सभा (कृति। रचनाकाल सन् 1852 ई०)

संगीत और नृत्य पर आधारित यह नाटक ऐतिहासिक महत्त्व का है। इसे

उर्दू का पहला नाटक माना जाता है। कहा जाता है कि नवाब वाजिद अली शाह (दे०) के हुक्म से आग़ा हसन 'अमानत' (दे०) ने इसे सन् 1852 में तैयार किया। ऐसी भी धारणा है कि नवाब साहब स्वयं इसमें भाग लेते थे और मुख्य चरित्र राजा इन्दर (दे०) की भूमिका अदा करते थे। नाटक की सांस्कृतिक पृष्ठभूमि नवाब साहब का अवध है और नाटक के चरित्र मुग़लई जान पड़ते हैं। यद्यपि कथानक में कुछ विशिष्टता नहीं, मगर फिर भी रोचक है। भाषा सरल और संगीतमय है। गीतों, ग़ज़लों के अलावा इसमें ठुमरियाँ भी हैं। इसकी मंच सज्जा में शोख रंगों और संभवतः परदे का प्रयोग होता था। पुस्तक-रूप में भी यह नाटक बड़ा लोकप्रिय सिद्ध हुआ और अनेक भाषाओं में इसके अनुवाद हुए। इंडिया ऑफिस के पुस्तकालय में इसके चालीस संस्करण हैं। यद्यपि इसके बाद कई 'सभाएँ' लिखी गईं मगर कोई भी इतनी लोकप्रिय नहीं हुई।

इंशा, इंशा अल्ला खाँ (सन् 1756-1817 ई०)

पिता का नाम मीर माशा अल्ला ख़ाँ था। ख़ानदानी हक़ीम थे और इसी पेशे की वजह से राज दरबार तक रसाई थी। दिल्ली के हालात बिगड़ने पर हक़ीम साहब मुर्शिदाबाद चले गए। वहीं इंशा का जन्म हुआ। इंशा कुशाग्र बुद्धि थे। छोटी आयु में ही आपने कई भाषाओं और ललित कलाओं पर अधिकार प्राप्त कर लिया। पता चलता है कि आप फ़ारसी, तुर्की, पश्तो, पंजाबी, मारवाड़ी, कश्मीरी, उर्दू और हिन्दी के अच्छे जानकार थे। अठारह वर्ष की आयु में दिल्ली आ गए और शाह आलम 'आफ़ताब' के दरबार में पहुँचे। वहाँ से लखनऊ मिर्ज़ा सुलेमान शिकोह के पास आए और उनके काव्य-गुरु रहे। फिर सआदत अली ख़ाँ के दरबार में आ गए। लखनऊ में इन दिनों दो और बड़े शायरों मुसहफ़ी (दे०) और जुरअत (दे०) की धूम थी। तीनों कवियों में बड़ी ज़बर्दस्त प्रतिस्पर्धा थी जो बहुधा शालीनता की सीमा लाँघ जाती। इंशा स्वभाव से विनोदी थे, हँसी-मज़ाक में औचित्य का ध्यान न रहता। ऐसे ही किसी कारण से नवाब साहब उनसे अप्रसन्न हो गए और इंशा को वृद्धावस्था में बुरे दिन देखने पड़े। लेकिन आर्थिक कष्ट और मानसिक वेदना के इन दिनों में इंशा का जो गम्भीर, परिपक्व, आहत कवि-रूप सामने आया वह दरबारी कवि इंशा से अधिक महत्त्वपूर्ण और स्थायी सिद्ध हुआ। आपकी 'कमर बाँधे हुए चलने को याँ सब यार बैठे हैं···' इन्हीं दिनों की देन है।

इंशा बहुमुखी प्रतिभासम्पन्न थे। आपके दो दीवान हैं—एक उर्दू और

दूसरा फ़ारसी में। इनमें हर तरह की शायरी है। इंशा ने बहुत-सी विधाओं में लिखा। बहुत-सी मसनवियाँ लिखीं जिनमें 'शिकारनामा' और 'मसनवी बेनुक़्त' विशेष रूप से प्रसिद्ध हैं। 'मसनवी बेनुक़्त' में केवल उन्हीं अक्षरों का प्रयोग किया गया है जिनमें बिंदियाँ नहीं हैं। यह एक अनूठा और कठिन प्रयोग था। 'रानी केतकी की कहानी' (दे०) में अरबी-फ़ारसी के शब्दों का बहिष्कार किया गया है। आपने बहुत से क़सीदे (दे०) भी लिखे। रेख़्ती (दे०) लिखी और इस विधा को व्यापकता दी। आपने हिजो (दे०) भी लिखी। इंशा की एक महत्त्वपूर्ण रचना है 'दरयाये-लताफ़त' (दे०)। यह भाषा-विज्ञान और काव्य-शास्त्र पर लिखी गई एक महत्त्वपूर्ण कृति है और उर्दू की पहली क़वायद (व्याकरण) जो एक हिन्दुस्तानी ने लिखी।

इंशा एक विद्वान व्यक्ति और भाषाविज्ञ थे। बड़ी मंजी हुई, साफ़ और चुस्त ज़बान लिखते हैं। हिन्दी की ओर आपका विशेष रुझान था। 'मुसल्लस' (दे०) और 'मुरब्बा' (दे०) को तिकड़ा और चौकड़ा कहते थे। समसामयिक बोलचाल की भाषा के प्रति सजग थे। मुहावरों का बड़ा सुन्दर, सटीक प्रयोग करते हैं। अभिव्यक्ति सरल एवं ओजपूर्ण है। शैली में नवीनता है और विषय में विविधता लेकिन गम्भीर चिन्तनशीलता का अभाव है। अन्तिम वर्षों की रचनाओं में अधिक परिपक्वता और करुणा का पुट है।

इक़बाल, डा० सर मुहम्मद (सन् 1875-1938 ई०)

मुहम्मद इक़बाल का जन्म सियालकोट के एक कश्मीरी ब्राह्मण परिवार में हुआ। इनके पूर्वज सप्रू गोत्र के ब्राह्मण थे, जिन्होंने दो-ढाई सौ वर्ष पहले इस्लाम स्वीकार कर लिया था। पिता का नाम नूर मुहम्मद था। इक़बाल ने सियालकोट से इन्टर और लाहौर गवर्नमेंट कॉलेज से बी० ए० और एम० ए० की परीक्षा प्रथम श्रेणी में उत्तीर्ण की। छोटी आयु में ही ग़ज़ल कहने लगे थे; पहले अरशद गोरगानी और फिर कुछ समय के लिए 'दाग़' (दे०) से इस्लाह ली। कॉलेज में कवि के रूप में ख्याति प्राप्त की। एम० ए० करने के बाद इक़बाल सन् 1905 ई० में दर्शनशास्त्र की उच्च शिक्षा प्राप्त करने के लिए लन्दन चले गए। फिर जर्मनी से ईरानी दर्शन शास्त्र पर डॉक्टरेट की डिग्री प्राप्त की। 1908 ई० में भारत आकर लाहौर कॉलेज में प्राध्यापक हुए और राजनीति में भी भाग लेते रहे। लन्दन से बैरिस्टरी भी की थी। अपने विचारों के कारण कॉलेज की नौकरी छोड़नी पड़ी। उसके बाद से बैरिस्टर के पद पर ही

काम करते रहे। जीवन के अन्तिम चार वर्ष इक़बाल बहुत अस्वस्थ रहे। इक़बाल के काव्य का सूरज ऐसे समय में साहित्य के आकाश पर चमका जब ग़ज़ल की रात ढला चाहती थी। एशिया का राजनैतिक, आर्थिक, नैतिक जीवन पतनोन्मुख था। दुनिया भर में पश्चिम के उपनिवेशवाद का बोलबाला था। ग़रीबी और गुलामी से हिन्दुस्तानियों के हौसले पस्त थे। ऐसे समय में संघर्ष, गति, कर्मठता और शक्ति का आह्वान किया इक़बाल के काव्य ने। उन्होंने राष्ट्रीय और अन्तर्राष्ट्रीय स्थिति का विश्लेषण किया, मानव-मात्र के दुखों से दो-चार हुए, वर्तमान सभ्यता का विवेचन किया और मनुष्य की असीम शक्ति का उद्घोष किया। राष्ट्रीयता के अतिरिक्त इनकी बाद की रचनाओं में दर्शनशास्त्र के गहन अध्ययन का स्पष्ट प्रभाव है। इक़बाल मनुष्य को ईश्वर की श्रेष्ठतम रचना मानते हैं। उसकी शक्ति में अटूट आस्था रखते हैं। परिस्थितियों से जूझने में विश्वास करते हैं। वे प्रकृति पर एक अलौकिक मानव के आधिपत्य का स्वप्न देखते हैं। व्यक्ति की अस्मिता, मानवजाति के विकास और उसके गौरव-शाली भविष्य की कल्पना से प्रेरित है उनका साहित्य। किन्तु यूरोप के अतिशय एवं संकीर्ण देश-प्रेम का जवाब इक़बाल के अनुसार इस्लाम का शुद्ध, आक्रामक एवं व्यापक रूप है और वह ही संसार का नेतृत्व करने वाली शक्ति है।

इक़बाल की दृष्टि मूलतः सामाजिक है। वे यथार्थ का चित्रण करते हैं मानव-हित की भावना से। इनकी शायरी में यथार्थ और अध्यात्म का सम्मिलन हुआ है। अभिव्यक्ति सशक्त और उद्दाम वेग से पूर्ण है। भव्यता एवं गरिमा इनकी रचनाओं का वैशिष्ट्य है। इक़बाल की ग़ज़लों में भी नज़्म की विचारबद्धता है। बौद्धिकता कहीं-कहीं काव्य लालित्य पर हावी हो जाती है।

उर्दू में इक़बाल के चार काव्य संग्रह हैं—'बाग़े-दरा', 'बाले-जिबरील', 'ज़र्बे-कलीम' (दे०) और 'अर्मुग़ाने-हिजाज़'। फ़ारसी में 'असरारे-बेख़ुदी' और 'रमूज़े-बेख़ुदी' इनकी प्रसिद्ध मसनवियाँ हैं। 'मक़तूबाते-इक़बाल' एवं 'ख़ुतबाते-इक़बाल' क्रमशः भाषणों और पत्रों के संग्रह हैं।

इबादत बरेलवी

पंजाब विश्वविद्यालय, पाकिस्तान से सम्बद्ध रहे। आपने आलोचक के रूप में विशेष कीर्ति प्राप्त की। यद्यपि आपकी रचनाओं से साम्यवादी विचारधारा के प्रति आकर्षण स्पष्ट होता है, परन्तु उसे विशुद्ध वैज्ञानिक दृष्टि से नहीं अपनाते। साहित्य के सामाजिक आधार को मान्यता देते हैं परन्तु उसे वर्ग-संघर्ष का परिणाम मानने से सकुचाते हैं। आपने बहुत

से शोधकार्य भी किए हैं। प्रकाशित आलोचना पुस्तकें हैं—'उर्दू तनक़ीद का इसेक़ा', 'तनक़ीदी ज़ाविए','रवायत और तजरबे', 'ग़ज़ल और मुताला-ए-ग़ज़ल' एवं 'जदीद शायरी और शायरी की तनक़ीद'।

इब्न-उल-वक्त (पा०)

यह मौलवी नज़ीर अहमद (दे०) के हास्य व्यंग्य प्रधान उपन्यास 'इब्न-उल वक्त' (दे०) का नायक है। इब्न-उल-वक्त सभी वैयक्तिक गुणों का पुंज है। वह अपना ही नहीं सारी मुस्लिम जाति का शुभचिन्तक है। निस्वार्थ और कर्तव्यपरायण है। मगर मि० नोबल के सम्पर्क में आकर वह पाश्चात्य सभ्यता से इतना प्रभावित होता है कि हर बात में अंग्रेज़ी तौर-तरीकों की नक़ल करने लगता है। परिणाम वही होता है जो दो बेमेल चीज़ों के मेल से होता है। इब्न-उल-वक्त त्रिशंकु बनकर अधर में लटक जाते हैं।

इस घटना से ही स्पष्ट हो जाता है कि इब्न-उल-वक्त एक गतिशील चरित्र है जो अपने परिवेश से प्रभावित होता है, सजग और संवेदनशील है, उसमें प्रतिक्रिया होती है, परिवर्तन होता है। लेखक का वह चहेता चरित्र है। हास्य-व्यंगात्मक शैली के बावजूद चरित्र-चित्रण में कहीं कटुता नहीं। इब्न-उल-वक्त सारे कथानक और तमाम घटनाओं का केन्द्र-बिन्दु है।

इब्न-उल-वक्त (कृति। रचनाकाल सन् 1880 ई०)

यह मौलवी नज़ीर अहमद (दे०) का उपन्यास है जिसमें नायक के माध्यम से पाश्चात्य सभ्यता के अन्धानुकरण के कुपरिणामों को चित्रित किया गया है। नायक इब्न-उल-वक्त (दे०) एक अंग्रेज़ मि० नोबल के प्रभाव में आकर हिन्दुस्तानी तौर-तरीक़े छोड़ जैण्टलमैन बनने की कोशिश में न घर का रहता है न घाट का। यह एक उद्देश्यपूर्ण रचना है जो हल्के-फुल्के माहौल और हास्य-व्यंग्यात्मक शैली के कारण कहीं भी उपदेशात्मक नहीं लगती। दिल्ली की शुद्ध टकसाली भाषा कथानक के चुटीलेपन को और चटक करती है।

इब्ने निशाती

ये सुल्तान अबदुल्ला कुतुबशाह (1625-1674) के दरबार में थे और तत्कालीन गोलकुण्डा कवियों में इन्हें उच्च स्थान प्राप्त है। इनकी मसनवी 'फूलबन' (दे०) दकनी (दे०) उर्दू की एक महत्त्वपूर्ण रचना है। यह एक प्रेम काव्य है। ऐसा अनुमान है कि यह किसी फ़ारसी रचना का पद्यबद्ध अनुवाद है। इसका रचनाकाल सन् 1660 से 1665 के बीच

बताया जाता है। 'फूलबन' की भूमिका में इब्ने-निशाती ने अपनी गद्य रचनाओं का उल्लेख किया है किन्तु उनमें से कोई भी प्राप्त नहीं है। 'फूलबन' में भाषा-शैली का सौष्ठव है और उस युग की सामाजिक स्थिति का भी चित्रण हुआ है।

इब्राहीम (अं०)

ये पैग़म्बर थे और दिन-रात ईश्वर-भक्ति में लीन रहते थे। इनका एक बेटा था—इस्माईल। ऐसा कहा जाता है कि ईश्वर ने इब्राहीम की भक्ति की परीक्षा लेने के लिए उन्हें यह आदेश दिया कि वे अपने पुत्र को पहाड़ पर ले जाकर ख़ुदा की राह में उसकी बलि दें। इब्राहीम इस कठिन अग्नि-परीक्षा से भी विचलित नहीं हुए। ईश्वर के आदेश और उसके प्रेम में उनका विश्वास अडिग रहा। वे इस्माईल को पर्वत पर ले गए और आँखों पर पट्टी बाँध कर उसकी गरदन पर छुरी चला दी। उनकी भक्ति से प्रभु प्रसन्न हुए और इस्माईल के स्थान पर एक भेड़ का बच्चा प्रकट हो गया। इस तरह इस्माईल बच गए और इब्राहीम की आस्था प्रमाणित हुई। इसी घटना की याद में बक़रीद का त्योहार मनाया जाता है और उस दिन बकरे की बलि दी जाती है।

इब्राहीम के बारे में यह भी प्रसिद्ध है कि उनका पालन-पोषण आज़र नाम के एक मूर्तिकार ने किया था। मगर इस्लाम में मूर्ति-पूजा वर्जित है, और मूर्ति-पूजा करने वाले को क़ाफ़िर (दे०) कहा जाता है। जब इब्राहीम बड़े हुए तो ईश्वर की आज्ञा से उन्होंने आज़र की बनाई हुई सारी मूर्तियाँ तोड़ दीं।

इमाम हसन (अं०)

इमाम हसन मुसलमानों के पैग़म्बर हज़रत मोहम्मद के नवासे और हज़रत अली के पुत्र थे। आप इमाम हुसैन (दे०) के बड़े भाई थे। हज़रत मोहम्मद के बाद हज़रत अली इस्लामी संसार के ख़लीफ़ा घोषित किए गए। मगर सीरिया के गवर्नर मुआविया (दे०) और मिस्र के हाकिम अमरू ने उनका विरोध किया। युद्ध में हज़रत अली के वीरगति पाने के बाद उनके पुत्र इमाम हसन ने उनका स्थान सँभाला। मगर मुआविया ने धोखे से इन्हें विष देकर मार डाला। इस्लामी धार्मिक रचनाओं, विशेष रूप से मरसिये (दे०) में आपका उल्लेख मिलता है।

इमाम हुसैन (अं०)

आप पैग़म्बर हज़रत मोहम्मद साहब के नवासे और हज़रत अली के पुत्र थे। मोहम्मद साहब के बाद हज़रत अली इस्लामी संसार के ख़लीफ़ा

अर्थात् आध्यात्मिक नेता हुए। लेकिन सीरिया के गवर्नर मुआविया (दे०) ने उनकी सत्ता मानने से इन्कार कर दिया। मिस्र के हाक़िम अमरू ने भी उसका साथ दिया। युद्ध में हज़रत अली वीरगति को प्राप्त हुए तो उनका स्थान इमाम हुसैन के भाई इमाम हसन (दे०) ने ले लिया। हसन को मुआविया (दे०) ने विष देकर मार डाला और अपने बेटे यज़ीद (दे०) को ख़लीफ़ा घोषित कर दिया। इमाम हुसैन ने उसे ख़लीफ़ा मानने से इन्कार किया। अब यज़ीद ने षड्यन्त्र का सहारा लिया। हुसैन से मित्रता का नाटक कर उन्हें कूफ़ा आमंत्रित किया। लेकिन करबला (दे०) के मैदान में उन्हें और उनके बहत्तर साथियों को सत्तर हज़ार की फ़ौज ने घेर लिया। जलते हुए रेगिस्तान पर पानी के बिना ये 72 व्यक्ति जिनमें सत्तर वर्ष के वृद्ध और छः माह के बच्चे भी शामिल थे, तड़पते रहे, लेकिन आत्मसमर्पण नहीं किया। आत्मबल, संयम और शौर्य की प्रतिमूर्ति इमाम हुसैन अन्ततः करबला के मैदान में वीरगति को प्राप्त हुए। इस अमानवीय नरसंहार और इमाम हुसैन की शहादत के कथानक पर उर्दू में अनगिनत मरसियों (दे०) की रचना की गई है। मौहर्रम का शोकपर्व उसी दिन की याद में मनाया जाता है। यह घटना स० 60 हिजरी की बताई जाती है।

इम्पीरियल नाटक कम्पनी

इस नाटक कम्पनी ने मिर्ज़ा नज़ीर बेग अक़बराबादी के नाटक 'नलदमन,' 'बहार-इश्क़', 'माहीगीर', 'फ़िसाना-ए-अजायब' और हाफ़िज़ मुहम्मद अब्दुल्ला के 'जश्न परिस्तान', 'अंजाम सितम' और 'सितम हामान' मंचित किए।

इलहामाते-शाद (कृति)

यह प्रसिद्ध कवि 'शाद' अज़ीमाबादी (दे०) के जीवन और कृतित्व पर लिखे गए समीक्षात्मक लेखों का संकलन है जिसका संपादन अब्दुल मालिक आरवी ने किया। इसमें उर्दू फ़ारसी की साहित्यिक परम्पराओं और 'शाद' पर उनके प्रभाव, 'शाद' की कविता में सूफ़ीवाद, करुण रस, भाषा और छन्दों के प्रयोग पर चिन्तन किया गया है। पुस्तक के अन्त में 'शाद' की कुछ प्रतिनिधि ग़ज़लें भी संग्रहीत हैं।

इशरती, सैयद मुहम्मद ख़ाँ

सैयद यूसुफ़ हुसैनी के पुत्र थे और इनका वंश 'सादात दरवेश' के नाम से प्रसिद्ध था। आप अल्पायु में ही दक्षिण भारत में बीजापुर में आ गए थे, बाद में वहाँ से हैदराबाद चले आए। उर्दू और फ़ारसी दोनों भाषाओं में

रचनाएँ कीं। जायसी के 'पद्मावत' का आपने सन् 1697 में फ़ारसी सारांश तैयार किया। इशरती उच्चकोटि के कवि माने जाते थे। इनके शिष्यों ने इन्हें नुसरती (दे०) का समकक्ष माना है। इन्होंने कई ग़ज़लें और मसनवियाँ लिखीं जिनमें से 'चित लगन' और 'दीपक पतंग' (सन् 1702 ई०) विशेष रूप से प्रसिद्ध हुईं।

इस्मत चुग़ताई (जन्म : सन् 1915 ई०)

आप जोधपुर की रहने वाली हैं। शिक्षा अलीगढ़ और लखनऊ में हुई। सन् 1942 में फ़िल्म प्रोड्यूसर शाहिद लतीफ़ से विवाह हुआ और बम्बई चली आईं। आजकल भी वहीं हैं और फ़िल्मों के लिए भी लिखती हैं।

इस्मत की कहानियों में निम्न मध्यवर्गीय परिवारों की स्त्रियों के रहन-सहन, उनके नैतिक और आर्थिक जीवन, उनकी घुटन और यौन सम्बन्धी मनोविकारों का बड़ा यथार्थ चित्रण हुआ है। एक स्त्री के कलम से ऐसा निर्भीक चित्रण पहले कभी नहीं हुआ था। उन पर अश्लीलता का आरोप लगा। कहानियाँ मुख्यतः मनोवैज्ञानिक हैं। शैली में गठन है। संवाद कम होते हैं, 'एक्शन' आवश्यकतानुसार। बात कहने का ढंग नया और रोचक है। दृश्य चित्रण बड़ा सजीव।

कहानियों के संग्रह हैं—'कलियाँ', 'चोटें', 'एक बात', 'दो हाथ' और 'छुई-मुई'। एक नाटक 'धानी बाँके' और उपन्यास, 'ज़िद्दी', 'टेढ़ी लकीर' 'मासूमा' और 'सौदाई' प्रकाशित हैं।

इस्माईल, मेरठी (सन् 1840-1917 ई०)

पूरा नाम मौलवी मुहम्मद इस्माईल था। मेरठ के रहने वाले थे। शिक्षा विभाग में क्लर्क थे। बाद में मेरठ और सहारनपुर के स्कूलों में फ़ारसी के हेड मौलवी रहे। सन् 1888 ई० में आगरा के सेन्ट्रल नार्मल स्कूल में नियुक्ति हुई। इस्माईल ने बच्चों के लिए छोटी-छोटी सरल कविताएँ लिखीं। मौलिक रचनाओं के अतिरिक्त अंग्रेज़ी कविताओं का अनुवाद किया। उर्दू की पाठ्य पुस्तकें भी लिखीं। इनका दीवान प्रकाशित हो चुका है। इसमें नई परिपाटी की ग़ज़लें और क़सीदे भी सम्मिलित हैं।

इस्माईल, मौलवी मुहम्मद (मृत्यु सन् 1831 ई०)

आप शाह वली उल्ला के पोते और सिखों और अंग्रेज़ों के विरुद्ध चलाए गए वहाबी आन्दोलन के नेता थे। ये इस्लाम में भी कुछ सुधार चाहते

थे । इनकी पुस्तकें 'रिसाला-ए-तौहीद' 'तक़वियतुल ईमान' और 'सिराते-मुस्तक़ीम' धार्मिक कारणों से प्रसिद्ध हुईं किन्तु इनका साहित्यिक महत्त्व विशेष नहीं है । इस्लामी कर्मकाण्ड के प्रतिपादन के लिए उर्दू गद्य में ऐसी अनेक रचनाएँ इस समय में हुईं । धर्म-युद्ध के लिए खोस्तान जाते हुए रास्ते में किसी ने इनकी हत्या कर दी ।

ई

ईसा (अं०)

ईसाई धर्म के प्रवर्तक ईसा मसीह का उल्लेख प्रतीक के रूप में उर्दू काव्य में बहुधा मिलता है। ईसा बीमारों को अच्छा कर देते थे और उनके स्पर्श से मुर्दे भी जी उठते थे। उर्दू कवि अपने प्रिय में ईसा मसीह के ये गुण साकार पाते हैं। माशूक की दो प्यार भरी बातों से व्यथित, आकुल प्रेमी हृदय खिल उठता है, विरह की व्याधि मिट जाती है और मरणासन्न जी उठता है। इसलिए कभी तो शायर बीमार होने की दुआ करता है—

जाँ बख़्श लब के इश्क में ईजा उठाइये
बीमार हो के नाज़े—मसीहा उठाइये

—आतिश

तो कहीं स्वाभिमान से कह उठता है—

मिन्नत दिला किसी की न इसला उठाइये
मर जाइये न नाज़े-मसीहा उठाइये

—पं० दयाशंकर 'नसीम'

उ

उज़लत, मीर अब्दुल वली (मृत्यु : सन् 1775 ई०)

अठारहवीं शताब्दी के गुजरात के कवियों में उज़लत विशेष रूप से उल्लेखनीय हैं। आप सूरत के रहने वाले थे और काव्य-रचना के साथ संगीत एवं अन्य ललित कलाओं में भी दक्ष थे। मीर तक़ी 'मीर' (दे०) के साथ आपके मैत्री सम्बन्ध थे और दक्षिण के नवाबों का संरक्षण आपको सदैव प्राप्त रहा। अन्तिम समय हैदराबाद में थे। उज़लत का एक काव्य-संग्रह और मसनवी उपलब्ध हैं। ये इंडिया ऑफ़िस लन्दन में सुरक्षित हैं।

उपन्यास (वि०)

किस्सा कहने और सुनने की परम्परा कितनी पुरानी है यह कहना कठिन है। संभवतः प्राचीनतम भाषा के प्रवर्तन और अभिव्यक्ति के कौशल जितनी। हर भाषा में कहानी और उपन्यास का अपना इतिहास है। उर्दू को किस्सों की धरोहर फ़ारसी और संस्कृत कथाओं के फ़ारसी अनुवाद से मिली। 'अलिफ़ लैला', 'बोस्तान ख़्याल', 'मीर हमज़ा', 'बेताल पचीसी' और 'सिहासन बत्तीसी' से रूप बदलते-बदलते बात मिर्ज़ा रजब अली बेग़ 'सुरूर' (दे०) के 'फ़िसाना-अजायब' (दे०) तक पहुँची। 'फ़िसाना-अजायब' उपन्यास नहीं, पुराने क़िस्सों की तर्ज़ पर है, मगर इसने उर्दू उपन्यास के लिए रास्ता तैयार किया। सन् 1869 ई० में डा० नज़ीर अहमद की 'मिरातुल उरुस' (दे०) लिखी गई। इस पुस्तक को उर्दू का पहला उपन्यास माना गया और नज़ीर अहमद उर्दू के पहले उपन्यासकार कहलाए। इसके बाद आपने और बहुत से उपन्यास लिखे। इन उपन्यासों में चमत्कारी व्यक्ति और घटनाएँ नहीं, रोज़मर्रा की ज़िन्दगी के यथार्थ चित्र थे। सामाजिक समस्याओं की ओर पाठकों का ध्यान खींचने का सबल आग्रह था और भाषा शैली में अद्भुत प्रभाव था। मगर औपन्यासिक सिद्धान्तों के आधुनिक मापदण्ड से इन्हें नहीं आँका जा सकता। उपन्यास के शिल्प की पहचान शुरू हुई पंडित रतननाथ 'सरशार' (दे०) और अब्दुल

हलीम 'शरर' (दे०) थे। 'सरशार' के 'फ़साना-ए-आज़ाद' (दे०) ने, जो अवध पंच (दे०) में धारावाहिक छपता था, उर्दू जगत में हलचल मचा दी। उपन्यास की रूपरेखा सँवारने के साथ 'सरशार' ने एक नयी गद्य शैली को जन्म दिया। 'शरर' ने 42 उपन्यास लिखे जिनमें से अधिकांश 'दिल गुदाज़' में छपे। अधिकतर मिलते-जुलते कथानक और चरित्र इन उपन्यासों में देखने को मिलते हैं। भाषा शैली और वाक्य-विन्यास की दृष्टि से 'शरर' अधिक सफल रहे। मुंशी सज्जाद हुसैन (दे०) का 'हाजी बग़लोल' (दे०) उनके अखबार 'अवध-पंच' (दे०) में छपा। यह हास्य रस से भरपूर उपन्यास बहुत लोकप्रिय हुआ। आपने और भी कई उपन्यास लिखे। सन् 1878 ई० में नवाब सैयद मुहम्मद 'आज़ाद' (दे०) का 'नवाबी दरबार' छपा। इसमें पुराने नवाबों की मूर्खताओं का मज़ाक उड़ाया गया था। यह उपन्यास भी काफ़ी पसन्द किया गया। मिर्ज़ा मुहम्मद हादी 'रुसवा' के प्रसिद्ध उपन्यास 'उमराव जान अदा' (दे०) ने इस कला को नये आयाम दिए। नारी मनोविज्ञान, जीवन संघर्ष और तत्कालीन लखनऊ—सभी जीवन्त हो उठे इस कलाकृति में। हकीम मुहम्मद अली 'तबीब' ने 'इबरत', 'हुस्न सुरूर', 'गौरा', 'रामप्यारी', 'अख़्तर व हसीना' आदि उपन्यास लिखे। आपने दो ऐतिहासिक उपन्यास भी लिखे—'जाफ़र अब्बासा' एवं 'देवल देवी'। इसके अतिरिक्त मुं० ज्वाला प्रसाद 'बर्क़' (दे०) अब्बास हुसैन 'होश', कारी सरफ़राज़ हुसैन, मिर्ज़ा मुहम्मद सईद ने भी कुछ एक उपन्यास लिखे। 'बर्क़' ने बंकिम चन्द्र के 'दुलहिन', 'प्रताप रोहिणी' और 'मृणालिनी' के उर्दू अनुवाद तैयार किए। मौलाना राशिदुल ख़ैरी (दे०) ने डा० नज़ीर अहमद के मार्ग का ही अनुसरण किया। आपने स्त्रियों की समस्याओं और उनकी उन्नति के विषय पर बड़ी कारुणिक रचनाएँ कीं। आपकी लेखन शैली में बड़ी व्यथा और प्रभाव है। ख़ैरी ने बहुत-सी कहानियाँ और उपन्यास लिखे जिनमें से 'सुबहे-ज़िन्दगी', 'शामे-ज़िन्दगी', 'शबे-ज़िन्दगी', 'उरूसे-करबला' काफ़ी लोकप्रिय हुए। यद्यपि साहित्य में यथार्थ चित्रण के प्रयास किए जा रहे थे, मगर वे अभी भावुकता और अतिशयोक्ति से मुक्त नहीं हो सके थे। जनसाधारण के जीवन के वास्तविक चित्र, उनकी समस्याओं, आशाओं-निराशाओं, भावों-संवेगों को एक आम आदमी की नज़र से पहली बार पेश किया प्रेमचन्द (दे०) ने। उर्दू में उनके प्रसिद्ध उपन्यास हैं—'बाज़ारे-हुस्न', 'बेवा', 'चौगने-हस्ती', 'मैदाने-अमल' और 'गोदान'। विषय, शिल्प, भाषा और निर्वाह में प्रेमचन्द का जोड़ नहीं। वेश्या-जीवन पर एक मार्मिक रचना की काज़ी अब्दुल ग़फ़्फ़ार (दे०) ने।

आपने 'लैला के ख़तूत' (दे०) में एक स्त्री के मनोविज्ञान और वेश्यावृत्ति को सामाजिक चेतना की दृष्टि से बड़े रोचक ढंग से प्रस्तुत किया। नये ढंग का पहला उपन्यास था 'लन्दन की एक रात', जिसके लेखक हैं सज्जाद ज़हीर। उच्च शिक्षा के लिए विदेश गए छात्रों के माध्यम से सज्जाद ज़हीर ने भारतीय युवाओं की कल्पना, आकांक्षा और निराशा को यहाँ की राजनैतिक पृष्ठभूमि में बड़े विश्वसनीय ढंग से प्रस्तुत किया। इस उपन्यास में लेखक ने कई पाश्चात्य शैलियों का भी प्रयोग किया जिसने आने वाले कहानीकारों को प्रभावित किया। प्रगतिशील साहित्यकारों ने उपन्यास को वर्ग-संघर्ष, भूख, बेकारी और प्रतिरोध के निरूपण का माध्यम बनाया। कृश्न चन्दर (दे०) ने 'शिकस्त', 'जब खेत जागे', 'आसमान रौशन है', 'बावन पत्ते', 'चाँदी के घाव', 'कागज़ की नाव', 'एक वायलन समन्दर के किनारे' इत्यादि कई उपन्यास लिखे जो मानव-प्रेम से भरपूर हैं। कला की दृष्टि से इनमें से कुछ विवादास्पद हैं। इस्मत चुग़ताई (दे०) के उपन्यास हैं--'ज़िद्दी', 'टेढ़ी लकीर', 'मासूमा' और 'सौदाई'। मध्यवर्ग के मुसलमान परिवारों का इनमें यथार्थ चित्रण हुआ। बोलचाल की भाषा के प्रयोग से चरित्र जीवित से हो उठते हैं। अज़ीज़ अहमद (दे०) के उपन्यास 'गुरेज़', 'ऐसी बुलन्दी ऐसी पस्ती' और 'शबनम' प्रसिद्ध हैं। इनमें बहुधा यौन जीवन का विश्लेषण है किन्तु उससे जुड़े अन्य कारणों को नज़रअन्दाज़ कर दिया गया है। डा० अहसन फ़ारुकी (दे०) के 'शामे-अवध' में 1857 के बाद के लखनऊ की दुर्दशा का वर्णन किया गया। इसमें पात्रों का चित्रण अच्छा बन पड़ा है और भाषा का प्रयोग भी सराहनीय है। आपका दूसरा महत्त्वपूर्ण उपन्यास है—'संगम'। फ़ैय्याज़ अली के दो उपन्यास 'शमीम' और 'अनवर' काफ़ी लोकप्रिय हुए। पं० किशन प्रसाद कौल के 'श्यामा', 'मजबूरे-वफ़ा', 'साधू और बेसवा' समाज-सुधार की भावना से परिपूर्ण होने के कारण महत्त्वपूर्ण हैं। इनके अलावा एम० असलम, रशीद अख़्तर नदवी, रईस अहमद ज़ाफ़री, क़ैसी रामपुरी ने भी कुछ उपन्यास रचे। दूसरे महायुद्ध के बाद कहानी-उपन्यास के शिल्प और कलाकार की मूल चेतना और आस्था में अन्तर आया। साहित्य के हर क्षेत्र में प्रयोग होने लगे। अस्पष्टवाद, प्रतीकवाद और निरुद्देश्यवाद लेखन पद्धति बन गए। यह भूकम्प कविता में ज्यादा शिद्दत से महसूस किया गया। कहानी और उपन्यास पर इसका प्रभाव अपेक्षाकृत कम पड़ा। सन् 1947 के साम्प्रदायिक दंगों ने कलाकारों को हिलाकर रख दिया। इसी समस्या पर रामानन्द सागर ने 'और इन्सान मर गया' की रचना की। इसी विषय पर कुदरतुल्लाह

शहाब का 'या खुदा' विषय और कला दोनों की दृष्टि से एक महत्त्वपूर्ण रचना है। विभाजन से प्रेरित एक अन्य सशक्त रचना है—कुर्रतुल ऐन हैदर (दे०) का 'मेरे भी सनमख़ाने'। आपके अन्य उपन्यास हैं 'सफ़ीना-ए-ग़मेदिल', 'आग का दरिया', 'सीताहरण' और 'आख़िरे शब के हमसफ़र'। अनवर अज़ीम का एक उल्लेखनीय उपन्यास है—'धुंआ-धुंआ सवेरा'। जीलानी बानो के लघु उपन्यासों का संग्रह 'जुगनु और सितारे' के नाम से प्रकाशित हुआ। काज़ी अब्दुल सत्तार के उपन्यास हैं—'शबगुज़ीदा', 'मज्जू भैया', और 'दारा-शिकोह'। रजिया फ़सीह का 'आबला पा' और जमीला हाशिमी के 'तलाशे-बहारां' और 'आतिशे-रफ़्ता' बहुत पसन्द किए गए। ए० हमीद के भी कई उपन्यास प्रकाशित हुए हैं। शौक़त सिद्दीकी के उपन्यास 'ख़ुदा की बस्ती' का भी उर्दू जगत में अच्छा स्वागत हुआ। अख़्तर ओरीनवी (दे०) का 'हसरते-तामीर' विशेष रूप से उल्लेखनीय हैं। नये-पुराने लगभग सभी कहानीकारों ने एक-आध उपन्यास भी लिखा है। विदेशी तथा कई भारतीय भाषाओं से अनुवाद भी हो रहे हैं। मगर आधुनिक पाठक की प्रवृत्ति और दिलचस्पी कहानियों की ओर अधिक दीख पड़ती है।

उबेदुल्ला (अं०)

यह कूफ़ा का हाकिम था और यज़ीद (दे०) को ख़लीफ़ा मानता था। उसी के हुक्म से उबेदुल्ला ने करबला (दे०) के मैदान में हज़रत इमाम हुसैन (दे०) और उनके 72 साथियों को अपनी सत्तर हज़ार की सेना के साथ घेर लिया था। उन पर अत्याचार किए और उन्हें तीन दिन तक पानी के लिए तड़पाया। उर्दू मरसियों में उबेदुल्ला का यही नृशंस और क्रूर रूप दर्शाया गया है।

उमराव जान अदा (कृति)

यह मिर्ज़ा मुहम्मद हादी 'रुसवा' (दे०) का बहुचर्चित उपन्यास है जो यथार्थवाद की दृष्टि से उर्दू साहित्य में एक विशेष स्थान रखता है। उमराव जान (दे०) एक वेश्या का नाम है जो अपने जीवन की व्यथापूर्ण कहानी अपनी ज़बानी कहती है। उसका बचपन का नाम अमीरन था और वह फ़ैजाबाद के एक सीधे सादे शरीफ़ परिवार की लड़की थी। जब वह आठ वर्ष की थी दिलावर खाँ नाम का एक व्यक्ति उसका अपहरण कर उसे लखनऊ ले आया और ख़ानम नामक वेश्या के हाथ बेच दिया। उमराव जान को वहीं नृत्य, संगीत की शिक्षा मिली और उसने 'अदा' उपनाम से काव्य-रचना भी की। वह मन से वेश्या जीवन को कभी

भी स्वीकार न कर सकी, और न ही एक घरेलू औरत बन सकी। वह एक बार कोठे से फ़ैज़ू के साथ भागती तो है, मगर फिर लखनऊ लौट आती है। संभवतः यह उपन्यास समाज सुधार के विचार से नहीं लिखा गया था, मगर अनायास ही वेश्याओं के विवश, गर्हित जीवन के प्रति पाठक की सहानुभूति उमड़ आती है। चरित्र चित्रण सहज और वास्तविक है, परिवेश एकदम जीवन्त। 19वीं शताब्दी के उत्तरार्द्ध के लखनऊ की सभ्यता, सामाजिक और नैतिक स्थिति, देहातों की दुर्दशा, सामन्ती प्रथाओं के सजीव चित्र उपन्यास में देखने को मिलते हैं। नारी-मन की व्यथा और विवशता से जन्मी विरोधी प्रवृत्तियों का मनोवैज्ञानिक पक्ष भी अच्छा उभरा है। भाषा सरस है और मुहावरों का यथास्थान सुन्दर प्रयोग हुआ है।

उमराव जान अदा (पात्र)

यह मिर्ज़ा हादी रुसवा (दे०) के उपन्यास उमराव जान अदा (दे०) की नायिका है जो अपने जीवन की करुण कथा स्वयं कहती है। मिर्ज़ा रुसवा की भेंट उमराव से एक कवि-सम्मेलन में हुई थी और उसकी अपनी कहानी को लेखक ने उपन्यास का रूप दे दिया। एक वेश्या के जीवन को उपन्यास का विषय बनाने का साहस उस समय तक केवल प्रेमचन्द (दे०) ने ही किया था। लेकिन लेखक का उद्देश्य समाज-सुधार नहीं, अपितु वस्तुस्थिति की कलात्मक, रोचक और मार्मिक प्रस्तुति है। उमराव फ़ैजाबाद के एक शरीफ़ मुस्लिम घराने की थी, वह आठ वर्ष की ही थी जब उसके अपहरणकर्ता ने उसे लखनऊ की मशहूर तवायफ ख़ानम के हाथ बेच दिया। यहीं उसका नाम अमीरन से उमराव हुआ। नृत्य संगीत की शिक्षा प्राप्त की और 'अदा' उपनाम से शायरी भी की। कोठे पर ही काम करने वाले एक व्यक्ति गौहर मिर्ज़ा के प्रति इसके मन में कोमल भाव उत्पन्न होते हैं, अपनी गर्हित स्थिति से पलायन की चेष्टा भी करती है मगर अब वह सामान्य जीवन के योग्य नहीं रही। उसके भीतर की नारी और वेश्या के बीच चलते संघर्ष में स्त्री मनोविज्ञान का अच्छा चित्रण हुआ है। उमराव एक सभ्य, सुसंस्कृत और स्वाभिमानी किन्तु परिस्थितियों की शिकार महिला है जो अपने परिवेश को स्वीकार नहीं कर पाती।

उमरो ऐयार (पात्र)

पुराने किस्से-कहानियों में गुप्तचर विभाग की गतिविधियों को ऐयारी कहा जाता है। 'दास्ताने तिलिस्मे होशरुबा' (दे०) नामक पुस्तक में उमरो ऐयार नामक व्यक्ति गुप्तचर विभाग का अध्यक्ष और नायक अमीर

हमज़ा (दे०) का शुभचिन्तक है। वह अपने स्वामी के लिए कुछ भी करने को सदैव तैयार है। अपने साहस और कूटनीति के बल पर शत्रु को अभिभूत करता है। परन्तु कभी-कभी वह ऐसी अजीब हरकतें भी करता है जो उसकी अन्यथा शूरवीर छवि से मेल नहीं खातीं। चरित्र के इस विरोधाभास का कोई औचित्य नहीं है, अतः आधुनिक पाठक को खटकता है।

उर्दू अकादमी

उर्दू भाषा और साहित्य को समृद्ध बनाने और उसे जीवन के मुख्यधारे से जोड़े रखने की दिशा में देश के विभिन्न प्रान्तों में उर्दू अकादमियाँ काम कर रही हैं। इनका मुख्य उद्देश्य उर्दू का प्रचार, स्कूल कॉलेज और विश्व-विद्यालय के स्तर पर उर्दू की शिक्षा का प्रबन्ध, पुस्तकों का प्रकाशन, पुराने साहित्य की पुनरावृत्ति, साहित्यकारों और रचनाओं पर विचार-गोष्ठियों का राष्ट्रीय एवं अन्तर्राष्ट्रीय स्तर पर आयोजन, रंगमंच के माध्यम से साहित्य को जनता तक पहुँचाने का प्रयास और मुशायरों का संयोजन करना है। ये अकादमियाँ वर्ष की श्रेष्ठ पुस्तकों को पुरस्कृत कर रचनात्मक प्रतिभा को प्रोत्साहन भी देती हैं। इस समय देश में ऐसी अकादमियाँ उत्तर-प्रदेश, बिहार, मध्य-प्रदेश, आंध्र, कर्नाटक, जम्मू-कश्मीर, चण्डीगढ़ और राजधानी दिल्ली में कार्यरत हैं।

उर्दू अकादमी, उत्तर प्रदेश

उर्दू भाषा और साहित्य की सेवा के लिए उत्तर प्रदेश लखनऊ में सन् 1972 ई० में उर्दू अकादमी की स्थापना की गई। इस अकादमी ने पिछले कुछ वर्षों में लगभग दो सौ पुरानी और नई पुस्तकें प्रकाशित कीं। इनमें विशुद्ध साहित्यिक रचनाएँ, उपन्यास, कहानी और काव्य संग्रह तथा तज़किरे शामिल हैं। इसके अलावा अकादमी दूसरी भाषाओं से अनूदित ग्रंथ, विश्वविद्यालय स्तर की पाठ्य-पुस्तकें और बच्चों के लिए कहानियों की सचित्र किताबें भी छापती है। किताबों की कीमत कम रखी गई है ताकि आम आदमी की पहुँच के बाहर न हो। अकादमी 'ख़बरनामा' नामक एक मासिक पत्र भी निकालती है। इसके अतिरिक्त अकादमी की ओर से छात्रवृत्तियाँ, पुस्तकालयों को अनुदान और वर्ष की श्रेष्ठ पुस्तकों पर पुरस्कार भी दिए जाते हैं। समय-समय पर अकादमी साहित्यिक गोष्ठियों का आयोजन भी करती है।

उर्दू अकादमी, दिल्ली

दिल्ली उर्दू अकादमी की स्थापना सन् 1981 ई० में हुई। दिल्ली प्रशासन

द्वारा संचालित इस अकादमी का अध्यक्ष-पद दिल्ली के उपराज्यपाल सँभालते हैं। अकादमी की तीन उप-समितियाँ हैं —पुरस्कार उपसमिति, जो प्रत्येक वर्ष की श्रेष्ठ प्रकाशित रचनाओं को सम्मानित करती है और उर्दू भाषा तथा साहित्य की सेवा करने वाले वयोवृद्ध लेखकों को आवश्यकता पड़ने पर आर्थिक सहायता देती है; शिक्षा उपसमिति जो स्कूल, कॉलेज और विश्वविद्यालय स्तर पर उर्दू की शिक्षा, पाठ्य पुस्तकों और छात्रवृत्तियों का प्रबन्ध करती है; और तीसरी योजना उप-समिति जो समय-समय पर राजधानी में साहित्यिक गोष्ठियाँ और सम्मेलन आयोजित करती है। स्वतन्त्रता दिवस और गणतन्त्र दिवस पर आयोजित मुशायरे भी इसी के कार्यक्षेत्र में आते हैं। इसका मुख्य उद्देश्य उर्दू को लोकप्रिय बनाना और जन-साधारण में उसके लिए उत्साह पैदा करना है।

गत वर्षों में दिल्ली उर्दू अकादमी ने मुशायरे के क्षेत्र में लीक से हटकर दो प्रयोग किए जो काफ़ी सफल रहे। एक मुशायरे में केवल उर्दू शायराओं ने अपना कलाम पढ़ा और दूसरा मुशायरा शाम के चंद घंटों की बजाय पूरे दिन चला। इन मुशायरों में पाकिस्तान और ईरान के कवियों/कवियित्रियों ने भी भाग लिया।

सन् 1984-85 में दिल्ली उर्दू अकादमी ने 'दाग़' (दे०) पर एक सेमिनार का आयोजन किया जिसमें 'दाग़' के कलाम की कई खूबियाँ उजागर हुईं। कहानी की कला पर तीन दिन साहित्यिक चर्चा हुई। इस शताब्दी के पूर्वार्ध के दिल्ली के प्रमुख साहित्यकारों पर 'दिल्ली वाले' नाम से एक संगोष्ठी का आयोजन हुआ जो तीन रोज़ तक चली। निज़ामुद्दीन में 'उर्दू की कहानी, रौशनी और आवाज़ की ज़बानी' प्रस्तुत की गई। यह एक कलापूर्ण प्रस्तुति थी जिसे दर्शकों ने ख़ूब सराहा।

दिल्ली अकादमी ने उर्दू की बहुत-सी पुरानी और नई साहित्यिक रचनाएँ भी प्रकाशित की हैं।

उर्दू-ए-मुअल्ला (कृति। रचनाकाल सन् 1869 ई०)

यह मिर्ज़ा असदुल्ला ख़ाँ 'ग़ालिब' के पत्रों का संग्रह है जो दो भागों में प्रकाशित हुआ। पहले भाग में जो कि सन् 1869 में और फिर 1891 ई० में प्रकाशित हुआ, मित्रों के नाम लिखे गए पत्र हैं। दूसरे भाग में शिष्यों को लिखे गए पत्र हैं जिससे मिर्ज़ा का इस्लाह देने का ढंग और काव्य-शास्त्र सम्बन्धी उनकी धारणाएँ स्पष्ट होती हैं। इस भाग को मौलाना हाली (दे०) ने संपादित किया। सन् 1929 ई० में लाहौर से दोनों भाग एक पुस्तक के रूप में प्रकाशित किए गए।

सामान्यत: लोग 'ग़ालिब' को एक कवि के रूप में जानते हैं, परन्तु उर्दू साहित्य में गद्यकार की हैसियत से भी आपका दर्जा बहुत ऊँचा है। पत्र-लेखन में आपने एक नई शैली को जन्म दिया। छोटा-सा संबोधन, कथोपकथन, बोलचाल की भाषा और थोड़ी-सी नाटकीयता आपके पत्रों की विशिष्टता है। इससे पहले पत्र बड़ी औपचारिकता से लिखे जाते थे। आपने स्वयं लिखा है कि पत्र लिखने का मुहम्मद शाही ढंग मुझे पसन्द नहीं, ख़त में दिल की बात लिखना चाहता हूँ। अपनी बात खुलकर, नि:संकोच और अपनी स्वाभाविक विनोदप्रियता के साथ कहना आपके पत्रों की विशिष्टता है। इन पत्रों में मिर्ज़ा ने विभिन्न विषयों पर लिखा है और साथ ही आपके जीवन से सम्बद्ध सूचनाएँ भी इनसे प्राप्त होती हैं।

उर्दू

किसी भी भाषा की उत्पत्ति, विकास, परिमार्जन और एक सुनिश्चित रूप तक पहुँचना एक निरन्तर प्रक्रिया का परिणाम होता है। सामाजिक स्थितियाँ, सांस्कृतिक आदान-प्रदान, राजनैतिक हलचल और ऐतिहासिक परिवर्तन इस प्रक्रिया में एक महत्त्वपूर्ण भूमिका निभाते हैं। उर्दू के सम्बन्ध में भी यह नियम अक्षरश: लागू होता है। वर्तमान उर्दू का जो रूप अठारहवीं शताब्दी में सामने आया उसका बीज कहीं दसवीं शताब्दी में उस समय पड़ा जब मुसलमान बड़ी संख्या में भारत आए। महमूद ग़ज़नवी और मुहम्मद ग़ोरी के आक्रमण और साम्राज्य विस्तार की नीति से देश का इतिहास बदलने लगा। सन् 1206 ई० में गुलाम वंश का आधिपत्य स्थापित हुआ। इसी बीच चंगेज़ ख़ाँ से त्रस्त बहुत से ईरानी भारत आए। फिर सुदूर कन्याकुमारी तक खिलजियों की सत्ता, और मुहम्मद तुग़लक के शासनकाल में दिल्ली से देवगिरि और फिर देवगिरि से दिल्ली राजधानी परिवर्तन की महत्त्वपूर्ण घटनाएँ घटीं जिनका उर्दू के जन्म और इसके शैशव पर विशेष प्रभाव पड़ा।

हिन्दुओं और मुसलमानों के निकट सम्पर्क में आने पर भाषा और संस्कृति का आदान-प्रदान आरंभ हुआ जिसका अनगिनत रूपों में सामान्य जीवन पर प्रभाव पड़ा। जो मुसलमान भारत आए उनके सांस्कृतिक और साहित्यिक व्यवहार की भाषा फ़ारसी थी। ये पंजाब से होते हुए दिल्ली की ओर बढ़े अत: इनकी भाषा में पंजाबी का मिश्रण सहज ही हुआ। उत्तर प्रदेश के पश्चिमी भाग में इस समय शौरसेनी अपभ्रंश के भिन्न रूप प्रचलित थे। दिल्ली और इसके आस-पास के इलाकों में हरयानवी, खड़ी बोली, राजस्थानी और ब्रजभाषा का बोलबाला था। यद्यपि अन्य भाषाओं

में साहित्यिक रचना के प्रयास हो रहे थे, पर आम बोलचाल की भाषा खड़ीबोली थी। खड़ीबोली में अरबी-फ़ारसी के शब्द प्रवेश करने लगे। यह स्वाभाविक ही था। सामाजिक व्यवहार, सांस्कृतिक विकास और राजनैतिक एकता इस आदान-प्रदान के बिना अवरुद्ध हो जाते। शीघ्र ही उत्तर भारतीय भाषाओं में अरबी-फ़ारसी के अनगिनत शब्द आ मिले और जनसाधारण की भाषा बन गए। इसी तरह शुद्ध हिन्दी के साठ-सत्तर हज़ार शब्द, मुहावरे और कहावतें मुसलमानों ने अपना लीं। इस मिली-जुली भाषा के विकास और प्रसार में सूफ़ी-संत कवियों का विशेष योगदान रहा। अपनी वाणी जनसाधारण तक देश के सुदूर कोनों में पहुँचाने के लिए उन्होंने इसी सुगम, मिश्रित एवं प्रचलित भाषा का प्रयोग किया। अमीर ख़ुसरो (दे०) की ज़बान-ए-देहलवी भक्ति रसमें नहा कर दिल्ली से बाहर की ओर बही और नामदेव, कबीरदास, रामानन्द, गुरु नानक और बल्लभाचार्य के भक्ति गीतों और दोहों के माध्यम से आवश्यक परिवर्तन और गरिमा से सम्पन्न होकर भारत के अधिकांश भागों में फैल गई। सूफ़ी फ़कीरों की पर्यटन प्रवृत्ति भी इस प्रसार में सहायक सिद्ध हुई। मुख्य रूप से खड़ीबोली पर आधारित इस मिली-जुली भाषा को दसवीं और ग्यारहवीं शताब्दी में 'हिन्दवी', 'ज़बान-ए-हिन्द' या 'ज़बान-ए-देहलवी' के नाम से पुकारा गया। 14वीं और 15वीं शताब्दी में दक्षिण में इसे 'ज़बाने-हिन्दुस्तान', 'हिन्दी' या 'दकनी' (दे०) कहा गया। 16वीं शताब्दी में अबुल फ़ज़ल की 'आईन-ए-अकबरी' में 'हिन्दुई' शब्द का प्रयोग मिलता है। इसी काल की रचनाओं में दो स्थान पर 'रेख़ता' शब्द प्रयुक्त हुआ। अब्दुर्रहीम ख़ानख़ाना (सन् 1553-1626 ई०) ब्रजभाषा के साथ-साथ 'रेख़ता' में कविता कहते थे। लेकिन रहीम ने खुसरो की भाँति 'रेख़ता' शब्द का प्रयोग संगीत के पारिभाषिक के रूप में किया है। 'तुज़के जहाँगीरी' में 'रेख़ता' शब्द का प्रयोग भाषा के रूप में हुआ। 'उर्दू' शब्द पहले-पहल शाहजहाँ के काल में फ़ौज के लिए प्रयुक्त हुआ। मुग़ल फ़ौज का नाम था—उर्दू-ए-मोअल्ला यानि महान सेना। फ़ौजी बाज़ार कहलाता था उर्दू बाज़ार। इस बाज़ार में अस्सी प्रतिशत व्यापारी हिन्दू थे। सदियों से चला आ रहा शब्दों का लेन-देन हथियारों के लेन-देन के साथ एक निश्चित रूप को पहुँचा और 'उर्दू' कहलाया। 18वीं सदी में उर्दू ने ब्रज-भाषा और फ़ारसी दोनों को छोड़ दिया। इधर दक्षिण का साहित्य दिल्ली पहुँचा। 'वली' (दे०) 'फ़राज़' (दे०), 'शाह हातिम' (दे०) 'आरज़ू' (दे०), 'मज़हर' (दे०) 'नाज़ी' (दे०) और 'यकरंग' (दे०) की रचनाओं का स्वागत हुआ। और उधर उत्तर में 'मीर' (दे०), 'दर्द' (दे०)

ए

एक गधे की सरगुज़श्त (कृति)

यह लोकप्रिय उपन्यासकार कृश्न चन्दर (दे०) की रचना है। इसमें प्रगतिशील लेखक ने गधे के माध्यम से सारी व्यवस्था पर करारी चोट की है। पूंजीवाद और नौकरशाही को लताड़ने के अलावा आपने पुलिस विभाग, संकीर्ण धार्मिक विचारधारा वाले हिन्दू-मुसलमानों और शासनाधिकारियों का व्यंग्यपूर्ण शैली में चित्रण किया है। अंग्रेज़ी सभ्यता की अंधी नकल करने वालों तथा सौन्दर्य प्रतियोगिताओं के आयोजकों को भी आपने नही बख़्शा। शोषित वर्ग के साथ लेखक की सहानुभूति हर पंक्ति से संप्रेषित होती है। कृश्न चन्दर की भाषा सरल, स्वाभाविक और प्रवाहपूर्ण है। यह उपन्यास हिन्दी में 'एक गधे की आतमकथा' के नाम से प्रकाशित हुआ है।

एक चादर मैली सी (कृति)

यह प्रसिद्ध कथाकार राजेन्द्र सिंह बेदी (दे०) का बहुचर्चित उपन्यास है। कहानी पंजाब के एक गाँव में घटती है और वर्ग-संघर्ष इसकी प्रेरणा है। कथानक का केन्द्र बिन्दु है समाज द्वारा तिरस्कृत एक स्वाभिमानी और दृढ़ स्वभाव की लड़की। भाषा प्रवाहपूर्ण और विषय तथा चरित्र के अनुकूल है।

एजाज़ हुसैन (जन्म : सन् 1899 ई०)

आपकी गणना उर्दू साहित्य के बड़े जागरूक आलोचकों में होती है। उर्दू भाषा और साहित्य से आपका गहरा सम्बन्ध है। सन् 1929 से 1961 ई० तक आप इलाहाबाद विश्वविद्यालय के उर्दू-विभाग में प्राध्यापक और विभाग अध्यक्ष के रूप में जुड़े रहे। अंग्रेज़ी का भी गहन अध्ययन किया और उसकी आलोचना शैली से प्रभावित हुए। 'हाली' (दे०) 'आज़ाद (दे०) और 'शिबली' (दे०) की परम्परा में आलोचना निबन्ध लिखने

शुरू किए थे। प्रगतिशील विचारधारा के सम्पर्क में सामाजिक चेतना का उदय हुआ और साहित्य को जीवन संघर्ष की पृष्ठभूमि में आँकने लगे। 'आइना-ए-मआरफ़त', 'मुख़्तसर तारीख़े-अदबे-उर्दू', 'नये अदबी रूजहानात' 'उर्दू अदब आज़ादी के बाद', 'मज़हब और शायरी' 'अदब और अदीब' और 'उर्दू शायरी का समाजी पसमंज़र' आपकी प्रकाशित पुस्तकें हैं।

एल्फ्रेड थियेट्रिकल कम्पनी

विक्टोरिया नाटक कम्पनी के मुकाबले में इस कम्पनी की स्थापना उन्नीसवीं शताब्दी के अन्त में उस समय के प्रसिद्ध त्रासदी अभिनेता काऊस जी खटाऊ ने की। काऊस जी शेक्सपियर के हेमलेट और रोमियो का पार्ट अदा किया करते थे। इस कम्पनी के अन्य कलाकार मिस ज़ोहरा, मिस गौहर, मंचेर शाह, गुलज़ार ख़ाँ, माधव राम और मास्टर मोहन थे। इस कंपनी के नाटककार थे सैयद मेहदी हसन अहसन लखनवी (दे०)। मंचित नाटकों के नाम थे—'फ़ीरोज़,' 'गुलनार', 'चंद्रावली,' 'दिलफ़रोश', 'भूल भुलैया', 'बकावली' और 'चलता पुर्ज़ा'। काऊस जी की मृत्यु सन् 1914 ई० में हुई। उनकी मृत्यु के बाद उनके बेटे जहाँगीर ने चार-पाँच वर्ष तक चलाकर इस कंपनी को कलकत्ता के मि० मेडन को बेच दिया।

एहतेशाम हुसैन (जन्म : सन् 1912 ई०)

जन्म कस्बा माहल, ज़िला आज़मगढ़ में और शिक्षा इलाहाबाद में। सन् 1938 ई० में लखनऊ विश्वविद्यालय के उर्दू विभाग में प्राध्यापक नियुक्त हुए। 1932 ई० से ही लिखना शुरू कर दिया था। कुछ नाटक, कहानियाँ और नज़्में लिखीं, परन्तु आप मुख्यतः आलोचक के रूप में मान्य हैं। अपने आलोचना सिद्धान्तों को स्पष्ट करते हुए कहते हैं—'मैं मार्क्सवाद को सबसे श्रेष्ठ दर्शन-शास्त्र समझता हूँ और उसी की सहायता से जीवन और साहित्य को समझने का प्रयास करता हूँ।' आपका विचार है कि लेखक की चेतना अपने युग के वातावरण, सामाजिक स्थिति और वर्ग संघर्ष में बँधी होती है। और इन तमाम पहलुओं तथा साहित्यिक परम्पराओं को ध्यान में रखे बिना स्वस्थ और सटीक आलोचना संभव नहीं। आप अंग्रेज़ो के अच्छे ज्ञाता हैं। धारा-प्रवाह लिखते हैं। ठोस तर्क इस तरह प्रस्तुत करते हैं कि भाषा-शैली बोझिल नहीं होती। अपना मंतव्य सरल और रोचक ढंग से स्पष्ट कर देते हैं। आपकी आलोचना में एक प्रकार की समग्रता है।

प्रकाशित आलोचना पुस्तकें हैं—'तनक़ीदी जायज़े', 'रवायत और बग़ावत', 'अदब और समाज', 'तनक़ीद और अमली तनक़ीद', 'ज़ौके अदब

और शऊर', 'अफ़कारो मसायल', 'अक्स और आईने' और 'ऐतबारे नज़र' 'वीराने' कहानी संग्रह है और 'साहित्य और समन्दर' में विदेश यात्रा का वर्णन है। एक भाषा विज्ञान सम्बन्धी पुस्तक भी लिखी है—'हिन्दुस्तानी लिसानियत का ख़ाका'।

एहसान दानिश (जन्म : सन् 1914 ई०)

एहसानुलहक 'एहसान' का जन्म मुज़फ़्फ़र जिला के काँधला नामक क़स्बे में एक अत्यन्त निर्धन परिवार में हुआ। इनके पिता का नाम काज़ी दानिश अली था। आर्थिक कारणों से केवल चौथी कक्षा तक ही पढ़ाई कर सके और छोटी आयु में ही जीविकोपार्जन के लिए मज़दूरी करने को विवश हुए। यूं उर्दू के पहले मज़दूर कवि का बचपन बीता। न तो जीवन-यापन की सुविधाएँ मिलीं और न ही साहित्यिक वातावरण। मगर पढ़ने-लिखने का शौक था। जल्द ही ख़ुद भी शायरी करने लगे। ताजवर नजीबाबादी (दे०) ने इस्लाह दी और एहसान की भाषा-शैली को सँवारा। 'एहसान' के लिए काव्य-रचना अपने को अभिव्यक्त करने की विवशता है, एक रूहानी ज़रूरत है। आप दुख-दर्द के मूक दर्शक नहीं, मुक्तभोगी हैं। मज़दूर और शोषित वर्ग की दयनीय स्थिति का बड़ा यथार्थ, प्रभावशाली और करुण चित्रण करते हैं। आपकी रचनाओं में दार्शनिक गहराई की कमी है मगर भावप्रवणता और भाषा का सुथरापन है। 'एहसान' के कई काव्य-संग्रह प्रकाशित हैं—'नवा-ए-कारगर', 'चिराग़ाँ', 'आतिशे-ख़ामोश', 'जादा-ए-नौ', 'ज़ख़्मो-मरहम', 'मुक़ामात', 'गोरिस्ताँ' एवं 'नफ़ीरे-फ़ितरत'। गद्य में इन्होंने काव्य और भाषा के नियमों से सम्बन्धित पुस्तकें लिखीं—'लुग़ातुल-इस्लाह', 'दस्तूरे-उर्दू', रोशनियाँ', 'ख़िज़्रे-उरुज' और 'तबक़ात'।

'एहसान' ने साहित्यिक क्षेत्र में पदार्पण के बाद अपनी प्रकाशन संस्था 'मक़तबा-दानिश' आरंभ की और सम्मानपूर्ण आजीविका कमाने लगे। आप भारत-विभाजन से पूर्व ही लाहौर चले गए थे।

ओ

ओरिजिनल थियेट्रिकल कम्पनी

उन्नीसवीं शताब्दी के अन्तिम दशकों में एक पारसी सज्जन सेठ पिस्टन जी फ़राम जी ने यह कम्पनी भारत के मुख्य नगरों में व्यापारिक ढंग पर आरंभ की। इस कम्पनी के लिए नाटक 'रौनक़' बनारसी और मियाँ हुसैनी 'ज़रीफ़' लिखते थे। 'रौनक़' का 'इंसाफ़ महमूद शाह' सन् 1882 ई० में बम्बई से प्रकाशित भी हुआ। 'ज़रीफ़' के नाटकों में 'चाँद बीबी', 'ख़ुदा दोस्त', 'बुलबुल बीमार' आदि लोकप्रिय हुए। इस कम्पनी के प्रमुख कलाकार थे—ख़ुरशेद जी बालीवाला, काऊस जी खटाऊ, सुहराब जी और जहाँगीर जी।

औ

औज, मिर्ज़ा मुहम्मद जाफ़र

औज विख्यात मरसिया लेखक मिर्ज़ा सुल्तान अली 'दबीर' (दे०) के पुत्र थे। ये भी अपने पिता की भाँति बड़े विद्वान और काव्य-शास्त्र के जानकार थे। इन्होंने छन्द-शास्त्र पर एक पुस्तक भी लिखी। इनके मरसियों पर इनकी विद्वत्ता की स्पष्ट छाप है। शैली में ये अपने पिता दबीर का अनुसरण करते हैं और आकारवादी परम्परा के समर्थक हैं। इनके मरसिये रामपुर, पटना और हैदराबाद के दरबारों में प्रसिद्ध हुए और इन्हें पर्याप्त आर्थिक लाभ भी हुआ।

दबीर के वंशज अभी तक मर्रसिया लेखन की परम्परा का पालन कर रहे हैं।

क

क़तअ (पारि०)

यह भी रुबाई (दे०) की तरह चार मिसरों (दे०) का होता है और इसके दूसरे और चौथे मिसरे समान रदीफ़ क़ाफ़िये (दे०) के होते हैं। यह रुबाई से इस तरह भिन्न है कि ग़ज़ल की सभी बहरों में कहा जा सकता है। अगर क़ते का पहला शेर मतला (दे०) बन जाए तो पहले दूसरे और चौथे मिसरे का रदीफ़ क़ाफ़िया एक ही हो जाता है। कई बार कोई एक भाव दो मिसरों में न समा पाने पर उसे क़ते में बख़ूबी व्यक्त किया जा सकता है। इसे ग़ज़ल (दे०) के रंग में कहकर उसके साथ ही लिखा-पढ़ा भी जा सकता है। आधुनिक शायरों में क़ते के प्रति रुझान है और क़तआत के कई संकलन प्रकाशित हो चुके हैं। अख़्तर अंसारी (दे०) अहमद नदीम कासिमी (दे०) और रईस अमरोहवी ने इस क्षेत्र में विशेष नाम कमाया है। अख़्तर अंसारी का विचार है कि महत्त्वपूर्ण और ख़ूबसूरत क़ता वही है जिसमें पहले मिसरे में कही गई बात को दूसरा मिसरा आगे बढ़ाये और इस तरह चौथे मिसरे तक मज़मून फैलता, बढ़ता और बुलन्द से बुलन्दतर होता जाए। उन्हीं के शब्दों में 'क़ते का सारा फ़न ड्रामाइयत का फ़न है। इसमें एक चौंका देने वाला अंदाज़ होना चाहिए। एक कौन्दे-सी लपक, एक नश्तर की-सी चुभन। यही तेज़ी, नोक और धार क़ते को एक तर्शे हुए हीरे का रूप देती है और उसकी कामयाबी का मयार मुतऐन करती है।' क़ता अपने आपमें एक स्वतन्त्र इकाई है। यह या तो समर्थ है या असमर्थ।

क़तील शिफ़ाई (जन्म : सन् 1919 ई०)

आपका जन्म वर्तमान पाकिस्तान के हज़ारा जिले के हरीपुर गाँव में हुआ। हाईस्कूल भी न कर पाए थे कि पिता का देहान्त हो गया और घर की ज़िम्मेदारियाँ क़तील पर आ पड़ीं। निरन्तर संघर्ष में जुटे रहे और

जीवन के उन कड़ुवे अनुभवों को क़ाग़ज़ पर उतारते गए। आपने सामाजिक और आर्थिक विषमताओं को गहराई से महसूस किया, पूंजीवाद के विषैले परिणामों से दो-चार हुए, भूखे की भूख और विवश की विवशता को पहचाना। अपने दुःख से दुनिया के दुःख को जाना, और यह व्यथा उनकी शायरी में मुखरित हुई। क़तील की शायरी का एक बड़ा और महत्त्वपूर्ण अंग है इनके गीत जो बड़े मार्मिक, सरल और सरस हैं। इन गीतों में कोमल हिन्दी शब्दों का प्रयोग बड़ी सुन्दरता से किया गया है। क़तील पिछले कई वर्षों से बम्बई में हैं और फ़िल्मों के लिए गीत लिख रहे हैं। आपके कुछ एक काव्य संग्रह हैं—'जलतरंग', 'गजर', रोज़न और 'झूमर'।

क़दमराव और पदम (कृ०। रचनाकाल सन् 1461 ई०)

यह 15वीं शताब्दी के दकनी कवि निज़ामी (दे०) की लिखी मसनवी (दे०) है। इससे पहले गद्य और पद्य का विषय धार्मिक और आध्यात्मिक हुआ करता था। यह एक भौतिक प्रेम-कथा है। इसके आरंभ में ईश-स्तुति, फिर तत्कालीन शासक निज़ाम शाह बहमनी की प्रशंसा और फिर कथा का वर्णन है। उर्दू में किसी बादशाह की प्रशंसा में लिखी यह पहली रचना मानी जाती है। इसमें कुल 865 शेर हैं। भाषा में अरबी-फ़ारसी की अपेक्षा हिन्दी के अधिक शब्द हैं। राजस्थानी और पंजाबी के अतिरिक्त अपभ्रंश का प्रभाव भी है। भाषा में दुरूहता है।

कन्हैयालाल कपूर (जन्म : सन् 1910 ई०)

पंजाब के रहने वाले हैं और लम्बे समय तक शिक्षा विभाग से सम्बद्ध रहे। मुख्यतः हास्य एवं व्यंग्य-प्रधान लेखों के लिए जाने जाते हैं। आप अंग्रेज़ी साहित्य के भी अच्छे जानकार हैं और पश्चिमी हास्य लेखकों का प्रभाव आपकी रचनाओं में दृष्टिगोचर होता है। उद्देश्यपूर्ण लेख लिखते हैं। प्रगतिशील लेखन चेतना आपके सामाजिक और राजनैतिक दृष्टिकोण का आधार है। बड़े सीधे सहज भाव से व्यंग्य प्रहार करते हैं। आपकी भाषा सरल, सुगम है। प्रकाशित लेख संग्रह हैं—'संगो-ख़िश्त', 'शीशा-ओ-तेशा', 'चंगो-रबब', 'नोके-नश्तर', 'बालो पर', 'नरम-गरम' और 'कामरेड शेख़ चिल्ली'।

क़यामत (अं०)

इस्लाम धर्म के अनुसार क़यामत के रोज़ इसराफ़ील फ़रिश्ता 'सूर' नामक वाद्य बजायेगा जिससे पृथ्वी के सभी प्राणियों का देहान्त हो जाएगा।

इसके चालीस बरस बाद फिर 'सूर' बजेगा और सारी रुहें कब्रों से निकलकर मैदान में इकट्ठा हो जाएँगी। वहाँ उनके पाप-पुण्य का लेखा-जोखा होगा और कर्मों के अनुसार उन्हें स्वर्ग या नरक भेजा जाएगा। वह एक अनहोनी होगी। इसी भाव को मिर्ज़ा ग़ालिब (दे०) बड़े शोख़ अंदाज़ में यूं पेश करते हैं—

आते हुए कहते हो 'क़यामत को मिलेंगे'
क्या ख़ूब ! क़यामत का है गोया कोई दिन और।

कवि की ऐसी कल्पना है कि क़यामत के रोज़ उसकी अपने प्रिय से ज़रूर मुलाकात होगी और वहाँ उसे अपनी बेरहमियों का हिसाब देना होगा। इसके अतिरिक्त क़यामत हंगामे, उथल-पुथल और घबराहट का प्रतीक भी है। इसे 'हश्र' भी कहते हैं। इसी भावार्थ का यह शेर देखिये—

हश्र के दिन सच कहने की तौफ़ीक न दे
कोई हंगामा बपा हो मुझे मंज़ूर नहीं।

क़यामत के लिए 'महशर' शब्द भी प्रयुक्त होता है।

उदाहरणार्थ—

क़रीब है यार रोज़े महशर छुपेगा कुश्तों का ख़ून क्यों कर ?
जो चुप रहेगी ज़बाने-खंजर लहू पुकारेगा आस्तीं का।

—अमीर मीनाई

करबला (अं०)

जब हज़रत इमाम हुसैन (दे०) अपने बहत्तर साथियों के साथ मदीना से कूफ़ा के लिए रवाना हुए तो रास्ते में करबला (दे०) के मैदान में यज़ीद (दे०) के हुक्म से कूफ़ा के हाकिम उबैदुल्ला (दे०) की सत्तर हज़ार की फ़ौज ने उन्हें घेर लिया। उन तक पीने का पानी पहुँचने के तमाम रास्ते बंद कर दिए गए ताकि वे आत्मसमर्पण कर दें और यज़ीद को ख़लीफ़ा मान लें। इमाम हुसैन के साथी, जिनमें छोटे बच्चे और वृद्ध भी शामिल थे, तपते हुए रेगिस्तान पर तीन दिन तक पानी के बिना तड़पते रहे। किन्तु इस पर भी हार नहीं मानी। अन्ततः यह मुट्ठी भर लोग करबला के मैदान पर ही युद्ध करते हुए वीरगति को प्राप्त हुए। धार्मिक प्रासंगिकता के अतिरिक्त करबला कर्मभूमि का भी प्रतीक है।

कृश्न चन्दर (सन् 1914-77 ई०)

जन्म पंजाब में हुआ, बचपन काश्मीर में बीता और उच्च शिक्षा लाहौर में प्राप्त की। सन् 1934 में अंग्रेजी साहित्य में एम० ए० किया और एल०

एल० बी० । स्वतन्त्रता आंदोलन से भी सम्बद्ध रहे । कुछ समय तक ऑल इंडिया रेडियो, दिल्ली में काम किया, फिर लखनऊ चले गए । इसके बाद पूना आ गए और जीवन का एक लम्बा हिस्सा बम्बई में गुज़ारा । कृश्न चन्दर ने जब उर्दू में रोमानी और हास्य-व्यंग्य प्रधान कहानियाँ लिखनी शुरू कीं तो साहित्य जगत ने उनके अंदाज़ और नये टेकनीक का भरपूर स्वागत किया । इनकी कहानियों का सामाजिक और बौद्धिक पक्ष बड़ा प्रबल है । आप मानव मात्र के कल्याण, उसके हितों की रक्षा, उसके लिए स्वतन्त्रता और शांति के समर्थक हैं और साम्राज्यवाद, वर्ग वैभिन्न्य और किसी भी तरह के अत्याचार के कट्टर विरोधी । इसी आदर्श को लेकर चलने के कारण उनका साहित्य कभी-कभी उद्देश्य प्रधान लेखन की एकरसता का शिकार होता लगता है । मगर कृश्न चन्दर का परिप्रेक्ष्य बड़ा विशाल है और वे हर वर्ग के लोगों के जीवन, उनकी भावनाओं, उनके सपनों और आशाओं का बड़ा सजीव वर्णन करते हैं । मानव-मन की कल्पनाओं, उसकी तरंगों और उसकी सीमाओं का मर्म समझते हैं । कृश्न चन्दर की कहानियाँ कथानक प्रधान नहीं, वातावरण प्रधान हैं । भाषा भावपूर्ण, रंगीन और समर्थ है ।

इनकी लगभग 80 पुस्तकें प्रकाशित हैं । कहानियों के अतिरिक्त उपन्यास, लेख संग्रह और नाटक भी लिखे । रेडियो और फ़िल्मों के लिए भी लिखा । उल्लेखनीय संग्रह हैं—'अजन्ता से आगे', 'नज़्ज़ारे', 'अन्नदाता', 'ज़िन्दगी के मोड़ पर', 'हम वहशी हैं', 'तीन गुंडे', 'मैं इन्तज़ार करूँगा', 'दिल किसी का दोस्त नहीं', 'किताब का क़फ़न', 'टूटे हुए तारे', 'एक रुपया एक फूल' । प्रकाशित उपन्यास हैं 'शिकस्त', 'जब खेत जागे', 'असमान रौशन है', 'बावन पत्ते', 'एक औरत हज़ार दीवाने', 'मेरी यादों के चुनार', 'एक वायलन समन्दर के किनारे', 'चाँदी के घाव', 'एक गधा नेफ़ा में' 'काग़ज की नाव' ।

क़लक़ ख़्वाजा अरशद अली

शायरी में अपने चचा वज़ीर के शागिर्द थे । नवाब वाजिद अली शाह (दे०) से संरक्षण प्राप्त था । उनकी प्रशंसा में एक उत्तम क़सीदा (दे०) और निर्वासन पर मर्मभेदी मुख़म्मस (दे०) कहा । क़ैसर बाग़ पर लिखी इनकी ग़ज़ल एक अच्छी रचना है और 'तिलिस्म उल्फ़त' नाम की मसनवी अत्यन्त रोचक । भाषा पर अच्छा अधिकार रखते थे । शेष काव्य रचनाओं में तत्कालीन लखनऊ शैली की बनावट, उथलापन और अभद्रता प्रचुर मात्रा में है ।

कलीम (पा०)

यह नज़ीर अहमद (दे०) के सामाजिक उपन्यास 'तौबातुन्नसूह' (दे०) का एक पात्र है जो एक लोकप्रिय शायर तो है मगर अत्यधिक आत्म-केन्द्रित। इसका आत्मप्रेम इस हद तक बढ़ा हुआ है कि यह न अपने पिता का आदर कर सकता है, न पत्नी से प्रेम। इंसानी रिश्तों की इसे क़द्र नहीं और न ही सामाजिक मर्यादाओं का एहसास। निकम्मे लोगों के साथ उठता-बैठता है, ताश खेलता है, अश्लील पुस्तकें पढ़ता है और शायरी करता है। यह एक ऐसा व्यक्ति है जो थोड़ी योग्यता के कारण बड़े अहंकार से ग्रस्त है। ऐसे चरित्र के माध्यम से नज़ीर अहमद समाज के युवा-वर्ग को संदेश देना चाहते थे और वे काफ़ी हद तक अपने उद्देश्य में सफल भी हुए। 'तौबातुन्नसूह' बहुत पसन्द किया गया और एक बड़े पाठक वर्ग ने इसका स्वागत किया। इसकी प्रतियाँ घर-घर पहुँचीं और कलीम का चरित्र शिक्षाप्रद सिद्ध हुआ।

कलीम, मुहम्मद हुसैन

ये मीर तक़ी 'मीर' (दे०) के सम्बन्धी थे और स्वयं भी कविता करते थे। इन्होंने आध्यात्म के एक गंभीर ग्रंथ 'फ़ुसूसुलहेकम' का उर्दू गद्य में अनुवाद किया।

कलीमुद्दीन अहमद (जन्म : सन् 1909 ई०)

प्रो० अहमद बिहार के प्रसिद्ध आलोचक हैं। आपने उर्दू के अतिरिक्त पाश्चात्य साहित्य का भी गहन अध्ययन किया और उससे प्रभावित हुए। आलोचना के क्षेत्र में आपके सिद्धान्त अपने समकालीनों से सर्वथा भिन्न हैं। साहित्यिक परम्पराएँ, युग का वातावरण, सामाजिक चेतना और वर्ग संघर्ष की पृष्ठभूमि में साहित्य का मूल्यांकन आपके यहाँ विशेष महत्त्वपूर्ण नहीं। उर्दू का मापदण्ड अंग्रेज़ी को बनाकर चलते हैं और इस तरह उर्दू की आत्मा अनछुई-सी रह जाती है। वैसे आपने बहुत लिखा है। स्पष्ट-वादिता और निर्भीकता आपका विशेष गुण है। प्राचीन और नवीन सभी साहित्यकारों की अपने आलोचना सिद्धान्तों के अनुसार कड़ी आलोचना की है। शब्दों के प्रयोग पर अधिक बल देते हैं। 'उर्दू शायरी पर एक नज़र' और 'उर्दू तनकीद पर एक नज़र' (दे०) आपके बहुचर्चित ग्रंथ हैं। इनके अलावा आपकी प्रकाशित पुस्तकें हैं— 'फ़ने-दास्तानगोई', 'सुख़न-हाए-गुफ़्तनी' और 'अमली तनक़ीद'।

क़सीदा (पारि०)

राजा-महाराजा, शासनाधिकारियों अथवा किसी महापुरुष की प्रशंसा में

की गई काव्य-रचना को क़सीदा कहते हैं। उर्दू में क़सीदा कहने की परंपरा फ़ारसी से आई। बहुधा क़सीदे राज्याश्रय प्राप्त कवियों द्वारा अथवा आर्थिक लाभ की आशा से लिखे गए। अतएव स्वभाविक था कि उनमें राजा की वीरता, वैभव, दानशीलता आदि गुणों का अतिशयोक्तिपूर्ण वर्णन हो। इसीलिए क़सीदे की भाषा कठिन और अलंकृत होती है। प्रभावोत्पादन एवं काव्य-कौशल दिखाने के लिए दुरूह छंदों, रूपकों और उपमाओं का प्रयोग किया जाता था। सौदा (दे०) ज़ौक, (दे०) एवं अमीर (दे०) उर्दू के प्रसिद्ध क़सीदाकार हैं। अन्य कवियों ने भी क़सीदे लिखे किन्तु क़सीदे के क्षेत्र में वे इनसे पीछे हैं। इंशा (दे०) और मुसहफ़ी (दे०) उल्लेखनीय हैं। धार्मिक क़सीदों में गुलाम इमाम शहीदी (दे०) और मुहसिन काकोरवी ने सफलता प्राप्त की। राजनैतिक परिवर्तनों के साथ-साथ क़सीदे का प्रचलन कम होता चला गया।

फ़िराक़ गोरखपुरी (दे०) ने क़सीदे के चार अंग माने हैं—(1) तशबीब अर्थात् भूमिका (2) गुरेज़—भूमिका से मुख्य विषय की ओर बढ़ना (3) मदह अर्थात् प्रशंसा और (4) दुआ यानि आशीर्वचन के साथ समाप्ति। क़सीदे का वाह्य रूप ग़ज़ल की तरह होता है। क़सीदे में कम से कम पन्द्रह शेर होने चाहिए। अधिकतम की सीमा निश्चित नहीं है।

कहानी (वि०)

सन् 1800 ई० में फ़ोर्ट विलियम कॉलेज (दे०) की स्थापना के साथ ही साहित्यिक रचनाएँ सरल उर्दू गद्य में जन-साधारण को उपलब्ध कराने का क्रम शुरू हो गया था। डा० गिलक्रिस्ट (दे०) की देख-रेख में बहुत-सी फ़ारसी और संस्कृत पुस्तकों के उर्दू अनुवाद तैयार करवाए गए। इनमें फ़ारसी की पुरानी दास्तानें और संस्कृत कथाएँ भी थीं। इन किस्सों की शैली पर ही उर्दू में उपन्यास का प्रारंभ उन्नीसवीं शताब्दी के मध्य में हुआ। किन्तु उर्दू की पहली कहानी सन् 1906 ई० में प्रेमचन्द (दे०) ने लिखी। इसका शीर्षक था—'दुनिया का सबसे अनमोल रतन'। प्रेमचन्द की कहानियों का पहला संग्रह 'सोज़े वतन' के नाम से प्रकाशित हुआ। पहली बार प्रेमचन्द ने ही समाज के निम्न, दलित एवं शोषित वर्ग की पीड़ा को पहचाना और जन-साधारण को साहित्य का पात्र बनाया। उनकी कहानियाँ समाज का दर्पण हैं। कला, भाषा और शिल्प की दृष्टि से भी ये रचनाएँ महान हैं। साधारण जन-जीवन के यथार्थ चित्रण की जो परम्परा प्रेमचन्द ने शुरू की उसे सुदर्शन, आज़म करेवी, अली अब्बास हुसैनी (दे०) और उपेन्द्रनाथ 'अश्क' (दे०) ने आगे बढ़ाया। अली

अब्बास हुसैनी ने ग्राम्य जीवन के सच्चे चित्र प्रस्तुत किए। मानवमात्र के प्रति आपकी गहरी समवेदना आपकी कहानियों में उजागर है। 'अश्क' ने भी प्रेमचन्द को आदर्श मानकर उद्देश्यप्रधान कहानियाँ लिखीं। आपने मध्य वर्ग के बहुमुखी जीवन संघर्ष का आधार लिया। सन् 1933 ई० में सैयद सज्जाद ज़हीर (दे०), रशीद जहाँ (दे०) अहमद अली (दे०) और महमूदुज़ ज़फर ने अपनी कुछ कहानियों का संग्रह 'अंगारे' शीर्षक से लखनऊ से प्रकाशित करवाया। इसमें धर्म, रीति-रिवाज, नैतिक आदर्श आदि पर खुलकर चोट की गई। इसकी शैली और विचारधारा पर पश्चिम का स्पष्ट प्रभाव था। इसमें कला की परिपक्वता नहीं थी मगर इसके बाद कहानीकारों के लिए कोई विषय अवैध नहीं रहा। सन् 1936 ई० में प्रगतिशील लेखक संघ की स्थापना हुई। सुधारवाद से यह क्रांति का सफ़र था। बीसवीं सदी के अधिकांश कहानीकार जाने-अनजाने इस आंदोलन से प्रभावित हुए। कृश्न चन्दर (दे०) की कहानियों में व्यवस्था और पूंजीपतियों का विरोध, मानव भावनाओं की गहरी समझ, मानव-मात्र के लिए स्वतंत्रता और शान्ति की कामना और एक स्पष्ट सामाजिक दृष्टि है। सआदत हसन मंटो (दे०) इस सदी के बड़े कहानीकार माने गए। आपने मनुष्य की वासना, यौन सम्बन्धी व्यवहार और कुण्ठाओं का चित्रण किया। इन पर कई बार अश्लीलता का आरोप लगा और मुकदमे चले। कला और शिल्प की दृष्टि से मंटो की रचनाएँ उच्चकोटि की हैं और नाटकीयता इनका विशेष गुण है। राजेन्द्र सिंह बेदी (दे०) ने जन-जीवन के संघर्ष, आशा-निराशा, मोहभंग और भीतर-बाहर की विसंगतियों पर सशक्त रचनाएँ कीं। सही शब्दों का चुनाव और थोड़े में बहुत कह जाना आपकी विशिष्टता है। इस्मत चुग़ताई (दे०) ने मध्यवर्गीय मुस्लिम परिवारों के आन्तरिक-आर्थिक एवं नैतिक जीवन के बख़िये उधेड़कर रख दिए। आपने बड़ी निर्भीकता से मुस्लिम महिलाओं की दबी हुई इच्छाओं, कामनाओं का चित्रण किया। मगर इस दबंगपन में आपकी समवेदना कभी भी आँखों से ओझल नहीं होती। अख़्तर अंसारी (दे०) ने भी कला की दृष्टि से उच्चकोटि की कहानियाँ लिखीं। आपकी कहानियों में सादगी और प्रभाव है। अख़्तर हुसेन रायपुरी (दे०) ने थोड़ी ही कहानियाँ लिखीं मगर वे पसन्द की गईं। आपकी कहानियों पर बंगला और हिन्दी का प्रभाव है। बलवन्त सिंह और अहमद नदीम कासिमी (दे०) ने पंजाब के जन-जीवन पर अच्छी कहानियाँ लिखीं। समाज के दलित वर्ग से सहानुभूति इनमें मुखर है। शुरू में कासिमी ने कुछ प्रेम-कथाएँ भी लिखीं। अख़्तर ओरीनवी (दे०) के कई संग्रह प्रकाशित हुए हैं। मनोभावनाओं

के चित्रण के माध्यम से आपका सामाजिक दृष्टिकोण स्पष्ट होता है। सुहैल अज़ीमाबादी प्रेमचन्द की परम्परा के पोषक हैं। आपने बिहार के ग्रामीण-जीवन के अच्छे चित्र प्रस्तुत किए। ख़्वाजा अहमद अब्बास (दे०) का एक अपना विशिष्ट ढंग है। छोटी-छोटी घटनाओं और साधारण स्थितियों के चित्रण में बड़ी बातें कह देते हैं। मुमताज मुफ़्ती अवचेतन से प्रेरित भावनाओं और कुण्ठाओं का चित्रण करते हैं। इनके कई संग्रह प्रकाशित हो चुके हैं जिनमें 'अनकही', 'चुप' और 'गहमा-गहमी' विशेष रूप से उल्लेखनीय हैं। मोहम्मद हसन अस्करी (दे०) भी फ्रायड से प्रभावित हैं। आप एक सफल गद्य लेखक और आलोचक भी हैं। प्रगतिशील विचारधारा के विरोधी हैं। अज़ीज़ अहमद (दे०) ने भी यौन-जीवन पर कुछ कहानियाँ और उपन्यास लिखे। हंसराज रहबर के दो संग्रह प्रकाशित हैं—'नया उफ़क' और 'हम लोग'। गुलाम अब्बास के 'आनन्दी' और 'जाड़ों की चाँदनी', महेन्द्रनाथ के 'चाँदी के तार', 'जहाँ मैं रहता हूँ', 'नई बीमारी', अनवर का 'आग की आग़ोश में', इब्राहीम जलीस का 'ज़र्द चेहरे', 'चिराग़ों का सफ़र', 'चालीस करोड़ भिखारी', शौक़त सिद्दीकी का 'तीसरा आदमी', इंतज़ार हुसैन का 'गली कूचे' और 'कंकरी', प्रेमनाथ दर का 'नीली आँखें', मसीहुल हसन का 'चौथी बहन', क़ैसर चाँदपुरी का 'शोला-ए-संग' इत्यादि कहानी संग्रह उल्लेखनीय हैं। महिला कथाकारों में हाजरा मसरुर (दे०), ख़दीजा मसरुर (दे०) कुर्रतुलऐन हैदर (दे०), सिद्दीक़ा बेगम (हिचकियाँ', 'लरज़ते आँसू' और 'रक़्से-बिस्मिल'), रज़िया सज्जाद ज़हीर, जीलानी बानो ('रौशनी के मीनार'), वाजिदा तबस्सुम ('शहरे ममनूअ)', आमना अबुल हसन ('कहानी'), रज़िया फ़सीह अहमद और जमीला हाशमी का योगदान सराहनीय है। जोगेन्द्र पाल ('धरती का काल')', इक़बाल मतीन ('उजली परछाइयाँ') और रामलाल ('गली-गली', 'आवाज़ पहचानो तो', 'कल की बातें' और 'चिराग़ों का सफ़र') आज के संवेदनशील एवं जागरूक रचनाकार हैं। इनके अतिरिक्त ए० हमीद, हमीद कश्मीरी, क़ासिम महमूद, सादिक़ हुसैन, अब्दुल्लाह हुसैन, अनवर अज़ीम और ग़यास गद्दी भी लोकप्रिय कहानीकार हैं।

क़ादिर (मृत्यु : सन् 1735 ई०)

आप हैदराबाद के रहने वाले थे। मृत्यु अनुमानतः सन् 1735 ई० में हुई। आपका उल्लेख मिर्ज़ा और क़ायम (दे०) ने अपनी रचनाओं में किया है। ये तीनों समकालीन थे। गोलकुण्डा की सल्तनत की स्वायत्तता समाप्त होने के बाद वहाँ कई वर्षों तक अराजकता का राज रहा। कवियों के

लिए राज्याश्रय की सुरक्षा जाती रही। चारों ओर व्याप्त विक्षोभ, व्यथा और अशान्ति का वातावरण मरसियों की रचना के लिए उपयुक्त था। क़ादिर ने लगभग 25 मरसिये लिखे जो हैदराबाद और एडिनबरा विश्वविद्यालय में सुरक्षित हैं। भाषा में सरलता और भावों में कोमलता है। क़ादिर ने मृत्यु से पूर्व अपना भी मरसिया रच डाला था।

क़ाफ़िया (पारि०)

वे शब्द जो ग़ज़ल के पहले शे'र की दोनों पंक्तियों में, और हर 'शेर के दूसरे मिसरे में रदीफ़ से पहले आएँ, उन्हें क़ाफ़िया कहते हैं। उदाहरण के लिए जिगर मुरादाबादी (दे०) की ग़ज़ल के कुछ शे'र देखिए—

सदाकत हो तो दिल सीनों से खिंचने लगते हैं वाइज़
हक़ीक़त ख़ुद को मनवा लेती है मानी नहीं जाती।
वो यूँ दिल से गुज़रते हैं कि आहट तक नहीं होती
वो यूँ आवाज़ देते हैं कि पहचानी नहीं जाती।
नहीं मालूम किस आलम में हुस्ने-यार देखा था
कोई आलम हो लेकिन दिल की हैरानी नहीं जाती।

इसमें 'मानी', 'पहचानी', 'हैरानी' क़ाफ़िये के शब्द हैं और 'नहीं जाती' रदीफ़ (दे०) है। क़ाफ़िये में एक ही शब्द की आवृत्ति आवश्यक नहीं, लेकिन उसका उच्चारण और नाद एक ही होना चाहिए। ग़ज़ल (दे०) रदीफ़ के बिना तो कही जा सकती है, क़ाफ़िये के बिना नहीं। उदाहरणार्थ—

ये इनायतें ग़ज़ब की ये बला की मेहरबानी
मेरी ख़ैरियत भी पूछी किसी और की ज़बानी,
तेरा हुस्न सो रहा था मेरी छेड़ ने जगाया
वो निगाह मैंने डाली कि सँवर गई जवानी।

—**नज़ीर बनारसी**

इन शे'रों में 'मेहरबानी', 'ज़बानी' और 'जवानी' क़ाफ़िये के शब्द हैं। इनमें 'रदीफ़' नहीं है। क़ाफ़िया ग़ज़ल का अनिवार्य अंग है। इससे एक ध्वन्यात्मक वातावरण की सृष्टि होती है जो कि ग़ज़ल की विशिष्टता है।

काफ़िर

मूर्ति-पूजा करने वाले को काफ़िर कहते हैं। इस्लाम में मूर्ति-पूजा वर्जित है। मगर शायर—हिन्दू हो या मुसलमान—उसका पहला धर्म उसकी शायरी होती है—जो उसकी मानवीयता और संवेदनशीलता की परिणति है। वह हिन्दू-मुसलमान में, दैर-ओ-हरम में कोई फ़र्क़ नहीं देखता—

काबा में भी कहते हैं मुसलमान को क़ाफ़िर
मैख़ाने में काफ़िर को भी क़ाफ़िर नहीं कहते।

वादा-शिकन प्रिय को भी कवि काफ़िर कहते हैं।

क़ाबा (अं०)

ख़ुदा के घर को क़ाबा कहते हैं। यह मक्का में है और इस्लाम धर्म के अनुयायियों का सबसे बड़ा तीर्थ है। क़ाबा की यात्रा को हज कहते हैं। यात्रा करने वाला हाजी कहलाता है। इस यात्रा से बड़ा पुण्य प्राप्त होता है। क़ाबा के पास एक पानी का सोता है जिसे ज़मज़म (दे०) कहते हैं। इसके पानी से आत्मशुद्धि करने के बाद हाजी एक विशेष प्रकार का लिबास पहनता है जिसे जामा-ए-अहराम कहते हैं। और फिर वह ख़ुदा के घर की परिक्रमा करता है।

क़ाबा का प्रयोग उर्दू-काव्य में पवित्रता और महानता के प्रतीक के रूप में हुआ है।

ख़ुलूस-ए-दिल से हो सजदा तो उस सजदे के क्या कहने
वहीं क़ाबा सरक आया जबीं हमने जहाँ रख दी।

क़ायम, चाँदपुरी (मृत्यु : सन् 1832 ई०)

शेख़ क़यामुद्दीन 'क़ायम' चाँदपुर ज़िला बिजनौर के रहने वाले थे लेकिन बाद में दिल्ली आ गए। पहले हिदायतुल्ला खाँ 'हिदायत' (दे०) और फिर 'मीर' (दे०), 'दर्द' (दे०) और 'सौदा' (दे०) से क़लाम में इस्लाह लेते रहे। माने हुए ग़ज़ल गो हुए हैं। इनकी भाषा में वही सादगी और मिठास पाई जाती है जो 'मीर' के यहाँ परवान चढ़ी है। भावों में कोमलता है और अभिव्यक्ति में सामर्थ्य। मुहम्मद हुसैन आज़ाद (दे०) के अनुसार 'क़ायम फ़न्नेशेर में कामिल थे। इनका दीवान हरगिज़ मीर और मिर्ज़ा के दीवान से नीचे नहीं रख सकते।' मुसहफ़ी (दे०) और मीर हसन (दे०) इनके अंदाज़ के क़ायल हैं। लक्ष्मीनारायण शफ़ीक ने अपने 'चमनिस्ताने शुअरा' में इनके प्रसाद गुण और माधुर्य की दाद दी है। गोयलीय का भी यही विचार है कि क़ायम एक ऊँचे दर्जे के शायर थे, मगर आलोचकों ने उनके साथ इंसाफ़ नहीं किया। इनकी शायरी में जो प्रगल्भता और जो गांभीर्य है उसका उद्देश्य सिर्फ़ थोड़ी देर को तड़पना और तड़पाना नहीं, कुछ ज़्यादा ठोस और ज़्यादा तल्ख़ हम तक पहुँचाना है। इनका एक दीवान है।

कारवाँ

रेगिस्तान में सफ़र करते हुए ऊँटों के क़ाफ़िले को कारवाँ कहते हैं। यह

किसी भी प्रकार की सामूहिक यात्रा का परिचायक है। यात्रा किसी विशेष महत्त्व की भी हो सकती है, और विशेष उद्देश्य से भी—

अब इंकलाब में शायद ज़ियादा देर नहीं
गुज़र रहे हैं कई कारवाँ धुँधलके में —फ़िराक़

इस तरह अन्य लोगों के साथ यात्रा करना या किसी मत-विशेष या व्यक्ति-विशेष का अनुकरण करना अपनी निजी तलाश के रास्ते में बाधक भी हो सकता है—

वो अपने हर क़दम पर है क़ामयाब-ए-मंज़िल
आज़ाद हो चुका जो तक़लीद-ए-कारवाँ से।
—अलम मुज़फ़्फ़रनगरी

कारवाँ के नेता को मीरे-कारवाँ कहते हैं। यह रूपक भी उर्दू में फ़ारसी काव्य-परम्परा से आया है।

क़ारूँ (अं०)

हज़रत मूसा (दे०) के चचेरे भाई थे। ये बहुत धनी थे। इनके ख़ज़ाने में बेशुमार दौलत थी, मगर ये स्वभाव से बड़े ही क्रूर और कंजूस थे। किसी के हित में एक पैसा भी ख़र्च करने के हक़ में नहीं थे, ईश्वरीय कोप से क़ारूँ अपने ख़ज़ाने सहित पृथ्वी में धँस गए।

क़ासिद

क़ासिद उर्दू काव्य का वह मासूम और दोस्ताना किरदार है जो प्रेमियों के पत्र और संदेश लाया, ले जाया करता है। प्रेम करने वाले उस पर भरोसा करते हैं, उसे अपना हाले-दिल सुनाते हैं, उससे प्रिय की बातें कर अपना जी कुछ देर को बहला लेते हैं। जलील मानिकपुरी देखिए किस खूबसूरती से अपना छोटा-सा पैग़ाम भिजवाते हैं—

क़ासिद पयाम-ए-शौक़ को देना न बहुत तूल
कहना फ़कत ये उनसे कि 'आँखें तरस गईं'।

वैसे क़ासिद के रक़ीब (दे०) बन जाने की दिलचस्प दुर्घटना भी कभी-कभी हो जाती है।

क़िस्सा-ए-मेहर अफ़रोज़ो-दिलबर (कृ० अनुमानित रचनाकाल 1750 ई०)

इस दास्तान (दे०) की खोज मसूद हुसैन खाँ (दे०) ने सन् 1966 ई० में की। यह पांडुलिपि आपको आग़ा हैदरहसन के पुस्तकालय ग्वालियर में मिली। मसूद हुसैन खाँ साहेब ने इसका सम्पादन कर इसे प्रकाशित

करवाया । किन्तु इसके लेखक के नाम का पता नहीं चल सका । बिजनौर के प्रकाश मूनिस के शोध-परिणामों के अनुसार यह दास्तान नवाब ईस्वी ख़ाँ ने अठारहवीं शताब्दी के मध्य में लिखी। ईस्वी ख़ाँ मूलत: हिन्दी के लेखक थे और उन्होंने बिहारी की सतसई की व्याख्या 'ब्रजरास चन्द्रिका' के नाम से तैयार की थी । इस किस्से की भाषा पर भी ब्रज का बड़ा स्पष्ट प्रभाव है। डा० गोपीचंद नारंग (दे०) के अनुसार अन्य किसी उर्दू दास्तान पर हिन्दी का इतना गहरा असर देखने में नहीं आता। क़िस्से में दास्तान के सभी आवश्यक अंग हैं और इसके दूसरे भाग का उद्देश्य शिक्षात्मक है ।

कुतुब राज़ी

बिदर, बीजापुर के रहने वाले थे और सुल्तान इब्राहीम आदिलशाह द्वितीय (दे०) के समकालीन थे। शाह अबुल हसन कादरी आपके गुरु थे और उन्हीं की प्रेरणा से अब्दुल राज़ी ने सन् 1635 ई० में सैयद यूसुफ़ राजू हुसैनी के फ़ारसी क़सीदे 'तोहफ़तुन्नसाय' का इसी नाम से अनुवाद किया। इस क़सीदे में 786 शेर, 45 अध्याय हैं और इसकी भाषा सरल है ।

क़ुत्बी

सुल्तान अब्दुल्ला कुतुबशाह (सन् 1624-72 ई०) के समय में गोलकुण्डा में हुए । इनकी एक रचना 'तुहफ़त अन नसीह' मिलती है जो दिल्ली के शेख़ यूसुफ़ के धार्मिक साहित्य का अनुवाद है ।

कुमार पाशी (जन्म : 4 जुलाई, सन् 1935 ई०)

आपकी गणना आधुनिक युग के प्रमुख साहित्यकारों में होती है। कुमार पाशी ने कई कहानियाँ, नाटक और समीक्षाएँ लिखीं हैं मगर आपकी पहली पहचान कविता है। प्रकाशित कृतियाँ हैं—'पुराने मौसमों की आवाज़', 'ख़्वाब तमाशा', 'इन्तज़ार की रात', 'रूबरू', 'एक मौसम मेरे दिल के अन्दर, एक मौसम मेरे दिल के वाहर', और 'ज़वाले-शब का मंज़र'। 'पहले आस्मान का ज़वाल' आपका कहानी संग्रह और 'अंधेरे के क़ैदी' एकांकी नाटक-संग्रह हैं। 'विलास यात्रा' के नाम से एक खण्ड काव्य रचा है। अभी हाल में ही देवनागरी लिपि में आपकी कविताओं का संग्रह 'अर्द्धांगिनी के नाम' छपा है। आपने नयी उर्दू कविता और कहानियों के कुछ संग्रह भी सम्पादित किए हैं। पाकिस्तान के अलावा यूरोप के कई देशों में आयोजित मुशायरों और साहित्यिक गोष्ठियों में भारत का प्रतिनिधित्व कर चुके हैं। आपकी रचनाओं के दूसरी भारतीय एवं विदेशी भाषाओं में अनुवाद भी हुए हैं ।

कुमार पाशी सम्प्रति दिल्ली प्रशासन में सेक्शन ऑफिसर के पद पर काम कर रहे हैं।

कुर्रतुलऐन-हैदर

आप एक विख्यात कहानी और उपन्यास लेखिका हैं। आपकी कहानियाँ कल्पनाप्रधान और रोमाचकारी होती हैं। अभिव्यक्ति में सरलता, सरसता और एक ख़ास क़िस्म की ताज़गी है। एक वातावरण की सृष्टि कर देती हैं। आपने पाश्चात्य साहित्य, भारतीय कला और सांस्कृतिक परम्पराओं का गहन अध्ययन किया है। विभाजन के बाद आप पाकिस्तान चली गईं और बदली हुई परिस्थितियों ने आपकी विचारधारा और शिल्प को भी प्रभावित किया जिसका उदाहरण है आपका पहला उपन्यास 'मेरे भी सनमख़ाने'। 'आग का दरिया' (दे०) आपकी एक सशक्त और बहुचर्चित रचना है। अन्य उपन्यास हैं—'सफ़ीना-ए-ग़मे दिल', 'चाय का बाग़', 'सीताहरण' और 'आख़िरे-शब के हमसफ़र'। कहानी संग्रहों के शीर्षक हैं—'सितारों से आगे', 'शीशे के घर' और पतझड़ की आवाज़'। आपने कुछ महत्त्वपूर्ण और बेहतरीन अनुवाद भी किए हैं।

कुली क़ुतुबशाह (सन् 1550-1611 ई०)

गोलकुण्डा के कुतुबशाही वंश में मुहम्मद कुली कुतुबशाह का शासनकाल 32 वर्ष का बताया जाता है। एक रसिक सुल्तान होने के साथ कुली कुतुबशाह की गणना दकनी के साहित्य के प्रमुख प्राचीन कवियों में भी की जाती है। आप उर्दू के पहले कवि हैं जिनका दीवान प्रकाशित हुआ है। कुली कुतुबशाह के काव्य संकलन में ग़ज़लें, मसनवियाँ, मरसिये, क़सीदे आदि अनेक काव्य विधाएँ हैं। कविता में भाव-प्रखरता है यद्यपि अपने प्रारंभिक रूप के कारण भाषा कहीं-कहीं उनका साथ नहीं दे पाती। मुख्य रस शृंगार है किन्तु भौतिक प्रेम के साथ आध्यात्मिक प्रेम का भी अभाव नहीं। कुली कुतुबशाह की भारतीय रीति-रिवाजों, उत्सव-समारोह, त्योहार, वस्त्र-आभूषण, रहन-सहन, खेलकूद और मौसम पर की गई रचनाएँ उन्हें उर्दू कवियों में एक विशिष्ट स्थान पर प्रतिष्ठित करती हैं जिसकी तुलना संभवत: केवल नज़ीर (दे०) से ही की जा सकती है। हिन्दी-काव्य का प्रभाव भी इनकी रचनाओं में लक्षित होता है। इनकी उर्दू ग़ज़ल में हिन्दी और फ़ारसी काव्य-परम्पराओं का सुन्दर संगम हुआ है। रचनाएँ प्रसाद गुण से भरपूर हैं।

कुल्लियात (पारि०)

एक कवि की रचनाओं के संग्रह को कुल्लियात कहते हैं। दीवान और

कुल्लियात का एक ही अर्थ में भी प्रयोग होता है। वैसे दीवान में बहुधा ग़ज़लें या अन्य काव्य-रचनाएँ संकलित की जाती हैं जबकि कुल्लियात किसी कवि की तमाम कृतियों के संग्रह को कहते हैं। इसके आधुनिक रूप में गद्य का समावेश भी मान्य है। ईरान से प्रकाशित 'कुल्लियाते-शेख़ सादी' इस प्रवृत्ति का एक उदाहरण है।

कुल्लियाते अकबर (कृ०)

यह उर्दू के हास्य-व्यंग्य के अनन्य कृतिकार अकबर इलाहाबादी (दे०) का काव्य-संग्रह है जो तीन भागों में प्रकाशित हुआ। इसमें ग़ज़लें, नज़्में, क़ते, रुबाइयाँ—सभी कुछ शामिल हैं। 'अकबर' की शैली और विषय की विशेषता है एक नया यथार्थवाद, पुरानी मर्यादाओं के प्रति आस्था, पाश्चात्य सभ्यता की अंधी नकल पर बड़े विनोदात्मक ढंग से प्रहार। भाषा सरल और प्रवाहपूर्ण है। बीच-बीच में अंग्रेज़ी शब्दों के प्रयोग से व्यंग्य का चुटीलापन और बढ़ जाता है। हास्य-व्यंग्य प्रधान रचनाओं के अलावा इस संग्रह में शुद्ध साहित्यिक महत्त्व की कविताएँ भी हैं। 'अकबर' का कलापक्ष बड़ा सबल है।

कुल्लियाते जुरअत (कृ०)

यह कलन्दर बख्श 'जुरअत' (दे०) की काव्य-कृतियों का संग्रह है जिसमें ग़ज़लें, फुटकर शेर, रुबाईयाँ, मुख़म्मस, हिजो और दो मरसिये भी शामिल हैं। ये उन्नीसवीं शताब्दी के पहले दशक की रचनाएँ हैं और इनमें एक पतित और विलासी युग के सभी रुझान मौजूद हैं। काव्य-कौशल, भाषा का परिमार्जित और परिष्कृत रूप, मुहावरों का यथास्थान सशक्त प्रयोग 'जुरअत' की विशेषता है। शृंगार के कुछ बड़े सजीव वर्णन भी आपकी कलम की देन हैं। शोख़ी, रंगीनी और चुलबुलापन भी भरपूर है मगर अक्सर मर्यादा की सीमा लाँघ जाते हैं। साहित्य में उच्छृंखल शृंगारिक वर्णन की शुरुआत 'जुरअत' ही ने की। भावात्मक संवेदना और गंभीरता का अभाव है।

कुल्लियाते 'नज़ीर' अकबराबादी (कृ०। अठारहवीं शताब्दी)

इस पुस्तक में शेख़ वली मुहम्मद 'नज़ीर' अकबराबादी (दे०) का समस्त काव्य संग्रहीत है। मौलवी अब्दुलबारी साहब 'आसी' और मौलवी अशरफ अली लखनवी ने इसका संपादन किया। इसमें ग़ज़लें और नज़्में हैं, फ़ारसी की काव्य रचनाएँ और गद्य की कृतियाँ हैं। 'नज़ीर' जन-मानस के कवि हैं। आम आदमी के सुख-दुख को पहचानते हैं। हिन्दू-मुसलमान

के भेद-भाव से ऊपर हैं। मानव प्रेम उनके काव्य की धड़कन है। गूढ़ आध्यात्मिक विषयों के बजाय तिल के लड्डू, आगरे की ककड़ी, बलदेव जी के मेले, रीछ के बच्चे, कौए. हिरन, तरबूज़, सर्दी-गर्मी बरसात और रोटी पर कविता लिखते हैं। प्रकृति का सुन्दर चित्रण लिखा है। आगरे की खड़ीबोली और ब्रजभाषा का मिश्रित रूप है आपकी रचनाओं में। बड़ी ही सरल और सहज अभिव्यक्ति है। इस संग्रह के कई संस्करण प्रकाशित हो चुके हैं।

कैफ़ी आज़मी (जन्म : सन् 1917 ई०)

कैफ़ी आज़मी ने अपने कवि-जीवन का प्रारम्भ युवावस्था में लालित्यपूर्ण शृंगारिक रचनाओं से किया। फिर देश-प्रेम और आज़ादी के नग़में गाये। देश-विदेश की राजनैतिक घटनाओं पर चेतनापूर्ण प्रभावशाली कविताएँ लिखीं। साम्यवादी विचारधारा की ओर आकृष्ट हुए और प्रगतिशील रचनाएँ कीं। जनमानस के निकट आए। व्यक्ति के सुख-दुःख, उसके हर्ष-विमर्श, उसके संघर्ष की गाथा से जुड़े और बड़े कलात्मक ढंग से अपने अनुभव को शब्दों में उतारा। आपकी अभिव्यंजना प्रसाद गुणयुक्त, ललित और सरस है। काफ़ी अरसे से बम्बई में रहकर फ़िल्मों के लिए भी लिख रहे हैं। आपने मुक्त छन्द का भी सुन्दर प्रयोग किया है। दो संग्रह 'झंकार' और 'आख़िरे-शब' प्रकाशित हो चुके हैं। फ़िल्मी गीतों का संग्रह 'मेरी आवाज़ सुनो' के शीर्षक से प्रसिद्ध है।

कैफ़ी पंडित (सन् 1866-1955 ई०)

पं० ब्रजमोहन दत्तात्रेय 'कैफ़ी' उर्दू के बड़े विद्वान और भाषा-विज्ञ थे। इन्होंने गद्य और पद्य दोनों में लिखा। इनकी कविताओं के कई संग्रह प्रकाशित हो चुके हैं। इन्होंने नाटक भी लिखे। पंडित कैफ़ी ने ही लाला श्री राम देहलवी (दे०) के 'खुमख़ाना-ए-जावेद' (दे०) का पाँचवाँ भाग तैयार किया। भाषा-विज्ञान पर लिखी 'कैफ़िया' को इनकी सर्वश्रेष्ठ रचना माना जाता है। आपकी दो अन्य महत्त्वपूर्ण गद्य रचनाएँ हैं— 'मनशूरात' और 'ख़मसा-ए-क़ैफ़ी'।

क़ैस या मजनूँ (अं०)

क़ैस अरब के बनी आमिर क़बीले का युवक था जो लैला नाम की लड़की के प्रेम में पागल था। क़बीलों की आपसी दुश्मनी के कारण वह लैला को हासिल न कर सका। उन्मत्त अवस्था में वह लैला को जंगलों, पर्वतों और रेगिस्तान में पुकारता घूमता था। धूल के बगूलों में उसे लैला का महमिल दिखाई देता था—

जब कोई गर्द-ओ-बाद उठा दश्त-ए-नज्द से
उसको निगाह-ए-क़ैस ने महमिल बना दिया ।

दीवानगी के इसी आलम में क़ैस चल बसा, लैला भी उसके विरह को झेल न सकी और उसकी मृत्यु हो गई। साहित्य में क़ैस, प्रेम, आसक्ति, दीवानगी और जुनून का प्रतीक है। प्रेमी जन अपने प्रेमोन्माद की तुलना क़ैस से करते हैं—

क़ैस का नाम न लो, ज़िक्रे जुनूँ जाने दो
देख लेना मुझे तुम मौसमे गुल आने दो । —बर्क़

कोहेनूर

यह पत्र सन् 1850 ई० में मुंशी हरसुख राय ने लाहौर से निकाला। ब्रिटिश इंडिया और देशी रियासतों में यह बड़ा लोकप्रिय हुआ। कश्मीर और पटियाला नरेश ने इसका सम्मान किया। कोहेनूर के अनुभव के बल पर मुंशी नवल किशोर ने 'अवध अख़बार' और पं० मुकुन्द राम ने 'अख़बार आम' निकाला।

कोहेनूर पहले सप्ताह में एक बार छपता था, बाद में दो और फिर तीन बार छपने लगा।

ख

ख़दीजा मसरूर (जन्म : सन् 1927 ई०)

पिता की अकाल मृत्यु के कारण आपका बचपन आर्थिक कठिनाइयों के बीच लखनऊ में बीता। देश के विभाजन के बाद लाहौर चली गईं और वहाँ श्री ज़हीर बाबर से विवाह हुआ।

आपकी कहानियों में स्त्री-जीवन की वेदना का मन को छू लेने वाला सहज-स्वाभाविक चित्रण है। संग्रहों के नाम हैं—'खेल', 'बौछार', 'चन्द रोज़ और'।

ख़लीक़ अंजुम (जन्म : 22 दिसम्बर सन् 1935 ई०)

डा० अंजुम का जन्म दिल्ली में हुआ। उर्दू साहित्य में एम० ए० अलीगढ़ मुस्लिम विश्वविद्यालय से और मज़हर जाने जानाँ पर शोधकार्य के लिए पी-एच० डी० की उपाधि दिल्ली विश्वविद्यालय से प्राप्त की। सन् '57 से '72 तक किरोड़ीमल कॉलेज में प्राध्यापक रहे। सन् '72 से '74 तक शिक्षा मंत्रालय में डिप्टी डायरेक्टर के पद पर काम किया। सम्प्रति अंजुमन तरक्क़ी उर्दू (हि०) (दे०) के जनरल सेक्रेटरी हैं और अंजुमन के साप्ताहिक 'हमारी ज़बान' और तिमाही 'उर्दू अदब' का सम्पादन कर रहे हैं।

डा० अंजुम की प्रकाशित पुस्तकें हैं—'ग़ालिब और शहाने तैमूरिया', 'रसूमे-देहली', 'फ़ैज़ अहमद फ़ैज़', 'सैयद सुलेमान नदवी', 'मौलाना अबुल कलाम आज़ाद' और 'मिर्ज़ा मुहम्मदे सफ़ी 'सौदा' (जीवनी)। 'मतनी तनक़ीद' आपका आलोचना ग्रन्थ है। आपने 'मिराजुल आशिक़ीन', 'इबनुल वक्त' और 'उर्दू की ज़ब्तशुदा नज़्में' का सम्पादन किया। चार भागों में सम्पादित 'ग़ालिब के ख़तूत' उर्दू को आपकी एक महत्त्वपूर्ण देन है। उर्दू साहित्य की सेवा के लिए आपको उत्तर प्रदेश, बिहार और पश्चिम बंगाल की उर्दू अकादमियों ने सम्मानित किया। सन् '84 में आपको पाकिस्तान का पहला नियाज़ फ़तेहपुरी पुरस्कार प्राप्त हुआ।

खलीलुर्रहमान आज़मी (जन्म : सन् 1927 ई०)

उत्तर प्रदेश के रहने वाले हैं। काफ़ी लम्बे समय तक अलीगढ़ विश्वविद्यालय के उर्दू विभाग में प्राध्यापक रहे। साहित्य जगत में आप एक कवि एवं आलोचक के रूप में जाने जाते हैं। आपकी कविता का कलापक्ष परम्परा से प्रभावित है किन्तु विचारों में नयापन है। यह बात विशेष रूप से आपके काव्य-संग्रह 'नया अहदनामा' के सन्दर्भ में सटीक है। अन्य दो काव्य-संग्रहों के शीर्षक हैं – 'आईना खाने में' और 'कागज़ी पैरहन'। एक आलोचक के रूप में भी आज़मी को विशिष्ट स्थान प्राप्त है। अपनी बात को सहज और स्पष्ट रूप से प्रस्तुत करते हैं। 'फ़िक्रो-फ़न', 'ज़ाविए-निगाह', 'मुक़द्दमा-ए-कलामे आतिश' और 'नवाए-ज़फ़र' आपकी आलोचना पुस्तकें हैं।

ख़याल, नवाब नसीर हुसैन (सन् 1880-1934 ई०)

ख़याल साहब पटना के रहने वाले थे। इन्होंने उर्दू भाषा की उत्पत्ति और विकास पर न केवल महत्त्वपूर्ण शोधकार्य किए बल्कि उन्हें पुस्तक-रूप में प्रकाशित भी करवाया। भाषा-विज्ञान पर इनकी दो महत्त्वपूर्ण कृतियाँ 'दास्ताने उर्दू' और 'मुग़ल और उर्दू' हैं। इनकी भाषा बड़ी सुन्दर और शब्द-चयन सटीक हैं। शैली में गंभीरता, सरसता और रोचकता के तत्त्व पाए जाते हैं। साहित्यिक विवेचन की कुछ त्रुटियों के बावजूद उपर्युक्त दोनों पुस्तकें भाषा के इतिहास में महत्त्वपूर्ण स्थान रखती हैं।

ख़ाजा अमान

मिर्ज़ा ग़ालिब (दे०) ने अपने पत्रों में ख़ाजा अमान का नाम बार-बार लिया है और अपने मित्रों और शिष्यों को उनकी रचनाओं से परिचित कराने की चेष्टा की है। अमान ने अलवर के राजा शिवदान सिंह के अनुरोध पर फ़ारसी की एक प्रसिद्ध कथा 'बोस्ताने-ख़याल' (दे०) का उर्दू अनुवाद किया। यह कथा दस भागों में है। अमान केवल पाँच भाग पूरे कर पाए और उनकी मृत्यु हो गई। अनुवाद की भाषा सरल और मधुर है और अपनी स्वाभाविकता के कारण यह अमान की मौलिक कृति जान पड़ती है।

ख़ाजा अहमद फ़ारुकी (जन्म : सन् 1917 ई०)

डा० फ़ारुकी उच्चकोटि के आलोचक माने जाते हैं। आप एक लम्बे समय तक दिल्ली विश्वविद्यालय के उर्दू-विभाग से सम्बद्ध थे। अनुसंधान में आपकी विशेष रुचि है। अनेक शोधछात्रों का मार्गदर्शन किया।

उर्दू विभाग के अध्यक्ष भी रहे। डा० फ़ारुक़ी आलोचना में साहित्य और संस्कृति की परम्परा को महत्त्व देते हैं। आपके विचार से किसी भी साहित्यिक कृति का मूल्यांकन उसके ऐतिहासिक सन्दर्भ से कट कर नहीं किया जा सकता। किसी विशेष आलोचना पद्धति के पक्षधर नहीं हैं। आपकी प्रकाशित पुस्तकें हैं—'मिर्ज़ा शौक़ लखनवी', 'मीर तक़ी मीर', 'हयात और शायरी', 'क्लासिकी अदब' और 'ज़ौको-जुस्तजू'।

ख़ान आरज़ू (सन् 1689-1755 ई०)

आप संभवत: ग्वालियर के रहने वाले थे। ख़ान आरज़ू का एक भाषाविद् के रूप में ऐतिहासिक महत्त्व है। आपके कोश 'नवादिरुलअलफ़ाज़' में अठारहवीं शताब्दी में उत्तर भारत के विभिन्न भागों में प्रचलित भाषाओं का विवरण मिलता है। ब्रजभाषा, पंजाबी, हिन्दी और कश्मीरी के अतिरिक्त तत्कालीन विकासशील उर्दू के बोलचाल के और साहित्यिक रूप, अरबी-फ़ारसी शब्दों के प्रयोग और उच्चारण सम्बन्धी नियमों की विशद जानकारी इस ग्रन्थ से प्राप्त होती है।

ख़ानम (पा०)

मिर्ज़ा हादी रुसवा (दे०) के उपन्यास 'उमराव जान' (दे०) में एक बड़ा रौबीला और दबदबे वाला चरित्र है ख़ानम का। ख़ानम लखनऊ में एक कोठे की संचालिका है। लड़कियों की ख़रीद-फ़रोख्त, नृत्य संगीत की शिक्षा, नाज़ो-अंदाज़ का प्रशिक्षण और देह का व्यापार चलाने के लिए अपेक्षित योग्यता है ख़ानम में। बड़ी शानो-शौकत से रहती है, स्वयं कई ललित कलाओं की मर्मज्ञ है, आचार-व्यवहार सीखने को बड़े-बड़े शरीफ़ज़ादे भी इससे अपेक्षा रखते हैं। यही 'अमीरन' को ख़रीद कर उसे 'उमराव जान' (दे०) बनाती है।

ख़िज़्र (अं०)

ख़िज़्र एक पैग़म्बर हैं जो भूले-भटकों को राह बताया करते हैं। ये छिप कर रहते हैं। मगर शायर की एहतियात और स्वाभिमान देखिए—

रखते हैं ख़िज़्र से न ग़रज़ रहनुमा से हम
चलते हैं बच के दूर हर इक नक्श-ए-पा से हम।

—**जिगर मुरादाबादी**

ख़िज़्र के बारे में यह प्रसिद्ध है कि जब सिकन्दर (दे०) ने उनसे अमृतस्रोत की राह पूछी तो उन्होंने उसे आईना दिखाकर बहका दिया था।

ख़ुतबाते अहमदिया (कृ० । रचनाकाल सन् 1870 ई०)

यह सर सैयद अहमद (दे०) की कृति है जिसमें आपने इस्लाम धर्म पर अंग्रेज़ मिशनरियों द्वारा लगाए गए आरोपों के तर्कपूर्ण उत्तर दिए हैं। अंग्रेज़ी शिक्षा और सभ्यता के समर्थक होने पर भी सर सैयद इस्लाम की धार्मिक मान्यताओं के पोषक थे और मुसलमानों की आस्था को दृढ़ रखना ही इस पुस्तक का उद्देश्य था।

ख़ुमख़ाना-ए-जावेद (कृ० । प्रकाशन काल सन् 1906-26 ई०)

उर्दू कवियों का यह तज़किरा (दे०) 'तज़किरा हज़ार दास्तान' के नाम से भी जाना जाता है। इसके लेखक-सम्पादक लाला श्रीराम देहलवी (दे०) हैं। लाला जी का उद्देश्य आरंभ से लेकर अपने समवर्ती सभी कवियों का जीवन-वृत्त और काव्य-संकलन एक ही पुस्तक में प्रस्तुत करने का था। वे अपने पूर्ववर्ती तज़किरों की अपेक्षा एक अधिक समृद्ध एवं संवर्धित रचना उर्दू-जगत को देना चाहते थे। इस तज़किरे में जाने-माने कवियों के अतिरिक्त ऐसे बहुत से कवियों का परिचय संकलित है जो अन्यथा प्रकाश में न आ पाते। सम्बद्ध सामग्री एवं जानकारी की दृष्टि से यह ग्रन्थ अमूल्य है। रचनाओं का चुनाव भी अच्छा बन पड़ा है। कहीं-कहीं पर अशुद्धियाँ हैं। दृष्टि पूर्णरूपेण आलोचनात्मक नहीं कही जा सकती। भाषा सरल और मुहावरेदार है। कुल मिलाकर यह ऐतिहासिक महत्त्व की एक अद्वितीय पुस्तक है। इस तज़किरे को संभवत: आठ खंडों में प्रकाशित कराने की योजना थी किन्तु लाला जी केवल चार भाग ही पूरे कर पाए और उनकी मृत्यु हो गई। पाँचवाँ भाग पंडित कैफ़ी (दे०) ने प्रकाशित करवाया।

ख़ूने-नाहक़ (कृ०)

यह शेक्सपियर के विश्वविख्यात नाटक 'हैमलेट' का उर्दू रूपान्तर है जिसे मुंशी मेहदी हुसैन 'अहसन' लखनवी (दे०) ने तैयार किया। 'अहसन' एल्फ़्रेड थियेट्रिकल कम्पनी (दे०) के नाटककार थे जिसकी स्थापना उन्नीसवीं शताब्दी के अन्तिम वर्षों में हुई। इस नाटक में हैमलेट की भूमिका कम्पनी के संस्थापक काऊस जी स्वयं निभाया करते थे। यह अपने ज़माने का एक बहुत सशक्त, सफल और लोकप्रिय नाटक था। लेखक ने यद्यपि कथानक 'हैमलेट' का लिया है किन्तु उसे भारतीय सामाजिक परिवेश दे दिया है। भाषा-शैली सरल, प्रवाहपूर्ण है। नाटक में उस समय की प्रवृत्ति के अनुसार गीत और ग़ज़लें हैं तथा संवाद तुकान्त हैं।

ख़ूब मुहम्मद चिश्ती (मृत्यु : सन् 1611 ई०)

गुजरात के प्रसिद्ध सूफ़ी कवि हुए हैं। सूफ़ीमत पर आधारित इनकी बहुत-सी फ़ारसी रचनाएँ हैं मगर भाषा की क्लिष्टता के कारण वे जन-साधारण तक न पहुँच सकीं। सूफ़ीवाद को जनता तक पहुँचाने के उद्देश्य से इन्होंने बोलचाल की भाषा को अपनाया और सन् 1578 में 'ख़ूब-तरंग' नामक एक मसनवी की रचना की। भाषा और विषय की दृष्टि से यह बड़ी महत्त्वपूर्ण कृति है। बाद में चिश्ती साहब ने स्वयं ही इसका फ़ारसी रूपान्तर तैयार किया। यह मसनवी फ्रेंच में भी प्रकाशित हो चुकी है। इसके अतिरिक्त इनकी दो और रचनाएँ 'छन्द छन्दा' और 'भाव भेद' उपलब्ध हैं। 'छन्द छन्दा' हिन्दी फ़ारसी छन्द और 'भाव भेद' अलंकार शास्त्र पर आधारित हैं।

खोजी (पा०)

यह पं० रतननाथ 'सरशार' (दे०) के प्रसिद्ध उपन्यास 'फ़साना-ए-आज़ाद' (दे०) का एक चरित्र है जो अपनी शक्ल-सूरत और व्यवहार से एकदम हास्यास्पद है। तिस पर गप्पें हाँकना इसकी ख़ास आदत है। यह झूठी कहानियों और दिखावे के दम पर समाज में आदर पाना चाहता है। ख़ोजी अहम्मन्यता का शिकार एक ऐसा चरित्र है जिसमें गतिशीलता का सर्वथा अभाव है। वह प्रसाधन-सभ्यता का प्रतिनिधि है।

ग

गंजीना (कृ०)

यह मिर्ज़ा वाजिद हुसैन 'यगाना' चंगेज़ी (दे०) की कविताओं का संग्रह है। इसमें 121 ग़ज़लें और 163 रुबाईयाँ हैं। मानव की शक्ति, उसके मनोबल पर विश्वास, विपत्तियों पर विजय पाने का उत्साह और हौसला इन रचनाओं का मुख्य स्वर है। सौन्दर्य, प्रेम, दर्शन और आध्यात्म पर भी लिखा है। प्राकृतिक सौन्दर्य का वर्णन भी है। भाषा अधिकांशतः फ़ारसीयुक्त है। कभी बोलचाल के साधारण हिन्दी शब्दों का प्रयोग भी करते हैं। शैली प्रभावशैली है।

गंजुल इल्म (सन् 1306-93 ई०)

शेख़ ऐबुद्दीन गंजुल इल्म दिल्ली के रहने वाले थे लेकिन मुहम्मद तुग़लक ने जब राजधानी परिवर्तन किया तो ये भी देवगिरि (दौलताबाद) चले गए। इनकी मृत्यु बीजापुर में हुई। उन्हें फ़ारसी तथा उर्दू की कुछ धार्मिक रचानाओं का श्रेय दिया जाता है। इनका समय 1306-1393 माना जाता है।

ग़ज़ल (पारि०)

ग़ज़ल उर्दू की सर्वाधिक लोकप्रिय विधा है और उर्दू साहित्य-उपवन की प्रथम कलिका। इसकी पंखुड़ियों में रंग खिला फ़ारसी का और इसने सुगन्ध पाई हिन्दुस्तानी मिट्टी की। ग़ज़ल का परम्परागत विषय है—प्रेम और समर्पण। इस विषय के निरूपण में आरंभ में फ़ारसी का गहरा प्रभाव रहा और शुद्ध भौतिक प्रेम का प्रदर्शन हुआ गुलो बुलबुल (दे०), शमा-परवाना (दे०) और जाम-ओ-मीना (दे०) जैसे रूपकों से। श्रृंगार रस में सराबोर ग़ज़ल प्रेमियों के प्रेम, उन्माद, कामोद्गार, तड़प, सुख-दुख, आशा-निराशा, मिलन-विरह के भँवर में डूबती-उतराती रही। विरह का रंग मिलन की अपेक्षा ज़्यादा गहरा रहा। आशिक़ और माशूक के बीच एक रक़ीब (दे०) था, हसरतों की भीड़ थी और यास का तूफ़ान

था। मिलन का उल्लास और मस्ती भी थी। प्रेयसी का नख-शिख वर्णन भी।

फिर सूफ़ी संतों का ज़माना आया और ग़ज़ल में आध्यात्मिक प्रेम के रंग का समावेश हुआ। लेकिन यह रंग बहुत स्थायी नहीं सिद्ध हुआ। सही माने में अठारहवीं सदी में दिल्ली में उर्दू की एक विशिष्ट साहित्यिक भाषा के रूप में स्थापना हुई और तभी से गंभीरतापूर्वक इस भाषा में काव्य-रचना का भी शुभारंभ हुआ। दिल्ली में इस समय में शाह मुबारक 'आबरू' (दे०), 'मज़मून' (दे०), 'नाजी' (दे०), और 'यकरंग' (दे०) हुए। ख़ान 'आरज़ू' (दे०), 'फ़ुग़ाँ' (दे०), शाह हातिम (दे०) 'ताबाँ' (दे०) और मिर्ज़ा जानजानाँ 'मज़हर' (दे०) ने उर्दू काव्य के विकास में महत्त्वपूर्ण काम किया। इन्होंने भाषा को सरल और प्रवाहमय बनाने के लिए उसमें से अनेक भारी और द्वियर्थक शब्दों को निकाल दिया। फिर नर्म-ओ-नाज़ुक, मधुर, मृदुल, करुणरस में नहायी ग़ज़ल कही 'मीर' (दे०) ने। 'सौदा' (दे०), दर्द (दे०) और 'सोज़' (दे०) ने प्रभाव की सृष्टि की। तग़ज़्ज़ुल निखरा। ग़ज़ल में गीतात्मकता बढ़ती गई और भाषा में सुथरापन और अभिव्यक्ति की शक्ति। इस युग की मुख्य उपलब्धि थी परम्परागत शृंगार के साथ-साथ आध्यात्मिक प्रेम और करुणा का प्रसार।

दिल्ली के राजनैतिक विप्लव के बाद बहुत से शायर लखनऊ चले गए। 'मीर' और 'सौदा' की परम्परा न निभ सकी। भावपक्ष की अपेक्षा कलापक्ष दृढ़ हुआ, मर्म की अपेक्षा भाषा-शैली, अभिव्यंजना और शब्दों के बाहरी रखरखाव पर ज़्यादा ज़ोर दिया जाने लगा। गंभीरता की जगह उत्फ़ुल्लता और कभी-कभी उच्छृंखलता ने भी ली। अठारहवीं और उन्नीसवीं सदी के इस संधि काल के मुख्य ग़ज़ल गो लखनवी शायर हुए— 'मुसहफ़ी' (दे०) 'इंशा' (दे०) 'रंगी' (दे०) 'जुरअत' (दे०) और फिर 'नासिख़' (दे०) और 'आतिश' (दे०)।

वाह्य सजावट और अलंकार मन और आत्मा की समृद्धि के परिचायक नहीं। नवाबों के लखनऊ की विलासप्रियता की क़ीमत ग़ज़ल ने भी चुकायी। एक बार फिर दृश्य-परिवर्तन हुआ और उर्दू साहित्य जगत का सूरज दिल्ली के आसमान पर अपनी पूरी ताब के साथ चमका। मिर्ज़ा असदुल्ला ख़ाँ 'ग़ालिब' (दे०) ने ग़ज़ल के संकुचित सीमित क्षेत्र को विस्तार और व्यापकता देकर उसमें भाव, विचार और अभिव्यक्ति की अभूतपूर्व संभावनाएँ पैदा कीं। यद्यपि 'ग़ालिब' (दे०) के यहाँ हमें कोई व्यवस्थित क्रमबद्ध दर्शन नहीं मिलता किन्तु दार्शनिक विचारों का ग़ज़ल के संक्षिप्त

कलेवर में समावेश 'ग़ालिब' की देन है। ग़ालिब की चेतना उर्दू ग़ज़ल को जीवन के निकट ले आई और उसमें यथार्थ, वैचारिक सत्य, दार्शनिक गहराई, नवीन भावात्मकता और कल्पना का सुन्दर समन्वय हुआ। 'ग़ालिब' ने ग़ज़ल को विचार-वहन के योग्य बनाया। वर्णन में सादगी और प्रभाव पैदा किया। 'मोमिन' (दे०) के प्रेम के वर्णन में अभिव्यक्ति की मौलिकता और भावों में प्रबलता है। 'ज़फ़र' (दे०) की रचनाओं में करुणा और निराशा की धारा बही, 'ज़ौक़' (दे०) ने आकारवाद को बढ़ावा दिया। अमीर मीनाई (दे०) ने लखनवी शायरी की प्रतिष्ठा की, कभी-कभी अध्यात्म को भी छुआ, तो 'दाग़' (दे०) ने विशुद्ध भौतिक प्रेम की अनुभूतियों को बड़ी सहज, मधुर और संगीतमय अभिव्यक्ति दी। शोख़ी उनकी ग़ज़ल का गुण-विशेष है। 'जलाल' (दे०), 'तसलीम' (दे०) 'रियाज़' (दे०) 'असर' (दे०), 'महरुम' (दे०), 'आरज़ू' (दे०), 'सीमाब' (दे०), 'रवाँ' (दे०), 'सफ़ी' (दे०), 'बर्क़' (दे०), 'नज़र' (दे०), और 'साक़िब' (दे०) इसी समय में हुए।

सन् 1857 ई० की क्रांति के बाद राष्ट्रीय चेतना के युग का सूत्रपात हुआ। देशप्रेम और सामाजिक जागरण की उत्ताल तरंग को अपने में समोने की शक्ति अभी तक ग़ज़ल में नहीं थी। 'हाली' (दे०) और 'आज़ाद' (दे०) ने नज़्म को प्रोत्साहित किया। नज़्मों की बाढ़ सी आ गई साहित्य में। अन्तर्मुखी ग़ज़ल नींद से जगी, वक्त के बहाव को पहचाना और बड़े सतर्क चैतन्य के साथ बदलती हुए परिस्थितियों से गले मिलने की तैयारी करने लगी। रूप परिवर्तन हुआ और ग़ज़ल में राजनैतिक, सामाजिक, आर्थिक और समसामयिक समस्याओं का भी बड़े कलात्मक ढंग से समावेश किया जाने लगा। चिन्तनशीलता का युग 'ग़ालिब' के समय से आरंभ हो चुका था। 20वीं सदी में 'शाद' (दे०), 'हसरत' (दे०), 'फ़ानी' (दे०) असग़र गोण्डवी (दे०), 'जिगर' (दे०), 'यगाना' (दे०), 'अज़ीज़' (दे०), और 'दिल' (दे०), इसी परम्परा की देन हैं। राष्ट्रीयता, मानव प्रेम, और एक बहुमुखी चेतना का चरम उत्कर्ष हमें 'अकबर' (दे०) 'चकबस्त' (दे०) और फिर 'इक़बाल' (दे०) में देखने को मिलता है। 'इक़बाल' का काव्य युग-चेतना की अतीव शक्तिशाली अभिव्यंजना है। प्रगतिवादी शायरी में नज़्म ग़ज़ल पर हावी रही मगर इसके बावजूद इस युग में कुछ ऐसे ग़ज़ल गो हुए, साहित्य जिनका सदा ऋणी रहेगा। इनमें जनाब 'जोश' मलीहाबादी (दे०), रघुपति सहाय 'फ़िराक़' (दे०), आनन्द नारायण 'मुल्ला' (दे०) विशेष रूप से उल्लेखनीय हैं। वैसे उर्दू के सभी शायरों ने विशेष पहचान किसी भी विधा में बनाई हो, ग़ज़ल कही ज़रूर है।

वर्तमान ग़ज़ल में अर्थवत्ता की निस्सीम संभावनाएँ पैदा हो चुकी हैं। और आज भारत में न केवल उर्दू बल्कि अनेक जनपदीय भाषाओं और विशेष रूप में हिन्दी में ग़ज़ल कही जा रही है।

ग़ज़ल एक संकेतात्मक कविता है। यह गागर में सागर भरने की कला है। ग़ज़ल के संक्षिप्त कलेवर में प्रतीकों के माध्यम से वह बात कही जा सकती है जिसके लिए एक लम्बी नज़्म दरकार है। इस तरह कुछ निश्चित प्रतीकों की सीमा में बँधकर भी ग़ज़ल में व्यापकता है। प्रभाव ग़ज़ल का गुण विशेष है। क्योंकि प्रेम, समर्पण और करुणा ग़ज़ल की आत्मा है, इनकी अभिव्यक्ति के लिए कोमल, सरस शब्दों का प्रयोग श्रेष्ठ माना गया है। शब्द केवल अर्थ के लिहाज़ से ही नहीं, ध्वनि में भी कोमल होने चाहिए। गीतात्मकता ग़ज़ल का प्राण है। शब्दों के सही रख-रखाव, बन्दिशों की चुस्ती, और अनुभूति के तीखेपन के साथ एक ख़ास रंग होता है तग़ज़्ज़ुल का, जिसके बिना ग़ज़ल निष्प्राण देह है। तग़ज़्ज़ुल से शेर में जीवन का संचार होता है।

ग़ज़ल एक असम्बद्ध कविता है। इसमें सामान्यतः सात से बीस-इक्कीस शे'र (दे०) होते हैं। प्रत्येक शे'र अपने आप में एक स्वतंत्र इकाई है। मगर विभिन्न शे'र भी रदीफ़ क़ाफ़िये (दे०) एक होने के कारण अभिन्न लगते हैं; एक मनोहारी संगीतमय वातावरण की सृष्टि करते हैं, और अर्थ को उजागर करने में सहायक होते हैं। ग़ज़ल के पहले कुछ शे'र या पहला एक शे'र मतला (दे०) और आख़िरी शे'र मक़ता (दे०) कहलाता है। मक़ते में बहुधा शायर अपना तख़ल्लुस (दे०) डाल देते हैं।

गद्य (वि०)

आधुनिक गद्य का सूत्रपात कलकत्ता में सन् 1800 ई० में फ़ोर्ट विलियम कॉलेज (दे०) की स्थापना से हुआ। भाषा सम्बन्धी अनुसन्धान करने वाले विद्वानों ने दक्षिण भारतीय साहित्य से कुछ प्राचीन उर्दू गद्य के नमूने खोज निकाले हैं। इनके आधार पर प्राचीन उर्दू गद्य का आरम्भ आठवीं शताब्दी हिजरी माना जा सकता है। ये पुस्तकें हैं—ख़्वाजा गेसूदराज (दे०) की 'मिराजुल आशीक़ीन', (दे०) मीरान जी शाह (दे०) की 'शरह मरग़ूबुल क़ुलूब', बुरहानुद्दीन जानम (दे०) की 'जलतरंग' और 'गुलबास', फ़ज़ली (दे०) की 'दह मजलिस' (दे०), तहसीन (दे०) की 'नौ तर्ज़-ए-मुरस्सा' (दे०) इत्यादि। ये धार्मिक पुस्तकें हैं और अधिकांश अरबी, फ़ारसी से अनूदित हैं। इनकी भाषा उपमाओं, रूपकों से बोझिल और तुकान्त है। सन् 1715 ई० में जोशुआ केटलर (दे०) ने हिन्दुस्तानी

की एक व्याकरण लिखी जिसमें कुछ उदाहरण उर्दू में दिए गए। 1744 ई० में पादरी बेन्जिमन शुल्ज़ (दे०) ने एक और व्याकरण लिखी और बाईबिल का उर्दू अनुवाद किया। लेकिन आधुनिक गद्य का आरंभ अंग्रेजों द्वारा स्थापित किए गए फ़ोर्ट विलियम कॉलेज में ही हुआ। प्रो० गिलक्रस्ट (दे०) जो उर्दू के विद्वान थे, इस कॉलेज में हिन्दुस्तानी भाषा के प्रोफ़ेसर नियुक्त किये गये। भाषा और साहित्य की शिक्षा देने के अतिरिक्त डा० गिलक्रस्ट ने साहित्य को समृद्ध करने में महत्वपूर्ण भूमिका निभाई। उनके समय में कई विद्वान लेखक इस कॉलेज से सम्बद्ध हुए जिन्होंने गद्य में रचनाएँ कीं, एवं पुरानी पुस्तकों के अनुवाद किए। यहीं मीर अम्मन (दे०) ने अपनी प्रसिद्ध पुस्तक 'बाग़ो बहार' लिखी जो वस्तुत: 'चहार दरवेश' पर आधारित है किन्तु अपनी सरल शैली और 'ठेठ हिन्दुस्तानी' भाषा के कारण मौलिक कृति जान पड़ती है। मीर शेर अली 'अफ़सोस' (दे०) ने 'बाग़े उर्दू' के नाम से 'गुलिस्ताँ' का अनुवाद किया, और कई पुस्तकों की मदद से 'आराइशे महफ़िल' लिखी। हैदर बख़्श हैदरी (दे०), मिर्ज़ा काज़िम अली 'जवान' (दे०), निहाल चंद लाहौरी (दे०), मीर बहादुर अली 'हुसैनी' (दे०), मज़हर अली खाँ विला (दे०), लल्लू लाल जी (दे०), बेनीनरायन 'जहाँ' (दे०), और मिर्ज़ा अली 'लुत्फ़' (दे०) ने बहुत-सी अरबी-फ़ारसी पुस्तकों के रूपान्तर तैयार किए। इनके अतिरिक्त अमानतुल्ला (दे०), इकराम अली, ख़लील अली 'अश्क' और मिर्ज़ाजान 'तपिश' ने भी कुछ पुस्तकें लिखीं। बहुत से उर्दू व्याकरण और कोश (दे०) भी तयार किए गए। फ़ोर्ट विलियम कॉलेज के बाहर मुहम्मद हुसैन 'क़लीम' (दे०), वृन्दावन, हक़ीम मुहम्मद शरीफ़ तथा मौलवी करीमुदीन ने भी उर्दू गद्य में पुस्तकें लिखीं। लखनऊ में मुहम्मद बख़्श 'महजूर' ने 'गुलशने नौ बहार' और 'नौरतन' की रचना की, 'हक़ीक़त' ने 'जज़्बे इश्क', 'तिश्ना' और 'हफ़्त सय्याह' लिखीं। मौलवी इस्माईल ने इसी समय 'तक़वियतुल ईमान' लिखी। 'इंशा' (दे०) ने 'रानी केतकी की कहानी' (दे०) में अरबी-फ़ारसी शब्दों का एकदम बहिष्कार किया, और 'दरयाये-लताफ़त' (दे०) में उर्दू के कई उदाहरण दिए। सन् 1824 ई० में 'सुरूर' (दे०) की 'फ़िसाना-अजायब' (दे०) लिखी गई। यद्यपि इसकी भाषा पुराने गद्य की तरह तुकान्त थी, मगर शैली बड़ी कलात्मक थी, और हिन्दी शब्दों का प्रयोग भी बहुतायत से किया गया था। सन् 1835 में फ़क़ीर मुहम्मद ख़ाँ 'गोया' (दे०) ने 'अनवार सुहैली' (दे०) का अनुवाद 'बुस्ताने-हिक़मत' के नाम से किया और नीमचन्द खत्री ने एक फ़ारसी कहानी का अनुवाद 'क़िस्सा-ए-गुलो-सनोबर' के नाम से किया।

इनकी भाषा यद्यपि बहुत क्लिष्ट नहीं, मगर उपमा-अलंकारों से भरी है। 'देहली वर्नाक्यूलर ट्रांसलेशन सोसायटी' (दे०) तथा दिल्ली कॉलेज (दे०) ने भी गद्य के विकास में योगदान दिया। इस कॉलेज के प्रो० रामचन्द्र (दे०) विशेष रूप से उल्लेखनीय हैं। इसी बीच सन् 1835 ई० में फ़ारसी के स्थान पर उर्दू को सरकारी भाषा घोषित कर दिया गया।

उर्दू गद्य का इतिहास मिर्ज़ा ग़ालिब' (दे०) के पत्रों के उल्लेख के बिना अधूरा रह जाएगा। 'ग़ालिब' ने फ़ारसी से हटकर उर्दू में ख़त लिखने का सिलसिला शुरू किया। आपके ख़तों में एक खुलापन, एक नई अनौपचारिक रोचकता और विनोद है। इस तरह पत्र लिखते हैं मानो बातें कर रहे हों। (दे० 'ऊदे-हिन्दी' और 'उर्दू-ए-मुअल्ला') 'ग़ालिब' के सम्बन्धी ख़ाजा अमान (दे०) भी उर्दू गद्य के अच्छे लेखक माने गए हैं। आपकी भाषा में सरलता और मिठास है। मौलवी गुलाम इमाम 'शहीद' (दे०) ने भी कुछ गद्य पुस्तकें लिखीं। दक्षिण भारत में इस समय शम्सुल उमरा ने विज्ञान की कुछ पुस्तकों के अनुवाद तैयार किए।

इसके बाद सर सैयद अहमद ख़ाँ (दे०) का युग आया जिसे उर्दू गद्य का स्वर्ण काल माना जाता है। जीवन के बहुरंगी अनुभवों और सतत संघर्ष के तर्कसंगत निरूपण के लिए गद्य को अधिक उपयुक्त और विश्वसनीय माध्यम माना गया और इसमें मौलिक रचनाओं का आरंभ हुआ। धर्म, नीति और सामाजिक आंदोलनों के लिए भी गद्य अधिक अनुकूल जान पड़ा। सर सैयद अहमद की पुस्तकों, भाषण तथा निबन्ध संग्रहो में एक नई उर्दू गद्य शैली का जन्म हुआ जो सरल सुबोध होने के साथ गुण और प्रभावपूर्ण थी। इस समय के सभी गद्य लेखक जाने-अनजाने आपसे प्रभावित हुए। मोहसिनुल्मुल्क (दे०), विकारुल मुल्क (दे०), चिराग़ अली (दे०) ने विभिन्न विषयों पर सरल भाषा में निबन्ध लिखे और अनुवाद किए।

अठारहवीं शताब्दी के अन्त में छापाख़ाने खुलने शुरू हो गए थे जिससे भाषा के विकास और प्रसार में बड़ी सहायता मिली। साथ ही उर्दू में कुछ पत्र-पत्रिकाएँ भी छपने लगीं।

गद्य की भाषा-शैली को निखारने में महत्वपूर्ण योगदान दिया मौ० मुहम्मद हुसैन 'आज़ाद' (दे०) ने। यद्यपि आपने कई पुस्तकें लिखीं परन्तु उनमें से 'आबे हयात' (दे०) विशेष रूप से उल्लेखनीय है। आपका गद्य सरल, सुन्दर और नये विचारों के वहन में समर्थ है। कहीं बनावट, शिथिलता या भारी-भरकम शब्द प्रयोग करने का आग्रह नहीं। आपकी शैली में हिन्दी की सादगी, अंग्रेज़ी की स्पष्टता और फ़ारसी का सौन्दर्य तथा संगीत

है। आज़ाद के बाद आए मौ० अल्ताफ़ हुसैन 'हाली' (दे०) जिनको उर्दू आलोचना (दे०) का प्रवर्तक माना जाता है। आपकी शैली सरल, सहज एवं गंभीर है। नज़ीर अहमद (दे०) ने उपन्यास (दे०) लिखे। आपने दिल्ली की बोलचाल की भाषा और मुहावरों का बड़ा सुन्दर और प्रभावपूर्ण प्रयोग किया। वैज्ञानिक दृष्टि से कठिन सामाजिक, नैतिक समस्याओं का सरल, सुरुचिपूर्ण ढंग से चित्रण किया। मौ० शिबली नोमानी (दे०) ने दर्शन, साहित्य, इतिहास, निबंध, पत्र, जीवन चरित्र—सभी कुछ लिखा। आपकी भाषा-शैली बड़ी सरस और प्रवाहपूर्ण है। मौलवी ज़काउल्ला (दे०) ने साहित्य, इतिहास, भूगोल और विज्ञान की कई पुस्तकें लिखीं और अनुवाद कीं। मौलवी सैयद अहमद (दे०) ने 'फ़रहंग आसफ़िया' नामक कोश तैयार कर उर्दू भाषा की बड़ी सेवा की। मौलाना सुलेमान नदवी (दे०), अब्दुल माजिद दरियावादी (दे०), सईद अंसारी, रियासत अली नदवी (दे०), अब्दुल हक़ (दे०), लाला श्रीराम (दे०), मुहम्मद हुसैन अदीब (दे०), नसीर हुसैन ख़्याल (दे०), अन्दलीप दे० इत्यादि ने गद्य में रचनाएँ कीं। इस समय वस्तुत: गद्य में तीन स्पष्ट विधाएँ विकसित हुईं। उनके अलग-अलग विस्तृत विवरण के लिए (दे०) 'आलोचना', उपन्यास' और 'कहानी'। साहित्य, कला, राजनीति आदि विषयों पर निबन्ध लिखने वालों में डा० ज़ाकिर हुसैन, डा० आबिद हुसैन, प्रो० मुजीब और ग़ुलामुस-सैय्यदैन का नाम उल्लेखनीय है।

गरेबान

चोग़े अथवा उत्तरीय के सामने गले के भाग को गरेबान कहते हैं। इश्क़ के जुनून में आशिक अक्सर गरेबान फाड़ लेते हैं। यह प्रेम में उन्माद और बेख़ुदी की चरम स्थिति का द्योतक है। एक उदाहरण देखिए—

हमको तो गरेबाँ से रहा काम जुनूँ में
सहरा नज़र आया न गुलिस्ताँ नज़र आया।

—**रविश सिद्दीक़ी**

ग़व्वासी

ग़व्वासी की गिनती कुतुबशाही गोलकुण्डा के प्रमुख कवियों में होती है। इनके अपने विवरण के आधार पर यह कहा जा सकता है कि इनका प्रारंभिक जीवन बड़ी कठिनाई में बीता, किन्तु दरबार में पहुँचने के बाद धन, सम्मान और प्रतिष्ठा सभी कुछ प्राप्त हुआ। इनकी दो रचनाएँ हैं— 'सैफ़ुल मुलूक-ओ-बदीउज्ज़माल' और 'तूतीनामा'। 'सैफ़ुलमुलूक' में मिस्र के राजकुमार का एक चीनी राजकुमारी के प्रति प्रेम वर्णन किया गया

है। यह मसनवी 'अलिफ़-लैला' के क़िस्से पर आधारित है। इसका रचनाकाल सन् 1624 ई० माना जाता है। 'तूतीनामा' को जियाउद्दीन द्वारा किए गए 'हितोपदेश' के फ़ारसी अनुवाद पर आधारित कहते हैं। इसमें लगभग चार हज़ार अशआर हैं। इसका रचनाकाल सन् 1639 ई० है। इसके अतिरिक्त 'मैना सतवंती' और लैला-मजनूं' नामक दो अन्य मसनवियों का लेखक भी इन्हें माना जाता है।

ग़व्वासी की भाषा सरल और प्रवाहमय है। इन्होंने अरबी-फ़ारसी का कम से कम प्रयोग करके भाषा को क्लिष्टता से बचाया। रचनाओं में सुन्दरता और सुगमता के साथ कोमल भावों का मिश्रण है। 'सैफ़ुलमुलूक' उर्दू और हिन्दी दोनों भाषाओं में प्रकाशित हो चुकी है।

गामधनी, शाह अली मुहम्मद (मृत्यु सन् 1563 ई०)

गुजरात के सूफ़ी कवि थे। लोग इन्हें गामधनी अर्थात् गाँव का धनी कहा करते थे जो इनकी आध्यात्मिक सम्पन्नता और लोकप्रियता का प्रमाण है। यह सैयद अहमद कबीर रिफ़ाई के वंशज थे। स्वभाव से सन्त थे। धर्म के प्रचार में जीवन बिताया। आपकी 'जवाहर असरारअल्ला' नामक एक मसनवी है जो सूफ़ीवाद पर आधारित है।

आपकी रचना में उस समय गुजरात में प्रचलित उर्दू का विकासशील रूप देखने को मिलता है जिसमें स्थानीय गुजराती शब्दों का बाहुल्य है। छन्द हिन्दी के हैं।

गामधनी का देहान्त लगभग 75 वर्ष की आयु में हुआ।

ग़ालिब, मिर्ज़ा असदुल्ला खाँ (सन् 1797-1869 ई०)

मिर्ज़ा तूरान के सलजूकी बादशाहों के वंशज थे। इनके पितामह शाहआलम के ज़माने में भारत आए। मिर्ज़ा का जन्म आगरा में हुआ। आप पाँच वर्ष के थे जब पिता का देहान्त हो गया। पालन-पोषण ननिहाल में हुआ। तेरह वर्ष की आयु में दिल्ली के नवाब इलाही बख़्श ख़ाँ 'मारुफ़' की बेटी से विवाह हुआ। रोज़ी-रोटी की फ़िक्र में दिल्ली, लखनऊ, बनारस और कलकत्ता गए। वहाँ के साहित्यकारों से सम्पर्क हुआ और सृजनात्मक शक्ति प्रखर होती गई। आर्थिक विवशता, आठ बच्चों की मृत्यु, विरोधियों की कटु आलोचना—इस सबके बावजूद लिखते रहे और मुस्कुराते रहे। सन् 1849-50 ई० में बहादुर शाह 'ज़फ़र' (दे०) ने इन्हें 'नज़मुद्दौला', 'दबीरुलमुल्क' और 'निज़ामे-जंग' की उपाधियों से विभूषित किया। ज़िन्दगी के आख़िरी दस साल रामपुर नवाब के राज्याश्रय में काटे।

मिर्ज़ा पहले 'असद' तख़ल्लुस करते थे, बाद में 'ग़ालिब' लिखने लगे।

फ़ारसी के बड़े विद्वान थे और बहुत से ग्रन्थ इसी भाषा में लिखे। 'दीवान-ए-उर्दू' में अठारह सौ अशआर हैं। उर्दू पत्रों का संग्रह 'उर्दू-ए-मुअल्ला' (दे०) और 'तेग़े-तेज़' साहित्यिक वाद-विवाद पर आधारित रचना है। 'नामा-ए-ग़ालिब', 'उदू-ए-हिन्दी' (दे०), 'कुल्लियाते-नज़्मे-फ़ारसी', 'कुल्लियातेनस्त्र-ए-फ़ारसी', 'क़ातह्-बुरहान', 'पंज आहंग' आपकी अन्य रचनाएँ हैं। 'मह्र-ए-नीमरोज़' तैमूरी वंश का इतिहास है।

'ग़ालिब' की प्रारंभिक उर्दू रचनाओं में फ़ारसी का ज़बरदस्त आग्रह है। मगर धीरे-धीरे यह आग्रह घटा और लगभग समाप्त हो गया। ग़ालिब की असाधारण प्रतिभा के सामने पूर्व-निश्चित काव्य-नियम और मर्यादाओं के बाँध टूटने लगे। परम्परागत विषयों से आगे बढ़कर ग़ालिब ने काव्य में चिन्तन-मनन और दर्शन के जटिल तत्त्वों का समावेश किया। दार्शनिक गहराई की अनूठी कल्पना, भावात्मक अनुभूति और शैली को नवीनता से संजोया। हर बात को इस तरह कहा कि उसमें एक नयी बात पैदा हो गई। यद्यपि इनके यहाँ कोई व्यवस्थित दार्शनिक आदर्श नहीं मिलता, मगर ग़ालिब ने उर्दू शायरी को इस लायक बना दिया कि वह जीवन की वास्तविकता का निरूपण और जटिलतम विचारों का वहन कर सके। ग़ालिब का भावपक्ष और कलापक्ष दोनों सुदृढ़ हैं। कोई ऐसा रंग, ऐसी कैफ़ियत नहीं जो 'ग़ालिब' के यहाँ नहीं। अंतिम काल की शायरी में यद्यपि पीड़ा और निराशा अधिक है, मगर शैली में प्रभावात्मकता और अभूतपूर्व सादगी है।

ग़ालिब अकादमी

निज़ामुद्दीन (पश्चिम), दिल्ली में ग़ालिब अकादमी का उद्घाटन भारत के तत्कालीन राष्ट्रपति डा० ज़ाकिर हुसैन ने फ़रवरी 1969 में किया। मिर्ज़ा असदुल्ला ख़ाँ 'ग़ालिब' (दे०) के साथ उर्दू शायरी के एक नये युग का सूत्रपात हुआ। ग़ालिब से पहले कविता में संवेदना और करुणा थी, हृदय को स्पर्श करने की शक्ति थी किन्तु दिमाग़ पर हावी होने की सामर्थ्य का अभाव था। 'ग़ालिब' ने ग़ज़ल को बौद्धिकता के साथ-साथ एक नया बाँकपन दिया। ग़ज़ल के संक्षिप्त कोमल कलेवर में विचारों की तेजस्विता को समो दिया। इस तरह संभावनाएँ बढ़ीं और कोई भी विषय ग़ज़ल से अछूता न रहा। आने वाले साहित्यकारों की पीढ़ी 'ग़ालिब' से प्रभावित हुए बिना न रह सकी। 'हाली' (दे०), 'फ़ानी' (दे०), 'फ़िराक' (दे०), 'फ़ैज़' (दे०) सभी ने ग़ालिब' के प्रभाव को किसी न किसी रूप में ग्रहण किया। 'इक़बाल' (दे०) के सन्दर्भ में तो यह भी कहा जाता है कि अगर 'ग़ालिब' न होते तो 'इक़बाल' न होते। 'ग़ालिब' की यह शक्ति उनकी

सार्वभौमिकता में निहित है और इसीलिए बदलते समय और स्थितियों के साथ भी उनकी प्रासंगिकता कम नहीं हुई है।

'ग़ालिब' आज भी देश-विदेश के उर्दू साहित्यकारों और आलोचकों के लिए चुनौती हैं। ग़ालिब अकादमी में 'ग़ालिब', उनके जीवन, साहित्य और युग से सम्बन्धित दुर्लभ सूचनाएँ और पाँच हज़ार पुस्तकें संकलित हैं। शोध विभाग और पुस्तकालय के अतिरिक्त यहाँ एक ग़ालिब संग्रहालय और कलादीर्घा भी है। इस कलादीर्घा में भारत के प्रसिद्ध कलाकारों द्वारा बनाए गए 'ग़ालिब' के 25 चित्र प्रदर्शित किए गए हैं। समय-समय पर अकादमी 'ग़ालिब' के साहित्य पर सेमिनार आयोजित करती है। अकादमी ने ग़ालिब पर कुछ पुस्तकें भी प्रकाशित की हैं। अर्श मलसियानी (दे०) की 'फ़ैज़ाने-ग़ालिब', यूसुफ़ हुसैन ख़ाँ की 'ग़ालिब और आहंगे-ग़ालिब', अख़लाक हुसैन आरिफ़ की 'ग़ालिब और फ़ने-तनकीद' इनमें मुख्य हैं। 'ग़ालिब' की 120 ग़ज़लों का अंग्रेज़ी अनुवाद 'व्हिस्पर्स ऑव द ऐन्जल' के नाम से और 230 कविताएँ हिन्दी में 'सरल ग़ालिब' के नाम से प्रकाशित की गई हैं। 'इक़बाल' और 'मोमिन' (दे०) पर भी कुछ किताबें अकादमी ने छापी हैं।

उर्दू लिपि को अधिक वैज्ञानिक और आधुनिक बनाने के विचार से अकादमी ने सन् 1973 ई० से उर्दू टाइप और '77 से उर्दू शार्टहैन्ड की कक्षाएँ आरंभ कीं। सन् '74 से यहाँ तरक़्क़ी उर्दू बोर्ड के तहत उर्दू किताबत (सुलेख) की शिक्षा भी दी जा रही है।

'ग़ालिब—शख़्सियत और शायरी' (कृ०। प्रकाशन वर्ष 1970 ई०)

प्रो० रशीद अहमद सिद्दीक़ी (दे०) द्वारा लिखित यह पुस्तक दिल्ली विश्वविद्यालय की ओर से ग़ालिब शताब्दी वर्ष में प्रकाशित की गई। इस पुस्तक में दो निबन्ध हैं—एक ग़ालिब के व्यक्तित्व और दूसरा उनकी शायरी के बारे में।

गिरह (पारि०)

कभी-कभी शायर अपने फ़न का कमाल दिखाने के लिए तरही मुशायरे के मिसरा-ए-तरह (शे'र का पहला मिसरा) को मिसरा-ए-सानी (शे'र का दूसरा मिसरा) बनाकर ग़ज़ल कहते हैं। इस तरह जोड़े हुए मिसरे गिरह कहलाते हैं।

गिलक्रिस्ट, डा० जॉन बार्थविक (सन् 1759-1841 ई०)

डा० गिलक्रिस्ट का जन्म स्कॉटलैंण्ड की राजधानी एडिनबरा में हुआ। इन्होंने जॉर्ज हैरियट हॉस्पिटल से चिकित्साशास्त्र की शिक्षा प्राप्त की।

सन् 1782 ई० में ईस्ट इण्डिया कम्पनी ने इन्हें एक डॉक्टर की हैसियत से बम्बई भेजा। बम्बई में इन्होंने हिन्दुस्तानी सीखी और दो-तीन वर्ष के परिश्रम से उर्दू की भी अच्छी जानकारी हासिल कर ली। इनके लिए प्रसिद्ध है कि ये भारतीय वस्त्र पहनकर कलकत्ता, दिल्ली, लखनऊ और बनारस के बाज़ारों में वहाँ के मुहावरे सीखने के लिए घूमते थे। डा० गिलक्रिस्ट ने शीघ्र ही एक बोल-चाल की भाषा को फ़ारसी और संस्कृत की अपेक्षा व्यवहार में लाने की आवश्यकता अनुभव की और उन्होंने अंग्रेज़ों का ध्यान इस ओर आकृष्ट करने के लिए स्वयं अनेक पुस्तकों की रचना की। ये पुस्तकें इस प्रकार हैं—

'अंग्रेज़ी-हिन्दुस्तानी शब्द कोश', 'हिन्दुस्तानी भाषाशास्त्र', 'ओरियन्टल लिंगुइस्ट', 'क़ससे-मशरिक़ी', 'क़वाइदे-उर्दू', 'इल्मी ख़ाके', 'रहनुमाए-ज़बानें-उर्दू' इत्यादि।

फ़ोर्ट विलियम कॉलेज (दे०) की स्थापना होने पर इन्हें वहाँ का मुख्याधीश बना दिया गया। इन्होंने चार वर्ष की छोटी-सी अवधि में ही हिन्दुस्तानी विद्वानों को अपने कॉलेज में एकत्र करके उनसे ऐतिहासिक महत्त्व की पुस्तकें लिखवायीं। सन् 1804 में डा० गिलक्रिस्ट अस्वस्थता के कारण स्वदेश लौट गए। 1816 में लन्दन में कम्पनी के भावी कर्मचारियों को उर्दू सिखाने के लिए नियुक्त हुए। सन् 1818 ई० में ओरियन्टल इंस्टीट्यूट में उर्दू के प्रोफ़ेसर रहे। 9 जनवरी सन् 1841 ई० को पेरिस में इनका देहान्त हुआ।

डा० गिलक्रिस्ट ने उर्दू साहित्य, विशेषतया उर्दू गद्य की उन्नति के लिए सराहनीय काम किया। इनसे प्रेरणा पाकर टेलर, शेक्सपियर, फ़ार्ब्स और फ़ेलन आदि अन्य अंग्रेज़ों ने भी भाषा के शब्दकोश तैयार किए।

ग़िल्माँ

ये सुन्दर किशोर लड़के हैं जो स्वर्ग में पवित्र आत्माओं की सेवा करते हैं। हूरों (दे०) की तरह ग़िल्माँ भी जन्नत का एक विशेष आकर्षण हैं।

ग़ुबारे ख़ातिर (कृ०। रचनाकाल 1942-45 ई०)

यह मौलाना अबुल क़लाम आज़ाद (दे०) द्वारा अपने मित्रों को लिखे गए पत्रों का संग्रह है। ये ख़त उन्होंने अहमदनगर जेल में लिखे, मगर पत्र व्यवहार पर रोक होने के कारण, उन्हें भिजवा न सके। बाद में ये पत्र हाली पब्लिशिंग हाउस, दिल्ली द्वारा पुस्तक के रूप में प्रकाशित किए गए। साहित्यिक दृष्टि से यह एक महत्त्वपूर्ण पुस्तक है। आज़ाद की भाषा विशिष्ट है।

गुलज़ारे इरम (कृति। रचनाकाल सन् 1778 ई०)

यह मीर हसन (दे०) की मसनवी है। सहरुलबयान (दे०)की तरह इसमें भी तत्कालीन रीति-रिवाजों, त्योहारों, मेलों, वस्त्राभूषणों आदि का विस्तृत रोचक वर्णन किया गया। मसनवी मुहावरेदार लखनवी उर्दू में लिखी गई है।

गुलज़ारे नसीम (कृति। रचनाकाल सन् 1836 ई०)

यह पंडित दयाशंकर 'नसीम' (दे०) की वह प्रसिद्ध मसनवी (दे०) है जिसका स्थान मीरहसन (दे०) की मसनवी 'सहरुलबयान' (दे०)के बाद माना जाता है। इसमें गुलबकावली की कहानी पद्यबद्ध की गई है। इस मसनवी के वर्णन-सौन्दर्य, शब्दों के चयन और गठन के बारे में दो मत नहीं हो सकते। मुहावरों और अलंकारों का भी बड़ा सुन्दर एवं आकर्षक प्रयोग किया गया है जिससे कविता का वाह्य सौन्दर्य बढ़ा है। शैली सहज और प्रवाहपूर्ण है किन्तु प्रभाव गुण की कुछ कमी है। शाब्दिक अनुरूपता के बावजूद भाव निरूपण स्वाभाविक है।

गुलबांग (कृति। प्रकाशन वर्ष सन् 1967 ई०)

यह उर्दू के प्रसिद्ध कवि रघुपति सहाय 'फ़िराक' (दे०) की प्रतिनिधि रचनाओं का संकलन है जो पहली बार सन् 1967 में साहित्य कला भवन, इलाहाबाद से प्रकाशित हुआ। यह संकलन बड़ा लोकप्रिय हुआ और स्वयं 'फ़िराक' ने भी इसे अपनी यादगार रचना माना है।

गुलाम अली

आप सत्रहवीं शताब्दी में गोलकुण्डा के सुल्तान तानाशाह अबुल हसन (दे०) के मुसाहिबों में थे। अबुल हसन के आदेश से इन्होंने जायसी की हिन्दी पुस्तक 'पद्मावत' का सन् 1680 ई० में उर्दू रूपान्तर तैयार किया। यह फ़ारसी से उर्दू में अनुवाद करने की परम्परा से हटकर किया गया पहला प्रयास था। इसमें हिन्दी के शब्द कम हैं। रूपान्तरकार ने कई जगहों पर कथानक में भी परिवर्तन किया है जिसके कारण यह एक स्वतंत्र रचना प्रतीत होती है।

गुलाम इमाम शहीद, मौलवी

मौलवी साहब अमेठी के रहने वाले थे। गद्य और पद्य दोनों में लिखा है। अधिकतर 'नात' कहने के कारण 'मद्दाह-रसूल' और 'आशिक रसूल' के नाम से प्रसिद्ध थे। काव्य में क़तील और मुसहफ़ी (दे०) इनके गुरु थे।

'मजमूआ मीलादशरीफ़' के अतिरिक्त कुछ ग़ज़लें और क़सीदे लिखे हैं। 'इन्शाये-बहारे-बेख़िज़ाँ' इनकी गद्य रचना है।

ग़ुलाम क़ादिर सामी (मृत्यु : सन् 1780 ई०)

आप अठारहवीं शताब्दी के औरंगाबाद के एक प्रतिभासम्पन्न कवि थे। इनका परिवार संभवत: पहले उत्तर भारत में ही था। इनके दादा औरंगज़ेब की दक्षिण विजय के समय उसके साथ आए और औरंगाबाद में ही बस गए। सामी का जन्म वहीं हुआ। सामी अपनी मसनवी 'सर्व-ओ-शमशाद' के लिए विशेष रूप से प्रसिद्ध हुए। यह सर्व और शमशाद की प्रेम-कथा है। यह ऐनी की फ़ारसी कृति पर आधारित है। मसनवी की भाषा बड़ी ही सुन्दर, सरस और शैली कलात्मक हैं। इसमें समसामयिक सामाजिक और सांस्कृतिक परिवेश का भी हृदयग्राही चित्रण हुआ है।

गुलिस्ताँ

गुल-ओ-बुलबुल, गुलिस्ताँ, आशियाँ, बागबाँ, बहार, सैय्याद और कफ़स उर्दू काव्य के पारम्परिक रूपक हैं जिनके माध्यम से शायर न केवल अपने दुखों और विवशताओं को बल्कि मानव-मात्र के दु:ख, ज़माने भर के दर्द, राष्ट्रीय समस्याओं और समसामयिक राजनैतिक स्थितियों को प्रेषित करता है। प्रयोग देखिए—

गुल अपने, ग़ुंचे अपने, गुलसितां अपना, बहार अपनी
गवारा क्यों चमन में रह के ज़ुल्म-ए-बाग़बाँ कर लें ?

—साग़र निज़ामी

बाग़बाँ बाग़ के माली को कहते हैं जिसका काम गुलशन के फूल-पत्तों और पौधों की देखभाल करना है। इस रूपक का यह प्रयोग देखिए जीवन को कितने स्तरों पर रूपायित करता है —

बाँग़बाँ ने आग दी जब आशियाने को मेरे
जिन पे तकिया था वही पत्ते हवा देने लगे।

—साक़िब लखनवी

नीड़ को आशियाना या नशेमन कहते हैं। इस रूपक के माध्यम से 'दाग़' अपने ज़माने की राजनैतिक उथल-पुथल का कैसा मार्मिक चित्र खींचते हैं—

मेरे आशियाँ के तो थे चार तिनके
चमन उड़ गए आँधियाँ आते-आते।

दोहरी चाल चलने वालों के प्रति 'असर' का क्षोभ देखिए बहार के माध्यम से—

जहाँ हो दुरंगी बहार-ओ-ख़िज़ाँ की
चमन वो नहीं आशियाने के क़ाबिल। —**असर लखनवी**

सैय्याद कहते हैं जाल फैलाकर पक्षियों को पकड़ने वाले को। जीवन के कटु सत्य को व्यंग्य की चाशनी में भिगोकर इस रूपक के माध्यम से 'अकबर' इलाहाबादी इस तरह पेश करते हैं—

मेरे सैय्याद की तालीम की है धूम गुलशन में
यहाँ जो आज फँसता है वह कल सैय्याद होता है।

क़फ़स का अर्थ है पिंजरा। ग़ुलाम मानसिकता का निरूपण देखिए इस रूपक के प्रयोग में—

ये इन्क़लाब हुआ आलम-ए-असीरी में
क़फ़स में रह के हम अपनी सदा को भूल गए। —**चकबस्त**

अपने घर, अपने वतन से दूर क़ैदी का दर्द कितना गहराया है इन सीधी-सादी दो पंक्तियों में—

रूदाद-ए-चमन सुनता हूँ इस तरह क़फ़स में
जैसे कभी आँखों से गुलिस्ताँ नहीं देखा।
—**असग़र गोंडवी**

इन्हीं रूपकों के माध्यम से कितने सहज ढंग से जिगर मुरादाबादी अपने जीवन-दर्शन का खुलासा कर देते हैं—

गुलशन परस्त हूँ मुझे गुल ही नहीं अज़ीज़
काँटों से भी निबाह किए जा रहा हूँ मैं।

गेसूदराज़ (अनुमानित समय सन् 1321-1422 ई०)

दकनी उर्दू साहित्य के प्रणेताओं में ख़्वाजा बन्दानवाज़ गेसू दराज़ उल्लेखनीय हैं। इनका जन्म दौलताबाद में हुआ था किन्तु पिता की मृत्यु के बाद दिल्ली चले आए। ये दिल्ली के प्रसिद्ध सूफ़ी फ़क़ीर निज़ामुद्दीन औलिया के 'ख़लीफ़ा' (शिष्य एवं उत्तराधिकारी) एवं ख़्वाजा नसीरुद्दीन चिराग़ देहली के शिष्य थे। इनका उपनाम 'शहबाज़' था। उत्तर भारत में इनकी बड़ी मान्यता थी। सन् 1399 में ये अपने मत का प्रचार करने के लिए दक्षिण भारत आए और वहीं रह गए। इनकी 'मिराजुल आशिक़ीन' (दे०) एक धार्मिक पुस्तक है। इसका प्रकाशन हो चुका है और इसे उर्दू की प्रथम गद्य रचना का श्रेय प्राप्त है। इसमें अरबी-फ़ारसी के शब्दों का बहुतायत से प्रयोग हुआ है। 'शिकारनामा' और 'तिला वतुल-वजूद' नाम की इनकी दो अन्य पुस्तकें भी मिली हैं। कुछ पद्य पुस्तकें भी इनके नाम से सम्बद्ध की जाती हैं किन्तु इस विषय में अभी तक की खोजों के आधार

पर निश्चयात्मक रूप से कुछ कहा नहीं जा सकता। गेसूदराज़ ने जीवन का एक बड़ा भाग दिल्ली में भी बिताया। उनकी पुस्तकों की भाषा खड़ी बोली है जिस पर ब्रज और पंजाबी का स्पष्ट प्रभाव है। सूफ़ी मत के प्रचारक होने के कारण उनकी भाषा सरल और बोधगम्य है तथा बोल-चाल की तात्कालिक भाषा के निकट है। शैली पुराने ढंग की है।

गोपाल मित्तल (जन्म : सन् 1909 ई०)

आपका जन्म पंजाब की रियासत मालियर कोटला में हुआ। वहीं से एम० ए० और सनातन धर्म कॉलेज से बी०ए० किया। साहित्य और पत्रकारिता को आजीविका के रूप में अपनाया। कई दैनिक पत्रों में काम किया। 'अदबे लतीफ़' से भी सम्बद्ध रहे। 'सन् 1949 ई० का बेहतरीन अदब', 'सन् 1951 के बेहतरीन अफ़साने' और 'आज़ादी का अदब' सम्पादित कीं। 'तहरीक़' नामक मासिक पत्र निकाला। नज़्मों और ग़ज़लों का संकलन 'दोराहा' के नाम से प्रकाशित है।

गोपीचन्द नारंग (जन्म : 1 जनवरी सन् 1931 ई०)

प्रोफ़ेसर नारंग उर्दू के सुप्रसिद्ध शिक्षक और आलोचक हैं। आपने पंजाब यूनिवर्सिटी से उर्दू और फ़ारसी ऑनर्स प्रथम श्रेणी में किया। सन् 1954 ई० में एम० ए० और 1958 में पी-एच० डी० की उपाधि दिल्ली विश्वविद्यालय से प्राप्त की। कुछ समय तक दिल्ली विश्वविद्यालय में अध्यापन किया। कई फ़ैलोशिप प्राप्त कीं और विदेश यात्रा की। सम्प्रति जामिया मिलिया इस्लामिया विश्वविद्यालय दिल्ली में उर्दूविभाग के अध्यक्ष और कार्यकारी उपकुलाधिपति हैं। प्रो० नारंग की देख-रेख में देश-विदेश के अनेक छात्र शोधकार्य कर चुके हैं।

डा० नारंग के चालीस से अधिक शोधपत्र भारत, पाकिस्तान, इंगलैण्ड, अमरीका और चेकोस्लावाकिया में प्रकाशित हो चुके हैं। डा० इक़बाल (दे०) पर किए शोधकार्य के लिए आपको पाकिस्तान के राष्ट्रपति का विशेष स्वर्णपदक प्राप्त हुआ। उर्दू भाषा और साहित्य की उन्नति के लिए डा० नारंग ने महत्त्वपूर्ण काम किया। एक भाषाविज्ञ और आलोचक के रूप में उर्दू जगत में आपकी विशेष मान्यता है। आपकी प्रकाशित पुस्तकें हैं—'उस्लूबियाते-मीर', 'सफ़र आशना', 'इक़बाल का फ़न', 'इक़बाल: जामिया के मुसन्नफ़ीन की नज़र में', 'उर्दू अफ़साना-रिवायत और मसायल'। आपकी पुस्तक 'उर्दू मसनवियाँ' (सन् '62) ग़ालिब एवार्ड से सम्मानित की गई। 'करबल कथा का लिसानियाती मुताअला' (1970) को उत्तर प्रदेश उर्दू अकादमी पुरस्कार मिला। आपने कुछ

कहानी संग्रह और अन्य पुस्तकें भी सम्पादित की हैं। डा० नारंग ने उर्दू की प्रथम गद्य रचना 'मिराजुल आशिकीन' (दे०) को आलोचनात्मक टिप्पणियों और प्रस्तावना के साथ प्रकाशित कराया। आपकी कुल प्रकाशित पुस्तकों की संख्या लगभग तेईस है।

गोया, फ़कीर मुहम्मद ख़ाँ (मृत्यु : सन् 1850 ई०)

गोया शाही सेना में रिसालदार थे। क़लम और तलवार दोनों से काम लेना जानते थे। कविता में नासिख़ (दे०) के शिष्य थे। इनका दीवान इनकी मृत्यु के बाद नवलकिशोर प्रेस (दे०) से छपा। गद्य में इन्होंने फ़ारसी की 'अनवारे-सुहेली' (दे०) का उर्दू अनुवाद 'बुस्ताने हिक़मत' के नाम से किया। इसमें हितोपदेश और पंचतंत्र की कहानियाँ हैं। अनुवाद की भाषा न तो बहुत सरल और न उपमा-अलंकार युक्त फ़ारसी-निष्ठ है। यह मीर अम्मन (दे०) और 'सुरुर' (दे०) के बीच की भाषा है जिसका झुकाव पुरातन की ओर अधिक है।

च

चकबस्त, पंडित ब्रजनरायन (सन् 1882-1926 ई०)

पंडित ब्रजनरायन का जन्म फ़ैज़ाबाद में एक कश्मीरी ब्राह्मण परिवार में हुआ। शिक्षा लखनऊ में हुई। वहीं कैनिंग कॉलेज से बी०ए०, एल० एल० बी० किया और सन् 1908 में वकालत आरंभ की। कविता करने का शौक बचपन से ही था। ज़िन्दा रहते तो उर्दू साहित्य को अपनी प्रतिभा से और समृद्ध करते लेकिन चवालीस साल की आयु में ही पक्षाघात से मृत्यु हो गई। अपने व्यस्ततापूर्ण जीवन में जो कुछ उन्होंने लिखा, वह 'सुबहे-वतन' के नाम से मरणोपरान्त प्रकाशित हुआ।

चकबस्त ने शायरी में किसी को उस्ताद नहीं बनाया। अपना रंग क़ायम करने से पहले 'आतिश' (दे०) से प्रभावित थे और अनुभूति की तीव्रता, काव्य-प्रवाह और उचित शब्द-चयन पर ज़ोर देते थे। इसके अतिरिक्त इनके काव्य में मीर (दे०) की करुणा और 'ग़ालिब' (दे०) के स्वाधीन चिन्तन का भी समन्वय है।

चकबस्त राष्ट्रीय कवि हैं। इनकी कविता पर तत्कालीन राजनीतिक परिवर्तनों और स्वतन्त्रता संग्राम की गहरी छाप है। चकबस्त की हर प्रकार की कविता में राष्ट्रीय भावना की प्रधानता है। किन्तु इसके बावजूद भी रसानुभूति में कहीं बाधा नहीं। चकबस्त की भाषा लखनऊ की शुद्ध परिमार्जित उर्दू है। कवि होने के अतिरिक्त चकबस्त एक उच्चकोटि के गद्यकार और आलोचक भी थे। सन् 1905 ई० में जब चकबस्त केवल तेईस वर्ष के थे, तत्कालीन प्रसिद्ध आलोचक मौ० अब्दुल हलीम 'शरर' (दे०) ने पंडित दयाशंकर नसीम (दे०) की मसनवी 'गुलज़ारे-नसीम' (दे०) पर कुछ काव्य-कला सम्बन्धी आपत्तियाँ उठाईं जिनका चकबस्त ने बड़ा विद्वत्तापूर्ण उत्तर दिया। यह साहित्यिक वाद-विवाद बाद में 'मारका-ए-शररो-चकबस्त' के नाम से प्रकाशित हुआ। और इससे चक-

बस्त की आलोचक के रूप में प्रतिष्ठा हुई। विभिन्न पत्रिकाओं में छपे इनके लेख पुस्तक के रूप में प्रकाशित हो चुके हैं।

चारागर

चारागर का अर्थ है चिकित्सक। विरह की वेदना से व्यथित प्रेमी के सगे-सम्बन्धी उसे बीमार समझ कर चिकित्सक को इलाज के लिए बुलाते हैं। मगर इश्क़ के बीमार का चारागर तो उसका प्रिय है। चिकित्सक भला क्या करेगा ! 'ग़ालिब' (दे०) के इस शेर की बानगी देखिए—

दाग़े-दिल गर नज़र नहीं आता
बू भी ऐ चारागर ! नहीं आती ?

चिराग़ अली (सन् 1864-1895 ई०)

आपके पूर्वज कश्मीर के रहने वाले थे। दादा पंजाब आ गए और बाद में मेरठ में बस गए। चिराग़ अली के पिता का नाम मौलवी मुहम्मद बख़्श था। चिराग़ दस वर्ष के ही थे जब पिता का देहान्त हो गया। औपचारिक शिक्षा तो अधिक न हो सकी, लेकिन जिज्ञासु प्रवृत्ति के कारण अरबी, फ़ारसी ही नहीं, अंग्रेज़ी, लैटिन और ग्रीक के भी अच्छे जानकार हो गए। नौकरी में उन्नति करते-करते तहसीलदार और फिर हैदराबाद में राजस्व विभाग में अध्यक्ष के पद तक पहुँच गए। चिराग़ अली ने राजस्व और दूसरे सरकारी मामलों पर बड़ी महत्त्वपूर्ण पुस्तकें लिखीं। धर्म पर भी लिखा। 'तहज़ीब-उल-अख़लाक' में इनके कई लेख छपे। लेकिन इनकी रचनाओं में साहित्यिक तत्त्व कम है। विषय के प्रति जागरूक हैं और उसकी तर्कपूर्ण व्याख्या करते हैं मगर शैली में सरसता नहीं। साहित्यिक गद्य को चिराग़ अली का विशेष योगदान नहीं।

ज

ज़काउल्ला (सन् 1832-1910 ई०)

ज़काउल्ला का जन्म दिल्ली में हुआ। पिता का नाम हाफ़िज सनाउल्ला था और बहादुर शाह द्वितीय के सबसे छोटे पुत्र के शिक्षक थे। ज़काउल्ला दिल्ली कॉलेज में पढ़े। मौहम्मद हुसैन 'आज़ाद' (दे०) और नज़ीर अहमद (दे०) इनके घनिष्ठ मित्र थे। गणित में रुचि थी। शिक्षा समाप्त कर कुछ समय तक दिल्ली कॉलेज में ही गणित के अध्यापक रहे। बाद में आगरा कॉलेज में उर्दू फ़ारसी पढ़ाने लगे। सन् 1855 में इंस्पेक्टर ऑव स्कूलस हो गए। सन् 1869 ई०में दिल्ली नॉर्मल स्कूल के हेड-मास्टर और 1872 में म्योर सेन्ट्रल कॉलेज में अरबी-फ़ारसी के प्रोफ़ेसर नियुक्त हुए। पन्द्रह साल तक यहाँ अध्यापन के बाद सन् 1886 में पेंशन ली। ज़काउल्ला ने अपना जीवन शिक्षा को अर्पित कर दिया और उन अनेक विषयों पर पुस्तकें लिखीं जो उन दिनों स्कूल-कॉलेजों में पढ़ाए जा रहे थे। गणित, भौतिक शास्त्र, भूगोल, इतिहास, ज्योतिष, राजनीति, खनिज-विज्ञान इत्यादि में इन्होंने अपनी लेखनी की सामर्थ्य का परिचय दिया। 'सैरुल मुसन्नफ़ीन' (भाग 2) में इनके द्वारा लिखित और सम्पादित 143 पुस्तकों की सूची मिलती है। 'तारीख़े हिन्दोस्तान' इनकी एक महत्त्वपूर्ण रचना है जो दस खण्डों में है। तत्कालीन उर्दू पत्रिकाओं में भी इनके लेख छपते रहते थे। सरकार ने इन्हें 'शमसुल-उलेमा' की उपाधि दी। ज़काउल्ला की भाषा सरल है किन्तु उनकी पुस्तकों का साहित्यिक महत्त्व अधिक नहीं। उनके यहाँ मिलने वाली विषय विविधता पर फ़ब्ती कसते हुए हाली (दे०) ने कहा था—'ज़काउल्ला का दिमाग़ एक बनिये की दुकान है, जिसमे हर किस्म की जिन्स मौजूद रहती है।'

ज़की, नवाब सैयद मुहम्मद ज़करिया ख़ां (सन् 1839-1903 ई०)

इनके पिता सैयद मुहम्मद ख़ाँ भी शायर थे और दिल्ली के एक कुलीन परिवार से थे। ज़की का जन्म दिल्ली में हुआ। उपयुक्त वातावरण में ये

शीघ्र ही अरबी-फ़ारसी भाषाओं के अतिरिक्त चिकित्सा, ज्योतिष और संगीत में भी कुशल हो गए। शायरी में ग़ालिब (दे०) को उस्ताद मानते थे, और उन्हीं के रंग का अनुसरण करते थे। मिर्ज़ा से इनका मैत्री संबंध भी था।

आजीविका की खोज में दिल्ली से मेरठ, इलाहाबाद, गोरखपुर और बदायूँ जाना पड़ा। मृत्यु बदायूँ में हुई। दीवान आपके जीवन काल में ही छप गया था।

ज़की, शेख़ मेहदी अली ख़ाँ (मृत्यु : सन् 1864 ई०)

लखनऊ के शेख़ करामत अली ख़ाँ के पुत्र थे। शायरी में 'नासिख़' (दे०) के शागिर्द थे। लखनऊ से दिल्ली और फिर हैदराबाद गए जहाँ इनका अच्छा सम्मान हुआ। वापस लौटने पर वाजिद अली शाह (दे०) की प्रशंसा में क़सीदा लिखा और 'मलिकुश्शुअरा' की उपाधि प्राप्त की। सन् 1857 ई० में नवाबी समाप्त होने पर मुरादाबाद चले गए। कुछ समय नवाब यूसुफ़ अली ख़ाँ के निमंत्रण पर रामपुर में भी रहे। अन्त समय अम्बाला में थे। ज़की का एक दीवान है। ये उर्दू काव्य-शास्त्र के अच्छे ज्ञाता थे और इस विषय पर इनकी एक पुस्तक सन् 1858 ई० में प्रकाशित भी हुई।

जज़्बी, मुईन अहसन (जन्म : सन् 1912 ई०)

अनुकूल साहित्यिक वातावरण के प्रभाव में 'जज़्बी' छोटी उम्र में ही शायरी करने लगे। पहले 'मलाल' उपनाम से लिखते थे और 'सादिक़' के शिष्य थे। आगरा से सेंट जोन्स कॉलेज में आप 'मजाज़' (दे०) और 'फ़ानी' (दे०) के सम्पर्क में आए। लखनऊ से इन्टर किया और कुछ समय तक दिल्ली में अध्यापक रहे। 'मजाज़' के 'नया अदब' से जुड़े रहे और फिर छात्रवृत्ति पर अलीगढ़ विश्वविद्यालय से शोधकार्य किया। कालान्तर में वहीं प्राध्यापक हो गए।

'जज़्बी' करुणा के कवि हैं। प्रगतिशील लेखन से सम्बद्ध होते हुए भी आपकी मान्यता मुख्य रूप से मानव-मन की व्यथा और वेदना को व्यक्त करने वाली काव्य रचनाओं के कारण है। 'जज़्बी' की भावना बौद्धिक सजगता से सम्पन्न है और निजी दुख-दर्द मानव-मात्र के दुख-दर्द से एकाकार होता जाता है। 'जज़्बी' के दो काव्य-संग्रह प्रकाशित हैं—'फ़रोज़ाँ' और 'सुख़ने-मुख़्तसर'।

जटल्ली, जाफ़र अली

जटल्ली औरंगज़ेब और बहादुर शाह प्रथम के समय में हुए। इनकी गद्य

और पद्य में छोटी-छोटी रचनाएँ मिलती हैं। इनमें जटल्ली ने अपने युग की स्थिति का वर्णन निर्भीक होकर किया है। इनकी कृतियों में हास्य-रस के अतिरिक्त अश्लील वर्णन भी बहुतायत से मिलते हैं। जटल्ली की रचनाओं का संग्रह कई बार प्रकाशित हो चुका है और भाषा-विज्ञान की दृष्टि से महत्त्वपूर्ण है। इनका अधिकांश काव्य फ़ारसी में है।

जन्नत (अं०)

जन्नत स्वर्ग को कहते हैं। यहाँ पुण्यात्माओं को भेजा जाता है। जन्नत में दूध और शहद की नदियाँ बहती हैं। संसार का कोई दुख, कोई व्याधि यहाँ रहने वालों को नहीं व्यापती। 'ग़िल्मा' (दे०) उनकी सेवा करते हैं और अक्षय यौवना हूरें (दे०) उनके मनोरंजन के लिए सदैव प्रस्तुत रहती हैं। मगर ये तमाम प्रलोभन कवि के मन को नहीं लुभा पाते। क्योंकि उसके लिए तो प्रेयसी की रहगुज़र ही जन्नत है।

अब मैं समझा मुराद जन्नत से
आप जिस राह से गुज़र जाएँ।

—असर लखनवी

प्रेमी कवि प्रेम के सुख के सामने जन्नत के सुखों को नगण्य मानता है। उसके लिए तो प्रेम ही आदि है, प्रेम ही अन्त।

वहाँ भी आहें भरा करेंगे, वहाँ भी नाले किया करेंगे
जिन्हें है तुझ से ही सिर्फ़ निस्बत वो तेरी जन्नत को क्या करेंगे ?

—जिगर मुरादाबादी

ज़फ़र अली ख़ाँ (सन् 1870-1956 ई०)

ज़फ़र का जन्म स्यालकोट के महारथ गाँव में हुआ। अलीगढ़ से एम०ए० करने के बाद पिता की भाँति डाक-तार विभाग में नौकर हो गए। अलीगढ़ से ही बी० ए० किया और हैदराबाद के अनुवाद विभाग में काम करने लगे। लेकिन अपने उग्र स्वभाव के कारण यहाँ न टिक सके। अब इन्होंने अपनी सारी शक्ति 'ज़मींदार' में लगा दी। यह पत्र इनके पिता ने निकाला था। ज़फ़र इसे वज़ीराबाद से लाहौर ले आए और बिना किसी सहायता विशेष के, अकेले ही बरसों तक बड़ी सफलता से चलाते रहे। लाहौर में उन दिनों 'ज़मींदार' की बड़ी धूम थी, और 'इंकलाब' का डट-कर मुकाबला करने वाला यह एक अकेला दैनिक पत्र था। ज़फ़र ने इसमें राजनीतिक, सामाजिक, सांस्कृतिक और वैधानिक हर प्रकार की समस्याओं पर लिखा। अपनी उग्र नीति और ख़िलाफ़त आंदोलन के कारण ज़फ़र कई बार जेल गए, 'ज़मींदार' की कई ज़मानतें माँगी गईं, और यह पत्र

अनेक बार बंद होकर फिर शुरू हुआ। ज़फ़र अस्थिर मनोवृत्ति के व्यक्ति थे। किसी एक दल या नीति का डटकर लम्बे समय तक समर्थन न करते थे। कांग्रेस, ख़िलाफ़त और मुस्लिम लीग—सभी में कुछ समय तक शामिल रहे। 'ज़मींदार' के लेखों के अतिरिक्त आर्थिक समस्याओं पर लिखी इनकी पुस्तक 'मआशरत' उल्लेखनीय है। गद्य में ज़फ़र की भाषा बहुत सरल नहीं। अरबी-फ़ारसी के शब्द और फ़ारसी समास काफ़ी इस्तेमाल करते हैं। कम शब्दों में ज़्यादा कहने में विश्वास रखते हैं और समस्याओं के अनछुए पहलुओं का मनोवैज्ञानिक विश्लेषण इनके यहाँ मिलता है।

ज़फ़र ने दस-बारह हज़ार अशआर भी लिखे। इनके तीन काव्य-संग्रह हैं—'बहारिस्तान', 'निगारिस्तान' और 'चमनिस्तान', पद्य में नाअत (दे०) अच्छे लिखे हैं।

ज़फ़र, बहादुर शाह (सन् 1775-1862 ई०)

इनका असल नाम अबू ज़फ़र था। बहादुर शाह गद्दी पर बैठने के बाद कहलाए और 'ज़फ़र' तख़ल्लुस करते थे। हिन्दुस्तान के बादशाह शायरों में अकेले ज़फ़र ही साहित्य के आकाश का एक देदीप्यमान नक्षत्र हैं। यह शाह आलम के पौत्र और बादशाह अकबर शाह द्वितीय के पुत्र थे। नियति की विडम्बना कि शहंशाह के घर जन्म लेकर भी ज़फ़र जीवन भर परवश रहे। ये मुश्किल से पाँच बरस के थे जब सन् 1780 में ग़ुलाम क़ादिर रुहेला ने दिल्ली पर कब्ज़ा कर लिया और बादशाह शाह आलम की आँखें निकाल लीं। फिर बीस साल तक दिल्ली पर वस्तुतः मरहठों का अधिकार रहा। सन् 1803 ई० में जनरल ऑक्टरलोनी ने दिल्ली जीती और वहाँ कम्पनी का शासन हो गया। सन् 1806 में अकबर शाह द्वितीय तख़्त नशीन हुए लेकिन अपनी स्वतन्त्र सत्ता स्थापित न कर सके। अंग्रेज़ों के हाथ की कठपुतली बने रहे। गृह-कलह भी शुरू हो गया और वे अबू ज़फ़र को उत्तराधिकार से वंचित करने की कोशिश करने लगे। इसमें उन्हें सफलता तो न मिली, लेकिन 30 दिसम्बर सन् 1837 को जब अकबर शाह की मृत्यु के बाद ज़फ़र ने तथाकथित सिंहासन सँभाला तो वे 62 वर्ष के वयोवृद्ध व्यक्ति थे। यह नाम की बादशाही बीस साल तक चली और सन् 1857 की क्रांति में इन्हें नज़रबंद करके रंगून भेज दिया गया जहाँ 7 नवम्बर सन् 1862 ई० में इनका देहान्त हुआ।

ज़फ़र को एक असफल शासक मगर एक योग्य शायर की हैसियत से याद किया जाता है। राजोचित गुणों का उनमें अभाव था मगर प्रेम और सद्-

भावना जैसे मानवोचित गुणों की कमी न थी। उनकी काव्य-चेतना प्रखर, सौन्दर्य-बोध बड़ा संवेदनापूर्ण और रुचि परिष्कृत थी। आरंभ में शाह नसीर (दे०) से इस्लाह लेते रहे। नसीर के बाद ज़ौक (दे०) को काव्य गुरु नियुक्त किया। ज़ौक की मृत्यु के बाद अपनी ज़िन्दगी के पिछले कुछ सालों में ग़ालिब (दे०) से भी संशोधन करवाते रहे। ज़फ़र का क़लाम नवलकिशोर प्रेस (दे०) से 'कुल्लियाते-ज़फ़र' के नाम से चार खण्डों में प्रकाशित हुआ— इसमें लगभग सैंतीस हज़ार अशआर हैं।

ज़फ़र ने शृंगार के परम्परागत विषय पर खूब लिखा है। किन्तु इसके साथ ही उनके काव्य में सूफ़ी अध्यात्मवाद की वह धारा भी बह रही है जिसकी गति उन्नीसवीं शताब्दी में लखनऊ की ख़ारिजी शायरी (दे०) के कारण अवरुद्ध हो गई थी। इससे उनकी रचनाओं में गांभीर्य और व्यापकता के गुण आ गए हैं। इस सूफ़ी वृत्ति के साथ करुणा के संयोग ने तो सोने पर सुहागे का काम किया है। राजसी वैभव और भोग विलास प्राप्त होने पर भी परवशता की पीड़ा उन्हें आजन्म सालती रही। जीवन की इस त्रासदी की करुणा उनकी कविता से फूट-फूटकर बही है। दिल्ली की बीमार दाख़िली शायरी (दे०) को नवजीवन देने में ग़ालिब और मोमिन (दे०) के साथ ज़फ़र का भी कुछ योगदान है। भाषा बड़ी सरल, और संगीतमय प्रयोग करते थे। हिन्दी शब्दों का आपने बड़ा सुन्दर प्रयोग किया है। अरबी-फ़ारसी के कठिन शब्द आपके यहाँ बहुत कम मिलते हैं। मुहावरों का प्रयोग प्रभावपूर्ण है। भावों की कोमलता और भाषा की सरसता के बावजूद किसी मौलिकता या गहरी दार्शनिक दृष्टि के अभाव में 'ज़फ़र' की गणना प्रथम श्रेणी के कवियों में नहीं की जाती। सैंतीस हज़ार शेरों में उच्चकोटि के अशआर बहुत कम हैं।

जम (अं०)

जम या जमशेद ईरान का बादशाह था जो अपने वैभव और ऐश्वर्य के लिए विख्यात था। जमशेद के पास एक बहुमूल्य शराब पीने का प्याला था। इस प्याले में, जिसे जामे-जम या जामे-जहाँनुमा कहा जाता है, जादुई शक्ति थी और इसके माध्यम से बादशाह को सारी दुनिया का हाल मालूम हो जाता था। ऐश्वर्य के प्रतीक रूप में इसका उल्लेख आता है। उदाहरणार्थ—

और बाज़ार से ले आए अगर टूट गया
साग़रे जम से मेरा जामे-फ़िसाल अच्छा है।

—**मिर्ज़ा ग़ालिब**

ज़मज़म (अं०)

मक्का में काबा के पास एक खारे पानी का पवित्र सोता ज़मज़म के नाम से जाना जाता है। हज यात्री मदीने की परिक्रमा से पूर्व इसके पानी से शुद्धि के लिए वज़ू करते हैं। मगर शायर को धार्मिक अनुष्ठानों में आस्था नहीं।

> ज़मज़म ही पै छोड़ो मुझे क्या तोफ़े-हरम से
> आलूदा ब मय जामा-ए-अहराम बहुत है। —**ग़ालिब**

जामा-ए-अहराम उस पोशाक को कहते हैं जिसे पहनकर खुदा के घर की परिक्रमा की जाती है।

ज़माना

यह पत्र कानपुर से सन् 1903 ई० में निकला। इसके संपादक थे मुंशी दयानरायन निगम। राजनीति में नर्म दल के समर्थक थे और समाज-सुधार एवं सार्वजनिक कामों में सक्रिय रुचि लेते थे। 'ज़माना' धार्मिक भेदभाव से ऊपर था और इसमें हर वर्ग एवं संप्रदाय के अच्छे लेखकों को प्रोत्साहन मिला। इसमें प्रकाशित राजनैतिक एवं सामाजिक लेख उच्च-स्तरीय होते थे और आलोचना स्वस्थ। स्वयं निगम साहब भी कभी-कभी इसके लिए लेख लिखते थे। ज़माना के अतिरिक्त इन्होंने 1912 ई० में 'आज़ाद' नाम से भी एक दैनिक पत्र निकाला जो बाद में साप्ताहिक हो गया।

ज़मीन (पारि०)

एक ही छंद, रदीफ़ (दे०) और क़ाफ़िए (दे०) में कही जाने वाली ग़ज़लें (दे०) एक ही ज़मीन की ग़ज़लें कहलाती हैं। तरही मुशायरों में पढ़ी जाने वाली ग़ज़लें एक ही ज़मीन की होती हैं।

ज़मीर, मीर

उर्दू मरसिया (दे०) के प्रारम्भिक काल के कवियों में मीर ज़मीर का नाम महत्त्वपूर्ण है। इन्होंने मरसिये में साहित्यिक सौन्दर्य और महाकाव्य के तत्वों का समावेश कर इसके क्षेत्र को व्यापक किया। ज़मीर ने कथ्य के आधार पर मरसिये के आठ अंग निर्धारित किए—चेहरा, सरापा, रुख़सत, आमद, रजज़, जंग, शहादत और बैन। ज़मीर लखनऊ के रहने वाले, और नासिख़ (दे०) के समकालीन थे। इन्होंने नासिख़ की तरह भाषा की शुद्धता पर बड़ा बल दिया और अब तक मरसिये में प्रयुक्त होने वाले कई शब्दों का बहिष्कार कर भाषा को तराशा। बंदिशों की

चुस्ती, ओज और ज़बान की सफ़ाई इनकी रचनाओं के विशेष गुण हैं। ज़मीर से पहले मरसिये गाकर पढ़े जाते थे। ज़मीर ने इसे साधारण स्वर में पढ़ने की परम्परा डाली। इनके लिखे मरसियों के दो संग्रह प्रकाशित हो चुके हैं।

'जमील' मज़हरी (जन्म : सन् 1905 ई०)

सैयद काज़िम अली 'जमील' का जन्म बिहार प्रान्त के हसनपुर ज़िला सारन में हुआ। अपने दादा मौलाना मज़हर हुसैन की स्मृति में अपने नाम के साथ 'मज़हरी' लिखते हैं। सन् 1928 में कलकत्ता से बी० ए० और 1931 में फ़ारसी एवं इस्लाम के इतिहास में एम० ए० किया। कुछ समय तक 'अलहिन्द' का सम्पादन किया किन्तु ब्रिटिश विरोधी उग्र राष्ट्रीय विचारधारा से ओत-प्रोत लेखों के कारण यह पद छोड़ना पड़ा। सन् 1937 में बिहार में कांग्रेस मंत्रिमंडल बनने पर वहाँ के पब्लिसिटी ऑफ़ीसर नियुक्त हुए। सन् 1943 से 1947 तक फ़िल्मों के गीत और संवाद भी लिखे। देश के स्वतन्त्र होने पर फ़िल्म विभाग के डिप्टी डायरेक्टर ऑफ़ पब्लिसिटी का पद ग्रहण किया। सन् 1950 से पटना कॉलेज में उर्दू के प्राध्यापक हो गए।

जमील की पहली नज्म 'मालन की बेटी' सन् 1924 में कलकत्ते के 'नश्तर' में प्रकाशित हुई। उर्दू काव्य की परम्परा में 'जमील' ने हुस्नो-इश्क़ की शायरी तो ज़रूर की है मगर उसमें नारी की शालीनता, उसकी लाज और मर्यादा पर कहीं आँच नहीं आने दी। 'जमील' का सौन्दर्य-वर्णन भी बड़ा सीधा-सादा और स्वाभाविक है। इस संदर्भ में इनकी 'दोशीज़ा-ए-बंगाल' उल्लेखनीय है। 'जमील' मज़हरी ने दर्शन का गहन अध्ययन किया है। इनकी रचनाओं में बौद्धिक तत्व बड़े कलात्मक ढंग से उभरता है। राष्ट्रवादी कवि हैं। भारतीयता के पुजारी। हिन्दी के प्रचलित मधुर शब्दों का खुलकर प्रयोग करते हैं। भारतीय स्थितियों का चित्रण करते हैं, यहाँ तक कि अपनी प्रेयसी को 'राधा' के नाम से याद किया है।

जमील के दो काव्य-संग्रह प्रकाशित हैं। 'फ़िक्रे-जमील' और 'नक्शे-जमील'।

ज़रीफ़, लखनवी (सन् 1870-1937 ई०)

पूरा नाम सैयद मक़बूल हुसैन। तख़ल्लुस 'ज़रीफ़'। लखनऊ के रहने वाले थे। सैयद फ़ज़ल हुसैन के पुत्र और 'सफ़ी' लखनवी (दे०) के छोटे भाई थे।

'ज़रीफ़' मुख्य रूप से हास्य रस के कवि हैं मगर हँसी-मज़ाक में ही राज-नैतिक और सामाजिक विसंगतियों पर क़रारे व्यंग प्रहार करते हैं।

सोद्देश्य प्रासंगिकता के कारण अपने समय में काफ़ी लोकप्रिय हुए। सरल, मुहावरेदार भाषा प्रयोग करते थे। कविता में कलात्मक प्रौढ़ता है।

'ज़रीफ़' का एक काव्य-संग्रह 'दीवान जी' इनकी मृत्यु के बाद प्रकाशित हुआ।

ज़र्बे-क़लीम (कृति। प्रकाशन वर्ष सन् 1936 ई०)

यह डा० इक़बाल (दे०) का काव्य संग्रह है जिसमें विभिन्न विषयों पर लिखी गई रचनाएँ संकलित हैं। डा० इक़बाल का दर्शन, इस्लाम प्रेम, वर्तमान से असंतोष, राजनीति, मार्क्सवाद यहाँ सभी कुछ है।

जलाल, सैयद ज़ामिन अली लखनवी (सन् 1833-1909 ई०)

जलाल रामपुर दरबार के दास्ताँगो (कहानी कहने वाले) असग़र अली के पुत्र थे। इन्होंने अरबी-फ़ारसी और चिकित्सा-शास्त्र की शिक्षा लखनऊ में प्राप्त की। शायरी में पहले 'हिलाल' फिर 'रश्क' और रश्क की ईरान-यात्रा के बाद 'बर्क़' (दे०) से इस्लाह ली। 'रश्क' और 'बर्क़' दोनों ही नासिख़ (दे०) के शिष्य थे अतः उनके ख़ारिजी ढंग का असर जलाल के क़लाम पर पड़ा। सन् 1857 ई० की क्रांति में लखनऊ की महफ़िलें उजड़ीं तो रामपुर के नवाब यूसुफ़ अली ख़ाँ के यहाँ आ गए और बीस वर्ष तक वहीं रहे। रामपुर में इन दिनों दाग़ (दे०), अमीर (दे०) और तसलीम (दे०) भी थे। सन् 1886 के बाद कुछ समय मंगरौल में बिताया लेकिन जल्द ही वहाँ से लखनऊ चले आए। देहान्त लखनऊ में ही हुआ।

जलाल के चार दीवान हैं—'शाहिदे-शोख़-तब्अ', 'करिश्माजाने-सुखन', 'मज़मून-हाए-दिलकश' और 'नज़्मे-रंगीं'। उर्दू मुहावरों के प्रयोग पर एक पुस्तक लिखी 'सरमाया-ए-ज़बाने-उर्दू'। 'तनक़ीहुल्लुग़ात' और 'गुलशने-फ़ैज़' इनके दो शब्दकोश हैं। इनके अतिरिक्त जलाल ने छन्दशास्त्र, लिंग-विवेचना और तारीख़ लिखने के बारे में भी पुस्तकें लिखीं।

जलाल की कविता का विषय पारम्परिक श्रृंगार है जिस पर लखनऊ का रंग अधिक है। लेकिन जलाल की यह विशेषता है कि इन्होंने अत्यन्त सुन्दर वर्णन के साथ भावनाओं का समन्वय किया। विषय में न मौलिकता है न गहराई लेकिन प्रतिपादन आकर्षक है। प्रेम में जितनी कैफ़ियतें हो सकती हैं, जलाल ने, उन सब पर बड़ी ख़ूबसूरती से लिखा है। कभी-कभी करुण और बड़े ऊँचे पाये के असरदार शेर भी कह जाते हैं जो मीर से प्रभावित लगते हैं। काव्य-शास्त्र और भाषा के बड़े पंडित थे अतः इस दृष्टि से भी काव्य दोषहीन है।

जलील, मानिकपुरी (सन् 1864-1946 ई०)

पूरा नाम जलील हसन। तख़ल्लुस 'जलील'। जन्म मानिकपुर (अवध) में हुआ। शिक्षा लखनऊ में। अमीर मीनाई (दे०) के चहेते शागिर्द थे। उनके बाद उस्ताद हुए।

जलील के जीवन का मुख्य भाग उस्ताद के क़दमों में ही बीता। आपने अमीर मीनाई के वृहतकोश 'अमीरुललुग़ात (दे०) का संपादन किया। और बाद में उनके साथ ही हैदराबाद आ गए। मिर्ज़ा दाग़ (दे०) की मृत्यु के बाद आप तत्कालीन नवाब के कविता-गुरु के पद पर प्रतिष्ठित हुए और 'जलीलुलक़द्र' का ख़िताब और 'इमामुल मुल्क' की पदवी से सम्मानित हुए। हैदराबाद में ही सन् 1946 में देहान्त हुआ।

जलील के तीन प्रकाशित दीवान हैं—'ताजे सुख़न', 'जाने सुख़न' और 'रूहे-सुख़न'।

जवान, मिर्ज़ा काज़िम अली

दिल्ली के रहने वाले थे लेकिन दिल्ली के दुर्दिनों में लखनऊ चले आए। सन् 1800 ई० में मेजर स्कॉट ने इन्हें कलकत्ता के फ़ोर्ट विलियम कॉलेज (दे०) में नियुक्ति दिलवायी। यहाँ डा० गिलक्रिस्ट (दे०) के आदेश पर जवान ने कालिदास के नाटक 'अभिज्ञान शाकुन्तल' का कथा रूपान्तर तैयार किया। इस नाटक का निवाज ने ब्रजभाषा में अनुवाद किया था। इसी अनुवाद को लल्लूलाल जी (दे०) बोलते जाते थे और जवान उसका रूपान्तर करते थे। इसके अतिरिक्त जवान की दो और पुस्तकें मिलती हैं। 'बारहमासा' नामक मसनवी (दे०) में बारह महीनों और हिन्दू-मुस्लिम त्योहारों का वर्णन है। 'तारीख़े-फ़रिश्ता' बहमनी राजाओं का इतिहास है। जवान ने क़ुरान का अनुवाद आरंभ किया था, लेकिन उसे पूरा न कर सके। 'सिंहासन-बत्तीसी' के अनुवाद में इन्होंने लल्लूलाल जी की सहायता भी की।

जहरे-इश्क़ (कृति)

यह मिर्ज़ा शौक़ (दे०) की मसनवी है जो प्रणय-गाथा पर आधारित है। नायक-नायिका का प्रेम नायिका के माता-पिता के हस्तक्षेप के कारण सफल नहीं होता। वे नायिका का विवाह कहीं और तय करना चाहते हैं जिस पर वह आत्महत्या का निश्चय कर लेती है। मरने से पहले वह अपने प्रेमी से मिलती है और उससे शोक न करने और अपना घर बसा लेने का वादा लेती है। नायिका की मृत्यु के बाद विह्वल और शोकातुर प्रेमी आत्महत्या की कोशिश करता है मगर सफल नहीं होता। बेहोशी की

हालत में उसे सपने में नायिका मिलती है और इस कायरता पर धिक्कारती है। होश में आने पर वह विकारमुक्त हो एक नया जीवन शुरू करता है। इस मसनवी (दे०) में प्रेम की पीड़ा का मर्मान्तक वर्णन है। नख-शिख विवरण कहीं-कहीं शालीनता की सीमा का उल्लंघन करते दीखते हैं। भाषा सरल और मुहावरेदार है।

जहाँ, बेनी नारायन

लाहौर के रहने वाले थे। आप कैप्टेन रोबक के समय में कलकत्ता फ़ोर्ट विलियम कॉलेज (दे०) में रहे। इन्होंने एक फ़ारसी प्रेमकथा का उर्दू अनुवाद 'चार गुलशन' के नाम से किया और शाह रफ़ीउद्दीन की फ़ारसी पुस्तक 'तम्बीहुल गाफ़लीन' का भी उर्दू रूपान्तर तैयार किया। कैप्टेन रोबक के अनुरोध पर इन्होंने उर्दू के 125 कवियों का संक्षिप्त परिचय 'दीवाने जहाँ' नामक पुस्तक में सन् 1814 ई० में दिया। इसी में इनकी अपनी काव्य-रचनाओं का संकलन भी है। 'जहाँ' की रचनाओं की पाण्डुलिपियाँ प्राप्त हैं।

ज़हीर, सैयद ज़हीरुद्दीन

दिल्ली निवासी सैय्यद जलालुद्दीन के पुत्र थे। सन् 1857 ई० में दिल्ली छोड़नी पड़ी। जीवन-यापन के लिए सोनीपत, नजीबाबाद, बरेली और लखनऊ गए। कुछ समय तक बुलन्दशहर से प्रकाशित 'जल्वा-ए-नूर' का सम्पादन किया। अलवर के राजा के यहाँ भी चार वर्ष तक रहे। फिर 19 वर्ष जयपुर और 15 वर्ष टौंक में रहे। अन्तिम कुछ महीने हैदराबाद में काटे। वहीं पर मृत्यु हुई।

आपको बचपन से ही काव्य-रचना का शौक़ था। चौदह वर्ष की उम्र में ही 'ज़ौक' (दे०) के शिष्य हो गए थे। ज़हीर ने बहुत से क़सीदे (दे०) लिखे लेकिन सफलता ग़ज़ल (दे०) में ही मिली। यद्यपि ये ज़ौक़ के शिष्य थे मगर इनकी ग़ज़लों में मोमिन (दे०) की भावानुभूति, शब्दों की कोमलता और सुन्दरता पाई जाती है। भाषा फ़ारसी-निष्ठ होते हुए भी क्लिष्ट नहीं। इन्होंने अपने चार संग्रह तैयार किए थे जिनमें से तीन प्रकाशित हुए हैं और चौथे की हस्तलिखित प्रति इनके नवासे के पास है। ज़हीर ने गद्य में ग़दर का आँखोंदेखा हाल 'दास्ताने-गदर' के नाम से लिखा जो ऐतिहासिक दृष्टि से महत्त्वपूर्ण है।

जाँ निसार अख़्तर (जन्म : सन् 1914 ई०)

जाँ निसार का जन्म ग्वालियर में हुआ और इन्होंने सन् 1939 में

अलीगढ़ विश्वविद्यालय से एम० ए० किया। सन् 1940 से 1947 तक ग्वालियर के विक्टोरिया कॉलेज में प्राध्यापक रहे। इस बीच एक असफल प्रेम की वेदना से गुज़रे और सन् 1943 में घर वालों के दबाव में आकर 'मजाज़' (दे०) की बहन सफ़िया इसरारुलहक़ से शादी की जो कि बहुत ही कामयाब रही। जाँ निसार सन् 1947-49 में भोपाल के हमीदिया गवर्नमेण्ट कॉलेज में उर्दू-फ़ारसी विभाग के प्रधान थे। सफ़िया भी वहाँ एक स्थानीय कॉलेज में पढ़ाती थीं। कट्टर साम्यवादी विचारधारा के कारण जाँ निसार को इस्तीफा देना पड़ा और सन् 1950 में बम्बई आ गए। दुर्भाग्यवश शादी के दस वर्ष बाद ही सफ़िया का देहान्त हो गया और जाँ निसार की ज़िन्दगी एक बार फिर बिखर गई। जाँ निसार ने अपनी धर्मपत्नी के पत्रों और लेखों के तीन संग्रह 'ज़ेरे लब' 'अन्दाज़े-नज़र' और 'हर्फ़-आशना' प्रकाशित करवाए। आपने कुछ समय तक बैंक की नौकरी भी की। फिर इन्हें फ़िल्मों के लिए गीत लिखने का काम मिलने लगा। सन् 1958 में इन्होंने दोबारा विवाह कर लिया।

जाँ निसार प्रेम और सौन्दर्य के कवि हैं। प्रेम के सुख-दुख, विरह-मिलन, हर्ष-व्यथा से भलीभाँति परिचित हैं और इस विषय पर बड़ी ही सजीव और मनोहारी रचनाएँ की हैं। धीरे-धीरे जाँ निसार की चेतना का विकास हुआ और वे प्रगतिशील लेखकों के संघ में आ गए तथा साम्यवाद के समर्थन में नज़्में लिखने लगे। प्रगतिशील लेखकों में जाँ निसार को उच्च स्थान प्राप्त है। सन् 1962 के चीन आक्रमण से जाँ निसार हतप्रभ हुए और उस समय देश-प्रेम से प्रेरित जो रचनाएँ उन्होंने कीं उनमें से 'हम एक हैं' विशेषरूप से उल्लेखनीय है।

जाँ निसार 'अख़्तर' के काव्य-संग्रहों में 'सलासिल' और 'जाविदाँ' प्रमुख हैं। इनका एक प्रबन्ध काव्य 'अम्न नामा' के नाम से छपा है।

जान साहब (मृत्यु : सन् 1897 ई०)

पूरा नाम यार अली ख़ाँ था। ये मीर अम्मन (दे०) के बेटे और नवाब अक़बर अली ख़ाँ के शिष्य थे। लखनऊ के रहने वाले थे। दिल्ली और भोपाल भी गए। जीवन का पिछला भाग रामपुर में व्यतीत हुआ। वहीं सन् 1897 ई० में मृत्यु हुई। इनकी विशेषता यह थी कि रेख़्ती (दे०) लिखते थे और मुशायरों में ज़नाना लिबास पहनकर हाव-भाव के साथ ग़ज़लें पढ़ते थे।

जानम, बुरहानुद्दीन (मृत्यु : सन् 1581 ई०)

ये शाह मीरानजी (दे०) के बेटे और ख़लीफ़ा थे। तसव्वुफ़ भी पिता से

उत्तराधिकार में मिला और शायरी भी। गद्य और पद्य दोनों में लिखा। कुल मिलाकर इनकी दस रचनाएँ उपलब्ध हैं। इनमें 'इरशादनामा', 'सुख-सुहेला' और 'वसीयतुल-हादी' विशेष प्रसिद्ध हैं। 'रमजुल-वासलैन' और 'बशार-तुज्जिक्र' में आध्यात्मिक समस्याओं को उठाया गया है।
'कलमतुल-हक़ायक़' आपकी एक विख्यात गद्य रचना है। 'हश्त-मसायल' और 'जिक्रे-अली' दो अन्य गद्य रचनाएँ हैं जो अभी तक प्रकाशित नहीं हो सकी हैं। 'इरशादनामा' का कलेवर सबसे बड़ा है और इसमें ढाई हज़ार अशआर हैं।
जानम ने अपनी भाषा को कहीं 'गूजरी' (गुजराती उर्दू) और कहीं 'दकनी' कहा है। इन्होंने अरबी-फ़ारसी शब्दों का कम से कम प्रयोग किया और हिन्दी छन्दों में रचनाएँ कीं।
इनकी मृत्यु सन् 1581-82 ई० में बताई जाती है।

जाने-आलम (पात्र)

यह रजब अली बेग 'सरूर' (दे०) के उपन्यास 'फ़साना-ए-अजायब' (दे०) का नायक है। जाने-आलम एक शहज़ादा है, माता-पिता का अकेला पुत्र और सिंहासन का उत्तराधिकारी है। यह सुन्दर, सुसंस्कृत, सौम्य और मृदुभाषी है। मगर सभी तरह से योग्य और पराक्रमी होने के बावजूद भी व्यावहारिक बुद्धि की कमी के कारण मुसीबतों में फँसता जाता है। अन्त में दूसरों की सहायता से इसकी परेशानियों का निदान होता है।

ज़ाहिद

उर्दू-काव्य में ज़ाहिद भी वाएज़ (दे०) की तरह उपहास का पात्र है। यह धर्मान्धता, कर्मकाण्ड और पाखंड का प्रतीक है। शायर इसकी पोशाक, पगड़ी, दाढ़ी और इसके खोखले उपदेशों का मज़ाक उड़ाता है। उसका धर्म प्रेम है--

समझता क्या है तू दीवानगाने इश्क़ को ज़ाहिद
ये हो जाएँगे जिस जानिब उसी जानिब ख़ुदा होगा।

—जिगर मुरादाबादी

जिगर मुरादाबादी (सन् 1890-1960 ई०)

जिगर के पितामह हाफ़िज़ मुहम्मद नूर साहब 'नूर' और पिता मौलवी अली नज़र साहब 'नज़र' शायर थे। 'नज़र' साहब का एक दीवान भी है। परन्तु इसके बावजूद अली सिकन्दर 'जिगर' की औपचारिक शिक्षा की किसी कारणवश समुचित व्यवस्था न हो सकी। अरबी और अंग्रेज़ी इन दोनों भाषाओं से अनभिज्ञ थे, न ही तर्क और दर्शन का अध्ययन कर पाए।

मगर 'जिगर' जन्म से कवि थे, और अपनी सघन अनुभूति और काव्य-प्रतिभा से उर्दू साहित्य जगत पर इस तरह छाए कि सबके रंग फीके पड़ गए। तेरह-चौदह वर्ष की आयु में आपने शे'र कहना शुरू कर दिया था। पहले डाक द्वारा 'दाग़' (दे०) से इस्लाह लेते थे। उनके बाद लखनऊ के अमीरुल्ला 'तसलीम' (दे०) के शागिर्द हो गए। असग़र गोंडवी (दे०) के सम्पर्क में आने पर 'जिगर' के व्यक्तित्व और काव्य-चेतना को एक नयी दिशा मिली। शराब आपके जीवन और शायरी में बड़ी महत्त्वपूर्ण थी। 'इमामे-मैख़ाना' कहलाते थे 'जिगर'। मगर असग़र साहब की संगत में यह आदत भी छोड़ दी।

जिगर के काव्य का विषय भौतिक प्रेम है मगर यह प्रेम शालीन और मर्यादित है। कालान्तर में इस अनुभूति में अध्यात्म का समावेश हुआ और आपकी शायरी में समर्पण की तड़प और प्रेम की चिर आनन्दमय स्थिति का सृजन हुआ। 'जिगर' और आगे बढ़े। आध्यात्मिक में भौतिक अनुभूतियों को जोड़ा और कलाम में अनूठी ताज़गी और बाँकपन ले आए। आपकी इस समय की रचनाओं में अभूतपूर्व रसानुभूति और मादकता है। एक दिव्य तड़प और मस्ती है। प्रसाद गुण, भाषा प्रवाह और शैली का परिमार्जन तो आपकी विशिष्टता सदा से थी। 'जिगर' अपने ज़माने के बेहद लोकप्रिय शायर थे। आपके नाम से मुशायरों में जमघट लग जाया करते थे। तीन संग्रह प्रकाशित हुए हैं—'शोला-ए-तूर', 'दाग़े-जिगर' और 'आतिशे-गुल'।

ज़िल्लुल्लाह, मुहम्मद क़ुतुबशाह (राज्यकाल सन् 1611-1625 ई०)

मुहम्मद क़ुतुबशाह गोलकुण्डा के सुल्तान मुहम्मद क़ुली क़ुतुबशाह के भतीजे, दामाद और उत्तराधिकारी थे। आप 1611 में गद्दीनशीन हुए और 1625 में आपका देहान्त हुआ। ये स्वयं एक अच्छे शायर और शायरों के आश्रयदाता थे। इनके दो दीवान हैं—एक फ़ारसी और दूसरा दकनी में। इनकी भाषा साफ़ सीधी और मीठी है। कविताएँ 'ज़िल्लुल्लाह' उपनाम से लिखीं।

ज़िया फ़तेहाबादी (जन्म : सन् 1913 ई०)

आपका पूरा नाम मेहरलाल सोनी है। जन्म कपूरथला, जलन्धर में हुआ। सन् '35 में पंजाब विश्वविद्यालय से उर्दू साहित्य में एम० ए० किया। रिज़र्व बैंक ऑव इण्डिया के अधिकारी रहे। सन् '71 में अवकाश प्राप्त किया। आजकल दिल्ली में हैं।

ज़िया फ़तेहाबादी के काव्य-संग्रह 'नूरे-मशरिक़' ('37), 'नयी सुबह'

('52), 'गर्दे-राह' ('63) और 'धूप और चाँदनी' ('76) के नाम से प्रकाशित हैं। आपने कुछ उर्दू कवियों की जीवनी 'शेर और शायर' में कलमबद्ध की।

जीवामियाँ इदरस

गुजरात के रहने वाले थे। 19वीं शताब्दी की गद्य रचनाओं में आपकी पुस्तक 'आईने तारीख़' विशेष महत्त्व रखती है। यह सन् 1889 ई० में लिखी गई। इसमें सूरत के इतिहास के अतिरिक्त लेखक के समकालीन साहित्यकारों के वृत्तान्त भी मिलते हैं।

जीवनी (वि०)

नसीरुद्दीन हाशमी के अनुसार दक्षिण भारत के कवि फ़िरोज़ (दे०) द्वारा रचित मसनवी 'तौसीफ़ नामा' उर्दू की पहली जीवनी है। इसमें संदेह नहीं की सोलहवीं और सत्रहवीं शताब्दी में दक्षिण भारत के अनेक कवियों ने अपने आश्रयदाता राजाओं के जीवन-वृत्त या किसी विशेष घटना पर आधारित मसनवियों की रचना की। इनके अतिरिक्त मरसियों एवं अन्य धर्म-सम्बन्धी साहित्य में भी धार्मिक नेताओं और गुरुओं के जीवन से सम्बन्धित जानकारी मिलती है। किंतु मसनवी (दे०) तथा मरसिया (दे०) जीवनी का विशुद्ध रूप नहीं। उर्दू में वास्तव में जीवन वृत्तान्त लेखन कला फ़ारसी के प्रभाव से आई। मीर तक़ी 'मीर' (दे०) का फ़ारसी तजकिरा 'निकातुश्शोअरा' और मीर हसन (दे०) का 'तज़किरातुरशोअरा' (दे०) इसके उदाहरण हैं। तज़किरों (दे०) को इस विधा का प्रारंभिक रूप माना जा सकता है। इनमें कवि का जीवन वृत्तान्त, उसका व्यक्तित्व और उसकी प्रतिनिधि रचनाओं का संकलन किया जाता था। इस तरह से तज़किरे न केवल जीवनी अपितु उर्दू समीक्षा का भी प्रथम चरण कहे जा सकते हैं। अली लुत्फ़ के तज़किरे 'गुलशने-हिन्द' (दे०) मुस्तफ़ा ख़ाँ शेफ़्ता (दे०) के 'गुलशने बेख़ार', मोहम्मद हुसैन आज़ाद (दे०) के 'आबेहयात (दे०) रामचन्द्र (दे०) के 'तज़किरातुल क़ामीलीन' में हमें उर्दू कवियों के संक्षिप्त जीवन वृत्त मिलते हैं। सर सैयद अहमद ख़ाँ ने 'ग़ालिब' की जीवनी लिखी। आपकी गद्य पुस्तक 'असरारुल सनादीद' के चौथे प्रकरण में सर सैयद के समकालीन कवि, लेखकों के रेखाचित्र मिलते हैं। इसी समय कुछ विदेशी भाषाओं की जीवनियों का उर्दू अनुवाद भी किया गया। गद्य (दे०) के विकास के साथ जीवनी का रूप भी परिष्कृत हुआ। अल्ताफ़ हुसैन 'हाली' (दे०) ने 'हयातेसादी' में कवि की जीवनी के साथ जीवनी लिखने की साहित्यिक कला के सिद्धांतों को भी परिभाषित किया। हाली

की 'यादगारे-ग़ालिब' (दे०) और सर सैयद अहमद ख़ाँ की जीवनी 'हयाते जावेद' (दे०) इस विधा के उत्कृष्ट नमूने हैं। शिबली नोमानी (दे०) ने मुसलमानों के पैग़म्बर हज़रत मुहम्मद एवं अन्य अनेक धर्म-गुरुओं की जीवनी लिखी। आपकी कुछ रचनाओं के नाम हैं—'सीरतुल-नबी' (दे०) 'अलफ़ारूक़', 'अलमामून', 'सीरतुलनोमान' इत्यादि। शिबली की जीवनियों का कलापक्ष आकर्षक है। डिप्टी नज़ीर अहमद (दे०) के उपन्यास 'उम्मतुल उम्मा' में हज़रत मोहम्मद (दे०) की पत्नियों की जीवन गाथा है। अन्य धार्मिक जीवन-वृत्तों में मीर हैरत की 'सीरते रसूल' (6 भाग) लक्ष्मण महाराज की 'अरब का चाँद', अब्दुल हलीम 'शरर' (दे०) की 'उल्मा-ए-इस्लाम' उल्लेखनीय हैं। बीसवीं शताब्दी में अब्दुल रज़्ज़ाक की 'निज़ामुल मुल्क', हकीम अहमद हुसैन की 'हयाते सलाहुद्दीन', निज़ामुद्दीन की 'सीरतुल शफ़ाई', मोहम्मदुद्दीन की 'महाराजा रंजीत सिंह' कुछ मुख्य रचनाएँ हैं। सुलेमान नदवी (दे०) ने मौ० शिबली की पुस्तक 'सीरतुलनबी' को पूरा किया; 'रहमते आलम', 'हयाते इमाम मलिक', 'सीरते आयशा' और 'हयाते शिबली' लिखीं। 'ज़िन्दगानी-ए-बेनज़ीर' में अब्दुल ग़फ़्फ़ूर शाहबाज़ ने नज़ीर अकबराबादी (दे०) का जीवन-चरित्र लिखा। इकरामुल्ला की 'वकारे-हयात', सैयद अहमद की 'हयाते-खुसरो' अमजद अली की 'हयाते अनीस', असलम जयराजपुरी की 'हयाते-हफ़ीज़', सीमाब क़ुरैशी की 'सैफ़ उल्लाह', अफ़ज़ल हुसैन साबित की 'हयाते-दबीर', हसन निज़ामी की 'तारीख़े-मसीह', प्रेमचन्द (दे०) की 'रामचर्चा', वजाहत हुसैन की 'सीरते-बेलाई', हाफ़िज़ सैयद की 'गौतम बुद्ध', मोहम्मद अमीन ख़ाँ की 'अफ़ग़ान बादशाह' चन्द्रशेखर शास्त्री की 'हिटलर महान', सीमाब अकबराबादी की 'नूरजहाँ', ज़ैड-ए-अलवी की 'बहादुर शाह ज़फ़र', रईस अहमद जाफ़री की 'अली जिन्नाह', अब्दुल शकूर की 'हसरत मोहानी', मोहम्मद रहीम देहलवी की 'जवाहरलाल की कहानी', हंसराज रहबर की 'प्रेमचन्द', जगन्नाथ आज़ाद (दे०) की 'मोहम्मद इक़बाल' जीवनी के विस्तृत क्षेत्र का परिचय देते हैं।

समय-समय पर विभिन्न पत्रिकाओं के विशेषांक भी निकलते रहते हैं जिनसे साहित्यकारों की रचनाओं के अलावा उनके जीवन से सम्बन्धित जानकारी मिलती है। इस सन्दर्भ में अमृतसर से प्रकाशित 'पगडंडी' का मंटो विशेषांक, 'शायर' का कृश्न चन्दर नम्बर, 'शख़्सियात और फ़न' का जाँ निसार अख़्तर, क़तील शिफ़ाई, फ़ैज़ अहमद 'फ़ैज़' विशेषांक, 'आजकल' का अबुल क़लाम आज़ाद विशेषांक उल्लेखनीय है।

जुत्शी, पं० मनोहरलाल (सन् 1876-1947 ई०)

आप फ़ैजाबाद में जन्मे। प्रथम श्रेणी में सन् 1902 में एम० ए० किया। अध्यापन किया। बनारस यूनिवर्सिटी के रजिस्ट्रार और ट्रेनिंग कॉलिज इलाहाबाद के प्रिंसिपल भी रहे। सन् 1919 ई० में लोकल गवर्नमेंट के अण्डर सेक्रेटरी हुए। सन् 1921 में शिक्षा विभाग के डायरेक्टर और फिर जुबली कॉलिज, लखनऊ के प्रिंसिपल हो गए। पंडित जी अंग्रेज़ी और उर्दू दोनों में लिखते थे। अच्छे निष्पक्ष समालोचक थे। मिर्ज़ा ग़ालिब (दे०) और चकबस्त (दे०) पर लिखे इनके लेख महत्वपूर्ण हैं। 'ज़माना', (दे०) 'अदीब' तथा 'कश्मीरी दर्पण' में उर्दू और अंग्रेज़ी में 'मॉडर्न रिव्यू' के लिए भी लिखते थे। इनकी दो पुस्तकें हैं—उर्दू में 'गुलदस्ता अदब' और अंग्रेज़ी में 'एजूकेशन इन ब्रिटिश इण्डिया'।

जुनैदी, अली अकबर अहमद

इनकी एक रचना 'माह पैकर' प्राप्त है। यह एक प्रेमकथा है और इसका रचनाकाल सन् 1654 ई० माना जाता है। जुनैदी सुल्तान अब्दुल्ला कुतुबशाह के दरबार में थे। कुतुबशाह ने सन् 1632 में इन्हें नौबत बजाने वालों का मुखिया नियुक्त किया था। मगर संभवतः आपने इस पद से त्यागपत्र दे दिया और बुरहानपुर चले गए।

जुरअत, शेख़ कलन्दर बख़्श (मृत्यु : सन् 1810 ई०)

आपका असली नाम यहिया अमान था लेकिन कलन्दर बख़्श के नाम से ज़्यादा प्रसिद्ध हुए। पिता का नाम हाफ़िज़ अमान था। अमान आपकी वंशानुगत उपाधि थी। लड़कपन में ही 'जुरअत' दिल्ली से बरेली आ गए और वहाँ नवाब हाफ़िज़ रहमत ख़ाँ के यहाँ नौकर हो गए। कुछ समय फ़ैज़ावाद में रहे और सन् 1800 ई० में लखनऊ चले आए। लखनऊ में उस समय सुलेमान शिकोह बादशाह थे। वे स्वयं भी कवि थे और कवियों का आदर करते थे। 'जुरअत' उनके दरबार में पहुँच गए।

'जुरअत' अधिक पढ़े-लिखे नहीं थे मगर प्रतिभासम्पन्न थे। शायरी में 'हसरत' के शागिर्द थे। संगीत प्रेमी थे, ज्योतिष के भी जानकार थे। स्वभाव से विनोदप्रिय थे। आपका एक दीवान मिलता है जिसमें ग़ज़लें, फुटकर शे'र, रुबाई, मुख़म्मस और दो मरसिये हैं। आपकी दो मसनवियाँ हैं जिनमें से 'हुस्नो-इश्क' बहुत प्रसिद्ध है। यह ख़्वाजा हसन और बख़्शी नाम की एक वेश्या की प्रेमकथा है। 'जुरअत' का कलाम भौतिक प्रेम के रस, शोख़ी, चुलबुलेपन और रंगीनी से भरपूर है। प्रेमालाप और नख-शिख वर्णन में बहुधा अभद्र भी हो उठते हैं। मजनूँ गोरखपुरी (दे०) के

शब्दों में दरअसल 'उर्दू में अन्दाज़, अदा और मुआमले की शायरी 'जुरअत' से शुरू होती है।' 'जुरअत' के शृंगार के वर्णन बड़े जीवन्त हैं। फ़िराक गोरखपुरी (दे०) का कहना है कि ऐसे शोख़ चित्र हमें 'दाग़' के अलावा और कहीं नहीं मिलते। लेकिन यह मानना पड़ेगा कि 'जुरअत' में गहराई और करुणा का अभाव है जो ऊँचे दर्जे की शायरी के आवश्यक गुण हैं। 'जुरअत' के काव्य में प्रवाह है, माधुर्य है। भाषा परिष्कृत और सरस है। काव्य नियमों का पालन करते हैं। कविता में वे सभी रुझान हैं जो किसी खोखले, विलासी और पतनशील युग की कविता में पाए जाते हैं।

ज़ुलेख़ा (अं०)

ये मिस्र के एक राज्याधिकारी की पत्नी थीं। इन्होंने एक दिन बाज़ार में बिकते हुए यूसुफ़ (दे०) को देखा और उस पर आसक्त हो गईं। ज़ुलेख़ा ने यूसुफ़ को ख़रीद लिया। वे उनके साथ अपनी वासनापूर्ति चाहती थीं। मगर यूसुफ़ सदाचारी और संयमी थे। इस व्यभिचार से इन्कार करने पर अपमानित ज़ुलेख़ाँ ने यूसुफ़ पर बलात्कार का आरोप लगा दिया। यूसुफ़ अपने आपको निर्दोष सिद्ध करने में सफल हुए और ज़ुलेख़ा बदनाम हो गईं। साहित्य में ज़ुलेख़ा का नाम बदनाम प्रेमी के प्रतीक के रूप में आता है। उदाहरण देखिए—

क़ैद यूसुफ़ को ज़ुलेख़ा ने किया कुछ न किया
दिले यूसुफ़ के लिए शर्त था ज़िदाँ होना।

—**चकबस्त**

ज़ोर, डा० मुहीयद्दीन क़ादिरी (मृत्यु : सन् 1962 ई०)

डा० ज़ोर दकनी भाषा और साहित्य के विशेषज्ञ थे। इन्होंने हैदराबाद में प्राचीन दकनी साहित्य के अनुसंधान के लिए बहुत से लेखकों को प्रोत्साहित किया और उनका मार्गदर्शन भी किया। योरुप में रहते हुए डा० ज़ोर ने भाषा-विज्ञान पर बहुत काम किया और उन प्राचीन रचनाओं का अध्ययन किया जो यहाँ के पुस्तकालयों में उपलब्ध हैं। 'रुहे-तनक़ीद', 'तनक़ीदी मक़ालात', 'हयाते कुली कुतुब शाह' और 'दास्ताने अदबे-हैदराबाद' इत्यादि इनकी पुस्तकें हैं। आपकी एक महत्वपूर्ण और बहुत लोकप्रिय रचना है—'उर्दू शहपारे' (दे०) जिसमें दकनी साहित्य का इतिहास और आरंभिक लेखकों के गद्य और पद्य के सुन्दर नमूने संकलित हैं। बहुत परिश्रम और अनुसंधान से तैयार की गई यह पुस्तक उर्दू साहित्य की निधि है। इनके तीन उपन्यास भी हैं—'सैर-ए-गुलकण्डा', 'गोलकण्डा के हीरे'

और 'तिलिस्म-ए-तक़दीर'। आपने 'इदारा अदबियाते-उर्दू' की स्थापना कर, उर्दू भाषा और साहित्य की अभूतपूर्व सेवा की।

जोगिन्दर पाल (जन्म : सन् 1925 ई०)

जन्म सियालकोट में हुआ। पंजाब विश्वविद्यालय से अंग्रेज़ी साहित्य में एम० ए० किया। कुछ समय तक शिक्षा मंत्रालय में शिक्षा अधिकारी रहे। सन् '48 से '64 तक केनया में थे। एस० बी० कॉलेज औरंगाबाद में पहले अंग्रेज़ी के प्रोफ़ेसर और फिर कॉलेज के प्रिंसिपल रहे।

जोगिन्दर की मान्यता उर्दू साहित्य में एक कहानीकार की हैसियत से है। आपके प्रकाशित कहानी-संग्रह हैं—'रसाई' ('69), 'आमदो-रफ़्त' ('75) 'सिलवटें' ('70) 'लेकिन' ('77) और 'बेमुहावरा' ('78)।

'जोश' मलसियानी (जन्म : सन् 1882 ई०)

पं० लभ्भूराम 'जोश' मलसियानी क़स्बा मलसियाँ, ज़िला जालंधर के रहने वाले थे। ये चौदह वर्ष के थे जब इनके पिता का देहान्त हो गया। आर्थिक कठिनाइयों के बावजूद भी आपने 'मुंशी फ़ाज़िल' और 'अदीब फ़ाज़िल' की परीक्षाएँ उत्तीर्ण कीं और एक हाई स्कूल में फ़ारसी के अध्यापक हो गए। लड़कपन से ही शायरी का शौक लग गया। 'दाग़' (दे०) के शागिर्द हुए। मगर यह सिलसिला ज़्यादा दिन न चल सका। हज़रत दाग़ की सन् 1905 ही में मृत्यु हो गई।

'जोश' ने अपने काव्य-जीवन का आरंभ नज़्मों से किया। ग़ज़लें बाद में लिखीं। यूँ तो 'दाग़' की शिष्य परम्परा में हैं किन्तु इनकी रचनाओं में भाव तत्व और लालित्य का अभाव नहीं, किसी विशेष दर्शन का प्रतिपादन नहीं करते। भावना का आधार परम्परागत प्रेम है। सीधे-सादे सुलझे विचार भी काव्य के माध्यम से प्रस्तुत किये हैं। काव्य-नियमों का पालन करने में विश्वास करते हैं। भाषा में प्रवाह और सुबोधता है। मुहावरों का समावेश बड़े स्वाभाविक और सटीक ढंग से करते हैं।

जोश का एक काव्य संग्रह 'नादए सरजोश' सन् 1940 में प्रकाशित हुआ। दूसरा संकलन है—'जुनूनो-होश' जिसमें पूर्वप्रकाशित कलाम के अलावा कई नयी ग़ज़लें और रुबाइयाँ हैं।

जोश मलीहाबादी (सन् 1896-1982 ई०)

शब्बीर हसन ख़ाँ 'जोश' का जन्म मलीहाबाद, लखनऊ के एक जागीरदार परिवार में हुआ। शायरी आपको विरासत में मिली। पिता की अकाल मृत्यु के कारण कॉलेज की पढ़ाई पूरी न कर सके और ज़मीन-जायदाद के झगड़ों से तंग आकर हैदराबाद चले गए। कुछ दिन वहाँ नौकरी की।

सन् 1934 ई० में दिल्ली आ गए और वहाँ से 'कलीम' नामक मासिक पत्रिका निकाली। कुछ समय तक फ़िल्मों के लिए गीत और कहानियाँ लिखीं। सन् 1947 से '55 तक 'आजकल' उर्दू मासिक के प्रधान सम्पादक रहे। रेडियो पर उर्दू विभाग के निरीक्षक भी रहे। सन् 1956 में पाकिस्तान चले गए। वहीं इस्लामाबाद में सन् '82 में मृत्यु हुई।

'जोश' ने नौ वर्ष की आयु में ही काव्य-साधना आरंभ कर दी थी। कुछ समय तक अजीज़ लखनवी (दे०) की शागिर्दी की। आपकी प्रारंभिक रचनाओं में आपके प्रकृति-प्रेम और धर्मपरायण जीवन शैली की झलक है। किन्तु हैदराबाद-निवास के दौरान 'जोश' ने जीवन को भौतिक स्तर पर भोगा और परिणामस्वरूप 'शायरे फ़ितरत' (प्रकृति का कवि) 'शायरे-शबाब' (यौवन का कवि) हो गया। फिर जोश ने इन दोनों सीमाओं को लाँघा और शोषित-वर्ग के हक़ में आवाज़ उठाई, देश-भक्ति और मानव प्रेम के गीत गाए। हिन्दू-मुस्लिम एकता का नारा लगाया और विदेशी शासकों और देशद्रोहियों के विरुद्ध कविता को अग्निवाण की तरह प्रयोग किया। 'जोश' ने इस समय की हर राजनैतिक घटना को नज़मबद्ध किया। जेल भी गए। आपकी इन नज़्मों में बिजली की कड़क और ज्वालामुखी की दहक है। भाषा-शैली में फ़ारसीपन के बावजूद असाधारण प्रवाह है। ओजपूर्ण अभिव्यंजना में आपका सानी नहीं। 'शायरे-शबाब' अब 'शायरे-इंकलाब' घोषित हुआ। उर्दू में प्रगतिवादी और राष्ट्रीय कविता का एक निश्चित रूप सामने आया।

भाषा पर 'जोश' का अद्भुत अधिकार है। उपमाओं और अलंकारों का अति सुन्दर प्रयोग करते हैं। विविध विषयों पर लिखा है। आवेगपूर्ण रचनाओं में कहीं-कहीं विचारशीलता और एक सुव्यवस्थित दर्शन की कमी खटकती है। शोषित वर्ग से आपकी सहानुभूति एक बौद्धिक प्रतिबद्धता अधिक जान पड़ती है, भोगी हुई विवशता नहीं। यही विरोधाभास इस राष्ट्रीय कवि के अचानक पाकिस्तान चले जाने में भी ध्वनित होता है।

जोश के लगभग पन्द्रह काव्य-संग्रह प्रकाशित हो चुके हैं। पहला संकलन 'रूहे-अदब' सन् 1921 में छपा। अन्य संग्रह इस प्रकार हैं—'शोला-ओ-शबनम', 'नक्शो-निगार', 'फ़िक्रो-निशात', 'सरोदो-ख़रोश', 'रविश-ओ-रंग', 'जुनूनो-हिकमत' और 'शायर की रातें।' बहुचर्चित 'यादों की बारात' आपकी आत्मकथात्मक गद्य रचना है।

जोश, सुल्तान हैदर

बीसवीं सदी के आरंभ के कथाकारों में सुल्तान हैदर 'जोश' उल्लेखनीय

हैं। इन्होंने उपन्यास, कहानियाँ और लेख लिखे। इनके 'अफ़साना-ए-जोश' और 'फ़िक्रे-जोश' नामक संग्रह उस समय की सफल रचनाएँ थीं, लेकिन आज जब कहानी की कला इतनी उन्नति कर चुकी है, विषय और शिल्प दोनों की दृष्टि से इनका महत्त्व कम हो गया है। इनकी कहानियों में मुख्य कथानक से उसकी भूमिका अधिक लम्बी होती है जिससे कहानी का प्रभाव कम हो जाता है। अपनी कहानियों में ये अक्सर एक उपदेशक के रूप में दिखाई देते हैं। इनका उद्देश्य भारतीयों को पश्चिम की अंधी नकल से बचाना था। इसके लिए हास्य-व्यंग्य की सहायता भी लेते हैं। जोश की भाषा अपने खुलेपन और प्रवाह के कारण आकर्षक बन पड़ी है। मुहावरों और नयी-नयी उपमाओं के प्रयोग से भी उसे सँवारने की कोशिश करते हैं।

ज़ौक, शेख़ इब्राहीम (सन् 1789-1854 ई०)

'ज़ौक' के पिता शेख़ मुहम्मद रमज़ान दिल्ली में सिपाही थे। आरंभिक शिक्षा हाफ़िज़ ग़ुलाम रसूल के यहाँ हुई। हाफ़िज़ स्वयं कवि थे और उनके यहाँ बहुधा साहित्यिक गोष्ठियाँ हुआ करती थीं। 'ज़ौक' को अनुकूल परिवेश मिला और छोटी आयु में ही आपकी सृजनात्मक प्रतिभा चमक उठी। उन्नीस वर्ष की उम्र में ही 'ज़ौक' को 'ख़ाकानी-ए-हिन्द' की उपाधि का गौरव प्राप्त हुआ। राज-परिवार तक पहुँचे और बहादुरशाह 'ज़फ़र' (दे०) के काव्य गुरु नियुक्त हुए। ये मुग़ल सल्तनत के दुर्दिन थे। अत: राजगुरु होकर भी 'ज़ौक' ने ज़िन्दगी अँधेरी कोठरी में गुज़ारी। औपचारिक शिक्षा कम ही हुई। मगर इस कमी को 'ज़ौक' ने अपने शौक और अभ्यास से पूरा किया। साहित्य और संगीत के अतिरिक्त तर्कशास्त्र, इतिहास, ज्योतिष विद्या और यूनानी चिकित्साशास्त्र का भी अध्ययन किया। बड़े ही कोमल स्वभाव के, गंभीर, सादा और सन्तोषी व्यक्ति थे। पाँचों वक्त की नमाज़ पढ़ते मगर धार्मिक कट्टरता से मुक्त थे। 'ज़ौक' ने काफ़ी लिखा लेकिन उनकी अधिकांश रचनाएँ सन् 1857 ई० की क्रांति में नष्ट हो गईं। इनके प्रिय शिष्य मौलाना मुहम्मद हुसैन 'आज़ाद' (दे०) के पास कुछ कृतियाँ थीं और कुछ ग़ज़लें आपके एक अन्धे शिष्य हाफ़िज़ 'वीरान' को कंठस्थ थीं। इन्हें मिलाकर एक दीवान तैयार हुआ जिसमें कुल 167 ग़ज़लें, 24 कसीदे और कुछ फुटकर शे'र हैं। वर्णन-सौन्दर्य में कम ही कवि 'ज़ौक' को छू पाते हैं। शब्द-चयन और मुहावरों का प्रयोग मौलिक है। भाषा की सादगी और सफ़ाई कठिनतम रदीफ़-काफ़िये को सहज ही निभा ले जाती है। विविध वाक्य-विन्यास, गागर में सागर भरने

की क्षमता, मन की सरलता और साधारण समस्याओं की आध्यात्मिक व्याख्या का संगम है आपका काव्य। 'आपके यहाँ 'मीर' (दे०) 'सौदा' (दे०) और 'जुरअत' (दे०) के रंग के अशआर भी मिलते हैं। ज़ौक का काव्य-धरातल पारम्परिक है, विषय-चयन भी। अपने समय में बहुत लोकप्रिय हुए लेकिन बीसवीं सदी के परिवर्तित साहित्यिक मूल्यों के सन्दर्भ में आपकी मान्यता को क्षति पहुँची और 'ग़ालिब' (दे०) और 'मोमिन' (दे०) आपसे बेहतर ग़ज़ल-गो माने जाने लगे।

'ज़ौक' क़सीदा लिखने में सिद्धहस्त थे। कसीदों का आरंभ बड़े कौशल से करते और शब्दों की तराश, मुहावरों के प्रयोग, विषय विविधता और भाषा-प्रवाह के बल पर सुनने वालों को बाँधे रखते। इस क्षेत्र में इनकी तुलना 'सौदा' से की जाती है मगर कल्पना के अभाव के कारण यहाँ इन्हें द्वितीय स्थान पर ही रखा जाता है।

'ज़ौक' के शिष्यों में 'दाग़' (दे०) 'ज़फ़र' (दे०) और मौ० मुहम्मद हुसैन 'आज़ाद' (दे०) विशेष रूप से प्रसिद्ध हुए। इनके अतिरिक्त ज़हीर, अनवर, मारुफ़ और वीरान भी उल्लेखनीय हैं।

जौकी, सैयद शाह हुसेन

अठारहवीं शताब्दी के पूर्वार्ध में दक्षिण भारत के संत कवि के रूप में ख्याति प्राप्त की। आपने बहुत से मरसिये लिखे जो अपने भाषाप्रवाह और मार्मिकता के कारण उच्चकोटि के माने जाते हैं। इन्होंने कई मसनवियाँ भी लिखीं जिनमें से 'वफ़ातनामा', 'ग़ौसनामा', 'माँ बाप नामा' और 'विसाल उल आशकीन' विशेष रूप से उल्लेखनीय हैं।

जौहर, मुहम्मद अली (सन् 1878-1931 ई०)

रामपुर के रहने वाले थे। अलीगढ़ कॉलेज और ऑक्सफ़ोर्ड विश्वविद्यालय से शिक्षा प्राप्त की। काव्य साधना के अतिरिक्त राजनीति में सक्रिय भाग लेते रहे। पत्रकारिता के क्षेत्र में विशेष योगदान दिया। 'रईस-उल-अहरार', 'हमदर्द', और 'कामरेड' के संपादक रहे। गद्य और पद्य दोनों में लिखा। गद्य में निर्भीक स्पष्टवादिता और काव्य में पीड़ा अधिक मुखर है। आपका एक दीवान प्रकाशित है।

ट

टेढ़ी लकीर (कृति)

उर्दू उपन्यासों में इस्मत चुग़ताई (दे०) की 'टेढ़ी लकीर' का विशेष स्थान है। यह विभिन्न सामाजिक, आर्थिक और राजनीतिक परिस्थितियों से गुज़रते और प्रभाव ग्रहण कर बिगड़ते-बनते चरित्र का मनोवैज्ञानिक चित्रण है। इस्मत की विचार-शक्ति और संवेदनशीलता का यहाँ अति सुन्दर, प्रभावशाली और विचारोत्तेजक समन्वय हुआ है।

त

तख़ल्लुस

उर्दू कवियों में एक उपनाम की परम्परा रही है जिसे तख़ल्लुस कहा जाता है। यह वास्तविक नाम का एक भाग अथवा बिल्कुल भिन्न भी हो सकता है। उर्दू कवि ग़ज़ल के अंतिम शे'र (मक़ता) में इसका प्रयोग करते हैं। कई बार तख़ल्लुस के सुन्दर प्रयोग से शे'र की अर्थवत्ता बढ़ जाती है। उदाहरणार्थ—

शबे 'फ़िराक़' उठे दिल में और भी कुछ दर्द
मैं कैसे कह दूँ तेरी याद रात भर आई।

तज़किरा (पारि०)

उर्दू भाषा में कवियों के तज़किरे लिखने की परम्परा रही। अपनी जानकारी के आधार पर लेखक-सम्पादक द्वारा लिपिबद्ध किए गए कवियों के वृत्तान्त तज़किरा कहलाते हैं। इसमें कवियों का वर्णन वर्णाक्षरों के क्रमानुसार होता था। बाद में यह क्रम युगानुसार निर्धारित किया जाने लगा। तज़किरों से प्राप्त जानकारी को तीन भागों में रखा जा सकता है—कवि का जीवन-वृत्त, उसका व्यक्तित्व और कलाम। कवि के जीवन से सम्बद्ध जानकारी निश्चित रूप से समग्र नहीं है। जन्म एवं अन्य घटनाओं के वर्ष सर्वत्र एक से नहीं। विभिन्न तज़किरों से प्राप्त विवरण में भी अन्तर है। कवि के व्यक्तित्व-सृजन में तज़किरा लेखक की जानकारी, व्यक्तिगत अनुभव और पसन्द बड़ी महत्त्वपूर्ण भूमिका निभाते हैं। कुछ शाब्दिक व्यक्ति-चित्र बड़े ही सजीव एवं अविस्मरणीय बन पड़े हैं। सामाजिक स्थिति और वातावरण का प्रायः अभाव है। प्रतिनिधि काव्य-रचनाओं का संकलन बहुधा व्यक्तिपरक है। कहीं-कहीं रचनाओं की समीक्षा का प्रयास है किन्तु यह समीक्षा कविता के वाह्य रूप और पिंगल के नियमों से आगे नहीं बढ़ पाती। कवियों के तुलनात्मक अध्ययन के भी कुछ प्रयास हुए हैं किन्तु इसकी भी अपनी सीमाएँ हैं।

अठारहवीं शताब्दी में लिखा गया मीर तक़ी 'मीर' (दे०) का उर्दू कवियों का तज़किरा 'निकातुश्शोअरा' (दे०) एक सुनिश्चित एवं सुनियोजित रचना है। इस तज़किरे से एक समीक्षक के रूप में 'मीर' की प्रतिष्ठा स्थापित हुई है। इसकी सबसे बड़ी विशेषता है मीर की निष्पक्षता। यद्यपि इनका दृष्टिकोण व्यक्तिपरक है मगर अपनी बात बड़े बेलाग ढंग से साफ़ कहते हैं। किसी की अच्छाई-बुराई ढाँपने की कोशिश नहीं करते। इसी समय लिखे गए अन्य उल्लेखनीय तज़किरे हैं— क़ुदरतुल्ला क़ासिम का 'मजमुआ-ए-नग़्ज़', क़ायम का 'मख़ज़ने-निक़ात', मीर हसन (दे०) का 'तज़किरा-ए-शोअराये-उर्दू', मुसहफ़ी (दे०) का 'तज़किरा-ए-हिन्दी' और इब्राहीम ख़लील का 'गुलज़ारे-इब्राहीम'।

उन्नीसवीं शताब्दी के तज़किरों में विवरण अपेक्षाकृत अधिक विस्तृत और जानकारी पहले से अधिक समग्र है। इनमें उर्दू भाषा के उद्गम, विकास, उस पर दूसरी भाषाओं के प्रभाव, विभिन्न काव्य-रूपों और युग-विशेषताओं के समावेश की प्रवृत्ति है। इन तज़किरों के माध्यम से प्रस्तुत किए गए उर्दू के इतिहास में अपेक्षाकृत अधिक क्रमबद्धता है। मिर्ज़ा अली लुत्फ़ का 'गुलशने-हिन्द', शेफ़्ता (दे०) का 'गुलशने-बेख़ार' और करीमुद्दीन का 'तबक़ाते-शोअरा' इसी श्रेणी की रचनाएँ हैं। ये सन् 1857 ई० से पहले लिखी गईं।

एक महत्त्वपूर्ण तज़किरा है 'आज़ाद' (दे०) की 'आबे-हयात' (दे०)। 'आबे-हयात' ने तज़किरे के क्षेत्र में एक नया कीर्तिमान स्थापित किया। बाद के बहुत से तज़किरा लेखक इससे प्रभावित हुए। अब्दुल हई की 'गुले-राअना', मुहम्मद याहया की 'सैरुल मुसन्नफ़ीन' और अब्दुस्सलाम (दे०) की 'शेरुल-हिन्द' (दे०) पर इसका प्रभाव स्पष्ट देखा जा सकता है। लाला श्री राम देहलवी (दे०) की 'ख़ुमख़ाना-ए-जावेद' (दे०) ने इस परम्परा को और प्रशस्त किया। सन् 1906-26 ई० के बीच इसके चार खंड प्रकाशित हुए।

तज़किरे आलोचना नहीं। ये वस्तुतः परिचयात्मक हैं और इस दृष्टि से इनका ऐतिहासिक महत्त्व है। इनके अभाव में हम बहुत-सी महत्त्वपूर्ण जानकारी से वंचित रह जाते। उर्दू में विशुद्ध आलोचना की शुरुआत 'हाली' (दे०) की 'मुक़द्दमा-ए-शेरो शायरी' (दे०) से होती है। 'आबे-हयात' को तज़किरे और आलोचना के बीच की कड़ी कहा जा सकता है। लाला श्री राम (दे०) की 'ख़ुमख़ाना-ए-जावेद' (दे०) यद्यपि बाद में आई किन्तु प्रस्तुति की दृष्टि से वह तज़किरों के अधिक निकट है।

तज़्किरतुश्शोअरा (कृति। रचनाकाल 1188-1192 हि०)

मीर हसन (दे०) द्वारा फ़ारसी में लिखे गए इस तज़किरे में लगभग 300 कवियों की संक्षिप्त जीवनी और उनकी रचनाओं के उदाहरण मिलते हैं। शायर ने इस पुस्तक को तीन काल खण्डों में विभाजित किया है। पहले काल खण्ड में फ़रुख़सियर से पूर्व हुए कवियों का वर्णन है। दूसरे काल खण्ड में फ़रुख़सियर के बाद से मुहम्मदशाह के समय तक हुए कवियों को सम्मिलित किया गया और तीसरे में स्वयं कवि के समकालीन।

मौलाना हबीबुर्रहमान ने पुस्तक की भूमिका में इसका रचनाकाल 1188 हि० से 1192 हि० के बीच निश्चित किया है।

तज़्किरा निकातुश्शोअरा (कृति। रचनाकाल सन् 1752 ई०)

इसकी रचना मीर तक़ी 'मीर' (दे०) ने सन् 1752 ई० में की। लेखक का दावा है कि यह उर्दू कवियों का सबसे पहला तज़किरा है। इसमें लगभग 100 कवियों की संक्षिप्त जीवनी, उनकी रचनाओं के उदाहरण और उनके काव्य की समालोचना है। मीर के समकालीन कवियों के सम्बन्ध में बड़ी महत्त्वपूर्ण सूचनाएँ इस ग्रंथ से प्राप्त होती हैं। इसकी भाषा सरल है।

तज़मीन (पारि०)

किसी दूसरे कवि का कोई शेर (दे०) मिसरा (दे०) या पद्यांश अपनी काव्य रचना में ले आना तज़मीन कहलाता है। शाब्दिक अर्थ है 'स्वीकार करना'।

तन्ज़ियात-ओ-मुज़हिकात (कृ०।)

यह रशीद अहमद सिद्दीक़ी (दे०) की आलोचना पुस्तक है। इसका विषय उर्दू में हास्य और व्यंग्य है। इसके पहले भाग में लेखक ने रोमन, अंग्रेज़ी और फ़ारसी भाषाओं में परिहास पर लिखा है। विवेचन संक्षिप्त है। विभिन्न भाषाओं में परिहास साहित्य का परस्पर सम्बन्ध भी स्पष्ट नहीं हो पाया है। पुस्तक का दूसरा भाग उर्दू में परिहास से सम्बद्ध है। इसमें 'सौदा' (दे०) 'मुसहफ़ी' (दे०) 'इन्शा' (दे०) 'ग़ालिब' (दे०) आज़ाद (दे०) 'अक़बर' (दे०) आदि की हास्य-रचनाओं के उदाहरण संक्षिप्त टिप्पणियों सहित दिए गए हैं। आलोचना आत्मपरक है। परिहास में 'ग़ालिब' के पत्रों पर 'फ़ानी' (दे०) को श्रेष्ठ सिद्ध करने का प्रयास है।

तबई

आपकी गणना हैदराबाद के सत्रहवीं शताब्दी के श्रेष्ठ कवियों में होती है। ये तानाशाह अबुल हसन (दे०) के पीर भाई थे लेकिन राजदरबार से

फिर भी कोई सम्बन्ध नहीं रखा। स्वतंत्र रूप से साहित्य-सृजन करते रहे। सन् 1670 ई० में तबई ने 'क़िस्सा-ए-बहराम-ओ-गुल अन्दाम' नामक एक मसनवी लिखी। यह एक प्रेमाख्यान है और निज़ामी (दे०) के 'हफ़्त-पैकर' पर आधारित है। इसकी भूमिका में बादशाह तानाशाह अबुल हसन और उसके गुरु शाह राजू की प्रशंसा में कुछ शेर हैं। यह मसनवी दकनी की एक श्रेष्ठ रचना है और भाषा की सरलता तथा भावों की कोमलता के लिए विशेष रूप से उल्लेखनीय है। वजही (दे०) ने तबई को अपना समकक्ष माना है।

तरकीबबंद (पारि०)

इस काव्य-रचना में हर बंद (पद) आठ से अधिक मिसरों (पंक्तियों) का होता है और सभी बंदों में मिसरों की संख्या समान होती है। प्रत्येक बंद के अंतिम दो मिसरों को छोड़कर अन्य सभी मिसरों में रदीफ़ (दे०) काफ़िया (दे०) या तो एक ही होता है, या ग़ज़ल के अंदाज़ का अनुगमन करता है। बंद के अंतिम दो मिसरों का रदीफ़ क़ाफ़िया आपस में समान होता है किन्तु ऊपर की पंक्तियों से भिन्न। हर बंद के अन्तिम दो मिसरों का रदीफ़ क़ाफ़िया एक भी हो सकता है।

तरक़्क़ीपसन्द अदब (कृति। रचनाकाल सन् 1951 ई०)

यह तरक़्क़ीपसन्द आंदोलन पर लिखी गई सरदार जाफ़री (दे०) की एक महत्त्वपूर्ण पुस्तक है। इसमें उर्दू साहित्य के प्रगतिवादी आंदोलन की मूल प्रवृत्तियों, समस्याओं, सृजन सम्बन्धी दृष्टिकोण और प्रमुख धाराओं तथा प्रगतिवादी मानसिकता का ऐतिहासिक, सामाजिक और आर्थिक दृष्टिकोण से विस्तृत विवेचन किया गया है। प्रतिक्रियावादी और नये साहित्य से प्रगतिशील साहित्य का अंतर भी स्पष्ट किया गया है। प्रगतिवादी लेखक मनुष्य और उसके अधिकारों की रक्षा के लिए लड़ी जाने वाली लड़ाई के लिए प्रतिबद्ध है, और यह प्रतिबद्धता ही उसके लेखन का उद्देश्य।
यह पुस्तक 'अंजुमन तरक़्क़ी-ए-उर्दू' अलीगढ़ ने प्रकाशित की।

तरजीब बंद (पारि०)

यह तरक़ीब बंद की तरह की काव्य-रचना है जिसके हर बंद (पद) में आठ से अधिक मिसरे (पंक्तियाँ) होते हैं। दोनों में मात्र अंतर यह है कि तरजीब बंद के हर पद के अंत में एक ही शे'र की आवृत्ति होती है।

तसकीन, मीर हुसेन (सन् 1799-1849 ई०)

मीर अहसन के पुत्र थे। दिल्ली में जन्मे। शायरी में पहले शाह नसीर

(दे०) से इस्लाह लेते थे। मगर नसीर की मृत्यु के बाद मोमिन (दे०) के शिष्य हो गए और पूरी तरह उन्हीं के रंग में रँग गए। क़लाम में मोमिन सी भावानुभूति, कल्पना, कोमलता और दिलकशी पैदा की। आजीविका की खोज में लखनऊ, मेरठ और फिर रामपुर गए। वहाँ के नवाब यूसुफ़ अली ख़ाँ ने इनका अच्छा आदर किया। रामपुर में ही 50 वर्ष की आयु में तसकीन का देहान्त हुआ। इनके पुत्र मीर अब्दुल रहमान 'आसी' भी एक अच्छे शायर थे और नवाब क़ल्ब अली ख़ाँ के समय तक रामपुर में थे।

तसलीम, मुंशी अमीरुल्ला (सन् 1820-1910 ई०)

पिता अब्दुस्समद लखनऊ में मुहम्मद अली शाह की सेना में नौकर थे। 'तसलीम' का जन्म फ़ैज़ाबाद में हुआ लेकिन बचपन में ही लखनऊ आ गए। अरबी-फ़ारसी और सुलेख की शिक्षा प्राप्त की। योग्य थे, किन्तु भाग्य ने साथ न दिया और जीवन भर आर्थिक कठिनाइयाँ झेलते रहे। पहले फौज़ में सिपाही थे, पर वह पलटन ही टूट गई। कुछ समय वाजिद अली शाह (दे०) के दरबार में तीस रुपया महीने पर नौकर रहे। सन् 1856 में रामपुर चले गए लेकिन वहाँ दरबार में रसाई न हुई तो लखनऊ लौट आए और नवल किशोर प्रेस (दे०) में तीस रुपये महीने पर प्रूफ़-रीडर हो गए। 1865 में रामपुर के नवाब क़ल्बे अली ख़ाँ ने बुला भेजा लेकिन मिले वहाँ भी तीस ही रुपये। आख़िरी उम्र में पचास लेते थे, पेंशन चालीस रुपया महीना मिली। तसलीम ने उम्र लम्बी पाई। वृद्धावस्था में आँखों से सुझाई भी कम देता था लेकिन फिर भी मन में कोई कटुता नहीं थी। सन्तोषी स्वभाव के बड़े ही खुशमिज़ाज व्यक्ति थे।

तसलीम की ग़ज़लों के तीन दीवान हैं—'नज़्मे-अर्जुमन्द', 'नज़्मे-दिल अफ़रोज़' और 'दफ़्तरे-ख़्याल'। 'नाला-ए-तसलीम', 'शामे-ग़रीबाँ', 'सुब्हे-ख़न्दाँ', 'दिलो-जान', 'नग़मए-बुलबुल', 'शौक़ते-शाहजहानी', 'गौहरे-इन्तख़ाब' और 'तारीख़े-रामपूर' इनकी मसनवियाँ हैं।

तसलीम 'मोमिन' (दे०) के प्रसिद्ध शिष्य 'नसीम' देहलवी (दे०) के शागिर्द थे। लखनऊ के थे, पर लखनवी रंग छू न गया था। शुद्ध रूप से मोमिन के अनुयायी थे।। इनके काव्य में तीव्र भावानुभूति, कल्पना की उड़ान, सरलता और प्रवाह पाया जाता है। ओज इनकी मसनवियों का विशेष गुण है। उन्नीसवीं सदी के मसनवी लेखकों में इनका ऊँचा स्थान है।

तहसीन, मीर मुहम्मद अता हुसैन ख़ाँ

इटावा के रहने वाले थे। जनरल स्मिथ के मीर मुंशी थे और उसके साथ

कलकत्ता रहे। फिर कुछ दिन पटना में वकालत करके फ़ैज़ाबाद चले आए और नवाब शुजाउद्दौला के दरबार में नौकर हो गए। तहसीन ने फ़ारसी के 'क़िस्सा-ए-चहार दरवेश' का उर्दू अनुवाद 'नौ-तर्ज़-मुरस्सा' (दे०) के नाम से किया। इस अनुवाद का समय सन् 1775 ई० के लगभग बताया जाता है। इसकी भाषा अरबी-फ़ारसी से भरपूर, बोझिल और अलंकार-युक्त है। बाद में इसका सरल उर्दू अनुवाद मीर अम्मन (दे०) ने 'बाग़ो-बहार' (दे०) के नाम से किया। तहसीन ने फ़ारसी पुस्तकें भी लिखीं जो अप्राप्य हैं।

ताज, इम्तयाज़ अली

यद्यपि आपने फ़िल्मों के संवाद लिखे और 'धमकी', 'शहर से दूर' और 'गुलनार' आदि चित्रों का निर्माण भी किया, परन्तु साहित्य में आपका कीर्ति स्तम्भ है नाटक 'अनारकली' (दे०)। यह सन् 1922 ई० में लिखा गया और बहुत लोकप्रिय हुआ। यह एक बड़ी सजीव और सशक्त रचना है। मुग़लकालीन वातावरण की सृष्टि, प्रभावशाली संवाद, और चरित्र, स्थिति और भाव के अनुकूल अभिव्यक्ति जैसे गुणों के कारण इसकी गणना उर्दू के उच्चकोटि के नाटकों में होती है। 'ताज' ने रेडियो और मंच के लिए और भी कई नाटक लिखे जिनमें 'दुल्हिन' उल्लेखनीय है। आपने कई नाटकों के अनुवाद भी किए, नाट्य समालोचना में भी आपका विशिष्ट स्थान है।

ताजवर, नजीबाबादी (सन् 1894-1951 ई०)

पूरा नाम एहसान अली ख़ाँ। उपनाम 'ताजवर'। बिजनौर ज़िले के नजीबाबाद तहसील में जन्म हुआ। देवबन्द के मुस्लिम विद्यालय 'दारुल-उलूम' से अरबी-फ़ारसी की शिक्षा प्राप्त करने के बाद लाहौर चले गए और जीवन उर्दू भाषा और साहित्य की सेवा को अर्पित कर दिया। आपने उर्दू भाषा के प्रचार एवं प्रसार के अलावा उसे माँजने और सँवारने की दिशा में महत्वपूर्ण काम किया। पंजाब के 'उर्दू बोलो' आन्दोलन की आप प्रेरणा शक्ति थे। पंजाब विश्वविद्यालय से सम्बद्ध रहे और आपके आलोचनात्मक और अनुसंधान युक्त लेख बड़े प्रामाणिक माने जाते थे। आपने 'मख़ज़न', 'हुमायूँ', 'शाहकार' और 'अदबी दुनिया' जैसे पत्रों का संपादन-प्रकाशन किया। गद्य लेखक के रूप में विशेष मान्यता प्राप्त की। वैसे शेर भी कहते थे मगर कोई संकलन प्रकाशित नहीं करवाया।

तानाशाह, अबुल हसन (राज्यकाल सन् 1672-1686 ई०)

आप सुल्तान अब्दुल्ला कुतुबशाह के दामाद थे और शाह राजू के शिष्य।

श्वसुर की मृत्यु के बाद गोलकुण्डा की सत्ता पर अधिकार कर लिया। तानाशाह् की पदवी इन्हें इनके गुरु ने दी थी। बाद में तानाशाह् अबुल हसन क़ुतुबशाह् के नाम से प्रसिद्ध हुए। सन् 1686 ई० में औरंगजेब ने गोलकुण्डा की सल्तनत समाप्त कर दी और इन्हें अपने जीवन के अन्तिम वर्ष कारावास में बिताने पड़े।

यद्यपि तानाशाह् का शासनकाल विक्षोभ और अशान्ति का काल था फिर भी इन्होंने साहित्य और कला की उपेक्षा नहीं की। ये स्वयं भी कवि थे। इनकी केवल कुछ कविताएँ मिली हैं, पूरा दीवान उपलब्ध नहीं हो सका है। प्राप्त कविताओं के आधार पर कहा जा सकता है कि इनकी भाषा में प्रवाह था और विचारों में सरलता। तानाशाह् ने क़ुतुबशाही इतिहास की पूर्ति इब्ने तैफ़ूर बुस्तामी से करवाई। मनसवी 'रूह अफ़ज़ा' के रचयिता फ़ाएज़ (दे०) इनके दरबार में आश्रय पाते थे। शुजाउद्दीन 'नूरी' नामक कवि भी इन्हीं के समय में हुआ। मोहिब नामक एक अन्य कवि ने अपनी मसनबी 'मोजिज़-ए-फ़ातिमा' (सन् 1677 ई०) की प्रस्तावना में तानाशाह् की बहुत प्रशंसा की है।

'ताबाँ' ग़ुलाम रब्बानी (जन्म : सन् 1914 ई०)

जन्म फ़र्रुख़ाबाद ज़िले के पितोरा गाँव में। 'ताबाँ' तख़ल्लुस करते हैं। प्रारंभिक शिक्षा जामिया मिलिया दिल्ली से, और बी० ए०, एल० एल० बी० आगरा से किया। आठ-नौ वर्ष तक बेमन से वकालत करने के बाद सक्रिय राजनीति और प्रगतिशील लेखक संघ में शामिल हो गए। पहले क्रान्तिकारी नज़्में (दे०) लिखते थे, फिर ग़ज़ल (दे०) की ओर आकृष्ट हुए। बड़ी जीवन्त और मन को छूने वाली ग़ज़ल कहते हैं। सूक्ष्म संकेत और अधिक आनन्द देते हैं। आपके दो काव्य-संग्रह 'साज़े-तरज़ाँ' और 'हदीसे-दिल' प्रकाशित हैं। सन् 1950 ई० से दिल्ली के मक़तबा जामिया के निदेशक के रूप में कार्य कर रहे हैं।

ताबाँ, मीर अब्दुल हई

ताबाँ अठारहवीं शताब्दी में दिल्ली में हुए। ये अपने समय के अच्छे कवियों में गिने जाते थे। इन्हें 'मज़हर' (दे०), 'सौदा' (दे०)', 'हातिम' और 'हशमत' का शिष्य बताया जाता है। यह कहना मुश्किल है कि वास्तव में इनका उस्ताद कौन था। इनका दीवान छप चुका है। मुख्यतः ग़ज़लें लिखी हैं। भाषा में सरलता है और भावों में कोमलता। 'मीर' (दे०) ने कहा है कि यद्यपि इनकी कविता के विषय सीमित थे, किन्तु अदायगी में बड़ी रंगीनी थी। इन्होंने 'ताबाँ' की 'ज़बाने-रंगी' को 'बर्गे-गुल से भी

पाकीज़ातर' कहा है।

'ताबाँ' के विषय में एक और बात जो प्रसिद्ध है वह यह कि ये बेहद ख़ूब-सूरत थे। उस ज़माने में इनके चाहने वालों की कमी न थी। शायरी के बड़े-बड़े उस्ताद इनके आशिक़ थे और इन्हें इस्लाह देकर ख़ुश होते थे। 'मज़हर' (दे०) तो इन पर जान छिड़कते थे। यहाँ तक कि जब बादशाह ने इनके हुस्न का चर्चा सुना तो जुलूस लेकर उस राह से जानबूझकर गुज़रा जहाँ 'ताबाँ' रहते थे।

'ताबाँ' को शराब की लत थी। इसी वजह से युवावस्था में ही संसार छोड़ गए।

तारीख़ (पारि०)

अरबी वर्णमाला के हर एक अक्षर का एक आंकिक मूल्य होता है। किसी घटना-विशेष पर शायर इस तरह का मिसरा (दे०) कहते हैं, जिसमें प्रयुक्त अक्षरों के अंक जोड़ने पर उस घटना का सम्वत् निकाला जा सकता है। इसे तारीख़ कहते हैं।

तारीख़-ए-अवध (कृति। रचनाकाल सन् 1919 ई०)

इस पुस्तक के लेखक हैं मुहम्मद बज़्म-उल-ग़नी ख़ान रामपुरी। यह पाँच विशद भागों में नवल किशोर प्रेस (दे०) लखनऊ से प्रकाशित हुई। इसमें अवध राज्य के संस्थापक नवाब सआदत अली ख़ाँ से लेकर नवाब वाजिद अली शाह के समय तक का सम्पूर्ण विवरण है। पाँचवें भाग में वाजिद अली शाह (दे०) का विश्लेषण एक व्यक्ति, कवि और शासक के रूप में बड़ी संवेदनशीलता किन्तु निष्पक्षता से किया गया है। शैली सरस और घटनाओं की प्रस्तुति रोचक एवं कलात्मक है। अतएव केवल ऐतिहासिक ही नहीं, साहित्यिक दृष्टि से भी यह पुस्तक महत्त्वपूर्ण है।

तारीख़-ए-हिन्दुस्तान (कृति। रचनाकाल सन् 1916 ई०)

इस विशद इतिहास-ग्रन्थ के लेखक हैं मुहम्मद ज़काउल्ला ख़ाँ (दे०)। इसके दस भाग जिनमें महमूद ग़ज़नी और मुहम्मद ग़ोरी के ख़ानदान और उनके आक्रमण से लेकर बहादुरशाह 'ज़फ़र' (दे०) यानि सल्तनते-मुग़लिया के अंत तक का इतिहास है। खिलजी सल्तनत, तुग़लक, सैयद, लोधी, तमाम मुग़ल बादशाह और हिन्दुस्तान के विभिन्न राज्यों और वहाँ के मुसलमान शासकों के अलावा एशिया की अन्य इस्लामी सल्तनतों का इतिहास भी इस पुस्तक में प्राप्य है।

यह अपनी तरह का उर्दू भाषा का एक अनुपम ग्रन्थ है और इतिहास की अमूल्य निधि भी।

'तालिब' बनारसी (मृत्यु : सन् 1914 ई०)

मुंशी विनायक प्रसाद 'तालिब' बनारसी कवि भी थे और नाटककार भी। 'रासिख़' (दे०) के शागिर्द थे। ये विक्टोरिया नाटक कम्पनी (दे०) के लिए नाटक लिखते थे। इनके नाटकों में 'विक्रम विलास', 'दिलेर दिलशेर', 'नाज़ाँ', 'निगाहे-गफ़लत' और 'गोपीचंद' उल्लेखनीय हैं। 'तालिब' ने नाटक के विषय और भाषा में सुधार किया। लार्ड लिटन के एक नाटक का इनका अनुवाद 'लैलो-निहार' विशेष प्रसिद्ध हुआ। सन् 1914 ई० में 'तालिब' का देहान्त हुआ।

तूर (अं०)

तूर उस पहाड़ का नाम है जिस पर यहूदी धर्म के प्रवर्तक हज़रत मूसा (दे०) को खुदाई नूर के दर्शन हुए थे। इस प्रकाश के प्रकट होने पर मूसा बेहोश होकर गिर पड़े और तूर नाम का यह पहाड़ जल गया। साहित्य में जहाँ एक पवित्र स्थान के अर्थ में प्रयुक्त होता है वहाँ कवि ने धार्मिक रूढ़ि का पर्याय भी इस पर्वत को माना है—

न रोके तूर तो हम जायें अर्श से ऊँचे
हमारी राह से पत्थर ज़रा हटा देना। —**अज्ञात**

तौबातुन्नसूह (कृति। रचनाकाल सन् 1873 ई०)

यह नज़ीर अहमद (दे०) का प्रसिद्ध सामाजिक उपन्यास है। नज़ीर अहमद उपन्यास के माध्यम से समाज सुधारक की भूमिका निभाने के लिए विख्यात हैं। मुस्लिम परिवारों के रहन-सहन, रीति-रिवाजों, अंधविश्वासों और कुरीतियों के आपने बड़े सफल चित्र साहित्य को दिए हैं। इस उपन्यास में आपने यह बताया है कि संतान का पालन-पोषण कर देने से ही माता-पिता का उनके प्रति कर्तव्य पूरा नहीं हो जाता। बच्चों को सभ्य और सुसंकृस्त बनाना ज़रूरी है।

उपन्यास की भाषा शैली सशक्त और प्रभावपूर्ण है। दिल्ली की मुहावरेदार, सरल बोलचाल की भाषा का प्रयोग किया गया है। चरित्र-चित्रण स्वाभाविक एवं मनोवैज्ञानिक तथा तत्कालीन पाश्चात्य पद्धति से प्रभावित है। जहाँ-तहाँ नज़ीर का ख़ास अपना हास्य का रंग है।

द

दकनी

उत्तर भारत में दसवीं-ग्यारहवीं शताब्दी में मुहम्मद ग़ोरी और महमूद ग़ज़नवी के आक्रमण के साथ स्थानीय भाषाओं और अरबी-फ़ारसी के मेल-जोल की जो प्रक्रिया प्रारंभ हुई, उसका प्रभाव 13वीं शताब्दी में खिलजियों के राज्य प्रसार के समय दक्षिण भारत पहुँचा। सेना के सिपाही, राज्य कर्मचारी, उनके परिवार और कुछ पर्यटन प्रेमी साधु-फ़कीर पंजाबी, हरयानवी, ब्रज और खड़ीबोली में अरबी-फ़ारसी मिश्रित अनूठी भाषा को अपने साथ दक्षिण ले आए। 14वीं शताब्दी में मुहम्मद तुग़लक के दिल्ली से देवगिरि और देवगिरि से वापिस दिल्ली राजधानी परिवर्तन ने एक नयी भाषा के सृजन और विकास में महत्त्वपूर्ण भूमिका अदा की। यहाँ यह उल्लेखनीय है कि अभी तक उत्तर भारत में इस नयी भाषा में साहित्य नहीं रचा गया था। साहित्य-रचना के योग्य इसे दक्षिण वालों ने बनाया। 14वीं शताब्दी के मध्य में बहमनी शासकों का हिन्दू और भारतीयता-प्रेम इस भाषा के फूलने-फलने में सहायक सिद्ध हुआ। सूफ़ी फ़कीरों को अपने विचार जनसाधारण तक पहुँचाने का यह अधिक उपयुक्त माध्यम लगी और इस तरह जिस भाषा का प्रवर्तन हुआ उसे 'हिन्दी', 'ज़बान-ए-हिन्दोस्तान' या 'दकनी' कहा गया।

बहमनी राज्य के पतन के बाद दक्षिण में दो स्वतंत्र राज्य स्थापित हुए—बीजापुर में आदिलशाही और गोलकुण्डा में कुतुबशाही। इन दोनों राज्यों में साहित्य और कला की बड़ी उन्नति हुई। बीजापुर के इब्राहीम आदिलशाह द्वितीय (दे०) और अली आदिलशाह द्वितीय तथा गोलकुण्डा के बादशाह मुहम्मद कुली क़ुतुबशाह (दे०) और अब्दुला क़ुतुबशाह स्वयं कवि थे और कवियों के आश्रयदाता थे। वे उर्दू में लिखते और राज-काज चलाते तथा कवियों को इसी भाषा में लिखने के लिए प्रोत्साहित करते। हिन्दू रानियों के कारण भी इस भाषा को प्रशस्त होने का अधिकाधिक

अवसर मिला। प्रान्तीय भाषाओं का प्रभाव इस पर अपेक्षाकृत कम पड़ा। इस भाषा में भारतीयता का पुट तत्कालीन उत्तर भारत की समसामयिक भाषा की अपेक्षा कहीं अधिक था। केन्द्र में इस समय फ़ारसी-प्रधान भाषा का बोलबाला था और उसी की सांस्कृतिक परम्परा को शिक्षितवर्ग निभाने में लगा था।

दक्षिण में दकनी साहित्य का प्रारंभ सूफ़ी-संतों की रचनाओं से हुआ। इनमें में अधिकांश आज उपलब्ध नहीं हैं। मगर 'दकनी' साहित्य पर हुए शोधकार्य से बहुत से नये तथ्य, कवि और उनकी रचनाएँ प्रकाश में आई हैं। यही दकनी साहित्य की शुरुआत है। 14वीं शताब्दी में यहाँ ख़ाजा बन्दानवाज़ गेसूदराज़ (दे०) हुए जिनकी पुस्तक 'मिराजुल-आशिकीन' (दे०) को उर्दू की पहली गद्य पुस्तक मानकर हाल ही में प्रकाशित किया गया। इनके बाद शाहमीरान जी (दे०), निज़ामी (दे०), बुरहानुद्दीन जानम (दे०), अमीनुद्दीन आला (दे०), रुसतमी (दे०), नुसरती (दे०), हाशमी (दे०), वजही (दे०), ग़व्वासी (दे०), इब्न-ए-निशाती (दे०) आदि कवियों के बाद सत्रहवीं शताब्दी में वली मुहम्मद 'वली' (दे०) दकन साहित्य के आकाश पर उदित हुए। सिराज (दे०) और बहरी (दे०) इनके समकालीन थे। वली दिल्ली आए और यहाँ उनकी रचनाओं का ज़ोरदार स्वागत हुआ और दिल्ली के फ़ारसी दाँ शायर भी रेख़्ता कहने को प्रोत्साहित हुए। अठारहवीं सदी के उत्तर भारत के शायरों ने रेख़्ता को साहित्यिक प्रखरता के शिखर तक पहुँचाया और उर्दू साहित्य के स्वर्ण युग का सूत्रपात हुआ। उत्तर भारत में जो ज़बान कालान्तर में परवान चढ़ी उसने आँखें वस्तुतः दक्षिण में खोलीं।

दबीर, मिर्ज़ा सलामत अली (सन् 1803-1875 ई०)

मिर्ज़ा ग़ुलाम हुसैन के पुत्र थे और जन्म दिल्ली में हुआ। सात वर्ष की आयु में ही लखनऊ आ गए। बचपन से ही धर्म और कविता दोनों की ओर रुझान था। सो काव्य-रचना के लिए मरसिये को चुना और प्रसिद्ध मरसिया-गो मीर ज़मीर (दे०) के शिष्य हो गए। शीघ्र ही अवध में इनका यश फैल गया और नवाब-अवध की मरसिये की मजलिस में बुलाए जाने लगे। इन्हीं दिनों अनीस (दे०) की कीर्ति का सूरज अवध के आकाश में जगमगा रहा था। ख़ूब डटकर मुकाबले हुए। प्रशंसकों के दल बन गए, जो 'अनीसिये' और 'दबीरिये' कहलाए। लेकिन दोनों कलाकारों की भद्रता से यह प्रतिद्वन्दिता व्यक्तिगत स्तर पर न आने पायी। सन् 1858 में मुर्शिदाबाद और 1859 में पटना की यात्रा की। 1874 में

इनकीं आँखें ख़राब हो गईं तो नवाब वाजिद अली शाह (दे०) ने कलकत्ता बुलाकर इलाज करवाया जिससे लाभ भी हुआ। सन् 1875 ई० में आपका लखनऊ में देहान्त हुआ।

दबीर ने तीन हज़ार मरसिये लिखे और अपने समय में अनीस की ही तरह लोकप्रिय हुए। छोटी-छोटी घटनाओं को विस्तार देने की दबीर में अद्भुत शक्ति थी। कल्पना की ऊँची उड़ान, नयी से नयी उपमा, उत्प्रेक्षाएँ, विषय के प्रतिपादन की मौलिकता इनके यहाँ बहुत है। अलंकारों का बाहुल्य है। भाषा और शैली में लखनऊ की तत्कालीन प्रचलित धारा से प्रभावित हैं। काव्य-शास्त्र और भाषा के विद्वान थे। छंद सम्बन्धी त्रुटि कहीं ढूंढ़ने से न मिलेगी। क़लाम पर सर्वत्र विद्वत्ता की छाप है। लेकिन संवेदना, भावों की कोमलता और भाषा की स्वाभाविकता का अभाव है। ढूंढ़-ढूंढ़ कर भारी-भरकम शब्दों का प्रयोग करते हैं। शब्दों और अलंकारों के चक्रव्यूह में कला की मूल संवेदना दृष्टि से ओझल हो जाती है। धार्मिक रचना के लिए जिस गंभीरता की आवश्यकता होती है उसका दबीर के यहाँ अभाव है।

यही कारण है कि जब तक अलंकारों का जादू चला, दबीर बड़े लोकप्रिय रहे, लेकिन इस तिलस्म के टूटते ही वे अनीस से बहुत नीचे आ गए। आकारवाद का आग्रह कम होते ही एक कवि के रूप में दबीर की प्रतिष्ठा कम हो गई।

दबीर के पुत्र 'औज' भी मरसिया-लेखक थे।

दरख़्शाँ, सैयद अली ख़ाँ

नवाब वाजिद अली शाह (दे०) के दरबार में आश्रय पाते थे। शायरी में 'असीर' (दे०) के शागिर्द थे, और लखनऊ शैली के कवि। दरबार से 'महताबुद्दौला कौकबुल्मुल्क सितारा जंग' की उपाधि मिली थी। ज्योतिष के भी जानकार थे। सन् 1857 ई० में नवाब साहब के साथ कलकत्ता आ गए और वहीं इनका देहान्त हुआ।

दरबारे-अक़बरी (कृति। रचनाकाल सन् 1882 ई०)

यह मौ० मुहम्मद हुसेन 'आज़ाद' (दे०) की मुग़ल बादशाह अकबर के शासन, उसके दरबार और नौरतनों पर लिखी गई ऐतिहासिक पुस्तक है जिसमें उपन्यास जैसी रोचकता है। सरल और सरस गद्य इतिहास में साहित्य का आनंद देता है।

दरयाई, काज़ी महमूद (मृत्यु : सन् 1435 ई०)

गुजरात के प्रसिद्ध सूफ़ी थे। एक पीर के रूप में इनकी सर्वसाधारण में

बड़ी मान्यता थी। बड़े पहुँचे हुए महात्मा माने जाते थे। कहते हैं इनके स्मरण से तूफ़ान में घिरे जहाज़ बच जाते थे इसीलिए ये दरयाई के नाम से प्रसिद्ध हुए। साहित्य को सूफ़ी कवि दरयाई की देन उनकी 'ज़िकरियाँ' हैं। यह संभवत: 'ज़िक्र' से बनाया गया शब्द है जिसका अर्थ है—वर्णन। ये प्रेम सम्बन्धी कविताएँ हैं और रूप में मसनवी (दे०) से साम्य रखती हैं। 'ज़िकरियाँ' अपने विषय-वस्तु और रूप के कारण जनसाधारण में बहुत लोकप्रिय हुईं।

दरिया-ए-लताफ़त (कृति। रचनाकाल सन् 1802 ई०)

यह उर्दू व्याकरण और छन्दशास्त्र पर लिखी गई एक अत्यन्त महत्त्वपूर्ण पुस्तक है। इसकी रचना इंशा (दे०) ने पद्यबद्ध फ़ारसी में सन् 1802 ई० में की और यह 1848 ई० में मुर्शिदाबाद से छपी। 'दरिया-ए-लताफ़त' में इंशा ने उर्दू भाषा के मुहावरों, शब्दों के धातुओं और उच्चारण के नियमों की विशद व्याख्या की है। विभिन्न स्थानों और विभिन्न व्यवसायों में बोली जाने वाली उर्दू, स्त्रियों की भाषा, प्रचलित, अप्रचलित शब्द और अन्य भाषाओं का उर्दू पर प्रभाव इत्यादि विषयों को बड़े रोचक ढंग से स्पष्ट किया गया है। लखनऊ और दिल्ली की भाषा का भेद भी इंशा ने इस पुस्तक में बताया है। भाषा की सामाजिक, सांस्कृतिक पृष्ठभूमि और इंशा का वैज्ञानिक दृष्टिकोण इस व्याकरण की विशिष्टता है। इसका दूसरा भाग मिर्ज़ा मुहम्मद अहसन 'क़तील' ने लिखा। सन् 1935 ई० पंडित दत्तात्रेय क़ैफ़ी (दे०) ने इसका उर्दू अनुवाद तैयार किया और यह पुस्तक 'अंजुमन-ए-तरक़्क़ी-ए-उर्दू' औरंगाबाद से प्रकाशित हुई।

दरिया, साहिल और सफ़ीना

दरिया कहते हैं नदी को, साहिल किनारा है और सफ़ीना नाव। ये तीनों उर्दू कला के प्रचलित रूपक हैं। इनका लाक्षणिक प्रयोग उर्दू कविता, विशेष रूप से ग़ज़ल (दे०) में होता है और उसे नई अर्थवत्ता और संभावना प्रदान करता है। दरिया बहुधा जीवन-धारा या कभी आध्यात्मिक अर्थ में भवसागर के लिए प्रयुक्त होता है। इसके भँवर और लहरों के थपेड़े जीवन-संघर्ष के प्रतीक हैं। इसमें उठते हुए तूफ़ान मनोभावों को व्यक्त करते हैं, इसका प्लावन मनुष्य की अनन्त जिजीविषा का परिचायक है। कवि को संघर्ष स्वीकार है, अकर्मण्यता नहीं—

दरिया की ज़िन्दगी पर सदके हज़ार जानें
मुझको नहीं गँवारा साहिल की मौत मरना।

किन्तु कभी-कभी जी-तोड़ प्रयास के बाद भी सपने टूट जाते हैं, सारी आशाओं पर पानी फिर जाता है, सारे प्रयत्न विफल हो जाते हैं। भाग्य की इस विडम्बना को इन्हीं रूपकों के माध्यम से देखिए, कितने कम शब्दों में कितने सुन्दर ढंग से प्रेषित किया गया है—

हज़ार बार ये देखा है चश्मे-अंजुम ने
सफ़ीने डूब गए हैं क़रीब साहिल के।

दरियाबादी, अब्दुल माजिद (जन्म : सन् 1892 ई०)

माजिद के पिता मौलवी अब्दुल क़ादिर डिप्टी कलक्टर थे और अपने समय के माने हुए विद्वान थे। माजिद की अरबी-फ़ारसी की प्रारंभिक शिक्षा घर पर हुई, सीतापुर से मैट्रिक और लखनऊ केनिंग कॉलिज से बी० ए० किया। अलीगढ़ से एम० ए० कर रहे थे, किन्तु पिता की मृत्यु के कारण पूरा न कर सके। कुछ समय तक हैदराबाद के अनुवाद विभाग में काम किया और फिर लखनऊ आ गए। वहाँ से अपने गाँव दरियाबाद, जिला बाराबंकी चले गए।

आरंभ में मौलाना माजिद पर पश्चिमी दर्शन का बड़ा गहरा प्रभाव था और ये धर्म को बौद्धिक दृष्टिकोण से देखने के पक्षपाती थे। इसी समय में इन्होंने एक अंग्रेज़ी पुस्तक 'साइकॉलाजी ऑव लीडरशिप' लिखी, जो लन्दन से प्रकाशित हुई और इसका उर्दू अनुवाद 'फ़लसफ़ा-ए-इजतमा' के नाम से तैयार किया गया। इससे इस्लामी धर्माचार्य बहुत नाराज़ हुए। माजिद ने पश्चिम दर्शन पर लिखी गई कई पुस्तकों के अनुवाद किए और इसी विषय पर लेख भी लिखे। किन्तु धीरे-धीरे इनके विचारों में परिवर्तन हुआ और ये पूर्णतया धार्मिक हो गए। इसी समय राष्ट्रीय और ख़िलाफ़त आंदोलन में भाग लिया। सन् 1925 में एक धार्मिक साप्ताहिक 'सच' निकाला जो 1932 तक चला। फिर इसी पत्र को 1934 ई० में 'सिद्क़' के नाम से लखनऊ से निकाला। सन् 1950 ई० से इसी पत्र का नाम 'सिद्के जदीद' हो गया। मौलाना ने दस-ग्यारह वर्ष के अथक परिश्रम से क़ुरान-शरीफ़ का सव्याख्या अंग्रेज़ी अनुवाद सात भागों में पूरा किया। इन्होंने साहित्यिक रचनाएँ भी कीं। इनके संग्रह 'अकबर नामा', 'मकालाते-माजिद' और 'मज़मीने-माजिद' के नाम से प्रकाशित हुए हैं। अन्य रचनाओं में 'फ़लसफ़-ए-जज्बात' और 'हम आप' मनोविज्ञान सम्बन्धी रचनाएँ हैं। 'सफ़रे-हिजाज़' और 'ज़ूद-पशेमाँ' नाटकों के अतिरिक्त 'तसौवुफ़ और इस्लाम' और 'मुहम्मद अली की डायरी' प्रसिद्ध हैं। लेकी की 'हिस्ट्री ऑव द यूरोपियन मौरेल्स' का अनुवाद 'तारीख़े इख़लाके-

योरप' के नाम से दो भागों में किया। बरक्ले के 'डायलॉग्ज़' का अनुवाद 'मुकालिमाते-बरक्ले' और फ्रेंच लेखक पॉल रिचर्ड की एक पुस्तक का अनुवाद 'पयामे-अम्न' उल्लेखनीय हैं। कुल रचनाएँ लगभग चालीस हैं। मौलाना की शैली बड़ी सुन्दर और रोचक है। विषय के अनुसार भाषा में परिवर्तन कर लेते हैं लेकिन न तो बहुत कठिन शब्दावली का प्रयोग करते हैं और न बहुत हल्की। विषय को मनोरंजक बनाकर प्रस्तुत करना और कठिनतम बात को आसानी से पाठक के दिमाग़ में बिठा देना इनकी ख़ूबी है।

दर्द, ख़्वाजा मीर (सन् 1721-85 ई०)

'दर्द' के बुजुर्ग बुखारा के रहने वाले थे मगर पिता ख़्वाजा नासिर 'अंदलीब' हिन्दुस्तान में ही पैदा हुए। आप भी शायर थे। पीरी-मुरीदी परिवार में पीढ़ियों से चली आती थी। ये दोनों ही गुण 'दर्द' को विरासत में मिले। 'दर्द' ने पन्द्रह वर्ष की आयु में ही 'अहक़ामुल सलवात' नामक पुस्तक लिख डाली, और उन्नीस बरस में 'वारदाते दर्द'। बाईस साल की आयु में पिता के आदेश से फ़क़ीरी ले ली और 39 बरस में पिता की मृत्यु पर उनकी धार्मिक गद्दी सँभाल ली। पवित्र आचार-विचार वाले, बैरागी स्वभाव के बड़े ही स्वाभिमानी व्यक्ति थे। दो बार बुलाए जाने पर भी शाही दरबार में न गए। स्वभाव से शांत एवं संतोषी थे। साथ ही निडर भी। अहमद शाह अब्दाली के आक्रमण के समय आप अकेले सूफ़ी शायर थे जिसने अपनी ख़ानकाह न छोड़ी।

'दर्द' ने फ़ारसी में अधिक लिखा है। उर्दू में आपका एक छोटा-सा दीवान है। काव्य का विषय आध्यात्म है। गूढ़ तत्त्वों को बड़ी सरल भाषा में प्रस्तुत किया है। कोमल भावनाओं और प्रेमनिवेदन का केन्द्र आपके यहाँ ईश्वर है, मनुष्य नहीं। भौतिक प्रेम का 'दर्द' के काव्य में कोई स्थान नहीं। ग़ज़लें लिखते हैं। न कसीदा (दे०) कहा है, न हिजो (दे०)। छोटी बहर की ग़ज़ल कहते हैं। शब्द कम से कम प्रयोग करते हैं मगर प्रभाव बड़ा गहरा होता है। व्यथा-वेदना, समर्पण की तड़प और करुणा आपके काव्य के विशेष गुण हैं। अमीर मीनाई (दे०) कहते हैं कि 'दर्द का कलाम पिसी हुई बिजलियाँ मालूम होता है।' फ़िराक़ गोरखपुरी (दे०) के अनुसार 'दर्द' की भाषा 'मीर' और 'सौदा' (दे०) की अपेक्षा वर्तमान उर्दू के कहीं अधिक निकट है। काव्य में माधुर्य और गीतात्मकता भरपूर है। ध्वन्यात्मक सौन्दर्य इनके काव्य की विशेष शोभा है। 'आहे-सर्द', 'इल्मुल-

किताब', 'नाला-ए-दर्द', 'शमा-ए-महफ़िल', 'सहीफ़े-वारदात' और 'वाकयाते-दर्द' आपकी प्रमुख पुस्तकें हैं।

दह मजलिस (कृति। रचनाकाल सन् 1732 ई०)

फ़ज़ली (दे०) की 'दह मजलिस' मुल्ला हुसैन वाइज़ की फ़ारसी पुस्तक 'रौज़तुश्शोहदा' का अनुवाद है। यह मुहम्मदशाह के समय में सन् 1732 ई० में लिखी गई। यह एक धार्मिक पुस्तक है। इसमें करबला की लड़ाई में मुहम्मद हुसैन और उनके साथियों पर हुए ज़ुल्म की कहानी का बड़ा मार्मिक और हृदयविदारक वर्णन किया किया है। मुहर्रम के दिनों में शोक सभाओं में इसका पाठ किया जाता है। भाषा शैली के दृष्टिकोण से यह प्रारंभिक उर्दू गद्य का नमूना है। वाक्य-विन्यास में बनावट और दुरूहता है। भाषा आनुप्रासिक है और गति का अभाव है। इसमें अरबी-फ़ारसी के शब्दों का प्रयोग बहुतायत से हुआ है।

यह पुस्तक जर्मनी के एक पुस्तकालय से मिली और इसे बड़े शोधपूर्ण ढंग से प्रकाशित किया गया। इसको 'करबल कथा' भी कहा जाता है।

दाऊद ज़ईफ़ी

आप सत्रहवीं शताब्दी में हैदराबाद में हुए। बड़े धार्मिक विचारों के व्यक्ति थे और समसामयिक उर्दू के पक्षधर। अरबी-फ़ारसी की रचनाओं पर आधारित दो पुस्तकें उर्दू में लिखीं। एक पुस्तक 'हिदायात-ए-हिन्दी' (सन् 1688 ई०) के नाम से जानी जाती है। यह इस्लाम धर्म से सम्बन्धित है और इसमें कुल 25 अध्याय हैं। दक्षिण के किसी कवि द्वारा लिखित शायद यह एकमात्र रचना है जिसमें बादशाह औरंगज़ेब की स्तुति की गई है। दूसरी पुस्तक भी धार्मिक है और इसमें भक्ति रस में डूबी एक स्त्री का चित्रण किया गया है। इन दोनों रचनाओं के आधार पर कहा जा सकता है कि ज़ईफ़ी एक विद्वान कवि था।

दाग़ देहलवी, नवाब मिर्ज़ा ख़ां (सन् 1831-1905 ई०)

दाग़ का जन्म दिल्ली में हुआ। ये केवल छः-सात वर्ष के थे जब इनके पिता नवाब शम्सुद्दीन ख़ाँ को गवर्नर जनरल के एजेंट मि० फ़ेज़र की हत्या के अपराध में फाँसी दे दी गई। सन् 1844 में इनकी रूपसी विधवा माँ ने बादशाह बहादुर शाह 'ज़फ़र' (दे०) के बेटे मिर्ज़ा फ़खरू से विवाह कर लिया और दाग़ का पालन-पोषण लाल क़िले में राजकुमारों की तरह होने लगा। सन् 1856 में मिर्ज़ा फ़खरू की मृत्यु हो जाने पर ये रामपुर चले आए जहाँ इनका बड़ा सम्मान हुआ। नवाब कल्बे अली ख़ाँ ने इन्हें

चौबीस साल तक बड़े स्नेह के साथ रखा। पदवी दी, अच्छा वेतन दिया और आदर भी। रामपुर में इन्हें भोगविलास के ऐसे अवसर मिले कि ये उसे 'आरामपुर' कहने लगे। सन् 1886 में नवाब की मृत्यु होने पर ये दिल्ली होते हुए हैदराबाद गए मगर वहाँ किसी ने बात न पूछी तो लौट आए। दो साल बाद गिरधारी प्रसाद बाक़ी (दे०) ने निज़ाम से कहकर इन्हें हैदराबाद बुलवाया। निज़ाम के काव्य गुरु की हैसियत से साढ़े चार सौ रुपया महीना वेतन नियत हुआ जो बाद में एक हज़ार और फिर पन्द्रह सौ कर दिया गया। हैदराबाद में जो धन-दौलत और प्रतिष्ठा दाग़ को मिली, वह शायद ही कभी किसी शायर को मिली हो।

दाग़ ने अपने चार दीवान तैयार किए—'गुलज़ारे-दाग़' 'माहताबे दाग़', 'आफ़ताबे-दाग़' और 'यादगारे-दाग़'। इसके अतिरिक्त उनकी एक मसनवी 'फ़रियादे-दाग़' और पत्रों का संग्रह 'इन्शा-ए-दाग़' भी प्रकाशित हो चुके हैं। संग्रहों में कुछ क़सीदे और अधिकतर ग़ज़लें हैं।

दाग़ की ग़ज़लों में बड़ी मधुरता और गीतात्मकता है। जो रंगीनी उनके जीवन में थी वही रंगीनी, दिलकशी, शोख़ी और चुलबुलापन उनके क़लाम में है। इन्होंने लखनऊ और दिल्ली केन्द्रों के सम्मिश्रण से एक नयी शैली का आविष्कार किया जिसमें भाषा का सौष्ठव है लेकिन शब्दों का खिलवाड़ नहीं; अनुभूति की वास्तविकता है अनहोनी कल्पना नहीं। इनके यहाँ शुद्ध रूप से अनुभूत भौतिक प्रेम का यथार्थ चित्रण है। इसीलिए इन पर अश्लीलता का आरोप लगाया जाता है। दाग़ प्रेम में आदर्श नहीं प्रस्तुत करते, केवल अपने मनोभावों को बिना दुराव-छुपाव खुलेआम कह देते हैं। जैसा कि प्रो० एहतशाम हुसैन (दे०) का विचार है उस निराशावादी युग में प्रेम की भावनाओं को आदर्शवादी होने से बचा लेना एक बड़ा काम था, जिसमें दाग़ सफल हुए। श्रृंगार के अतिरिक्त थोड़ा-बहुत अध्यात्म पर भी लिखा, लेकिन उस पर दाग़ के व्यक्तित्व की छाप नहीं।

काव्य-विषय सीमित होने पर भी दाग़ ने भाषा का जो उपकार किया, उसे भुलाया नहीं जा सकता। वे एक बड़े कलाकार थे। भाषा की सरलता, शुद्धता, मधुरता, गीतात्मकता, बन्दिशों की चुस्ती, शैली का प्रभाव, क़लाम का प्रवाह, और मुहावरों का सुन्दर प्रयोग जैसा दाग़ के काव्य में बन पड़ा है, और शायद ही कहीं देखने को मिले। दाग़ ने उर्दू को फ़ारसी के चंगुल से मुक्त करके, सजा-सँवार और निखारकर उसके सौष्ठव और अभिव्यंजना शक्ति को स्थापित किया।

यहाँ पर उल्लेखनीय है कि दाग़ अपने जमाने के बड़े ही लोकप्रिय शायर और माने हुए उस्ताद थे। यह प्रसिद्ध है कि वे मुशायरा लूट लेते थे और मुशायरे से निकलने वालों की ज़बान पर सिर्फ़ दाग़ के ही शेर होते थे। शागिर्दों की संख्या 1500 से ऊपर बतायी जाती है। ख़तों के ज़रिए भी इस्लाह देते थे और इस काम के लिए दफ़्तर खोल रखा था। दाग़ के शिष्यों में महाकवि इक़बाल (दे०), सीमाब अकबराबादी (दे०), नूह नारवी (दे०), अहसन मारहरवी, बेख़ुद देहलवी (दे०), सायल, नातिक़, नसीम भरतपुरी और जोश मलिसयानी (दे०) प्रसिद्ध हुए।

दार-ओ-रसन

दार का अर्थ है फाँसी और रसन रस्सी को कहते हैं। इस प्रतीक से मंसूर हल्लाज नामक संत की शहादत का बोध होता है। मंसूर बड़े पहुँचे हुए सूफ़ी और विचारक थे। उन्होंने आध्यात्मिकता के एक विशेष स्तर पर पहुँचकर 'अनहल हक़' (अहम् ब्रह्मास्मि— यानि मैं ख़ुदा हूँ) का नारा दिया। इस्लामी राज व्यवस्था ने इसे ख़ुदाई का दावा समझा और मंसूर को फाँसी दे दी। मंसूर सत्य को स्थापित करने के लिए जान दे देने वाली अटूट आस्था है और दार-ओ-रसन उसका प्रतीक।

एक उदाहरण देखिए—

मुक़ाम 'फ़ैज़' कोई राह में जँचा ही नहीं
जो कूए-यार से निकले तो सू-ए-दार चले।

—**फ़ैज़ अहमद 'फ़ैज़'**

दास्तान अमीर हमज़ा (कृ०)

यह पुस्तक फ़ैज़ी ने बादशाह अक़बर के मनोरंजन के लिए फ़ारसी में लिखी थी। यह एक विशालकाय ग्रंथ है जिसमें लगभग सत्रह-अठारह हज़ार पृष्ठ हैं। इसमें मुहम्मद साहब के चचा अमीर हमज़ा का क़िस्सा है। यह एक से निकलने वाली अनेक कल्पित कथाओं की अटूट श्रृंखला है। इसके चार खंडों का अनुवाद मीर मुहम्मद हुसैन जाह और शेष का अहमद हुसैन क़मर ने किया। पद्य में एक अनुवाद मुंशी तोताराम ने भी किया। इस ग्रंथ को नवल किशोर प्रेस (दे०) लखनऊ ने प्रकाशित किया।

दास्तान (पारि०)

कहानी कहने की परम्परा कितनी पुरानी है, कहा नहीं जा सकता, किन्तु कहानी रोचक एवं कलात्मक ढंग से कहने की कुशलता दंतकथाओं से ही प्रारंभ होकर किताबों के पृष्ठों तक पहुँची। अरब देशों में अच्छी कहानी

कहने वाले अर्थात् दास्तान गो इस कला को व्यावसायिक स्तर तक ले गए। बादशाह और रईस-उमरा अपने मनोरंजन के लिए दास्तान गो को राजकीय प्रश्रय देने लगे। अरब से यह परम्परा दिल्ली, लखनऊ और रामपुर के रजवाड़ों में पहुँची और ख़ूब फूली-फली। मगर राजा-महाराजाओं के साथ ही दास्तान गो भी इतिहास हो गए।

दास्तान सामान्यतः एक लम्बी कहानी को कहते हैं मगर कहानी की लम्बाई निर्धारित नहीं। एक दास्तान में किसी एक सूत्र से बँधी कई छोटी कहानियाँ भी हो सकती हैं। दैवी चरित्र, चमत्कारी शक्तियाँ, मानवेतर व्यक्तित्व, अद्भुत घटनाएँ, अकल्पनीय देश-परिवेश, सौन्दर्य और भयावहता के अतिशय रूप दास्तान को यथार्थ जीवन से बहुत अलग और दूर कर देते हैं। दास्तान मनुष्य की कल्पना को उकसाती है, उसके भीतर छिपे अज्ञान के भय, और कौतूहल को संतुष्ट करती है। यथार्थ से परे होने पर भी दास्तान का संवेगात्मक धरातल मानव-मन ही है। कई बार आस-पास का परिवेश, संस्कृति और ललित कलाएँ भी इनमें सजीव हो उठती हैं।

उर्दू की अधिकांश दास्तानें फ़ारसी से और कुछ संस्कृत से अनूदित हैं। ये बहुधा स्वतंत्र अनुवाद हैं। कई बार तो ये अनुवादक की मूल रचनाएँ जान पड़ती हैं। आध्यात्मिक और शिक्षाप्रद साहित्य के साथ दक्षिण भारत में कुछ दास्तानें लिखी गईं जिनमें मुल्ला वजही (दे०) की 'सबरस' (दे०) एक उत्कृष्ट रचना मानी जाती है। यह एक फ़ारसी मसनवी 'दस्तूरे-उश्शाक' और 'हुस्नो-दिल' पर आधारित है और इसका रचनाकाल सन् 1635-36 बताया जाता है। यह अलंकृत गद्य में लिखी गई। उत्तर भारत में अठारहवीं शताब्दी में ईस्वी ख़ाँ ने 'क़िस्सा-ए-मेहर अफ़रोज़ो-दिलबर' (दे०) की रचना की। मेहर चंद खत्री की 'क़िस्सा-ए-मलिक मुहम्मद गेती अफ़रोज़' भी एक फ़ारसी कथा पर आधारित है। यह परीकथा बड़े सरल, स्पष्ट गद्य में लिखी गई।

फ़ारसी दास्तानों के उर्दू अनुवाद तैयार कराने में कलकत्ता फ़ोर्ट विलियम कॉलेज (दे०) की बड़ी महत्त्वपूर्ण भूमिका रही। ब्रिटिश शासक अपने अधिकारियों को उर्दू की शिक्षा दिलाना चाहते थे। इसी उद्देश्य से उन्होंने उक्तलिखित कॉलेज की स्थापना की और रोचक दास्तानों के अनुवाद सरल उर्दू गद्य में करवाए। यहीं से उर्दू गद्य के परिमार्जन की प्रक्रिया शुरू हुई। इसी कॉलेज के लिए मीर अम्मन (दे०) ने तहसीन (दे०) की 'नौ-तर्ज़े मुरस्सा' (दे०) के आधार पर मौलिकता का आनंद देने वाली 'बाग़ो-बहार' (दे०) तैयार की। ख़लील अली ख़ाँ 'अश्क़' ने 'दास्तान

अमीर हमज़ा' (दे०) यहीं सन् 1801 ई० में पूरी की। यह 1803 में प्रकाशित हुई। इसी कॉलिज के हैदर बख़्श हैदरी (दे०) ने 'आराइशे महफ़िल' लिखी। यह सन् 1801 में पूरी हुई और 1805 में प्रकाशित की गई। गुल बकावली की फ़ारसी दास्तान का उर्दू रूपान्तर निहालचंद लाहौरी ने सन् 1803 ई० में 'मज़हबे-इश्क' के नाम से तैयार किया। दयाशंकर 'नसीम' (दे०) की प्रसिद्ध मसनवी 'गुलज़ारे-नसीम' (दे०) इसी से प्रेरित है। बेनी नरायन जहाँ (दे०) ने भी फ़ोर्ट विलियम कॉलेज के लिए कुछ दास्तानें लिखीं जो प्रकाशित नहीं हो सकीं। इनके शीर्षक हैं—'चहार गुलशन', 'गुल सनोबर', और 'लैला मजनूं'। ये संभवत: 19वीं सदी के पहले दो-तीन दशकों में तैयार हुईं। 'सिंहासन बत्तीसी' और 'बेतालपचीसी' भी यहाँ हिन्दी और उर्दू में तैयार की गईं। 'क़िस्सा-एं-माधवानल कामकुण्डला' का अनुवाद मज़हर अली विला (दे०) और लल्लूलाल (दे०) ने सन् 1801 में किया। इसी वर्ष 'शकुन्तला' कासिम अली जवान (दे०) ने रूपान्तरित की।

फ़ोर्ट विलियम कॉलेज के बाहर इस समय उत्तर भारत में इंशा अल्ला ख़ाँ 'इंशा' (दे०) ने 'रानी केतकी की कहानी' (दे०) तैयार की जो अपनी भाषा शैली के कारण दास्तानों के इतिहास में विशेष स्थान रखती है। हकीम मुहम्मद बख़्श मजरूह की 'इंशा-ए-गुलशने-नौबहार' से प्रेरित होकर मिर्ज़ा रजबअली बेग 'सुरूर' (दे०) ने 'फ़साना-ए-आज़ाद' (दे०) की रचना की जो बहुत लोकप्रिय हुई। 'सुरूर' की अन्य दास्तानें हैं—'शगुफ़्ता-ए-मोहब्बत', 'गुलज़ारे सुरूर' और 'शबिस्ताने-सुरूर'। अन्तिम रचना 'अलिफ़ लैला' (दे०) की दास्तान पर आधारित है जिसका अनुवाद सन् 1842 में अब्दुल करीम ने भी किया।

एक अन्य बहुचर्चित एवं लोकप्रिय दास्तान है—'दास्तान अमीर हमज़ा' (दे०)। इसका रूपान्तरण कई लेखकों ने किया। इसी की नकल में 'बोस्तान ख़्याल' (दे०) तैयार की गई। फ़ारसी में इसे मोहम्मद तक़ी 'ख़्याल' ने लिखा और उर्दू पाठ ख़्वाजा बदरूद्दीन अमान (दे०) ने तैयार किया। एक अन्य महत्त्वपूर्ण दास्तान 'तिलिस्म होशरुबा' मोहम्मद हुसैन जाह और अहमद हुसैन क़मर ने उर्दू में रूपान्तरित की।

अन्य बहुत-सी दास्तानों की पाण्डुलिपियाँ रामपुर, हैदराबाद, पेरिस और लन्दन के पुस्तकालयों में हैं जो प्रकाशित नहीं हुईं।

दास्ताने-तिलिस्मे-होशरुबा (कृति। रचनाकाल सन् 1800-1825 ई०)

यह अहमद हुसैन कमर की सात खण्डों में लिखी गई लम्बी कहानी है

जिसका नायक है कर्त्तव्यपरायण दीन-हीन हितचिन्तक एवं वीर योद्धा अमीर हमज़ा (दे०) अमीर हमज़ा सत् और उसके विरोधी 'अफ़रासियान' और 'लक़ा' असत् के प्रतीक हैं। होशरुबा एक तिलिस्मी नगर है जिस पर अमीर हमज़ा आक्रमण करता है और अपने शौर्य, साथियों के सहयोग एवं कर्मठता तथा कुछ चमत्कारिक अस्त्रों की सहायता से विजय पाता है। कहानी का वातावरण जादुई है। भोग विलास, ऐश्वर्य, यौवन, प्रेम, उल्लास के साथ-साथ रणभूमि में शस्त्रों की झंकार, गर्जना करते वीर, सरपट दौड़ते घोड़े, युद्ध वाद्यों का निनाद, आदि के सजीव चित्र पुस्तक में देखने को मिलते हैं। जादू के आधार के कारण विवरणों और चरित्रों में अस्वाभाविकता भी है। घटनाओं का बाहुल्य है। चरित्र गतिशील नहीं। भाषा बहुधा दुरूह और शब्दाडम्बरयुक्त है यद्यपि कहीं-कहीं सजीव स्वाभाविक विवरण भी हैं। तिलिस्मी नगरी के परिवेश और चरित्रों में भारतीय और अरबी संस्कृति का मिला-जुला रूप उभरकर आता है।

'दिल' शाहजहाँपुरी (जन्म : सन् 1878 ई०)

पूरा नाम ज़मीर हसन ख़ाँ। 'दिल' तख़ल्लुस। शाहजहाँपुर के एक पठान ख़ानदान में जन्म हुआ। परिवार में दरवेशों और यूनानी हकीमों की परम्परा थी। 'दिल' ने भी यूनानी चिकित्सा का धर्मार्थ सदुपयोग किया। पुरानी ज़मींदारी के कारण आर्थिक चिन्ता से मुक्त थे। अरबी-फ़ारसी की शिक्षा प्राप्त की और 15-16 वर्ष की आयु से ही शे'र कहना शुरू कर दिया। लखनऊ स्कूल के शायर थे और अमीर मीनाई (दे०) के मूर्धन्य शिष्य।

'दिल' प्रकृति से गंभीर थे। इसी कारण 'इंशा' (दे०) और 'जुरअत' (दे०) का समकालीन होने पर भी 'दिल' की शायरी में प्रेम का निर्लज्ज प्रदर्शन नहीं। यहाँ उल्लेखनीय है कि 'दिल' के क़लाम में 'वस्ल' और 'रक़ीब' (दे०) जैसे शब्द ढूंढे से भी नहीं मिलते। 'दिल' फ़रमाते हैं 'मेरे लब आरिज़े-महबूब तक कभी नहीं पहुँचे। जज़्बात आस्ताँ बोसी तक महदूद हैं।···मेरा महबूब सिर्फ़ मेरा महबूब है। हुस्ने-मासूम ख़िलवत पसन्द है। जलवा सरेबाम नहीं।' इश्के हक़ीक़ी के साथ 'इश्के मजाज़ी' की तस्वीरें भी 'दिल' के कलाम में मिलती हैं मगर बड़ी शालीन और स्वाभाविक। प्रचण्ड भावों को उन्होंने संयम के महीन डोरे से घेरा है। मगर दिल की धड़कनें दिल से सुनते हैं। 'यूँ तो उनके यहाँ शोख़ी भी है लेकिन तहज़ीब के साथ। छेड़छाड़ भी है, मगर हदूदे-मतानत के अन्दर। तंज़ निगारी भी है, मगर दिल शिकनी नहीं।' (नियाज़ फ़तहपुरी)।

'दिल' ग़ज़ल (दे०) के उस्ताद शायर हैं। गो उन्होंने नज़्में, सलाम (दे०) मुख़म्मस (दे०) और रुबाईयाँ (दे०) भी कहीं हैं। क़लाम 'नग़्मा-ए-दिल' में संकलित है। 'ऐतबारुल मुल्क' की उपाधि से सम्मानित किए गए।

दिल्ली कॉलेज

सन् 1825 ई० में स्थापना हुई। इसका उद्देश्य था जीवन की बदलती हुई आवश्यकताओं को ध्यान में रखते हुए विभिन्न विषयों में उच्च स्तर की शिक्षा देना। सन् 1827 में यहाँ अंग्रेज़ी का अध्यापन भी आरंभ हो गया यद्यपि दिल्लीवासियों ने इसका कड़ा विरोध किया। यहाँ साहित्य, गणित, इतिहास और पाश्चात्य विद्याएँ उर्दू में पढ़ाई जाती थीं। इस कॉलेज के संरक्षण में 'देहली वर्नाक्युलर ट्रांसलेशन सोसायटी' (दे०) की स्थापना हुई जिसने हिन्दू धर्म पुस्तकों, प्राचीन संस्कृत नाटकों के अनुवाद कराए, प्रसिद्ध उर्दू कवियों के संग्रह और तज़किरे तैयार करवाये और अनेक अंग्रेज़ी और अरबी-फ़ारसी पुस्तकों के उर्दू रूपान्तर किए। इनमें से कुछ ग्रन्थ इंडिया ऑफ़िस लॉयब्रेरी, लंडन में सुरक्षित हैं। अनुवादकों में धर्मनरायन, अयोध्या प्रसाद, हरिवर्मन लाल, शीतल प्रसाद, कालीराम, वज़ीर अली, ग़ुलाम अली (दे०), मुहम्मद अहसन और प्रो० रामचन्द्र (दे०) के नाम मिलते हैं। दिल्ली कॉलेज से बड़े-बड़े प्रतिभाशाली विद्यार्थी निकले जिनमें मौलवी नज़ीर अहमद (दे०), प्यारेलाल आशोब, मौलवी शहामत अली, डा० मुकुन्दलाल, डा० चिम्मन लाल, मौलाना हाली (दे०), मौलाना आज़ाद (दे०) और मौलवी ज़काउल्ला (दे०) उल्लेखनीय हैं।

दिल्ली स्कूल की दाख़िली शायरी (प्र०)

मुग़ल सल्तनत के पतन का काल दिल्ली की शायरी में नई उपलब्धियों का युग था। इसे लखनऊ स्कूल की ख़ारिजी शायरी (दे०) की तुलना में दाख़िली शायरी का नाम दिया गया। मुग़ल बादशाह काव्यमर्मज्ञ थे और न केवल शायरों को संरक्षण देते थे, अपितु उनमें कई स्वयं भी शायर थे। मगर अब मुग़लों की राजनैतिक शक्ति कम होती जा रही थी। दूर-दूर के प्रान्त स्वाधीन हो रहे थे। नादिरशाह और अहमदशाह अबदाली के आक्रमणों से दिल्ली तहस-नहस हो रही थी, राज्य में भय और अव्यवस्था व्याप्त थी। ईस्ट इंडिया कम्पनी का प्रभुत्व बढ़ गया था और दिल्ली का बादशाह उसके हाथ की कठपुतली मात्र रह गया था। ऐसी स्थिति में भय, असुरक्षा और नैराश्य का घिर आना स्वाभाविक था। राज्याश्रय के अभाव में कुछ शायरों ने लखनऊ की राह ली। मगर दिल्ली की सृजनात्मक शक्ति अभी समाप्त नहीं हुई थी। निराशा और अवसाद के इस युग ने

'ग़ालिब' (दे०), ज़ौक (दे०), मोमिन (दे०) और बहादुर शाह 'ज़फ़र' (दे०) जैसे उच्चकोटि के कवियों को जन्म दिया।

लखनऊ को ख़ारिजी शायरी की तुलना में दिल्ली की दाख़िली शायरी में भावों और विचारों की प्रखरता देखने में आती है। इस युग की रचनाओं में करुणा, व्यथा, अवसाद और नैराश्य की बहुलता है जो कि तत्कालीन राजनैतिक आर्थिक और सामाजिक स्थिति का प्रतिबिम्ब है। भावों में मार्मिकता, आपबीती में जगबीती की प्रतिध्वनि, समस्याओं को देखने की एक नई दृष्टि और शैली में सादगी इस शायरी की विशेषताएँ हैं।

दीवान (पारि०)

ग़ज़लों के संग्रह को दीवान कहते हैं। इसमें दूसरी काव्य-विधाओं का समावेश भी किया जा सकता है। कभी-कभी कुल्लियात (दे०) के अर्थ में भी इस शब्द का प्रयोग होता है।

दीवाने-ग़ालिब (कृति)

यह मिर्ज़ा असदुल्ला ख़ाँ 'ग़ालिब' (दे०) का काव्य-संग्रह है जिसमें 231 ग़ज़लें, चार क़सीदे, एक मसनवी, एक सेहरा, 16 क़तए और 16 रुबाइयाँ संकलित हैं। यह दीवान उर्दू साहित्य की अमूल्य निधि है। इसमें मिर्ज़ा की रचनाधर्मिता, उनका दर्शन, कठिन से सरल की ओर यात्रा, नवीन कल्पना, अनूठी अभिव्यंजना, चुटीलापन, अनुभूति की तीव्रता, भाषा शैली का निखार— सार यह कि 'ग़ालिब' के काव्य की सभी प्रतिनिधि प्रवृत्तियाँ विद्यमान हैं।

दुनिया-ए-अफ़साना (कृ० । रचनाकाल सन् 1928 ई०)

यह अब्दुल क़ादिर सरवरी (दे०) की पुस्तक है जिसमें कहानी के तत्त्वों की विवेचना का प्रयास किया गया है। उर्दू में इससे पहले कहानी पर कोई समीक्षात्मक पुस्तक नहीं लिखी गई। इस दृष्टि से आलोचना साहित्य में इसका वही स्थान है जो डा० मुहीयुद्दीन क़ादिरी 'ज़ोर' (दे०) की पुस्तक 'रुहे-तनक़ीद' (दे०) का। कहानी के महत्त्व और समीक्षा-सिद्धांतों पर पाश्चात्य आलोचकों और कथाकारों का प्रभाव स्पष्ट लक्षित है। कहानी के पुराने रूप का विश्लेषण अच्छा बन पड़ा है, मगर बीसवीं सदी की कहानी, उसके राजनैतिक, आर्थिक और सामाजिक परिप्रेक्ष्य तथा शिल्प सम्बन्धी क्रांतिकारी प्रयोग अछूते रह गए हैं। कहानी का वाह्य रूप और गुण-दोष विवेचन अधिक मुखर है। उसकी अन्तरात्मा नहीं। संकलन में पाश्चात्य कहानियाँ भी हैं। एक परिच्छेद अमरीका, फ्रांस, इंग्लैण्ड और देशीय लघु-कथाओं के विषय में है।

देहली वर्नाक्युलर ट्रांसलेशन सोसायटी

उर्दू गद्य का इतिहास इस सोसायटी के उल्लेख बिना अधूरा माना जाएगा। इसकी स्थापना दिल्ली में सन् 1841 ई० में हुई और इसमें कथा-साहित्य, धर्म, इतिहास के अतिरिक्त गणित, विज्ञान, तर्क, ज्योतिष एवं दर्शन पर कुल मिलाकर सवा सौ ग्रन्थ तैयार किए गए। दुर्भाग्य से ये सब ग्रन्थ आज उपलब्ध नहीं हैं। इनमें से कुछ इण्डिया ऑफ़िस लाइब्रेरी लंडन में हैं। इस सोसायटी ने रामायण, महाभारत, शकुन्तला, धर्मशास्त्र, रघुवंश के अतिरिक्त सौदा (दे०), मीर (दे०), दर्द (दे०), जुरअत (दे०) आदि के दीवान, कवियों के तज़किरे और कई धर्म ग्रन्थों के अनुवाद तैयार करवाये। ये अनुवाद अरबी, फ़ारसी, संस्कृत और अंग्रेज़ी से किए गए। अनुवादकों में धर्मनरायन, अयोध्या प्रसाद, हरिवर्मन लाल, शीतल प्रसाद, कालीराम, वज़ीर अली, ग़ुलाम अली (दे०), मुहम्मद अहसन और प्रो० रामचन्द्र (दे०) के नाम मिलते हैं।

दैर-ओ-हरम

दैर का अर्थ है मन्दिर और हरम मस्जिद को कहते हैं। उर्दू-काव्य में इस जोड़ी का प्रयोग बहुतायत से प्रतीक के रूप में देखने को मिलता है। कवि की संवेदना साम्प्रदायिकता की पकड़ से आज़ाद है। धर्म उसके मन-मस्तिष्क को ज़ंजीरें नहीं पहना सकता। बन्धन उसके प्रति अपूर्णता का पर्याय है—

दीवार से घिरा था हरम का क़ुसूर क्या
पैदा अगर हद्दूद में वुसअत न हो सकी।

—जमील मज़हरी

वह जानता है कि मन्दिरों-मस्जिदों में सजदे करने से ख़ुदा नहीं मिलने वाला। उसकी तलाश तो अपने भीतर ही करनी होगी—

ख़ुद अपने ही सोज़-ए-बातनी से निकाल इक शम्म-ए-ग़ैरफ़ानी
चिराग़-ए-दैर-ओ-हरम तो ऐ दिल जला करेंगे, बुझा करेंगे।

—जिगर मुरादाबादी

दौलतशाह

ये आरंभ में फ़ारसी में कविता करते थे, बाद में उर्दू में लिखने लगे। इन्होंने अमीन की अधूरी रचना 'बहराम ओ-बानो हुस्न' को सन् 1639 ई० में पूरा किया। यह एक प्रेमकथा है। दौलतशाह ने इसके अतिरिक्त ग़ज़लें भी लिखीं जिनका विषय भौतिक प्रेम है। इनसे पहले संभवतः बीजापुर के किसी कवि ने इश्क़िया (प्रेम-विषयक) ग़ज़लें नहीं लिखीं।

न

नक़्शो-निगार (कृति। प्रकाशन वर्ष सन् 1943 ई०)

इस काव्य-संग्रह में जोश मलीहाबादी (दे०) की सन् 1927 से 1935 ई० के बीच लिखी गई ग़ज़लें और गीत संकलित हैं। विषय विविधता शृंगार से राष्ट्रीयता तक। मोहक बिम्ब-योजना, प्रतीकात्मकता, भाषा शैली की सरसता, संगीतमकता, और वर्णन की सजीवता मिलकर इसे एक अविस्मरणीय रचना बनाए हुए हैं। हिन्दी शब्दों का प्रयोग बहुतायत से हुआ है।

नज़र लखनवी (सन् 1866-1923 ई०)

मुंशी नौबतराय 'नज़र' का जन्म लखनऊ के एक कायस्थ परिवार में हुआ। किशोरावस्था में ही काव्य साधना आरंभ कर दी। आग़ा 'मज़हर' लखनवी के ये शिष्य थे। 'नज़र' ने गद्य और पद्य दोनों में लिखा, किन्तु इनका कोई संग्रह प्रकाशित न हो सका। सन् 1897 में नज़र ने लखनऊ से 'ख़दंगे-नज़र' नामक पत्रिका निकाली जो सात वर्ष तक चलने के बाद धन की कमी के कारण बन्द कर देनी पड़ी। इसके बाद 'ज़माना' (दे०) और 'अदीब' से सम्बद्ध रहे। कुछ समय तक 'अवध अख़बार' (दे०) का सम्पादन भी किया। 'नज़र' का स्वास्थ्य अच्छा नहीं रहा। साथ ही प्रियजनों की असमय मृत्यु ने भी इन्हें बहुत दुख पहुँचाया। सन् 1923 में 'नज़र' का दमे की बीमारी से देहावसान हुआ।

'नज़र' लखनऊ में बढ़े फूले, वहीं शिक्षा-दीक्षा प्राप्त की और जीवन का अधिकांश भाग भी वहीं गुज़ारा, लेकिन लखनऊ की कृत्रिम शायरी उन्हें रास नहीं आई। बाहर की अपेक्षा उन्होंने अन्तर की वेदना को अपनी रचनाओं में उभारा और करुणा उनकी ग़ज़लों में विशेष रूप में उभरी। साफ़-सादा शब्दों में अर्थ-गांभीर्य से उनका संवेदनात्मक प्रभाव बढ़ा।

'नज़र' की रचनाओं में कहीं हल्कापन नहीं। शब्दों में कोमलता, माधुर्य और ग़ज़लों में प्रवाह है।

नज़ीर अकबराबादी (सन् 1735-1830 ई०)

प्रो० शहबाज़ की 'ज़िन्दगानी-ए- बेनज़ीर' से मालूम होता है कि नज़ीर का जन्म नादिरशाह और अहमदशाह अब्दाली के आक्रमणों से त्रस्त दिल्ली में हुआ। 'नज़ीर' की माँ आगरे के क़िलेदार नवाब सुलतान ख़ाँ की बेटी थीं। बाईस वर्ष की अवस्था में नज़ीर दिल्ली से अकबराबाद (आगरा) आ गए और वहीं के हो रहे। लखनऊ और भरतपुर के नवाबी घरानों के बुलावे भी ठुकरा दिए और लाला विलासराम के लड़कों को सत्रह रुपये महीना पर पढ़ाते रहे।

'नज़ीर' लगभग सौ बरस जिये और भरपूर जिये। यौवन की रंगरलियों, चुहलबाज़ियों और मेलों-ठेलों के अलावा जीवन की समस्याओं से भी जुड़े थे। स्वभाव सरल था। साम्प्रदायिकता छू न गई थी। मस्त तबीयत के थे। सड़क पर चलते आदमी पर शेर कहते। लगभग दो लाख शेर कहे। मगर प्राप्य केवल छः हज़ार हैं। क़सीदे और हजों से कोई वास्ता न था। राज्याश्रित कवियों के काव्य-अवगुणों से सर्वथा मुक्त थे।

नज़ीर जनसाधारण के कवि थे। जीवन के हर अनुभव को उन्होंने आम आदमी की नज़र से देखा, उसके सुख-दुख की जीती-जागती तस्वीरें पेश कीं। सामन्तवाद की छाया में पलने वाले प्रेम को वह घास-फूस की छत के नीचे ले आए। स्वतंत्र चिंतक थे। अध्यात्म की गूढ़ चर्चाओं के स्थान पर वे कृष्ण जी, महादेव जी, पीर पैग़म्बर और नानक की बात करते। राजसी ठाठ-बाठ और दौलत के अम्बार की बजाय आगरे की ककड़ी, तिल के लड्डू, रीछ के बच्चे, कौए और हिरन, गिलहरी, तरबूज, सर्दी-गर्मी-बरसात और ग़रीब की रोटी पर कविता लिखते। और यह सब लिखते थे आम बोल-चाल की भाषा में—आगरे की तत्कालीन खड़ीबोली और ब्रजभाषा के समन्वय में। 'नज़ीर' ज़िन्दगी के बहुत क़रीब थे और उनकी चेतना अपने समय से बहुत आगे। वे न लखनऊ के कवि थे न दिल्ली के, न ही किसी विशिष्ट परम्परा की कड़ी। 'नज़ीर' अपने आप में एक स्वतंत्र परम्परा हैं। बीसवीं सदी के आलोचकों ने उनके काव्य के जनतत्व को पहचान कर उन्हें उचित स्थान और प्रतिष्ठा दी है।

'नज़ीर' ने उर्दू में रूपक का प्रयोग बहुतायत से किया है। जीवन की क्षण-भंगुरता और मृत्यु की वास्तविकता को 'हंसनामा' और 'बंजरनामा' में प्रतीकों की सहायता से समझाया है। आपकी ग़ज़लों और नज़्मों का संग्रह

'कुल्लियाते नज़ीर' (दे०) के नाम से प्रकाशित है। 'बातिन' नाम के आपके शिष्य ने एक तज़किरा (दे०) तैयार किया जिसमें नज़ीर का विस्तृत वृत्तांत दिया गया है।

नज़ीर अहमद (सन् 1831-1912 ई०)

जन्म बिजनौर में हुआ। सन् 1845 में दिल्ली आ गए और अपनी योग्यता के बल पर दिल्ली कॉलिज (दे०) में प्रवेश प्राप्त किया। हाली (दे०), आज़ाद (दे०), ज़काउल्ला (दे०) इनके सहपाठी थे। आठ वर्ष बाद कॉलेज छोड़कर पंजाब में अध्ययन किया और सन् 1857 की क्रांति के बाद अंग्रेज़ों की कृपा से इंस्पेक्टर ऑव स्कूल्स हो गए। धीरे-धीरे उन्नति करते हुए तहसीलदार और फिर डिप्टी कलक्टर बने। हैदराबाद में रेवेन्यू बोर्ड के मेम्बर रहे और पेंशन मिलने के बाद जीवन का शेष भाग पढ़ने-लिखने में लगा दिया। सन् 1890 ई० में सरकार ने इन्हें 'शमसुल-उलेमा' की उपाधि दी। 1902 में एडिनबरा यूनिवर्सिटी से एल० एल० डी० और 1910 में पंजाब विश्वविद्यालय से डी० ओ० एल० की उपाधियाँ प्राप्त कीं।

नज़ीर अहमद ने लगभग तीस पुस्तकें लिखीं। इन्होंने 'इंडियन पीनल कोड' और 'एविडेंस एक्ट' का 'ताज़ीराते-हिन्द' और 'क़ानूने शहादत' के नाम से अनुवाद किया। यह एक महत्त्वपूर्ण कार्य था। क़ुरान शरीफ़ का अनुवाद किया और नीति और धर्म सम्बन्धी 'अदैयतुल-क़ुरान', 'दहसूरा', 'मतालिबुल-क़ुरान' इत्यादि पुस्तकें लिखीं। व्याकरण पर 'सर्फ़े-सग़ीर', 'मायग़नीक फ़िस्सर्फ़' और 'रस्मुल ख़त' नामक रचनाएँ कीं। आप एक बहुत अच्छे वक्ता थे। आपके भाषणों के दो संग्रह भी प्रकाशित हो चुके हैं। साहित्य में नज़ीर अहमद को एक उपन्यासकार की हैसियत से बड़ी प्रतिष्ठा प्राप्त है। सन् 1869 में लिखा इनका उपन्यास 'मिरातुल-उरुस' उर्दू का पहला उपन्यास माना जाता है। इस पर नज़ीर अहमद को पुरस्कार भी मिला। इसके बाद इन्होंने 'तौबतुन-नुसूह' (दे०) 'इब्नुलवक़्त' (दे०), 'बिनातुन्नाश', 'मुहसिनाते अय्यामा' 'रौस्तए सादिक़' और 'मुन्तख़िबुल-हिकायात' नामक उपन्यास लिखे और इन पर कई बार सर्वश्रेष्ठ रचना का पुरस्कार प्राप्त किया। नज़ीर अहमद ने अपने उपन्यासों में तत्कालीन मुस्लिम समाज, विशेषतया मुसलमानों के पारिवारिक जीवन के बड़े सही चित्र खींचे हैं। चरित्र-चित्रण पश्चिमी ढंग पर हुआ है। ये उर्दू के पहले उपन्यासकार हैं, जिसने नारी-वर्ग की समस्याओं को कथ्य के रूप में अपनाया और उनसे सहानुभूति दिखाई। इनके 'बनातुन्नाश' और 'मिरातुल उरुस' (दे०)

की उस समय घर-घर में चर्चा थी।

दिल्ली की बोल-चाल की भाषा, बातचीत के ढंग और मुहावरों के इस्तेमाल पर नज़ीर अहमद को पूरा अधिकार था। इसलिए इनकी शैली में सहजता और प्रवाह है। लेकिन कभी-कभी अरबी के शब्द ज़बर्दस्ती ठूँस देते हैं और मुहावरे भी अनुपयुक्त आ जाते हैं। अंग्रेज़ी शब्दों का भी ख़ूब प्रयोग किया है। लेकिन इस सबके बावजूद शैली में रोचकता है और हास्य के पुट से कठिन बात को हल्के-फुलके ढंग से कह देने की प्रबल सामर्थ्य का आकर्षण है।

नज़्म (पारि०)

नज़्म शब्द 'पद्य' के पर्यायवाची के रूप में प्रयुक्त होता है। साधारणतया ग़ज़ल (दे०) को छोड़कर अन्य किसी भी कविता को नज़्म कहते हैं। ग़ज़ल का कलेवर संक्षिप्त होता है, नज़्म का विशद। ग़ज़ल संकेतात्मक कविता है, नज़्म में विस्तार और खुलापन है। उर्दू साहित्य में नज़्म का प्रादुर्भाव सन् 1857 की क्रांति के साथ हुआ। यह एक महत् राजनैतिक, सामाजिक, धार्मिक, आर्थिक और सांस्कृतिक विप्लव का युग था। सम-सामयिक घटनाओं और समस्याओं को छन्दोबद्ध करने की नज़्म की सामर्थ्य ऐसे समय में सार्थक हुई। अंग्रेज़ी साहित्य का प्रभाव भी अपना काम कर रहा था। हुस्न और इश्क़ के दायरे से निकलकर कविता स्वतंत्रता-संग्राम, असहयोग आंदोलन, सत्याग्रह और अंग्रेज़ शासकों के अत्याचार से दो-चार हुई। सांस्कृतिक परम्पराओं की धरोहर को सहेजकर रखने की व्यग्रता उपजी। समाज-सुधार और राष्ट्रीयता की लहर उठी। ऐतिहासिक और पौराणिक व्यक्तित्वों पर नज़्में लिखी जाने लगीं। अपने देश के वनों-पर्वतों, नदियों, सुन्दर प्राकृतिक दृश्यों, नगरों, भव्य इमारतों पर नज़्में लिखी गईं। स्वतंत्रता प्राप्ति के बाद तक नज़्मों की यह बाढ़ ग़ज़ल पर हावी रही।

हज़रत जोश मलीहाबादी (दे०) ने देश-प्रेम और हिन्दू-मुस्लिम एकता पर बड़ी प्रभावशाली रचनाएँ कीं। पं० ब्रजनरायन 'चकवस्त' (दे०) की राष्ट्रीय नज़्में बहुत लोकप्रिय हुईं। 'हाली' (दे०) का 'मुसद्दस' (दे०) इसी चेतना की देन है। नौबतराय 'नज़र' (दे०), दुर्गासहाय 'सुरूर' (दे०) ज्वालाप्रसाद 'बर्क़' (दे०) ने महापुरुषों के जीवन वृत्तान्त को नज़्म किया। दो महायुद्धों के परिणाम से प्रभावित होकर बहुत से शायरों ने लेनिन, हिटलर, स्टालिन, भुखमरी, अकाल, चोरबाज़ारी, अमानवीयता आदि पर सैकड़ों नज़्में लिखीं। सभी विचारधाराओं को पोषित करने वाले शायरों

ने तत्कालीन समस्याओं को उजागर करने और देश में नयी चेतना जगाने के लिए नज़्म का सहारा लिया। हज़रत 'इक़बाल'(दे०)सीमाब अकबरावादी (दे०), जोश मलसियानी (दे०), सफ़ी लखनवी (दे०), साग़र निज़ामी (दे०), हफ़ीज़ जलन्धरी (दे०), असर लखनवी (दे०), रविश सिद्दीक़ी(दे०), फ़ैज़ अहमद फ़ैज़(दे०), साहिर लुधयानवी (दे०), अली सरदार जाफ़री (दे०) आदि बहुत से-कवियों ने बड़ी ही सफल और लोकप्रिय नज़्में लिखीं।

नज़्म की समसामयिक समस्याओं का चित्रण करने की सामर्थ्य ही इसकी सीमा है। तत्कालिक महत्त्व की रचनाएँ बहुधा शीघ्र ही भुला दी जाती हैं। नज़्म का विशद आकार इसका दूसरा कारण है। मगर इसमें संदेह नहीं कि नज़्म प्रचार का अच्छा साधन है।

पहले नज़्म का छन्दोबद्ध होना और उसमें क़ाफ़िया लगाना ज़रूरी समझा जाता था किन्तु कालान्तर में मुक्त छन्द कविता उर्दू में भी लिखी जाने लगी जो 'आज़ाद नज़्म' के नाम से जानी गई।

'नज़्म' तबातबाई (सन् 1850-1933 ई०)

अली हैदर 'नज़्म' का जन्म लखनऊ में हुआ। मुल्ला ताहिर नहवी से अरबी-फ़ारसी पढ़ी और मेंडू लाल 'ज़ार' से काव्य-कला की शिक्षा प्राप्त की। अपनी प्रतिभा के बल पर 'नज़्म' नवाब वाजिद अली शाह (दे०) के साहबज़ादों के शिक्षक हो गए। वहाँ से सेवामुक्त हुए तो निज़ाम ने निज़ाम कॉलेज हैदराबाद में बुला लिया और 'हैदरजंग' की उपाधि प्रदान की। हैदराबाद के युवराज को भी 'नज़्म' ने पढ़ाया। उस्मानिया यूनिवर्सिटी के अनुवाद विभाग में साहित्यालोचक के पद पर काम करते रहे। आप अंग्रेज़ी के भी अच्छे जानकार थे।

मौलाना नज़्म पुरानी पीढ़ी के थे, और 'दाग़' (दे०) के रंग में ग़ज़ल कहते थे। मगर उनके काव्य में कुछ ऐसी विशेषताएँ हैं जो उन्हें नये युग के साहित्यकारों के साथ ला खड़ा करती हैं। 'हाली' (दे०)और 'आज़ाद' (दे०) की तरह अंग्रेज़ी कविताओं के पद्यमय अनुवाद के आंदोलन को 'नज़्म' ने आगे बढ़ाया और ग्रे की 'एलिजी' का 'गोरे-ग़रीबाँ' के नाम से ऐसा सुन्दर अनुवाद किया कि वह उर्दू साहित्य की निधि बन गई। इनकी मौलिक नज़्मों में 'गुलाब का फूल' अपनी भावव्यंजना और 'साक़ीनामा-ए- शक़शक़िया' अपने प्रभावपूर्ण संदेश के लिए बेजोड़ हैं। 'नज़्म' ने अतुकांत शैली (ब्लैन्क वर्स) में भी कविता की। इनकी ग़ज़लों का एक दीवान प्रकाशित हुआ है। विचार-दृष्टि की नूतनता और अर्थगांभीर्य के साथ

ग़ज़ल की कोमलता और माधुर्य का अच्छा सामंजस्य इस दीवान में देखने को मिलता है।

मौलाना 'नजम' अपने ज़माने के माने हुए काव्यमर्मज्ञ थे। इनके बहुत से शागिर्द हुए जिनमें मौ० अब्दुल हलीम 'शरर', मौलाना 'सहा' और महाराजा सर किशन परशाद 'शाद' प्रमुख हैं।

नज्मुन्निसा (पात्र)

यह मीर हसन (दे०) की मसनवी 'सहरुलबयान' (दे०) का एक स्त्री चरित्र है। नज्मुन्निसा नायिका बद्र-ए-मुनीर (दे०) की परिचारिका विशेष है और इस पद के लिए आवश्यक गुणों से लैस है। स्वामी-भक्ति उसमें कूट-कूटकर भरी है। इसीलिए वह बद्रे-मुनीर की विरह-वेदना सहन नहीं कर पाती और शहज़ादा बेनज़ीर (दे०) को ढूंढ़ने अकेली ही निकल पड़ती है। नज्मुन्निसा के व्यवहार और बातचीत में कहीं-कहीं अभद्रता की झलक है जो उसके चरित्र से सर्वथा मेल नहीं खाती।

नदीम, अहमद क़ासिमी (जन्म : सन् 1916 ई०)

जन्म सरगोधा ज़िले के गाँव अंगा में हुआ। सूफ़ी-संतों के वंशज हैं। केवल सात वर्ष के थे जब पिता की मृत्यु हो गई। बड़ी दरिद्रता में बचपन बीता। फिर चाचा के यहाँ परवरिश पाई। मैट्रिक करने के बाद बहावलपुर कॉलेज में दाख़िला लिया। चाचा के निधन के बाद मुश्किल से बी० ए० किया और बरसों बेकारी और बेमन की नौकरियों से जूझते रहे। सन् 1942 में लाहौर आ गए। और वहाँ 'फूल', 'तहज़ीबुलनसवाँ', मासिक पत्रिका 'सवेरा' 'नक़ूश' और फिर 'इमरोज़' का सम्पादन किया। 'नदीम' आपका तख़ल्लुस है।

'नदीम' कथाकार और कवि दोनों हैं। पंजाब के गाँवों के बड़े सजीव, स्वाभाविक और हृदयस्पर्शी चित्र आपकी रचनाओं में मिलते हैं। प्रारंभिक रचनाओं में श्रृंगार का रंग है मगर धीरे-धीरे सामाजिक चेतना और प्रगतिशील दृष्टिकोण की ओर बढ़ते दिखाई देते हैं। यथार्थ चित्रण में एक मीठा व्यंग है। काव्य शैली सजीव और शब्दों-उपमाओं का सुन्दर प्रयोग करते हैं। कहानियों में सरलता और भावुकता का मिश्रण है।

'चौपाल', 'बगोले', 'गरदाब', 'सैलाब', 'आँचल', 'आस-पास', 'दरो-दीवार' 'अँगड़ाइयाँ', 'सन्नाटा', 'विपता', 'नक़ूश', 'लतीफ़', 'बाज़ारे-हयात', 'आबले', 'केसर-क्यारी', नदीम के उपन्यास, कहानी संग्रह और लेख संग्रह हैं। अनेक काव्य-संग्रह भी प्रकाशित हैं जिनमें से 'जलालो-जमाल', 'शोला-

ए-गुल', 'दश्ते वफ़ा' विशेष रूप से प्रसिद्ध हैं। 'रिमझिम' 386 क़तओं का संकलन है। हर एक क़ता गाँव की ज़िन्दगी की एक भरपूर तस्वीर है।

नमरुद (अं०)

नमरुद उस ईरानी बादशाह का नाम था जिसने शक्ति के मद में अंधे होकर खुदाई का दावा किया। पैग़म्बर इब्राहीम (दे०) ने उसे ख़ुदा मानने से इन्कार किया। इस पर नमरुद ने उन्हें ज़िन्दा आग में फिंकवा दिया। मगर आग इब्राहीम को जला नहीं सकी। नमरुद स्वभाव से बड़ा क्रूर था और प्रजा उसके अत्याचार से दुखी थी। एक धारणा यह भी है कि किसी को श्राप देने के कारण नमरुद की दुआओं में असर न रहा। इसी संदर्भ की ओर संकेत किया है मिर्ज़ा ग़ालिब ने इस शेर में—

क्या वो नमरुद की ख़ुदाई थी
बंदगी में मेरा भला न हुआ।

नवलकिशोर प्रेस

लखनऊ के इस प्रेस के मालिक मुंशी नवलकिशोर सी० आई० ई० थे। मुंशी जी का जन्म अलीगढ़ ज़िले के विस्तोई ग्राम में सन् 1836 ई० को हुआ। शुरू से ही समाचार पत्रों और व्यापार में रुचि थी। कुछ समय तक 'कोहेनूर' (दे०) में काम करने के बाद लखनऊ आए और वहाँ सन् 1858 ई० में राबर्ट मांटगुमरी और कर्नल एबट के संरक्षण में यह प्रेस खोला। इस प्रेस ने दुर्लभ प्राचीन अरबी, फ़ारसी, संस्कृत और उर्दू पुस्तकें और उनके अनुवाद प्रकाशित करके साहित्य की अविस्मरणीय सेवा की। अमूल्य पांडुलिपियों को ख़रीदकर प्रकाशित किया और आम जनता तक पहुँचाया। कुरान के अनेक संस्करण निकाले। स्कूलों की किताबें प्रकाशित कीं। मुंशी नवल किशोर के जीवनकाल में नवलकिशोर प्रेस से लगभग चार हज़ार पाँच सौ पुस्तकें छपीं। इनमें से अधिकांश धर्म से सम्बन्धित थीं। मगर धार्मिक पुस्तकों के अतिरिक्त अनेक उपन्यास, कहानी संग्रह, कविता और आलोचना पुस्तकें भी इस प्रेस से प्रकाशित हुईं। सन् 1858 ई० में 'अवध अख़बार' (दे०) भी शुरू किया।

मुं० नवलकिशोर की सन् 1895 ई० में मृत्यु हो गई। उनके वंशज आज भी इस प्रेस को चला रहे हैं। सन् 1980 ई० में भारत सरकार के सूचना एवं प्रसारण मंत्रालय ने 'नवलकिशोर विशेषांक' उर्दू में निकाला। इसका हिन्दी संस्करण सन् 1982 में प्रकाशित हुआ। इस विशेषांक में मुंशी नवलकिशोर और उनके प्रकाशन गृह से सम्बन्धित दुर्लभ सूचनाएँ संग्रहीत हैं।

नवाब, नवाब क़ल्बे अली ख़ाँ

नवाब यूसुफ़ अली ख़ाँ का देहावसान होने पर इनके साहबज़ादे नवाब क़ल्बे-अली ख़ाँ सन् 1865 ई० में रामपुर के तख़्त पर बैठे। इनके समय में यहाँ साहित्य की जो सेवा की गई उसे ध्यान में रखते हुए इसे उर्दू शायरी का स्वर्ण युग कहा जा सकता है। नवाब साहब ख़ुद शायर थे और 'नवाब' उपनाम से लिखते थे। उर्दू में अमीर मीनाई (दे०) से इस्लाह लेते थे। भाषा की शुद्धता और शब्द की अर्थवत्ता की ओर विशेष ध्यान देते थे। उर्दू में इनके चार दीवान हैं। इसके अतिरिक्त फ़ारसी गद्य और पद्य दोनों में लिखा। गुणग्राहकता का यही प्रमाण काफ़ी है कि इनके समय में अमीर (दे०), असीर(दे०), बहर (दे०), दाग़(दे०), जलाल (दे०), तसलीम (दे०), मुनीर (दे०), क़लक(दे०), जान साहब (दे०), ज़िया, मंसूर, रज़ा और न जाने कितने ही शायर रामपुर में संरक्षण पाते थे। उन्हें ऊँचे पद और अच्छे वेतन दिए गए थे। इन तमाम कवियों के एक स्थान पर एकत्रित होने से साहित्य को बड़ा लाभ पहुँचा और उर्दू की एक नयी गंगा-जमनी शैली चल निकली जिसने दिल्ली और लखनऊ शैली की पृथकता को मिटा डाला।

नसीम, असग़र अली ख़ाँ देहलवी (जन्म : सन् 1794 ई०)

नवाब आक़ा अली ख़ाँ के पुत्र थे। जन्म दिल्ली में हुआ लेकिन पिता की मृत्यु के बाद भाइयों से अनबन होने के कारण वाजिद अली शाह (दे०) के ज़माने में लखनऊ चले आए। सन् 1857 की क्रांति के समय वहीं थे और आर्थिक कष्ट भोग रहे थे। नवलकिशोर प्रेस (दे०) में इन्हें 'अलफ़-लैला' की कहानियों को पद्यबद्ध करने का काम मिला, लेकिन उसे पूरा न कर सके। बाद में मुंशी तोताराम ने इस अधूरे काम को समाप्त किया। शायरी में मोमिन के शिष्य थे। इनकी काव्य शैली और भाषा पर मोमिन तथा देहलवी रंग का प्रभाव स्पष्ट देखा जा सकता है। क़लाम को संभाल-कर नहीं रखते थे। इनके शिष्य अब्दुल वाहिद ने इनकी ग़ज़लों को इकट्ठा करके दीवान प्रकाशित कराया। अमीरुल्लाह 'तसलीम' (दे०) इनके शिष्य थे।

'नसीम', पं० दयाशंकर कौल (सन् 1811-43 ई०)

आपका जन्म लखनऊ के एक कश्मीरी ब्राह्मण परिवार में हुआ। पिता का नाम था पंडित गंगाप्रसाद कौल। 'नसीम' ने अरबी-फ़ारसी और उर्दू का गहन अध्ययन किया। शायरी में आतिश' (दे०) से इस्लाह लेते थे और

आरंभ में ग़ज़लें ही लिखते थे। लेकिन 'नसीम' की सर्वतोमुखी प्रतिभा और भाव सघनता को संभवतः ग़ज़ल का कलेवर संक्षिप्त जान पड़ा और पच्चीस वर्ष की आयु में आपने एक मसनवी (दे०) लिखी—'गुलज़ारे-नसीम' (दे०) जो उर्दू साहित्य की अनमोल रचना सिद्ध हुई। मूल रूप में संभवतः यह मसनवी बहुत लम्बी थी। अपने गुरु 'आतिश' के परामर्श से 'नसीम' ने इसे संक्षिप्त किया और इसी रूप में यह पाठकों तक पहुँची और अभूतपूर्व लोकप्रियता प्राप्त की। यह उर्दू की सर्वश्रेष्ठ मसनवी मानी जाती है और इसकी तुलना केवल मीर हसन (दे०) की 'सहरुल बयान' (दे०) से ही की जाती है। यह गुलबकावली के कथानक पर आधारित है किन्तु प्रत्येक दृष्टि से मौलिक जान पड़ती है। यह 'नसीम' के वर्णन-सौन्दर्य का शाहकार है। आप जब किसी भाव या स्थिति का वर्णन करते हैं तो वह आँखों के सामने सजीव हो उठती है। सुन्दर उपमाएँ मन को छू लेती हैं। यमक और श्लेष का बहुलता से प्रयोग करते हैं किन्तु कहीं रसास्वाद में बाधा नहीं पड़ती। भाव की गंगा में अलंकारों के दीप स्वतः बहते चले जाते हैं। गागर में सागर भरने की कला है 'नसीम' में, और फिर भी कहीं अर्थ संदिग्ध नहीं। अद्भुत सम्प्रेषण शक्ति है। इस मसनवी की भूमिका में चकबस्त (दे०) ने लिखा है—

अलफ़ाज़ की शौकत (शब्दों की भव्यता), बन्दिश की चुस्ती, इस्तआरों की नज़ाकत (अलंकारों की कोमलता), तशबीहों की पुख़्तगी (उपमाओं की गठन) से मुसन्निफ़ (कलाकार) का ज़ोरे-तबीयत (कवित्व-शक्ति) मालूम होता है। नाज़ुक ख़्याली और बलन्द परवाज़ी इस आलम का इशारा करती है जहाँ पहुँचते हुए हमारे तायरे-ख़याल (कल्पना पक्षी) के पर जलते हैं। ग़रज़ कि अगर सूरते-हाल का बयान मीर हसन पर ख़त्म है तो क़लाम का मायने-ख़ेज होना 'नसीम' पर।

'नसीम' का एक छोटा-सा दीवान भी है जिसमें ग़ज़लों के अलावा मुख़म्मस (दे०) और तरजीह बन्द (दे०) हैं। गो कि शागिर्द 'आतिश' (दे०) के हैं मगर मुश्किल-पसंदी में 'नासिख' (दे०) की झलक है। ग़ज़ल में अपनी पहचान बनाने से पहले 32 वर्ष की आयु में ही हैज़े से 'नसीम' की अकाल मृत्यु हो गई और उर्दू साहित्य इस प्रतिभासम्पन्न कवि की सेवाओं से वंचित हो गया।

नसीर, शाह नसीरुद्दीन (जन्म : सन् 1835 ई०)

इनके पिता का नाम शाह ग़रीब था और दिल्ली के रहने वाले थे। इकलौते बेटे थे, अतः लाड़-प्यार से पले और शिक्षा का भी अच्छा प्रबन्ध किया

गया। बाल्यकाल में ही कविता लिखना शुरू कर दिया। भाग्य ने साथ दिया और शीघ्र ही राज दरबार में पहुँच गए। वहाँ इनका अच्छा आदर-सत्कार हुआ। शाह आलम ने इन्हें अपना काव्य-गुरु नियुक्त किया, दिल्ली में कुछ दिन अच्छे कटे लेकिन जब राज्य की आर्थिक स्थिति बिगड़ी तो नसीर ने भी कूच किया और दूसरे शायरों की देखा-देखी लखनऊ जा पहुँचे। लखनऊ में उन दिनों 'इंशा (दे०), मुसहफ़ी (दे०) और जुरअत (दे०) का बोलबाला था। वहाँ इसका रंग न जमा तो वतन वापस लौट गए। जब दूसरी बार क़िस्मत आज़माने लखनऊ पहुँचे, तो वहाँ नासिख़ (दे०) और आतिश (दे०) के नाम का कलमा पढ़ा जा रहा था। फिर असफल हुए। लेकिन सौभाग्यवश हैदराबाद के गुणज्ञ और काव्य प्रेमी दीवान चन्दूलाल 'शादाँ' (दे०) ने अच्छे वेतन पर इन्हें अपने यहाँ बुला लिया। नसीर के आख़िरी दिन अच्छे कटे। हैदराबाद की साहित्य गोष्ठियों में भी इनके पहुँचने से नई जान आ गई। बहुत से लोग इनके शिष्य बन गए। यहीं इनका दीवान छपा और यहीं इनका देहान्त हुआ। नसीर का क़लाम थोड़ा ही मिलता है। और जो मिला है वह बड़े ही साधारण स्तर का है। भाषा कठिन और शैली में बेहद बनावट है। नई-नई उपमाओं, अलंकारों और उदाहरणों को ज़बरदस्ती प्रयोग करने का आग्रह है। मुश्किल ज़मीनों पर शेर कहना कमाले-शायरी समझते थे। एक-एक मिसरे-तरह पर सात-आठ ग़ज़लें कहते थे। एक ही मिसरा साल-भर तक के लिए मुशायरों के लिए तय करते। नसीर में न कहीं कोई नवीनता है, न विचारों की गहराई, और न ही कल्पना की ऊँची उड़ान। कुल मिलाकर वे ख़त्म होते हुए शायरी के पुराने ढर्रे के ख़ुशकिस्मत शायर हैं जिन्हें शाह आलम और 'ज़ौक' (दे०) का उस्ताद होने का गर्व प्राप्त है।

नसूह (पात्र)

यह डिप्टी नज़ीर अहमद (दे०) के प्रसिद्ध सामाजिक उपन्यास 'तौबातुन्नुसूह' (दे०) का प्रमुख पात्र हैं। इसके परिवार में इसकी पत्नी, तीन बेटे और दो बेटियाँ हैं। नसूह बड़े सख़्त स्वभाव का आदमी है और इसके परिवार के सभी लोग इससे डरते हैं। नज़ीर अहमद का उद्देश्य यहाँ एक आदर्श पिता, और एक आदर्श मुस्लिम परिवार का चित्र प्रस्तुत करना है जहाँ परिवार-प्रमुख की आज्ञा डर के कारण नहीं, प्रेम और आदर के कारण शिरोधार्य की जाती है। नसूह उदारता और स्वभाव में विश्वास नहीं रखता। न ही वह धर्मपरायण है।

दिल्ली में हैज़े का प्रकोप होता है। नसूह बीमार पड़ जाता है और बीमारी की हालत में सपने में ईश्वर का दरबार देखता है जहाँ अनेक लोग न्याय की प्रतीक्षा में खड़े हैं। इस सपने से नसूह का जीवन-दर्शन आमूल बदल जाता है। ठीक होने पर यह एक उदार, विनम्र, आचारशील और धर्म-परायण व्यक्ति बन जाता है। और इस तरह सभी के लिए नसूह की बीमारी एक वरदान सिद्ध होती है।

न्यू एल्फ्रेड नाटक कम्पनी

इस नाटक कम्पनी की स्थापना मुहम्मद अली 'नाख़ुदा' ने की। इसमें प्रसिद्ध कलाकार सोहराब जी का भी साझा था। इसके मुख्य कलाकार थे अब्बास अली, अमृत लाल और मिस गौहर और इसके नाटककार थे आग़ा 'हश्र' कश्मीरी (दे०)।

नाज़िम, नवाब यूसुफ़ अली ख़ाँ

दिल्ली, लखनऊ और हैदराबाद के अतिरिक्त रामपुर भी उर्दू शायरी का मुख्य केन्द्र और शायरों का शरण स्थल रहा। यहाँ के नवाबों ने शायरों को बड़े-बड़े वेतन, जागीरें, खिलअतें और उपाधियाँ देकर उनका मान बढ़ाया, और उनके स्वाभिमान और प्रतिष्ठा का पूरा ध्यान रखा। इनमें एक उल्लेखनीय नाम नवाब मु० सईद ख़ाँ के पुत्र नवाब यूसूफ़ अली ख़ाँ का है जो 'नाज़िम' (दे०) उपनाम से शायरी भी करते थे। उर्दू-फ़ारसी दोनों में लिखते थे। पहले मोमिन (दे०) और फिर ग़ालिब (दे०) से इस्लाह ली। इनका दीवान प्रकाशित हो चुका है। इनमें और ग़ालिब में जो पत्र व्यवहार हुआ, वह भी संकलित रूप में छप चुका है। इनके दरबार में ग़ालिब, मौलाना फ़ज़लहक़ ख़ैरावादी, तसकीन (दे०), असीर (दे०) आदि कवियों ने प्रतिष्ठा पाई।

उर्दू-साहित्य के इतिहास में रामपुर की सेवाएँ इसलिए भी महत्त्वपूर्ण हैं कि अभी तक शायरी के लखनऊ और दिल्ली दो अलग केन्द्र बन गए थे, वह अलगाव यहाँ आकर समाप्त हो गया और कविता की एक ही महानदी बह निकली।

नाजी, सैयद मुहम्मद शाकिर (मृत्यु : सन् 1754 ई०)

नाजी मुहम्मद शाह के एक शायर वज़ीर उम्दतुलमुल्क अमीर ख़ाँ के यहाँ काम करते थे। इनके प्रारंभिक जीवन के बारे में कुछ विशेष नहीं कहा जा सकता। स्वभाव से बड़े विनोदप्रिय थे और यही रंग उनके क़लाम में भी देखा जा सकता है। तबीयत में बेहद चुलबुलापन था। अतः हज़ल

की तरफ़ ध्यान होना स्वाभाविक था। नादिरशाह के आक्रमण में आप मैदाने-जंग में लड़े और दिल्ली के विनाश और सामन्तशाही पतन की करुण कथा निडर होकर लिखी। इनका पूरा क़लाम प्राप्त नहीं है, काव्य शैली पारम्परिक है। चमत्कार के लिए श्लेष के लोभ का संवरण न कर सके। अलंकारों से प्रेम था। युवावस्था में ही चल बसे।

नाटक (वि०)

फ़ारसी में नाटक की परम्परा नहीं थी। भारत में संस्कृत नाटक अपने चरमोत्कर्ष पर पहुँचने के बाद अब केवल पुस्तकालयों की शोभा बनकर रह गए थे। उन्नीसवीं शताब्दी के देश में रहस, लीला, नौटंकी और हिन्दू देवी-देवताओं के आख्यानों पर आधारित प्रस्तुतियों का प्रचलन था। नवाबों, रईसों, अमीर-उमरा के संरक्षण में स्वाँग और नक़ल फूल-फल रहे थे। इन्हीं से प्रभाव ग्रहण किया उर्दू नाटक ने और नवाब वाजिद अली शाह (दे०) के आग्रह पर अमानत (दे०) ने पहला नाटक लिखा—'इन्दर सभा' (दे०)। यह नाटक सन् 1863 ई० में तैयार हुआ। नृत्य-संगीत की योजना में फ्रांसीसी ओपेरा का प्रभाव स्पष्ट देखा जा सकता है। इस नाटक को आशातीत सफलता मिली और इसकी नक़ल में कई इन्दर-सभाएँ लिखी गईं।

नाटक और रंगमंच का अटूट सम्बन्ध है। उन्नीसवीं शताब्दी के अन्तिम दशकों में बम्बई के कुछ पारसी युवकों ने मनोरंजन का व्यवसायीकरण करने का निश्चय किया। और इस तरह नाटक कम्पनियों का सूत्रपात हुआ। ये नाटक कम्पनियाँ और नये मंच अंग्रेज़ी थियेटर की नकल थे। इनमें अंग्रेज़ी नाटकों के उर्दू अनुवाद भी मंचित किए गए। सबसे पहली नाटक कम्पनी सेठ पिस्टन जी फ़राम जी की थी। इसका नाम था ओरिजनल थियेट्रिकल कम्पनो (दे०)। रौनक़, सुहराब, जहाँगीर इसके कलाकार थे। रौनक़ बहुधा अंग्रेज़ी नाटकों का अनुवाद करते थे। इनका अपना नाटक 'इंसाफ़ महमूद शाह' सन् 1882 ई० में बम्बई से छपा। बाद में हुसैनी मियाँ 'ज़रीफ़' ने 'नतीजा अस्मत', 'ख़ुदा दोस्त', 'चाँदबीबी' और 'बुलबुल बीमार' आदि नाटक इस कम्पनी के लिए लिखे जो बहुत लोकप्रिय हुए। कुछ समय बाद ख़ुरशेद जी बालीवाला ने विक्टोरिया नाटक कम्पनी (दे०) शुरू की। काऊस जी ने इसके मुक़ाबले में एल्फ्रेड थियेट्रिकल कम्पनी (दे०) चलाई। इस कम्पनी के लिए नाटक अहसन लखनवी (दे०) और बेताब देहलवी (दे०) लिखा करते थे। लगभग इसी समय मुहम्मद अली नाख़ुदा नामक एक व्यक्ति ने सोहराब जी के साथ न्यू एल्फ्रेड

कम्पनी की स्थापना की। इस कम्पनी के लिए बहुत-से नाटक आग़ा हश्र कश्मीरी (दे०) ने लिखे। इनके अतिरिक्त ओल्ड पारसी थियेट्रिकल कम्पनी, जुबली कम्पनी, लाइट ऑव इंडिया, भारत व्याकुल कम्पनी (दे०) और इम्पीरियल नाटक कम्पनी (दे०) ने भी नाटक को आगे बढ़ाने में योग दिया। नाटककार इन कम्पनियों के साथ तनख़्वाह पर काम करते थे। ये ज़रूरी नहीं था कि वे बहुत शिक्षित या नाटक के शिल्प और मर्म के जानकार हों। अक्सर इन्हें मालिक की इच्छा या जनता में लोकप्रियता की दृष्टि से नाटक लिखने होते थे। ऐसी स्थिति में उच्चकोटि की साहित्यिक रचनाओं की अपेक्षा नहीं की जा सकती थी। वैसे भी उर्दू नाटक अभी अपने शैशव काल में था और उसे नाटक की कोई सुनिश्चित परम्परा नहीं मिली थी। बहुधा नाटकों के कथानक शिथिल होते थे, चरित्र-चित्रण नहीं के बराबर और तुकान्त कथोपकथन नीरस। सामाजिक उद्देश्य या नैतिक आदर्श का भी अभाव था। मनोरंजन के लिए प्रेम-कथाओं का कृत्रिम और कभी-कभी हास्यास्पद मंचन होता था। मंच की व्यवस्था नहीं थी, केवल गानों पर ज़ोर दिया जाता था। इस स्थिति में सुधार लाने का प्रयास उन कई नाटककारों ने किया जो उक्तलिखित कम्पनियों के लिए नाटक लिखते थे।

रौनक बनारसी ने बहुत से अंग्रेज़ी नाटकों के अनुवाद किए। वे स्वयं एक अच्छे अभिनेता भी थे। हुसैनी मियाँ 'ज़रीफ़' (दे०) ने रहस और तमाशे से हटकर नये नाटक की शुरुआत की। लेकिन उनका उद्देश्य केवल मनोरंजन ही था। दो-दो कथानक का ताना-बाना बुनने में वे बहुत सफल नहीं हुए। शिल्प और भाषा की दृष्टि से भी 'ज़रीफ़' के नाटकों में परिपक्वता का अभाव है। अब्दुल्ला और नज़ीर बेग ने 'रौनक़' और 'ज़रीफ़' का अनुकरण ही किया। इनके अलावा अन्य नाटककार हुए फ़ीरोज़ ख़ाँ, मीर करामतुल्ला, मीर अब्दुल माजिद और मक़सूद अली। अहमद हुसैन 'वाफ़िर' का 'बुलबुल बीमार' और ग़ुलाम अली 'दीवाना' के 'ताईद यज़दानी' और 'महराजिया' भी उन्नीसवीं शताब्दी के अंत के लिखे गए। 'तालिब' बनारसी (दे०) विक्टोरिया कम्पनी के लिए नाटक लिखते थे। इन्होंने नाटक को कला का रूप देने और कथानक को व्यवस्थित करने में योग दिया। अहसन लखनवी (दे०) ड्रामा नवीस होने के साथ-साथ एक अच्छे कवि और संगीतज्ञ भी थे। तुकांत गद्य एवं पद्य के अच्छे प्रयोग इनके नाटकों में मिलते हैं। अहसन ने दो के स्थान पर एक ही मुख्य कथानक रखने पर ज़ोर दिया और कॉमेडी के लिए अलग चरित्रों का सृजन नहीं किया। चरित्र-चित्रण, एक्शन और नाटक के अंत पर विशेष ध्यान

दिया। इनकी भाषा साफ़ और मुहावरेदार है। पंडित नरायन प्रसाद 'बेताब' देहलवी (दे०) ने हिन्दू पौराणिक कथाओं के आधार पर अनेक नाटक लिखे जो बहुत सफल हुए।

आग़ा हश्र कश्मीरी (दे०) न्यू एल्फ़ेड नाटक कम्पनी में अभिनेता थे। इसी कम्पनी के लिए इन्होंने नाटक लिखना शुरू किया और शीघ्र ही अपने समय के श्रेष्ठतम नाटककार स्वीकार किए जाने लगे। इन्होंने शेक्स-पियर के कई नाटकों को हिन्दुस्तानी बनाकर पेश किया, हिन्दू आख्यानों पर नाटक लिखे, और नाटक में सामाजिक समस्याओं को भी उठाया। हश्र ने पहली बार एक पूरा नाटक गद्य में लिखा। इस नाटक का शीर्षक था—'आँख का नशा।'

सामाजिक उद्देश्य वाले कुछ नाटक भी लिखे गए। 'शरर' लखनवी का 'मेवा तल्ख़' परदा प्रथा की बुराइयों से दो-चार कराता है। अब्दुल माजिद दरियाबादी (दे०) के 'जूद पशेमान' में बाल-विवाह के दुष्परिणाम बताए गए। पं० ब्रजमोहन दत्तात्रेय 'क़ैफ़ी' (दे०) के नाटक 'राजदुलारी' और 'मुरारी दादा' आचार का दर्पण माने गए। राजनैतिक नाटक की कोटि में मुंशी उमराव अली के 'अलबर्ट बिल' (सन् 1893 ई०) और मुंशी किशन चंद ज़ेबा के 'ज़ख़्मी पंजाब' को रखा जा सकता है।

बीसवीं सदी के प्रारंभ में नाटक की रूपरेखा उभरी, और वह तमाशे और रहस की परिधि से निकल आया। इसी समय 'हश्र' के शागिर्द मुंशी मुहम्मद इब्राहीम अबालवी ने 'आतिशे नाग', 'निगह-नाज़' और 'ख़ुदपरस्त' नामक नाटक लिखे। 'हश्र' के ही एक अन्य शिष्य मुहम्मद 'शुजाअ' ने 'बाप का गुनाह', 'भारत का लाल' और 'जाँबाज़' आदि की रचना की। 'शुजाअ' 'हज़ार दास्तान' के सम्पादक थे और आपने नाटकों के अलावा कुछ कहानियाँ भी लिखीं। मुं० रहमत अली ने 'दर्द जिगर' और 'बावफ़ा क़ातिल' नामक नाटक लिखे, मुंशी द्वारिका प्रसाद 'उफ़क़' का 'रामनाटक' बहुत बार मंच पर खेला गया। मिर्ज़ा अब्बास अली ने 'नूरजहाँ' और 'शाही फ़रमान' और आग़ा शायर देहलवी ने 'हूर जन्नत' की रचना की। लाला कुंवरसेन ने, जो नाटक के प्रसिद्ध समालोचक भी थे, 'ब्रह्माण्ड नाटक' लिखा। विशम्भर सहाय 'व्याकुल' का 'बुद्धदेव' बहुत लोकप्रिय हुआ। मुंशी जानेश्वर प्रसाद 'मायल' देहलवी ने भारत व्याकुल कम्पनी के लिए 'चन्द्रगुप्त' और 'तेग़े सितम' नामक दो नाटक लिखे। मुहम्मद उमर और नूर इलाही ने, जो प्रसिद्ध 'नाटक सागर' के रचयिता हैं, कई नाटकों के उर्दू अनुवाद तैयार किए। इनकी अन्य पुस्तकें हैं—'रुह सियासत', 'जान-ज़राफ़त', 'कज़्ज़ाक', 'बिगड़े दिल' और 'जफ़र की मौत'। इनके अति-

रिक्त डा० आबिद हुसैन, प्रो० मुजीब, डा० इश्तियाक हुसैन और 'आरज़ू' लखनवी (दे०) ने कई नाटकों की रचना की।

विशेष साहित्यिक मूल्य की रचनाओं में शौक़ किदवई (दे०) के 'मेकफ़रसन' और 'लूसी', अज़ीज़ मिर्ज़ा (दे०) का 'विक्रमोर्वशी', ज़फ़र अली का 'रूसो जापान', तफ़ज्ज़ुल हुसेन का 'तसख़ीर फ़ांस' और 'जूलियस सोज़र' और हकीम अज़हर का 'बेदारी' उल्लेखनीय हैं। सन् 1922 ई० में इम्तियाज़ अली 'ताज' (दे०) ने 'अनारकली' (दे०) लिखा जो साहित्यिक दृष्टि से उर्दू का सर्वश्रेष्ठ नाटक माना जाता है। रंगमंच पर भी इसे अभूतपूर्व सफलता मिली। ताज का दूसरा नाटक है 'दुल्हन'।

धीरे-धीरे उर्दू नाटक का कथानक गठा, गतिवान चरित्रों का पदार्पण हुआ, सामाजिक समस्याएँ, नैतिक प्रश्न और अन्य अनेक मानवीय संवेगों की प्रतिष्ठा हुई और भाषा में कसाव आया। मंच की बनावट, सजावट, पर्दे का प्रयोग अंग्रेज़ी थियेटर के प्रभाव से सुधरा। धीरे-धीरे समस्याप्रधान नाटकों का प्रचार हुआ। रेडियो और मंच के लिए एकांकी नाटक लिखे जाने लगे। प्रगतिशील साहित्यकारों ने भी इस सशक्त विधा का प्रयोग किया। सआदत हसन 'मंटो' के एकांकी 'तीन औरतें', 'आओ' और 'मंटो के ड्रामे', राजिन्दर सिंह बेदी (दे०) के 'सात लेख', अब्बास (दे०) के 'ज़ुबैदा' और 'मैं कौन ?', कृष्ण चन्दर (दे०) के 'दरवाज़े' और 'दरवाज़े खोल दो', इस्मत चुग़ताई (दे०) के नाटक 'शैतान' और 'धानी बाँके' लिखे गए। सरदार जाफ़री (दे०), इशरत रहमानी, मिर्ज़ा अदीब, रफ़ी पीर ने कई नाटकों की रचना की। अश्क़ (दे०) विशेष रूप से 'पापी', 'अजली रास्ते', 'चरवाहे' और 'कैदेहयात' के लिए नाटककार के रूप में प्रसिद्ध हुए। नाटक में नये प्रयोग हुए। संस्कृत, अंग्रेज़ी, बंगला, गुजराती, मराठी नाटकों का उर्दू पर प्रभाव पड़ा। उनसे अनुवाद भी किए गए और किए जा रहे हैं। मुहम्मद हसन, असग़र बट, जावेद इकबाल, अनवर इनायत उल्ला, रेवती सरन शर्मा आज के नाटककार हैं। इधर नाटक को दूरदर्शन में एक नया मंच मिला है। रेवती सरन शर्मा को इस दिशा में अच्छी सफलता मिली है। कई उर्दू कहानियों के सफल नाट्य रूपान्तर भी दूरदर्शन और रेडियो पर देखे-सुने जा सकते हैं। किन्तु यह स्वीकार करना होगा कि उर्दू नाटक अभी अन्य भारतीय भाषाओं से बहुत पीछे हैं और उसमें सशक्त हस्ताक्षरों का अभाव है।

नात (पारि०)

हज़रत मुहम्मद की प्रशंसा में लिखी गई कविताओं को नात कहते हैं।

'नासिख़' शेख इमाम बख्श (सन् 1757-1838 ई०)

संभवतः आपका जन्म फैज़ाबाद में हुआ। वहाँ के ख़ुदाबख़्श ख़ेमादोज़ ने इन्हें गोद ले लिया। ख़ुदाबख़्श से कुछ जायदाद विरासत में मिली जिसकी वजह से 'नासिख़' आर्थिक रूप से स्वतंत्र रहे और कभी राज्याश्रय की ज़रूरत न पड़ी। जीवन का अधिकांश भाग लखनऊ में ही गुज़ारा। कसरत करते और शेर कहते। ख़ासे लम्बे-चौड़े पहलवान थे।

शायरी में 'नासिख़' का अपना रंग है। किसी को काव्य-गुरु नहीं बनाया। आप लिखते, आप ही संशोधन करते। 'नासिख़' के तीन दीवान हैं जिनमें से 'दफ़्तरे-परेशां' बहुत प्रसिद्ध है। एक मसनवी है—'नज़्मे सिराज'। कहा जाता है कि उर्दू व्याकरण और काव्य-शास्त्र पर आपने कई पुस्तकें लिखीं; किन्तु वे अप्राप्य हैं।

'नासिख़' को लखनऊ केन्द्र की ख़ारिजी (objective) शायरी (दे०) का प्रवर्तक माना जाता है। इन्होंने भाषा, काव्य-शास्त्र और पिंगल के नियमों में महत्त्वपूर्ण परिवर्तन किया। क्रियाओं के स्वरूप निश्चित किए। 'आईयां', 'जाईयां', 'आए हैं', 'जाए हैं' जैसे प्रयोगों का बहिष्कार किया। शुद्ध प्रयोग पर बल दिया और भाषा का परिमार्जन किया। 'रेख़्ता' (दे०) के लिए 'उर्दू' (दे०) शब्द चलाया। इकहरी रदीफ़ों की ग़ज़लें कहीं और छोटी बहर पर बड़ी बहर को वरीयता दी। अरबी-फ़ारसी उपमाओं-अलंकारों का प्रयोग किया। 'नासिख़' ने उर्दू भाषा की अभूतपूर्व सेवा की। उसे हर प्रकार के विषय की व्यंजना करने की समर्थता और व्यापकता दी। इससे 'नासिख़' की अपनी शायरी का कलापक्ष तो बहुत दृढ़ हुआ, भावपक्ष की अवहेलना हो गई। कविता का शरीर तो सजा, किन्तु आत्मा धूमिल पड़ गई। आपकी शायरी में संवेदना चिंतनशीलता और अध्यात्म का अभाव है। भाषा-शैली निश्चय ही उत्कृष्ट है।

'नासिख़' के शिष्यों की बहुत बड़ी संख्या थी। उन सबने गुरु के बताए नियमों का पालन किया और लखनऊ की ख़ारिजी शायरी को पहचान दी।

नासेह

नसीहत करने वाले को नासेह कहते हैं। नासेह का काम है आशिक को समझाना कि वह इश्क़ से बाज़ आए। मगर दर हकीक़त प्रेमीजनों पर उसकी नसीहतों का कोई असर होता नहीं। उसके माध्यम से प्रेमी की तड़प और उभरकर सामने आती है। उदाहरणार्थ—

> दिल लगी दिल्लगी नहीं नासेह
> तेरे दिल को अभी लगी ही नहीं —**दाग़**

और कभी तो समझाने का उल्टा ही नतीजा निकलता है—

अब तो हर शाम गुज़रती है उसी कूचे में
ये नतीजा हुआ नासेह तेरे समझाने का। —इक़बाल

निकत-ए-मजनूँ (कृति। रचनाकाल सन् 1956 ई०)

यह प्रो० अहमद सिद्दीक़ी मजनूँ द्वारा लिखे गए समीक्षात्मक निबन्धों का संकलन है। इसमें मीर तक़ी 'मीर' (दे०) हज़रत आसी और नियाज़ फ़तहपुरी (दे०) जैसे कवि, लेखकों के अतिरिक्त कुछ प्रसिद्ध साहित्यिक रचनाओं की समालोचना भी शामिल है। आलोचना और उसके सिद्धान्तों की भी चर्चा की गई है।

निगम, मुंशी दयानरायन (जन्म : सन् 1884 ई०)

जन्म कानपुर के एक प्रतिष्ठित कायस्थ परिवार में हुआ। क्राइस्ट चर्च कॉलेज कानपुर से बी० ए० किया, पत्रकारिता के क्षेत्र में नाम कमाया। कानपुर का 'ज़माना' (दे०) नामक पत्र इन्होंने ही चलाया था जो अपनी निष्पक्षता और गंभीर राजनैतिक विचाराधारा के लिए प्रसिद्ध था। इसके अतिरिक्त मुंशी जी ने 1912 ई० में 'आज़ाद' नामक एक दैनिक पत्र निकाला जो बाद में साप्ताहिक हो गया।

निगारिस्तान (कृति)

यह मौलाना ज़फ़र अली ख़ाँ (दे०) की शायरी का संकलन है। रचनाएँ कुल 181 हैं और विषय विविध। जवाहरलाल नेहरू से लेकर रामायण और जन्माष्टमी तक के बड़े उत्कृष्ट और कल्पनाशील दृश्य यहाँ मिलते हैं। यह मौलाना का प्रतिनिधि संकलन है।

निज़ामी, अहमद ख़ान

अब्दुल्ला हुसैनी के समकालीन निज़ामी का समय पन्द्रहवीं शताब्दी माना जाता है। ये सुल्तान अहमद शाह तृतीय, जो कि निज़ामशाह बहमनी के नाम से प्रसिद्ध हुए, के शासनकाल (1860-62) में हुए। संभवतः निज़ामशाह के नाम पर ही इन्होंने अपना उपनाम 'निज़ामी' रखा। इनकी एक मसनवी 'क़दमराव और पदम' मिली है। यह एक प्रेम-कथा है। इससे पहले सामान्यतः उर्दू शायरी धार्मिक और आध्यात्मिक विषयों पर ही की गई थी। इस मसनवी के आरंभ में स्तुति और उसके पश्चात् निज़ाम शाह के पिता सुल्तान अलाउद्दीन हुमायूँ शाह की प्रशंसा की गई है। इस मसनवी में कुल 862 अशआर हैं। इसकी भाषा पर राजस्थानी और पंजाबी के अतिरिक्त अपभ्रंश का प्रभाव भी दृष्टिगोचर होता है।

निज़ामी, ख़्वाजा हसन (मृत्यु : सन् 1955 ई०)

ख़्वाजा साहब का जन्म किस वर्ष में हुआ, यह निश्चित रूप से नहीं कहा जा सकता। साहित्य के विभिन्न इतिहासकारों ने यह वर्ष 1873, 1878 और 1882 बताया है। दिल्ली में निज़ामुद्दीन औलिया की दरगाह में रहते थे। सूफ़ियाना स्वभाव था। धार्मिक और साहित्यिक विषयों पर लगभग एक सौ पुस्तकें लिखीं। जीविका के लिए पहले पुस्तकें और दवाएँ बेचते थे, बाद में स्वयं प्रकाशन करने लगे। बड़े-बड़े लोग इनकी विद्वत्ता और आध्यात्मिकता का आदर करते थे।

ख़्वाजा हसन निज़ामी संभवतः उर्दू साहित्यकारों में पहले व्यक्ति हैं जिसने अपनी आत्मकथा लिखी। पुस्तक का शीर्षक है 'आपबीती' और इसमें इन्होंने अपने जीवन के अनेक रोचक और महत्त्वपूर्ण तथ्य विस्तार से दिए हैं। आपकी पुस्तकों में 'मुहर्रम नामा' 'बेटी की तालीम', 'औलाद की शादी', 'कृष्ण बीती,' 'सी पारए-दिल' महत्त्वपूर्ण हैं। उपन्यास के ढंग पर इन्होंने 'गदर के अफ़साने' बारह भागों में लिखे, जो बहुत लोकप्रिय हुए और उनके बीसियों संस्करण निकले। इस्लाम और हिन्दू धर्म दोनों पर ख़्वाजा साहब ने लिखा। इनके लेखों में भी विभिन्न राजनीतिक और सामाजिक समस्याओं पर विचार प्रकट किए गए हैं। छोटी-छोटी दैनिक जीवन की साधारण वस्तुओं पर बहुत ही रोचक ढंग से निबन्ध लिखते हैं। आपने क़ुरान का हिन्दी अनुवाद भी किया जिसे महात्मा गांधी ने बहुत पसन्द किया। 'मुनादी' नाम का एक पत्र भी निकाला जिसमें स्वयं ही लिखते थे।

ख़्वाजा साहब की भाषा बहुत ही सरल होती है। शब्दों के उचित प्रयोग और मुहावरों के चुटीलेपन में कुशल हैं। छोटे-छोटे वाक्यों में बड़ी-बड़ी बातें बड़ी आसानी से कह देते हैं। बिना अलंकारों की चहल-पहल के बड़े प्रभावशाली वर्णन करते हैं। सूफ़ियाना रंग की गंभीरता और गहराई हर जगह देखने को मिलती है।

निदवतुल उलमा

बदलते हुए समय की आवश्यकताओं को ध्यान में रखते हुए मदरसों के पाठ्यक्रम संशोधित और परिवर्तित करने के लिए तथा विभिन्न मुस्लिम सम्प्रदायों में सद्भाव बनाने के अभिप्राय से निदवतुल उलमा नामक इस संस्था की स्थापना सन् 1894 ई० में लखनऊ में हुई। मौ० सैयद मोहम्मद अली कानपुरी, ख़लीफ़ा फ़ज़ल रहमान मुरादाबादी, मौलाना शिबली (दे०) और मौलाना अब्दुलहक़ देहलवी (दे०) इसके मुख्य कार्यकर्ता थे।

इस संस्था को अब्दुल ग़फ़्फ़ार डिप्टी कलेक्टर, नवाब मोहसिनुल मुल्क और विक़ारुल उमरा का संरक्षण मिला। निदवा के अंतर्गत 1898 ई० में 'दारुल उलूम' नाम से एक मदरसा भी खोला गया। यद्यपि निदवा की स्थापना एक उच्च आदर्श के लिए हुई थी, मगर कालान्तर में इसे राजनैतिक और आर्थिक संकट झेलना पड़ा। निदवा को इस संकट से मौलाना शिबली (दे०) ने रामपुर, भोपाल और भावलपुर के रईसों की सहायता से उबारा। इसे सरकारी सहायता भी प्राप्त हुई और 28 नवम्बर 1908 को दारुल उलूम विद्यालय की आधारशिला लखनऊ में गोमती के किनारे रखी गई। इसका अपना एक विशाल पुस्तकालय भी है।

नियाज़ फ़तहपुरी (सन् 1885-1966 ई०)

नियाज़ का जन्म फ़तेहपुर में हुआ, इनके पिता उर्दू और फ़ारसी के विद्वान थे। नियाज़ की इन भाषाओं की प्रारंभिक शिक्षा घर पर ही हुई। बाद में स्वाध्याय से अंग्रेज़ी, हिन्दी और तुर्की भी सीख ली, जीविका के लिए कुछ दिन भोपाल के इंस्पेक्टर जनरल ऑव पुलिस के कार्यालय में रहे। बाद में हैदराबाद आ गए। नियाज़ के साहित्यिक जीवन का आरंभ 'मख़ज़न' और 'नक्क़ाद' से हुआ। इसके बाद 1922 में इन्होंने लखनऊ से उर्दू के एक गंभीर आलोचनात्मक पत्र 'निगार' का प्रकाशन आरंभ किया। नियाज़ के विचार-स्वातंत्र्य और बुद्धिवाद ने नये लेखकों को बहुत प्रभावित किया। ये धर्म को भी बुद्धि और तर्क की कसौटी पर कसते और अपने विचारों को बड़ी निर्भीकता से प्रकट करते। विरोध की परवाह न कर अपनी राय पर अटल रहते। 'निगार' के माध्यम से उर्दू गद्य और आलोचना की जो सेवा हुई उसने नियाज़ का नाम साहित्य के संसार में अमर कर दिया।

नियाज़ केवल पत्रकार ही नहीं थे। इन्होंने उपन्यास, नाटक, कहानियाँ, इतिहास और आलोचना में रचनाएँ कीं। इनकी कहानियाँ उस समय के अनुरूप रूमानी और रोचक होती हैं। चरित्रों का मनोवैज्ञानिक विश्लेषण बहुत सुन्दर करते हैं लेकिन सामाजिक दृष्टि का अभाव है। नियाज़ सौन्दर्यवादी हैं और इनका यह दृष्टिकोण इनकी सभी प्रकार की रचनाओं में देखा जा सकता है। आलोचना में बड़े भावुक और प्रवाहपूर्ण ढंग से साहित्य-विवेचन करते हैं। भाषा विद्वत्तापूर्ण है। ओज और प्रवाह बहुत है। बाद की रचनाओं में भाषा अपेक्षाकृत सरल है किन्तु रंगीनी में कमी नहीं। 'निगारिस्तान' और 'जमालिस्तान' नामक दो कहानी संग्रहों के अतिरिक्त 'तारीख़-द्दौलतैन', 'फ़रासत अलीद', 'गहवार-ए-तमद्दुन',

'शहाब की सरगुज़िश्त', 'अल-मसलश्शकिया' और 'तरग़ीबाते जिंसी' इनकी उल्लेखनीय रचनाएँ हैं। 'एक शायर का अंजाम' और 'क्यूपिड-साइके' इनकी दो लम्बी कहानियाँ हैं जो बहुत लोकप्रिय हुई थीं। 'जज़्बाते-भाषा' में हिन्दी और ब्रज के दोहों का टीका सहित संकलन है। आलोचना में इनका दो भागों में लिखा 'इन्तकादियात' अत्यंत महत्त्वपूर्ण ग्रन्थ है। इसी क्षेत्र का 'मक़तबाते-नियाज़ भी उल्लेखनीय है।'

निहालचंद लाहौरी

मुंशी निहालचंद पंजाब के थे मगर शिक्षा दिल्ली में पाई और फ़ोर्ट विलियम कॉलेज (दे०) की स्थापना होने पर वहीं ग्रन्थ निर्माण और अनुवाद विभाग में मीर मुंशी नियुक्त हुए। सन् 1803 में इन्होंने इज्ज़-तुल्ला बंगाली की फ़ारसी रचना का रूपान्तर उर्दू में 'मज़हबे-इश्क़' के नाम से किया। यह भारत में प्रसिद्ध गुल-बकावली की लोककथा है। निहालचंद ने इसे सरल और सरस उर्दू में लिखा। इसका पहला संस्करण सन् 1804 में निकला और बाद में न जाने कितनी ही बार प्रकाशित हुई। यही वह कहानी है जिसे 1838 में पंडित दयाशंकर 'नसीम' (दे०) ने 'गुलज़ारे'-नसीम' (दे०) में पद्यबद्ध किया। लाहौरी की भाषा शुद्ध और सरल होने पर भी मीर अम्मन (दे०) की भाषा से भिन्न है। 'मज़हबे-इश्क़' का रुझान फ़ारसी की तरफ है और अनुवाद में तुकान्त गद्य का भी प्रयोग हुआ है।

नुसरती, मुहम्मद नुसरत (मृत्यु : सन् 1684 ई०)

आदिलशाही काल में 'नुसरती' बीजापुर के श्रेष्ठतम कवि हुए हैं। आपके जन्म और परिवार सम्बन्धी तथ्य अभी तक अंधकार में हैं लेकिन 'नुसरती' एक महान कवि के रूप में प्रतिष्ठा पा चुके हैं। आपका सम्बन्ध एक ब्राह्मण परिवार से बताया जाता है। कुछ विद्वान इन्हें सूफ़ी गेसूदराज़ (दे०) का वंशज भी मानते हैं।

'नुसरती' की तीन रचनाएँ उपलब्ध हैं। 'गुलशने-इश्क़' दक्षिण भारत में लोकप्रिय कुंवर मनोहर और मधुमालती के प्रेमाख्यान का सरस एवं हृदय-ग्राही वर्णन है। एक प्रचलित लोककथा पर आधारित इस मसनवी में उच्च कोटि की संवेदनशीलता देखने को मिलती है। आपकी दूसरी प्रसिद्ध रचना 'अलीनामा' है जिसमें बीजापुर के सुल्तान अली आदिलशाह के जीवन के दस वर्ष (सन् 1656-66 ई०) का वर्णन है। इसमें बादशाह के जीवन और व्यक्तित्व के अतिरिक्त तत्कालीन राजनैतिक विशृंखलताओं को भी बड़ी बारीकी से उभारा गया है। 'नुसरती' ने युद्ध-वर्णन में भी

अपनी लेखनी का कौशल दिखाया है। यह कृति केवल साहित्यिक ही नहीं ऐतिहासिक महत्त्व की भी है। इसके लिए लेखक को 'मलिकुश्शुअरा' की उपाधि दी गई। 'नुसरती' की तीसरी रचना 'तारीख़े सिकन्दरी' किसी कारणवश अधूरी रह गई।

अरबी-फ़ारसी शब्दों के प्रयोग के बावजूद 'नुसरती' की भाषा सुबोध है। आपने क़सीदे भी लिखे और कई इतिहासकारों ने आपको दक्षिण का क़सीदे का पहला कवि माना है। लेकिन 'नुसरती' की कीर्ति का मुख्य आधार उक्तलिखित मसनवियाँ हैं।

नूर-उल-लुग़ात (कृति। रचनाकाल सन् 1924 ई०)

यह उर्दू का विशद शब्दकोश है जिसका सम्पादन मौलवी नूर-उल-हसन 'नय्यर' ने किया। इसमें उर्दू के शब्दों की बड़ी विस्तृत एवं वैज्ञानिक विवेचना की गई है। बदलते हुए संदर्भों का भी ध्यान रखा गया है। नये-पुराने मुहावरों का प्रयोग भी बताया गया है।

यह कोश चार भागों में प्रकाशित है।

नूह (अं०)

जब पृथ्वी पर पाप बहुत बढ़ गया तो ईश्वर ने जल-प्रलय द्वारा पापियों का अंत करने का निश्चय किया। सारी पृथ्वी पर पानी ही पानी आ गया। सब कुछ डूबने लगा। इस समय ईश्वर की आज्ञा से नूह ने एक नाव बनाई और उसमें सभी प्राणियों का एक-एक जोड़ा रख लिया। इस नाव को जलप्लावन में कोई नुकसान नहीं पहुँचा। यह तूफ़ान जिसे तूफ़ाने-नूह कहते हैं चालीस दिन बाद शांत हुआ। और नबी नूह की नाव पर सुरक्षित जोड़ों से एक नई सृष्टि का आरंभ हुआ।

नूरुल हसन हाशिमी (जन्म : सन् 1913 ई०)

काफ़ी समय तक लखनऊ विश्वविद्यालय के उर्दू विभाग से सम्बद्ध रहे और वहीं से अध्यक्ष पद से अवकाश प्राप्त किया। विशेष रूप से शोध कार्य और पुरानी पुस्तकों के सम्पादन के लिए जाने जाते हैं। आपने कुछ आलोचनात्मक निबन्ध भी लिखे हैं। 'देहली का दबिस्ताने-शायरी', 'अदब क्या है' और 'अदब का मक़सद' आपकी कुछ उल्लेखनीय पुस्तकें हैं।

'नूह' नारवी (जन्म : सन् 1876 ई०)

नूह का जन्म इलाहाबाद ज़िले के नारा गाँव में हुआ। यह गाँव आपके पिता की रियासत थी। यहीं पर आपकी प्रारंभिक शिक्षा हुई। अरबी-फ़ारसी के अलावा अंग्रेज़ी का भी अध्ययन किया। शायरी में मिर्ज़ा 'दाग़'

(दे०) के ख़ास शिष्य हैं और अपने को उनका जाँनशीन कहते हैं। बरसों हैदराबाद में रह कर गुरु चरणों की सेवा की और ग़ज़ल कहने में कमाल हासिल किया। 'दाग़' की रंगीनी और शोख़ी, 'दाग़' के ही काव्य विषय और वही टकसाली ज़बान नूह साहब के क़लाम में पाई जाती है। आपके तीन दीवान प्रकाशित हैं जिनमें 'सफ़ीना-ए-नूह' और 'तूफ़ाने-नूह' विशेष-रूप से उल्लेखनीय हैं।

नौ-तर्ज़-ए-मुरस्सा (कृति। रचनाकाल सन् 1798 ई०)

यह मीर अता हुसैन 'तहसीन' (दे०) की रचना है। इसमें 'किस्सा-चहार दरवेश' एक नई तरह की गद्य शैली में बखाना गया है। अरबी-फ़ारसी शब्दों, पदों, उपमाओं और प्रतीकों के प्रयोग से प्रवाह में बाधा पड़ी है। किन्तु कहीं-कहीं सरल गद्य के टुकड़े भी देखने में आते हैं।

नौशेरवाँ (अं०)

यह ईरान का एक बादशाह था जो अपने न्याय के लिए प्रसिद्ध था। न्याय के प्रतीक के रूप में नौशेरवाँ का उल्लेख साहित्य में मिलता है।

प

पंजाब में उर्दू (कृति। प्रकाशन वर्ष सन् 1960 ई०)

यह हाफ़िज़ महमूद शीरानी (दे०) की उर्दू के आरंभ तथा विकास के इतिहास पर लिखी गई एक महत्त्वपूर्ण पुस्तक है। इसका मुख्य मुद्दा है कि उर्दू मुग़ल बादशाह शाहजहाँ से बहुत पहले मुहम्मद बिन कासिम के आक्रमण के समय मुसलमानों के साथ पंजाब पहुँची थी। दिल्ली दरबार में पहुँचने वाली उर्दू मूल रूप में पंजाबी है। लेखक ने पंजाबी के प्राचीन कवियों और गद्यकारों का उल्लेख करते हुए पंजाबी और उर्दू की क्रियाओं में समानता सिद्ध की है।

परी

यह उड़ने वाली अत्यन्त रूपसी स्त्रियों की एक काल्पनिक जाति है। इनका निवास स्थान कोहेकाफ़ पर्वत माना गया है। साहित्य में परी सुन्दर स्त्री या प्रियतमा के लिए प्रयोग होता है। उदाहरणार्थ—

जिक्र उस परीवश का और फिर बयाँ अपना
बन गया रक़ीब आख़िर था जो राज़दाँ अपना।

—**मिर्ज़ा ग़ालिब**

प्रगतिशील लेखक संघ (प्र०)

उर्दू लेखन को वैयक्तिक चेतना की सीमित परिधि से निकालकर सामाजिक एवं राजनैतिक नवजागरण की व्यापकता से परिचित कराने की प्रक्रिया डा० इकबाल (दे०), अक़बर इलाहाबादी (दे०), चकबस्त (दे०), हाली (दे०), आज़ाद (दे०), और शिबली (दे०) के लेखन में स्पष्ट रूप से लक्षित होती है, लेकिन इसे एक प्रतिबद्ध लेखन की पृष्ठभूमि ही कहा जा सकता है। प्रथम महायुद्ध के बाद अन्तर्राष्ट्रीय स्थितियों और परिणामतः साहित्यिक रुझान में परिवर्तन हुआ। समाजवाद, प्रगतिवाद, राष्ट्रीयता और स्वतन्त्रता प्रेम की एक लहर उठी। सुधारवाद की गति

धीमी जान पड़ी। राजनैतिक चेतना तीव्रतर हुई। पूंजीवाद से विश्वास टूटा। दुनिया-भर के लेखकों ने फ़ासिज़्म के बढ़ते प्रभाव के विरुद्ध आवाज उठाई। भारत की अपनी राजनैतिक, आर्थिक और सामाजिक स्थितियों में अन्तर्राष्ट्रीय परिवर्तनों की प्रतिध्वनि थी और यह प्रतिध्वनि यहाँ की विभिन्न भाषाओं के साहित्य में सुनाई दी। उर्दू-साहित्य भी अछूता नहीं रहा, और 10 अप्रैल, सन् 1936 ई० को सज्जाद ज़हीर (दे०) और मुल्कराज आनन्द के प्रयासों के फलस्वरूप 'अंजुमने-तरक्की पसन्द-मुसन्नफ़ीन' यानि प्रगतिशील लेखक संघ का प्रथम सम्मेलन लखनऊ में प्रेमचन्द के सभापतित्व में हुआ। पं० जवाहरलाल नेहरू ने इसका उद्घाटन किया और कवीन्द्र टैगोर ने अपना शुभ सन्देश भेजा। संघ के घोषणापत्र में भारतीय साहित्य में यथार्थ जीवन से पलायन, निराधार कल्पनाशीलता, अनुपयोगी अध्यात्मवाद और खोखले आदर्शवाद की शरण लेने की घातक प्रवृत्ति की निन्दा की गई। जीवन की निपट नग्न वास्तविकता को ग्रहण और निरूपित करने के लिए साहित्यकारों का आह्वान किया गया। इसमें कहा गया कि लेखकों का कर्तव्य है कि ये 'साहित्यिक आलोचना की प्रवृत्ति विकसित करें, जो परिवार, धर्म, दैहिक सम्बन्ध, युद्ध और समाज जैसे प्रश्नों पर सामान्य प्रतिक्रियावादी और पुरावर्तवादी दृष्टिकोण को हतोत्साहित करे।...संघ का उद्देश्य साहित्य और कला को रूढ़िग्रस्त वर्गों के चंगुल से, जहाँ दीर्घकाल से उसका पतन हो रहा है, निकालना, कला को जनता के निकटतम सम्पर्क में लाना, उसे यथार्थ जीवन के अंकन का सशक्त अंग बनाना है।' घोषणा पत्र में यह स्पष्ट किया गया कि नव-साहित्य के लिए अस्तित्व की मूल समस्याओं— भूख, ग़रीबी, सामाजिक पिछड़ापन और राजनैतिक दासता—से दो-चार होना ज़रूरी है।

इस मानवीय और सार्वभौमिक दृष्टिकोण से बहुत से कवि और लेखक प्रभावित और आकृष्ट हुए। जनाब जोश मलीहाबादी (दे०), साग़र निज़ामी (दे०), सीमाब अकबराबादी (दे०), रविश सिद्दीक़ी (दे०), जमील मज़हरी (दे०) और मेला राम 'वफ़ा' आदि की नज़्मों और फ़ैज़ अहमद फ़ैज़, (दे०), फ़िराक़ गोरखपुरी (दे०), असग़र गौंडवी (दे०), जिगर मुरादाबादी (दे०), शाद अज़ीमाबादी (दे०), फ़ानी बदायूनी (दे०), यग़ाना चंगेज़ी (दे०), एहसान दानिश (दे०), आनन्दनारायण मुल्ला (दे०), जज़्बी (दे०), असरारूल हक़ 'मजाज़' (दे०), जाँ निसार अख़्तर (दे०), अली सरदार जाफ़री (दे०), साहिर लुधियानवी (दे०), क़ैफ़ी आज़मी (दे०), मजरूह सुल्तानपुरी (दे०), अर्श मलसियानी (दे०), शमीम करहानी (दे०), जगन्नाथ आज़ाद (दे०), अख़्तर अंसारी (दे०),

वामिक जौनपुरी (दे०) आदि की ग़ज़लों; और सआदत हसन मंटो (दे०), कृश्न चन्दर (दे०), अब्बास (दे०), राजेन्द्र सिंह बेदी (दे०), और इस्मत चुग़ताई (दे०) की गद्य रचनाओं में साहित्य का एक नया रूप उभरा जिसने शोषण के ख़िलाफ़ आवाज़ उठाई, और आम आदमी की व्यथा को उकेरा। मगर ऐसा नहीं है कि केवल इन साहित्यकारों ने ही प्रगतिशील रचनाएँ दीं। संघ के सदस्य न रहते हुए और उसकी आचार-संहिता का अक्षरक्षः पालन न करने वाले साहित्यकारों ने भी क्रान्तिकारी रचनाएँ की हैं। वस्तुतः एक उच्चकोटि का साहित्यकार युगद्रष्टा होता है, समसामयिक समस्याओं से ऊपर उठकर भविष्य में देख सकता है। उसकी व्यापक और सार्वभौमिक दृष्टि ही उसकी श्रेणी निर्धारित करती है। यह भी उल्लेखनीय है कि प्रगतिशील संघ के प्रतिबद्ध लेखकों, कवियों ने केवल सामाजिक, आर्थिक, राजनैतिक शोषण पर ही रचनाएँ की हों, ऐसा नहीं है। इनमें से कई आज अपनी उदात्त विचारधारा, रोमानी प्रवृत्ति, भाव-कोमलता या शैलीगत विशेषताओं के कारण उत्कृष्ट रचनाकार माने जाते हैं।

कालान्तर में प्रगतिशील लेखक संघ कम्युनिस्ट विचारधारा के प्रभाव में आ गया। बहुत से लेखक केवल इसकी आधुनिकता से आकृष्ट हुए। अस्पष्टता और प्रतिक्रियावादी विचारों का समावेश हुआ। नवीनता के नाम पर अश्लीलता परोसी गई। नये प्रयोग हुए। प्रतीकवाद को बढ़ावा मिला और मुक्त छन्द की प्रतिष्ठा हुई। सर्वहारा को सृजन के केन्द्र में स्थापित करना इस आन्दोलन की मुख्य उपलब्धि है।

प्रेमचन्द, मु० धनपत राय (सन् 1880-1936 ई०)

मु० धनपत राय का जन्म बनारस के निकट लमही गाँव के एक साधारण कायस्थ परिवार में हुआ। अपनी लगन और परिश्रम के बल पर इन्ट्रेन्स पास करके शिक्षा-विभाग में नौकरी कर ली। बी० ए० करने पर डिप्टी इंस्पेक्टर ऑव स्कूल्स हो गए, किन्तु अस्वस्थता के कारण स्कूल अध्यापक होकर गोरखपुर में रहने लगे। सन् 1921 ई० में स्वतन्त्रता आंदोलन से प्रभावित होकर सरकारी नौकरी से त्यागपत्र दे दिया। कानपुर से प्रकाशित होने वाले 'ज़माना' (दे०) के अतिरिक्त कई पत्र-पत्रिकाओं में लिखा और काम किया। 'हंस' नामक एक पत्रिका निकाली और अपना प्रेस भी लगाया। आर्थिक संकट से उबरने के लिए फ़िल्मी संसार में भी गये लेकिन अपनी आदर्शवादिता के कारण समझौते न कर सके और वापस लौट आए। सन् 1936 में इनकी मृत्यु हो गई।

यद्यपि प्रेमचन्द ने आरंभ उर्दू से ही किया था, लेकिन उन्होंने उर्दू और हिन्दी दोनों के साहित्य आकाश को एक साथ मार्तण्ड की तरह देदीप्यमान किया। 1901 में इनका पहला उर्दू उपन्यास 'हम ख़ुरमा हम सवाब' प्रकाशित हुआ। लिखना इन्होंने 17-18 वर्ष की आयु से ही शुरू कर दिया था किन्तु ख्याति इन्हें 1908 ई० में 'सोज़े-वतन' नामक कहानी संग्रह के प्रकाशन से प्राप्त हुई। ये देश-प्रेम से परिपूर्ण कहानियाँ थीं जिनका सरकारी दायरों में कड़ा विरोध हुआ और यह संकलन प्रेमचन्द की आँखों के सामने जला दिया गया। यह प्रेमचन्द के लेखक जीवन का शुभारंभ था। उर्दू के इनके संग्रह इस प्रकार हैं—'प्रेम-पचीसी', 'प्रेम-बत्तीसी', 'प्रेम-चालीसी', 'वारदात', 'ज़ादे राह','ख़ाबो-ख़याल', 'ख़ाके-परवाना', 'आख़िरी तोहफ़ा', 'देहात के अफ़साने', 'दूध की कीमत'। हिन्दी में प्राप्त इनके कुछ उपन्यास पहले उर्दू में लिखे गए थे जैसे कि 'सेवासदन' जो प्रकाशित पहले हिन्दी में हुआ लेकिन लिखा उर्दू में 'बाज़ारे-हुस्न' के नाम से गया था। कई हिंदी उपन्यासों का प्रेमचन्द ने स्वयं उर्दू रूपान्तर तैयार किया। इनके अन्य उर्दू उपन्यास 'बेवा' (प्रतिज्ञा), 'गोशा-ए-आफ़ियत'(प्रेमाश्रम), 'चौगाने-हस्ती' (रंगभूमि), 'पर्दा-ए-मिज़ाज'(कायाकल्प), 'मैदाने-अमल' (कर्मभूमि) 'ग़बन' और 'गोदान' हैं। प्रेमचन्द ने कुछ नाटक, निबन्ध और जीवनियाँ भी लिखीं लेकिन उनकी ख्याति मुख्यतः एक कहानीकार और उपन्यासकार के रूप में ही है। उर्दू में छोटी कहानी का इन्हें जन्मदाता माना जाता है।

प्रेमचन्द ने कहानी और उपन्यास के क्षेत्र में क्रान्तिकारी परिवर्तन किए। उन्होंने पीड़ित और अत्याचारग्रस्त साधारण किसान को साहित्य का नायक बना दिया। वे कहानी को हिन्दुस्तान के गाँवों में ले गए और वहाँ के जन-जीवन के इतने सच्चे और संवेदनायुक्त चित्र प्रस्तुत किए जो उनके बाद कोई नहीं कर सका। समाज के निम्न, दलित वर्ग से उन्हें हार्दिक सहानुभूति थी। स्वतन्त्रता, समानता और न्याय जैसे उच्चतर मूल्यों के वे प्रबल समर्थक थे। उन्होंने देश को सामाजिक, आर्थिक और राजनैतिक परिस्थितियों का विवेचन कर तत्कालीन समस्याओं को बड़े यथार्थवादी ढंग से प्रस्तुत किया। कला, कला के लिए ही नहीं, वह सामाजिक, आर्थिक सुधार का माध्यम है, यह प्रेमचन्द की रचनाओं से स्वतःसिद्ध है। लेकिन इस प्रगतिशील विचारधारा के बावजूद इन्होंने अपनी कृतियों को प्रचार-साहित्य बनाने से बचाए रखा। इन्होंने साहित्य को जीवन से सम्बद्ध किया और अपने व्यक्तिगत जीवन में भी कथनी और करनी का सामंजस्य स्थापित कर दिखाया। गाँधी के आदर्शवाद से वे गहरे तक प्रभावित हुए

किन्तु इनका दृष्टिकोण मुख्यतः वस्तुवादी है और अपने जीवन अनुभव को बड़े बेलाग ढंग से प्रस्तुत करते हैं। मनोभावनाओं और आन्तरिक संघर्षों के सहज-स्वाभाविक चित्रण से चरित्र अपने आप उभरते-निखरते चलते हैं।

प्रेमचन्द की भाषा अत्यन्त सुन्दर, सरल, सहज और भावपूर्ण होती है। न तो उसमें अरबी-फ़ारसी के शब्दों की भरमार है न संस्कृत शब्दों की। शब्दों के उचित प्रयोग में प्रेमचन्द बेजोड़ हैं। कथोपकथन में ग़ज़ब की स्वाभाविकता है। कहीं-कहीं हास्य-व्यंग्य के पुट से भाषा का सौन्दर्य द्विगुणित हो उठा है। टेकनीक, भाव और प्लौट की गठन की दृष्टि से 'गोदान' प्रेमचन्द का सर्वश्रेष्ठ उपन्यास माना जाता है।

प्रेमचन्द के बाद ग्राम्य-जीवन से सम्बद्ध कहानियों का प्रचलन हुआ, सुदर्शन (दे०), आज़म करेवी, अली अब्बास हुसैनी (दे०), उपेन्द्रनाथ 'अश्क' (दे०) आदि ने उनसे प्रेरणा ली और कहानी के क्षेत्र को विस्तार दिया।

पितरस, अहमद शाह बुख़ारी (सन् 1898 ई०-1958 ई०)

उर्दू के हास्य लेखकों में पितरस का नाम प्रथम श्रेणी में है। इन्होंने हास्यात्मक निबन्धों के अतिरिक्त कुछ हास्य कथाएँ भी लिखी हैं जिनमें गहरी मनोवैज्ञानिक पैठ और हास्य के परदे में सामाजिक कुरीतियों पर व्यंग्य है। इस तरह ये साधारण स्थितियों और साधारण चरित्रों के माध्यम से असाधारण प्रभाव पैदा करते हैं। शैली के दृष्टिकोण से पितरस गद्य के अकबर इलाहाबादी (दे०) हैं। इनके निबन्धों का संग्रह 'पितरस के मज़ामीन' नाम से प्रकाशित हुआ।

पैसा और परछाईं (कृति। रचनाकाल सन् 1955 ई०)

यह डा० मुहम्मद हसन (दे०) के नौ रेडियो-नाटकों का संग्रह है। इनमें संसार को पहले से बेहतर और अधिक सुन्दर बनाने की नई पीढ़ी की इच्छा, और संघर्ष की शक्ति को मुखर किया गया है। संवाद और संगीत की सहायता से वांछित वातावरण की सृष्टि करने में समर्थ हैं परन्तु आकाशवाणी रूपकों की सीमा—यानि गति का यहाँ अभाव है।

'पैसा और परछाईं'—शीर्षक नाटक अखिल भारतीय आकाशवाणी नाटक प्रतियोगिता में सर्वश्रेष्ठ घोषित किया गया। अन्य आठ नाटक हैं— 'सुर्ख़ पर्दे', 'सोने की ज़ंजीरें', 'हुकुम की बेग़म', 'मेमार-ए-आज़म', 'अक़बर-ए-आज़म', 'नज़ीर अकबराबादी', 'नक़्शे-फ़रियादी' और 'इन्स्पेक्टर जनरल'।

फ

फ़ज़ली

प्राचीन काल की सबसे प्रसिद्ध गद्य रचना फ़ज़ली या फ़ज़ल अली की 'दह मजलिस' (दे०) है। इसे 'करबल कथा' भी कहते हैं। यह मुल्ला हुसैन वाइज़ काशिफ़ी द्वारा लिखित फ़ारसी पुस्तक 'रौज़तुश्शुहदा' का उर्दू रूप है। यह एक धार्मिक रचना है और इसमें करबला के युद्ध और इमाम हुसैन (दे०) की शहादत के विवरण हैं। इसमें अरबी-फ़ारसी के शब्दों का बहुतायत से प्रयोग हुआ है। भाषा कठिन, अनुप्रास युक्त और पद्य की भाँति तुकान्त है। दकनी (दे०) के कुछ मुहावरों का प्रयोग भी इसमें हुआ है जिसके आधार पर कुछ विद्वान फ़ज़ली को दक्षिण भारत का मानते हैं। किन्तु यह कोई निश्चयात्मक प्रमाण नहीं, आपकी भाषा अन्यथा दिल्ली के ही अधिक निकट है। फ़ज़ली ने 'दह मजलिस' (दे०) को प्रथम गद्य रचना कहा है, जिससे यह मालूम होता है कि उन्हें दक्षिण की गद्य रचनाओं का ज्ञान नहीं था।

यह पुस्तक जर्मनी के एक पुस्तकालय में मिली और इसे बड़े शोधपूर्ण ढंग से प्रकाशित किया गया।

फ़रहतुल्ला बेग

आप हास्य रस के निबन्धकार हैं। उर्दू गद्य में इनका विशेष स्थान अपने गुरु मौलवी नज़ीर अहमद (दे०) तथा प्रसिद्ध आलोचक मौलवी वहीदुद्दीन 'सलीम' (दे०) का हास्यात्मक परिचय है। इनके लेखों में सर्वत्र एक शोख़, हल्काफुल्का माहौल मौजूद है। पाठक इस माहौल का हिस्सा बन जाता है और स्वत: ही विभोर हो उठता है। ठहाका लगाने की गुंजाइश नहीं। कहीं-कहीं हल्का-सा व्यंग्य भी है। बौद्धिक तत्त्व की भी कमी नहीं। दिल्ली की ठेठ टकसाली भाषा इस्तेमाल करते हैं। ख़ास दिल्ली के शब्द और मुहावरे बयान की प्रवाहमयता और सटीकता को और भी बढ़ा देते हैं।

फ़रहाद (अं०)

फ़रहाद नाम का एक युवक तत्कालीन ईरान नरेश परवेज़ की रूपसी पत्नी शीरीं से प्रेम करने लगा। वह शीरीं को हासिल करने के लिए कुछ भी करने को तैयार था। उसके पागलपन को देखकर बादशाह ने मज़ाक में कहा कि यदि वह बेसतूँ पर्वत को काटकर शीरीं के लिए दूध की नहर ले आए, तो शीरीं उसकी हो जाएगी। कोई विचारशील व्यक्ति ऐसे दुस्साहस की कल्पना भी न करता। मगर फ़रहाद तो शीरीं का दीवाना था। वह अपने औज़ार लेकर बेसतूँ की ओर चल पड़ा और अपनी लगन और अथक परिश्रम से पहाड़ काटकर दूध की नहर निकाल दी। फ़रहाद ने जब असंभव को संभव कर दिखाया तो राजा घबराया और उसने एक बुढ़िया के द्वारा फ़रहाद तक शीरीं की मृत्यु की झूठी ख़बर पहुँचा दी। फ़रहाद यह दुख सहन न कर सका और उसने सिर में तेशा मारकर आत्महत्या कर ली। साहित्य में फ़रहाद का ज़िक्र एक निष्ठावान सच्चे प्रेमी के रूप में आता है। प्रेमी फ़रहाद जैसी लगन और उसके उन्माद की तुलना से अपने प्रेम की पराकाष्ठा सिद्ध करते हैं—

लोग जब सुनते हैं क़िस्से तेरे दीवाने के
क़ैस-ओ-फ़रहाद के अफ़साने उठा रखते हैं। —**अक़बर**

फ़र्द (पारि०)

कभी-कभी कोई एक शेर इतना अच्छा बन पड़ता है कि उसके स्तर की ग़ज़ल कहना मुश्किल हो जाता है। ऐसी स्थिति में शायर उसे अकेला ही रहने देता है। ऐसे शे'र को फ़र्द कहते हैं।

फ़साना-ए-आज़ाद (कृ०। रचनाकाल सन् 1878 ई०)

यह पंडित रतननाथ 'सरशार' (दे०) की सुप्रसिद्ध रचना है जिसका धारावाहिक प्रकाशन 'अवध अख़बार' (दे०) में सन् 1878 ई० से आरंभ हुआ। यह इतनी लोकप्रिय हुई कि पाठकगण एक के बाद दूसरे अंक का बेसब्री से इन्तज़ार करते और पुस्तक रूप में इसको उन्होंने हाथोंहाथ लिया। इसके अनेक संस्करण प्रकाशित हुए।

यह अपने ढंग का पहला यथार्थवादी उपन्यास है। इसमें 'सरशार' ने तत्कालीन समाज और विशेषतया लखनऊ के ऐसे जीवन्त चित्र खींचे हैं जिनका सानी नहीं। नवाबी ख़त्म हो जाने पर भी विगत वैभव की परछाइयों के पीछे भागते रईसों की हास्यास्पद स्थिति, मुहर्रम, चेहलुम और ऐशबाग़ के मेले, बटेरबाज़ों, पतंगबाज़ों और तमाशबीनों की भीड़, चोर-

उचक्के, फक्कड़ आशिक़, साधु-सन्त, मौलवी-पंडित, नवाब-मुसाहिब, पुलिस, बाबू, भटयारिन, तंबोलिन—हर वर्ग के लोग हैं यहाँ अपने ख़ास रंग में। इतना ही नहीं 'सरशार' हरम के भीतर रहने वाली बेगमों के रहन-सहन, बोल-चाल और उनकी लौंडियों से भी बख़ूबी वाकिफ़ हैं और हर चीज़ को ज्यों का त्यों पेश करते हैं किसी भी दुराव-छिपाव के बग़ैर। यह 'फ़िसाना आज़ाद' की बड़ी विशेषता है। किन्तु इसकी लोकप्रियता का बड़ा कारण थी उपन्यास की भाषा-शैली, इसके मुहावरों का चुटीलापन और भरपूर हास्य-विनोद। इसमें संदेह नहीं कि उपन्यास के कथानक में गठन का अभाव है और चरित्र-चित्रण की आधुनिक कसौटी पर यह पूरा नहीं उतरता। किन्तु यह मानना पड़ेगा कि 'सरशार' पहले लेखक हैं जिन्होंने साधारण घटनाओं को कहानी का रूप दिया, और पहली बार परियों की दास्तान से हटकर एक यथार्थवादी उपन्यास।

फ़साना-ए-मुब्तला (कृति। रचनाकाल सन् 1888 ई०)

यह डिप्टी नज़ीर अहमद (दे०) का सामाजिक उपन्यास है। इसमें तत्कालीन मुसलमानों के सामाजिक और आर्थिक जीवन, परिवार का वातावरण, पर्दा-प्रथा, शिक्षा का अभाव, अंधविश्वास, रूढ़ियों, आपसी झगड़ों आदि के बड़े सजीव और यथार्थ चित्र प्रस्तुत किए गए हैं। शैली में व्यंग्य का पुट उपन्यासकार का संदेश बड़े सीधे-सादे ढंग से दिल में उतार देता है। संवाद सशक्त हैं। भाषा पात्रानुकूल। स्त्री-चरित्रों की भाषा मुहावरों से परिपूर्ण और एकदम बोलचाल की है।

फ़ाइज़, सदरुद्दीन मुहम्मद

आपके क़लाम से यह अनुमान लगाया गया है कि आप औरंगज़ेब के अन्तिम वर्षों से लेकर मुहम्मद शाह के शासनकाल तक दिल्ली ही में थे। पिता का नाम ज़बरदस्त ख़ाँ था और वे मुग़ल सल्तनत में किसी ऊँचे पद पर थे। फ़ाइज़ में सम्पन्नता, सत्ता और साहित्य का मेल हुआ। फ़ारसी और उर्दू दोनों में लिखा। कुल मिलाकर आपकी बाईस कृतियाँ उपलब्ध हैं। फ़ारसी दीवान में लगभग बीस हज़ार अशआर थे जिनमें से चौदह हज़ार मिले हैं। उर्दू में इनकी तेतीस ग़ज़लें, कुछ कसीदे और छः मसनवियाँ हैं। उत्तर भारत में उर्दू साहित्य के उषा काल के इस कवि को खोज निकालने का श्रेय जनाब मसऊद हसन रिज़वी (दे०) को है। इससे पहले हातिम (दे०) को ही दिल्ली का पहला कवि माना जाता था। दक्षिण में इस समय वली (दे०) सृजनरत थे। वली का कुल्लियात सन् 1724 ई० में दिल्ली पहुँचा और फ़ाइज़ का दीवान सन् 1720 ई०

में तैयार हो चुका था। फ़ाइज़ और वली की कुछ ग़ज़लों की ज़मीन (दे०) एक है। यह बहुत संभव है कि वली का पूरा दीवान दिल्ली पहुँचने से पहले उनकी कुछ ग़ज़लें वहाँ पहुँच गई हों और उनसे प्रेरणा लेकर फ़ाइज़ ने लिखा हो। हातिम ने फ़ाइज़ का दीवान पूरा हो जाने के बाद ही उर्दू में लिखना शुरू किया। प्रो० रिज़वी ने आपके उर्दू कलाम को टिप्पणी सहित प्रकाशित करवाया है।

फ़ाइज़ के काव्य में समसामयिक विचारों, सामाजिक आयोजनों, त्योहारों, मेलों आदि के विवरण मिलते हैं। लौकिक प्रेम के मनोभावों का भी अच्छा चित्रण करते हैं। हिन्दी शब्दों और उपमाओं का प्रयोग भी करते हैं किन्तु भाषा में चमत्कार का अभाव है। वैचारिक प्रगल्भता भी आपके यहाँ विशेष नहीं।

फ़ाएज़

आप सुल्तान अब्दुल हसन तानाशाह (सन् 1674-1686 ई०) के समय में गोलकुण्डा में हुए। इनकी रचना 'रुज़वाने शाह-ओ-रुहअफ़ज़ा' उस काल की मसनवियों में विशेष स्थान रखती है। फ़ाएज़ के क़लाम में हिन्दी की अपेक्षा फ़ारसी शब्द अधिक हैं।

फ़ानी बदायूनी (सन् 1879-1942 ई०)

पूरा नाम था शौक़त अली ख़ाँ। 'फ़ानी' तख़ल्लुस करते थे। पिता का नाम था शुजाअत अली ख़ाँ। बदायूँ के रहने वाले थे। वहीं 'फ़ानी' का जन्म हुआ। बदायूँ से इन्ट्रेन्स की परीक्षा पास की। सन् 1901 में म्योर सेन्ट्रल कॉलेज इलाहाबाद से बी० ए० और 1908 में एल० एल० बी० किया। कुछ समय तक क्रमशः बरेली, बदायूँ और लखनऊ में वकालत की। फिर आगरा चले आए और वकालत के साथ-साथ 'तसनीम' नामक एक साहित्यिक पत्रिका निकाली जो चल नहीं पाई। सन् 1932 ई० में महाराजा किशन प्रसाद 'शाद' (दे०) ने इन्हें हैदराबाद बुला लिया किन्तु वहाँ प्रान्तीयता के कारण स्कूल के प्रधान अध्यापक का ही पद मिला। महाराजा की मृत्यु के बाद इस नौकरी से भी अलग कर दिए गए। इसी बीच इनकी पत्नी और बेटी का लखनऊ में देहान्त हो गया।

'फ़ानी' ने छोटी उम्र में ही दो दीवान तैयार कर लिए थे किन्तु दुर्भाग्य-वश वे नष्ट हो गए। सन् 1917 में आपने फिर लिखना शुरू किया और पहला दीवान बदायूँ से छपा। दूसरा संग्रह 'बाकियाते-फ़ानी' सन् 1926 में और तीसरा 'विजदानियत' सन् '40 में प्रकाशित हुआ। तीनों दीवानों का संग्रह 'कुल्लियाते-फ़ानी' के नाम से उपलब्ध है।

'फ़ानी' को 'यासियात का इमाम' यानि घोर निराशावादी कवि कहा गया है लेकिन निराशा के स्वर में कटुता नहीं है। 'फ़िराक़' (दे०) के अनुसार इसका कारण यह है कि 'फ़ानी' की निराशा सांसारिक दुखजनित नहीं, अपितु उस सूफ़ीवादी परम्परा का परिणाम है जो संसार को सारहीन देखती है। 'फ़ानी' का युग लखनऊ में मरसियागोई का युग था। करुणा, व्यथा का वातावरण 'फ़ानी' के अनुकूल था। इनमें कहीं-कहीं 'मीर' (दे०) का सोज़ो-गुदाज़ और 'ग़ालिब' (दे०) की दार्शनिकता भी पाई जाती है मगर उनका आत्मसम्मान और आशावादिता नहीं। भाषा और अभिव्यक्ति श्रेष्ठ है। कभी-कभी बोझिल फ़ारसी शब्द विन्यास का प्रयोग कर देते हैं। अन्यथा भावपूर्ण यथार्थ के साथ आपकी शायरी में कोमलता, सहज प्रवाह और लालित्य गुण है।

फ़ारुकी, डा० ख्वाजा अहमद (जन्म : सन् 1917 ई०)

ज़िला मुरादाबाद के रहने वाले हैं। पत्र-लेखन पर शोधकार्य किया। उत्तर प्रदेश के शिक्षा विभाग में रहे और फिर दिल्ली कॉलेज में प्राध्यापक हो गए। दिल्ली विश्वविद्यालय के उर्दू विभाग के अध्यक्ष भी रहे। डा० फ़ारुकी को उर्दू के आलोचना साहित्य में विशेष मान्यता प्राप्त है। आप आलोचना के किसी विशेष दृष्टिकोण का अनुकरण नहीं करते। साहित्य की परम्पराओं और ऐतिहासिक पृष्ठभूमि को पर्याप्त महत्त्व देते हैं। आपकी शैली भव्य और गंभीर है किन्तु फिर भी भाषा में कहीं दुरूहता नहीं। बड़े सरस ढंग से विचारों का प्रतिपादन करते हैं। आपकी महत्त्वपूर्ण पुस्तकें हैं 'मिर्ज़ा शौक लखनवी', 'मीर तक़ी मीर', 'हयात और शायरी', 'क्लासिकी अदब' और 'ज़ौको-जुस्तजू'।

फ़ाउन (अं०)

यह मिस्र का बादशाह था और इसकी निस्सन्तान रानी ने हज़रत मूसा (दे०) का पालन-पोषण अपने बेटे की तरह किया था। मगर फ़ाउन बड़े क्रूर स्वभाव का था और घमंडी भी। अपने अहंकार में यह हज़रत मूसा में ईश्वरीय प्रकाश न देख सका। इसने उन्हें ख़त्म कर देना चाहा। मूसा अपने क़बीले के साथ मिस्र से निकल पड़े। फ़ाउन और उसकी सेना ने इनका पीछा किया। जब मूसा नील नदी के किनारे पहुँचे तो उनके चमत्कार से नदी दो भागों में बँट गई और बीच से सूख गई। मूसा और उनके अनुयायी नदी पार कर गए, मगर जब फ़ाउन उनके पीछे आया तो नदी फिर पानी से भर गई और फ़ाउन और उसकी सेना डूब गई। उर्दू

साहित्य में फ़ाउन अथवा फ़िरऔन अत्याचार और अहंकार के प्रतीक के रूप में आता है।

फ़िरदौस-ए-बरी (कृति। रचनाकाल सन् 1895 ई०)

यह मौ० अब्दुल हलीम 'शरर' लखनवी (दे०) का ऐतिहासिक उपन्यास है। पृष्ठभूमि पाँचवीं शताब्दी की है। अधिकांश पात्र ऐतिहासिक, कुछ कल्पनाजन्य हैं। कथावस्तु का विकास स्वाभाविक है। दृश्यचित्र और वातावरण की सृष्टि मोहक। चरित्र-चित्रण उत्कृष्ट और निर्वाह संवेदनशील है। ऐतिहासिक घटनाओं को कहीं तोड़ा-मरोड़ा नहीं गया है। शैली रोचक है और उपन्यास का कलापक्ष सुदृढ़। उर्दू के ऐतिहासिक उपन्यासों में इसे विशेष स्थान प्राप्त है।

फ़िक्र तौंसवी (सन् 1918-87 ई०)

पूरा नाम रामलाल भाटिया। 'फ़िक्र' तख़ल्लुस और डेरा ग़ाज़ी ख़ाँ ज़िला के तौंस शरीफ़ के होने के कारण तौंसवी लिखते थे। फ़िक्र तौंसवी के नाम से ही प्रसिद्ध हुए। उच्च शिक्षा लाहौर से प्राप्त की और साहित्यिक जीवन का प्रारंभ एक प्रगतिवादी कवि के रूप में किया। लेकिन शीघ्र ही फ़िक्र को अपनी अभिव्यक्ति का माध्यम मिल गया और आपने मुख्यतः एक हास्य एवं व्यंग्यकार के रूप में अपनी विशिष्ट पहचान बनाई। फ़िक्र पच्चीस वर्ष तक मिलाप दैनिक पत्र के लिए हास्य-व्यंग्य से भरपूर कॉलम "प्याज़ के छिलके' लिखते रहे जो बहुत ही लोकप्रिय हुआ। हिन्दी की पत्र-पत्रिकाओं में भी आपके लेख छपते रहे। आपकी पुस्तकों में 'छटा दरिया' और 'हम हिन्दुस्तानी' विशेष रूप से उल्लेखनीय हैं। 'मैं' शीर्षक से आपकी आत्मकथा दो भागों में प्रकाशित हुई है। उर्दू के विकास में योगदान के लिए आपको उत्तर प्रदेश, पं० बंगाल, बिहार, पंजाब और आंध्र प्रदेश की उर्दू अकादमियों ने पुरस्कृत किया। फ़िक्र को 1978 में सोवियत लैण्ड के 'नेहरू पुरस्कार' और ग़ालिब अकादमी के 'ग़ालिब पुरस्कार' से भी सम्मानित किया गया।

फ़िराक गोरखपुरी (सन् 1896—3 मार्च 1982 ई०)

पूरा नाम रघुपति सहाय, तख़ल्लुस 'फ़िराक़'। यूँ तो गोरखपुर के थे मगर जीवन का अधिकांश भाग इलाहाबाद में बीता। आपके पिता मुंशी गोरख प्रसाद 'इबरत' वकील थे मगर शायरी भी करते थे। 'फ़िराक़' की अरबी-फ़ारसी की प्रारंभिक शिक्षा घर पर ही हुई। बी० ए० कॉलेज से किया। हर परीक्षा में प्रथम श्रेणी में उत्तीर्ण हुए। कुछ समय तक लखनऊ के क्रिश्चियन

कॉलेज और कानपुर के सनातन धर्म कॉलेज में पढ़ाया। फिर इलाहाबाद विश्वविद्यालय के अंग्रेज़ी विभाग में लेक्चरर हो गए। आई० सी० एस० के लिए चुने गए मगर स्वतन्त्रता-संग्राम की धुन में डिप्टी कलक्टरी छोड़ जेल चले गए। विवाह हुआ मगर सफल नहीं रहा।

'फ़िराक़' की शुरू की रचनाओं में 'दाग़' (दे०) और अमीर मीनाई (दे०) का प्रभाव है। प्रेमचन्द (दे०), नियाज़ फ़तेहपुरी (दे०), और मजनूँ गोरखपुरी (दे०) का सान्निध्य रहा। उर्दू के साथ-साथ अंग्रेज़ी साहित्य का भी गहन अध्ययन किया और जीवन के मीठे-कड़ुवे अनुभवों को अपनी अद्भुत संवेदन शक्ति से आत्मसात करते अपनी एक निजी शैली में काव्य रचना प्रारंभ की। 'फ़िराक़' बड़े संवेदनशील और सघन अनुभूति के व्यक्ति थे। बड़े भावुक, किन्तु विचारशील। प्यार और नफ़रत दोनों शिद्दत से करते थे। अच्छाई-बुराई और सौन्दर्य और कुरूपता दोनों की प्रतिक्रिया में बराबर तीव्रता है। अकेलेपन के एहसास से घुटते हैं मगर जीवन पर विश्वास बराबर है। भावना को विचारों में डुबोते हैं और विचारों को भावपूर्ण बनाकर प्रस्तुत करते हैं। उनके स्वयं के अनुसार 'फ़िराक़' ज़िन्दगी को शे'र में समोते हैं और शे'र को ज़िन्दगी का आईना बनाते हैं।

'फ़िराक़' इस युग के चेतन विचारक और प्रगतिशील कवि थे। विशेष रूप से ग़ज़लों के लिए प्रसिद्ध हैं, मगर नज़्मों और रुबाइयों के अलावा गद्य में भी लिखा है। शुरू में फ़ारसीनिष्ठ भाषा लिखते थे मगर बाद में हिन्दी शब्दों का प्रयोग करने लगे जिससे आपकी रचनाओं में मधुरता बढ़ गई। आपने गीत भी लिखे हैं। 'फ़िराक़' की रचनाओं में बौद्धिक तत्त्व, भाव, सौन्दर्यबोध और वर्णन शक्ति का सुन्दर समन्वय है। आपके कई काव्य-संग्रह प्रकाशित हो चुके हैं—'नग़मा-ए-साज़', 'ग़जलिस्ताँ', 'शेरिस्ताँ', 'शबनमिस्ताँ', 'रूहे-कायनात', 'गुले-नग़मा', 'धरती की करवट' इत्यादि। 'गुलबाँग' में आपकी सभी प्रतिनिधि रचनाएँ संकलित हैं। 'रूप' आपकी रुबाइयों का संग्रह है। 'फ़िराक़' के कुछ संग्रह देवनागरी लिपि में भी प्रकाशित हो चुके हैं। आपको साहित्य सेवा के लिए साहित्य अकादमी और ज्ञानपीठ पुरस्कार से सम्मानित किया गया।

फ़िरोज़

दक्षिण भारत में सोलहवीं शताब्दी में हुए। आप बिदर नामक स्थान के रहने वाले थे और बिदर उस समय साहित्यिक गतिविधियों का केन्द्र था। फ़िरोज़ अपने समय के प्रसिद्ध विद्वान और सूफ़ी कवि मख़दूम जी शेख़

मुहम्मद इब्राहीम के शिष्य थे। संभवतः इब्राहीम कुतुबशाह (दे०) के आमंत्रण पर मख़दूम ने अपने स्थान पर इन्हें गोलकुण्डा भेजा जहाँ फ़िरोज़ की रचनाओं का स्वागत हुआ। इनकी एक मसनवी 'तौसीफ़नामा मीरां मुहीयुद्दीन' उपलब्ध है जिसमें इन्होंने अपने गुरु शेख़ मख़दूम और हज़रत अब्दुल क़ादिर जीलानी के व्यक्तित्व का वर्णन किया है। यह एक उच्च-कोटि की रचना है। दक्षिण भारत के प्रसिद्ध कवियों वजही (दे०) और निशाती (दे०) ने इन्हें अपना गुरु माना।

फ़िसाना अजायब (कृति। रचनाकाल सन् 1824 ई०)

यह मिर्ज़ा रजब अली 'सुरूर' (दे०) की एक प्रसिद्ध रचना है जो सन् 1824 में लिखी गई। यह फ़ारसी क़िस्सों की परम्परा में रची गई एक कल्पित कहानी है जिसमें देवों और जादूगरों के यात्रा और युद्ध-वृत्तांत हैं। विषय, भाषा और शैली अस्वाभाविक, अलंकृत किन्तु रोचक है। अपने समय की यह एक लोकप्रिय रचना थी। मिर्ज़ा ग़ालिब ने, जो 'सुरूर' के मित्र थे, इस पुस्तक का अच्छा परिचय लिखा है। पुस्तक के आरंभ में लखनऊ के तत्कालीन शासक गाज़ीउद्दीन हैदर और नसीरुद्दीन हैदर की प्रशस्ति है। और पुस्तक में तत्कालीन लखनऊ के सामाजिक जीवन के चित्र भी देखने को मिलते हैं। गति और हास्य का सर्वथा अभाव है। कहीं-कहीं पर जनसाधारण की भाषा का प्रयोग भी हुआ है जो अपनी स्वाभाविकता के कारण पुस्तक की गद्य शैली को विशिष्टता प्रदान करता है।

फ़ुगाँ, अशरफ़ अली खाँ (मृत्यु : सन् 1772 ई०)

अशरफ़ अली दिल्ली के बादशाह अहमद शाह के कोका (पोष्य भाई—धाय के पुत्र) थे। इसीलिए इन्हें बादशाह की ओर से 'ज़रीफ़ुलमुल्क कोका ख़ाँ बहादुर' का ख़िताब दिया गया। ये स्वभाव से बड़े विनोदप्रिय थे। तबीअत में ग़ज़ल का चुलबुलापन और रवानी थी गोकि तख़ल्लुस 'फ़ुगाँ' रखा। किशोरावस्था से ही शायरी का अभ्यास शुरू कर दिया। मीर तक़ी मीर (दे०) के अनुसार इनके उस्ताद कज़लबाश ख़ाँ उम्मीद थे। इन्हें नदीम का शागिर्द भी बताया जाता है। संभव है कि पहले उम्मीद और बाद में नदीम से इस्लाह लेते रहे हों। अहमदशाह अब्दाली के आक्रमण के बाद मुर्शिदाबाद चले आए और वहाँ कुछ दिन अपने चचा एरज़ ख़ाँ के पास रहे। मुर्शिदाबाद से अवध गए। वहाँ नवाब शुजाउद्दौला ने इनका बड़ा सम्मान किया। लेकिन एक दिन मज़ाक में नवाब साहब ने कुछ ऐसी हरकत की जो इनकी नाज़ुक मिज़ाजी बरदाश्त न कर सकी।

सो रूठकर पटना चले गए। वहाँ राजा शिताब राय ने इनकी बड़ी क़द्र की। यहीं सन् 1772 में देहान्त हुआ।

इनका उर्दू में एक दीवान प्राप्य है, जिसमें हर तरह की कविताएँ हैं। एक दीवान फ़ारसी में भी बताया जाता है। रचनाओं में वर्णन का सौंदर्य है। हिन्दी और फ़ारसी मुहावरों का अच्छा प्रयोग किया है और द्वयर्थियों की ओर उस आकर्षण का अभाव है जो इस युग के अन्य कवियों का ख़ास लक्षण है।

फूलबन (कृति। रचनाकाल सन् 1655 ई०)

यह मसनवी दकन में कुतुबशाही युग के कवि इब्ने निशाती (दे०) की रचना है। यह भारतीय पृष्ठभूमि पर लिखी गई एक प्रेम-कथा है। इब्ने निशाती के जीवन के विषय में विशेष सूचना प्राप्त नहीं हो सकी है। 'फूलबन' के अध्ययन से पता चलता है कि इब्ने निशाती बड़ा विद्वान और काव्यशास्त्र का पंडित था। उसे भाषा पर अच्छा अधिकार था। पुस्तक में अलंकारों का बड़ा सुन्दर प्रयोग हुआ है। मनोभावों के सफल चित्रण के अलावा इस मसनवी में उस समय की सामाजिक स्थिति, रीति-रिवाज और रहन-सहन के अच्छे चित्र मिलते हैं।

'फूलबन' प्रकाशित हो चुकी है। इसी पुस्तक से पता चलता है कि इब्ने-निशाती दरबारी कवि नहीं, जनसाधारण का कवि था। यह मसनवी उसने राज्याश्रय के लोभ से नहीं लिखी। दक्षिण में उर्दू भाषा और साहित्य के विकास के संदर्भ में यह कृति विशेष महत्व रखती है।

फ़ेलन

यह अंग्रेज़ थे और ईस्ट इण्डिया कम्पनी के कर्मचारी के रूप में भारत आए थे। इन्होंने हिन्दुस्तानी के चार शब्दकोश तैयार किए। इसमें लाला फ़क़ीर चन्द, लाला चिरंजी लाल, ठाकुरदास, लाला जगन्नाथ और मि० वार्टलिंग ने इनकी सहायता की। फ़ेलन ने दिल्ली के मौलवी करीमुद्दीन के साथ मिलकर कवियों का एक तज़किरा (परिचयात्मक ग्रन्थ) भी लिखा जिसका अधिकांश भाग फ्रांसीसी विद्वान गार्सां-द-तासी की फ्रांसीसी रचना पर आधारित है।

फ़ैज़, फ़ैज़ अहमद (सन् 1911-1985 ई०)

फ़ैज़ का जन्म स्यालकोट में हुआ। पिता सुलतान मुहम्मद ख़ाँ वहाँ बैरिस्टर थे। बी० ए० तक वहीं शिक्षा प्राप्त करने के बाद लाहौर से अंग्रेज़ी और अरबी में एम० ए० किया और कुछ समय तक अध्यापन कार्य किया।

1942 में सेना के सूचना विभाग में आ गए और कर्नल के पद तक पहुँचे। सन् 1947 में सेना छोड़कर 'पाकिस्तान टाइम्स' और 'इमरोज़' का सम्पादन सँभाला। सन् 1951 से '55 तक रावलपिंडी षड्यंत्र के सिलसिले में जेल में रहे। पाकिस्तान में सैनिक शासन होने पर फिर कुछ समय के लिए बंदी बना लिये गए थे।

'फ़ैज़' ने अधिक नहीं लिखा मगर उनकी कविता अपनी कलात्मकता, सामाजिक दृष्टि, करुणा और आशावादिता के कारण दिल पर गहरा असर करती है। 'फ़िराक' के अनुसार 'फ़ैज़' की चेतना में 'बौद्धिकता और भावुकता के उचित सामंजस्य' के कारण बड़ी गहराई पैदा हो गई है और उनकी अभिव्यंजना की सबसे बड़ी विशेषता है उसका 'भावनात्मक यथार्थवाद'। 'फ़ैज़' प्रगतिवादी आंदोलनों से जुड़े रहे और उन्होंने जनतन्त्र, विचार स्वातंत्र्य और विश्व शांति की हिमायत की। उनकी क्रांतिकारी रचनाएँ भी बड़ी संयत और करुण हैं। हुस्नो-इश्क के साथ 'फ़ैज़' की शायरी में दीनदुखियों, कमज़ोरों मजबूरों, और जुल्म सहने वालों का बेपनाह दर्द है। और इस दर्द को उनके शब्द, उनके प्रतीक और बिम्ब इस तरह लेकर बहते हैं जैसे गंगा की लहरें चिराग़ों को। आपका एक-एक भाव तपे हुए सोने की तरह होता है तो हर एक शब्द नगीने की तरह। 'फ़ैज़' की शैली में काव्यात्मकता का चरम उत्कर्ष देखने को मिलता है।

फ़ैज़ का कलाम 'नक़्शेफ़रियादी', 'दस्ते सबा', 'ज़िन्दाँनामा', 'दस्त-तहे-संग', 'शामे-शहरे-याराँ', 'मेरे दिल मेरे मुसाफ़िर', 'यादों की बारात' में संगृहीत है। 'मीज़ान' और 'मताए-लौहो-क़लम' लेखों एवं विविध रचनाओं के शीर्षक हैं।

1962 में इन्हें लेनिन शांति पुरस्कार से सम्मानित किया गया।

फ़ोर्ट विलियम कॉलेज

उन्नीसवीं शताब्दी के आरंभ से पूर्व ही भारत के अधिकांश भागों पर ईस्ट इण्डिया कम्पनी का अधिकार हो गया था। राज चलाने के लिए उन्हें अपने कर्मचारियों को भारतीय भाषाएँ सिखाने की आवश्यकता हुई। इसी उद्देश्य को ध्यान में रखकर लॉर्ड वेलज़ली ने कम्पनी डॉयरेक्टर्स की सहमति से 4 मई सन् 1800 ई० में कलकत्ता में फ़ोर्ट विलियम कॉलेज की नींव डाली। अन्य भाषाओं के साथ उर्दू और हिन्दी के गद्य को विशेष प्रोत्साहन दिया गया। अभी तक राजभाषा फ़ारसी थी और नये अंग्रेज़ कर्मचारियों को फ़ारसी की शिक्षा दी जाती थी। लेकिन जब यह महसूस

किया गया कि भारत के जनसाधारण की भाषा फ़ारसी नहीं, हिन्दुस्तानी है, तो फ़ारसी को छोड़कर उर्दू की तरफ़ ध्यान दिया जाने लगा। अभी तक उर्दू में पद्य अधिक था और गद्य में जो कुछ था, वह पूर्णरूपेण साहित्यिक न होकर धार्मिक था। अतः उर्दू गद्य-साहित्य के विकास के लिए एक अलग विभाग खोल दिया गया। सारे देश से ढूँढ़-ढूँढ़कर ऐसे विद्वानों को बुलाया गया जो विभिन्न विषयों पर गद्य रचनाएँ कर सकें। उन्हें मुंशी या पंडित की उपाधियाँ दी गईं और उन्हें अध्यापन और अनुवाद का काम सौंपा गया। कॉलेज के निर्देशानुसार लिखी गई पुस्तकों के लिए एक प्रकाशन संस्था भी खोली गई। इससे उर्दू साहित्य-जगत का बड़ा उपकार हुआ। उर्दू में से चुन-चुनकर क्लिष्ट अरबी-फ़ारसी शब्दों का बहिष्कार हुआ और बिल्कुल सीधे-सादे, सरल, प्रवाहपूर्ण गद्य की रचना पर ज़ोर दिया गया। इस संस्था के माध्यम से मीर अम्मन (दे०), शेर अली 'अफ़सोस' (दे०), मीर बहादुर अली हुसैनी (दे०), हैदर बख़्श हैदरी (दे०), मीर काज़िम अली 'जवाँ' (दे०), निहाल चन्द लाहौरी, मज़हर अली 'विरूप' (दे०), लल्लू लालजी (दे०), बेनी नारायन 'जहाँ' (दे०)आदि विद्वानों की सेवाएँ उर्दू को प्राप्त हुईं। इनका विस्तृत परिचय इसी पुस्तक में देखिए। इनके अतिरिक्त इसी कॉलेज के मौलवी अमानतुल्ला (दे०) ने कई धार्मिक पुस्तकों के साथ क़ुरान का उर्दू अनुवाद किया। मिर्ज़ा जान 'तपिश' के 'बहार-दानिश' और 'यूसुफ़-जुलेखा' के अनुवाद मिलते हैं। इसी कॉलेज के अब्दुल्ला 'मिस्कीं' मरसियों के लिए प्रसिद्ध हुए। मिर्ज़ा मुहम्मद फ़ितरत ने बाइबिल के न्यू टेस्टामेंट का अनुवाद किया। मौलवी इकराम अली ने अरबी की 'अख़वानुस्सफ़ा', मीर मुहीउद्दीन 'फ़ैज़' ने फ़ारसी के 'पिन्दनामा' का उर्दू रूपान्तर तैयार किया और सैयाद हमीदुद्दीन बिहारी ने 'ख़्वाने-अलवान' की रचना की।

डा० गिलक्रिस्ट (दे०) इस कॉलेज के पहले मुख्याधीश थे।

ब

बक़ा अकबराबादी

शेख़ बक़ाउल्ला 'बक़ा' दिल्ली में पैदा हुए मगर बाद में लखनऊ में रहने लगे। उर्दू-फ़ारसी दोनों में लिखते थे। फ़ारसी में मिर्ज़ा फ़ाख़िर और उर्दू में शाह हातिम (दे०) और मीरदर्द के शागिर्द थे। फ़ारसी में 'हज़ीं' और उर्दू में 'बक़ा' तख़ल्लुस करते थे। 'मीर' (दे०) और 'सौदा' (दे०) से ख़ूब लगती थी। इनका एक दीवान है। इनका देहान्त 1206 हि० में ज़िरायत को जाते हुए रास्ते में हुआ।

बकावली (पात्र)

यह दयाशंकर 'नसीम' (दे०) की मसनवी 'गुलज़ारे नसीम' (दे०) की नायिका है जो ताज-उल-मुलूक से जी-जान से प्रेम करती है। बकावली सुन्दर है, त्याग की क्षमता रखती है, और उसमें आत्म-सम्मान की भी कमी नहीं। मगर इस सबके बावजूद ताज-उल-मुलूक दूसरी स्त्री से विवाह कर लेता है और बकावली असफल प्रेम की पीड़ा में जलती रहती है।

बद्र-ए-मुनीर (पात्र)

यह मीर हसन (दे०) की मनसवी 'सहरुल बयान' (दे०) की नायिका है। बद्र-ए-मुनीर अद्वितीय रूपसी है और संगीत की देवी। शहज़ादा वेनज़ीर (दे०) को देखते ही उसे जी-जान से प्रेम करने लगती है। प्रेम-प्रदर्शन में बद्र-ए-मुनीर का व्यवहार शालीनता और मर्यादा की सीमा लाँघ जाता है और एक राजकुमारी के लिए उपयुक्त आचारसंहिता से मेल नहीं खाता।

बरहमन, चन्द्रभान (मृत्यु : सन् 1662 ई०)

ये मुग़ल बादशाह शाहजहाँ के ज़माने में हुए। इस समय तक दिल्ली में उर्दू बोलचाल की भाषा थी, और उसमें साहित्य-रचना नाम मात्र को ही हुई थी। इनकी भाषा में दकनी (दे०) का प्रभाव स्पष्ट देखा जा सकता

है। तत्कालीन शायरों की तरह इन्होने भी फ़ारसी और उर्दू दोनों में लिखा है। उर्दू में इनका रुझान ग़ज़ल और नज़्म की तरफ़ ज़्यादा था। क़लाम का नमूना जो मिल सका है 'ख़ुमख़ानाए जावेद' में संग्रहीत है। बरहमन अकबराबाद (आगरा) के रहने वाले थे या लाहौर के, इस विषय पर मतभेद है। संभवत: उनका जन्म तो आगरा में हुआ, लेकिन बाद में लाहौर में मुग़ल सल्तनत के किसी ऊँचे ओहदे पर काम किया। 'बहारे-गुल्शने-कश्मीर' में शाहजहाँ द्वारा इन्हें वज़ारत सौंपे जाने की बात है। हसरत मोहानी (दे०) का ख़्याल है कि चन्द्रभान आलमगीर औरंगज़ेब के ज़माने में भी शाही कृपा के पात्र रहे और इनका देहावसान 1662 में बनारस में हुआ, ('उर्दू-ए-मोअल्ला' पत्रिका अगस्त1903)

बर्क़, मिर्ज़ा मुहम्मद रज़ा

पिता का नाम था काज़म अली ख़ाँ। कुलीन वंश से सम्बद्ध थे और स्वभाव में रईसी गुण विद्यमान थे। बिन्नोट और तलवार चलाने में कुशल थे। शायरी में नासिख़ (दे०) का दामन थामा और लखनऊ के ख़ारिजी रंग (दे०) में ग़ज़लें कहीं। नवाब वाजिद अली शाह (दे०) की इन पर विशेष कृपादृष्टि थी और इन्हें अपना काव्य गुरु मानते थे। बर्क़ भी नवाब साहब के प्रति आजन्म वफ़ादार रहे। यहाँ तक कि जब सन्1857 की क्रांति में वाजिद अली शाह को कलकत्ता के मटियाबुर्ज में नज़रबंद किया गया था, तब भी उनके साथ रहे और वहीं मृत्यु को प्राप्त हुए। इनका एक दीवान मिलता है जिसमें ग़ज़लें, रुबाईयाँ, क़तअे और मुसद्दस वग़ैरहा हैं।

'बर्क़', मुंशी ज्वालाप्रसाद (सन् 1863-1911 ई०)

'बर्क़' का जन्म सीतापुर में हुआ। 1883 ई० में एल० एल० बी० किया। दो साल वकालत की और मुंसिफ़ हो गए। ज़िला सेशन जज भी रहे। सन् 1911 ई० में प्लेग से मृत्यु हुई।

'बर्क़' गद्य और पद्य दोनों में लिखते थे। विशेष रूप से प्रसिद्ध सरल भाषा में कही हृदयग्राही ग़ज़लों के लिए हुए। बहार के मौसम पर लिखी 'मसनवी-बहार' इनकी सफल कृति है। इन्होंने शेक्सपीयर के कई नाटकों और बंकिमचन्द्र की बंगला रचनाओं के सुन्दर उर्दू अनुवाद तैयार किए।

बलराज कोमल (जन्म : सन् 1928 ई०)

आपका जन्म सियालकोट में हुआ। पंजाब विश्वविद्यालय से उर्दू में एम० ए० किया। सम्प्रति दिल्ली प्रशासन में डिप्टी एजूकेशन आफ़िसर हैं।

आपने कुछ कहानियाँ लिखी हैं जो 'आँखें और पाँव' में संकलित हैं। 'हरियाली का एक टुकड़ा' नामक उपन्यास सन् '69 का भारत सरकार पुरस्कार प्राप्त कर चुका है। किन्तु कोमल की पहचान मुख्यतः एक कवि के रूप में है। कविताओं में वैयक्तिक प्रतिबद्धता और अभिव्यक्ति में कोमलता आपकी रचनाओं की विशिष्टता है। आपके काव्य संग्रह हैं— 'मेरी नज़्में' (1954), 'रिश्ता-ए-दिल' (1963), 'सफ़र मुदाम सफ़र' और 'निज़हदे-संग'। आपकी चुनी हुई रचनाएँ अंजुमन-तरक़्क़ी-उर्दू-हिन्द (दे०) ने 'इन्तख़ाब' और 'परिन्दों भरा आसमान' के नाम से प्रकाशित की। 'परिन्दों भरा आसमान' को सन् 1985 ई० में साहित्य अकादमी पुरस्कार से सम्मानित किया गया।

बशीर बद्र (जन्म 15 : फरवरी, सन् 1935 ई०)

जन्म कानपुर में हुआ। पिता का नाम मुहम्मद नज़ीर था। बशीर बद्र की प्रारंभिक शिक्षा कानपुर में ही हुई। एम० ए० और पी-एच० डी० की उपाधि अलीगढ़ मुस्लिम विश्वविद्यालय से प्राप्त की। कला-संकाय में प्रथम स्थान प्राप्त करने पर आपको सर विलियम मौरिस छात्रवृत्ति और डा० राधाकृष्णन पुरस्कार से सम्मानित किया गया। सन् 1969 में अलीगढ़ मैगज़ीन के सम्पादक थे। सम्प्रति अलीगढ़ यूनिवर्सिटी के उर्दू विभाग में प्रोफ़ेसर हैं।

डा० बशीर बद्र नई पीढ़ी के लोकप्रिय कवि हैं। आपकी रचनाओं का मुख्य स्वर प्रगतिवादी है। अभिव्यक्ति सामाजिक और राजनैतिक चेतना से परिपूर्ण है। ग़ज़ल में आपने परम्परागत प्रतीकों का बहिष्कार कर हिन्दी प्रतीकों और हिन्दी गीतात्मकता को समोने का सफल प्रयोग किया। इससे उर्दू ग़ज़ल में नये रक्त का संचार हुआ और सँभावनाएँ बढ़ीं। आपके तीन काव्य-संग्रह 'इकाई' (1969) 'इमेज' ('73) और 'आमद' ('85) उर्दू अकादमी लखनऊ द्वारा पुरस्कृत किए गए। देवनागरी में आपकी ग़ज़लों का संग्रह 'तुम्हारे लिए' सन् '84 में प्रकाशित हुआ। 'बीसवीं सदी में ग़ज़ल' और 'आज़ादी के बाद की ग़ज़ल का तनक़ीदी मुताअला' आपकी दो आलोचनात्मक पुस्तकें हैं। डा०बशीर बद्र ने विदेशों में आयोजित कई मुशायरों में भारत का प्रतिनिधित्व किया। आपकी बहुत-सी ग़ज़लें प्रसिद्ध हिन्दुस्तानी और पाकिस्तानी गायकों की आवाज़ में रेकार्ड हैं।

बहर (पारि०)

बहर छंद के अर्थ में प्रयुक्त होता है। इसका तात्पर्य काव्यपद को तोलने के लिए इस्तेमाल किए जाने वाले विशिष्ट शब्दों से है। बहर के अंगों को 'अरकान' कहते हैं और किसी एक अंग को 'रुकुन'। साधारणतया बहर तीन प्रकार की होती है—छोटी बहर, मध्यम बहर और लम्बी बहर। क्रमश: तीनों के उदाहरण देखिए—

वो नहीं भूलता जहाँ जाऊँ
हाय मैं क्या करूँ कहाँ जाऊँ

—**नासिख़**

खिसयानी हँसी हँसना एक बात बनाना है
टपके हुए आँसू को पलकों से उठाना है।

और

—**आरज़ू लखनवी**

मैं फ़ासला हूँ मुझे मिटा दो कि मेरे मिटने से दिल मिलेंगे
मैं जब तलक दरम्याँ रहूँगा न फ़स्ले-गुल में भी गुल खिलेंगे

—**फ़िराक गोरखपुरी**

बहर, शेख़ इमदाद अली (सन् 1810-82 ई०)

शेख़ इमाम बख़्श के बेटे थे। लखनऊ के रहने वाले थे और इमाम नासिख़ (दे०) के शिष्य। जीवन के उत्तरार्द्ध में नवाब क़ल्बे अली ख़ाँ (दे०) के आश्रित थे। उन्हीं के पास रामपुर में बहर की मृत्यु हुई। उनकी ग़ज़लों का संकलन नवाब सैयद मोहम्मद ख़ाँ 'रिन्द' ने किया। शब्दों का चुनाव बड़ी कुशलता से करते थे। शब्द-संचय में नासिख़ और रश्क के बाद इन्हें प्रमाण माना जाता है। पद्य में उपमा और रूपक का ख़ूब प्रयोग किया है।

बहरी (मृत्यु : सन् 1718 ई०)

काज़ी महमूद बहरी नुसखाबाद के पास गोगी ग़ाँव के रहने वाले थे। संभवत: सन् 1684 में वे बीजापुर आ गए और 1686 ई० में वहाँ मुग़ल सल्तनत स्थापित होने पर हैदराबाद चले गए। कुछ दिन हैदराबाद रहने के बाद वे फिर गोगी लौटे और जीवन के शेष दिन वहीं बिताए।

बहरी सूफ़ी कवि थे। इन्होंने फ़ारसी और दकनी (दे०) में लिखा। इनकी तीन रचनाएँ उपलब्ध हैं—एक ग़ज़लों का दीवान, एक मसनवी 'मनलगन' और 'बंगाल नामा'। इनमें 'मनलगन' का सबसे अधिक नाम हुआ। यद्यपि

इसका विषय (आध्यात्म) और भाषा दोनों ही दुरूह हैं। बहरी ने वली (दे०) की अपेक्षा संस्कृत शब्दों का अधिक प्रयोग किया है। डा० हफ़ीज़ सैयद साहब ने इन्हें वली और नुसरती (दे०) के जोड़ का शायर माना है लेकिन बहरी उनकी तरह लोकप्रिय न हो सके।

बहरुल-फ़साहत (कृ०)

यह मौलवी नज्मुलग़नी साहब द्वारा महत परिश्रम से तैयार किया गया ग्रन्थ है जिसमें उर्दू काव्यशास्त्र के नियमों, अलंकारों, बहरों इत्यादि का विशद विवेचन किया गया है। स्पष्टीकरण के लिए विस्तृत वर्णन और उदाहरण दिए गए हैं।

बहादुरनामा (कृ० : रचनाकाल सन् 1798 ई०)

उर्दू की इस गद्य रचना का समय सन् 1798 ई० है। इसके लेखक का नाम ज्ञात नहीं हो सका। इस ग्रन्थ की पाण्डुलिपि हैदराबाद के पुस्तकालय में है। इसमें श्री रंगपट्टम का इतिहास टीपू सुल्तान के समय तक बताया गया है। अनुमान है कि यह किसी फ़ारसी रचना का अनुवाद है।

बाक़ी, राजा गिरधारी प्रसाद (सन् 1840-1900 ई०)

ये निज़ाम के मंत्री थे और 'बाक़ी' उपनाम से शायरी करते थे। संस्कृत, फ़ारसी और उर्दू के विद्वान थे। इनकी दस-बारह पुस्तकें मिलती हैं। ये भी कवियों का सम्मान करते थे। 'दाग़' (दे०) इन्हीं के समय में हैदराबाद में नवाजे गए।

बाग़ो-बहार (कृ०)

यह फ़ारसी की प्रसिद्ध रचना 'क़िस्सा चहार दरवेश' का उर्दू अनुवाद है जिसे अम्मन मीर देहलवी (दे०) ने फ़ोर्ट विलियम कॉलेज (दे०) के डा० गिलक्रस्ट (दे०) के अनुरोध पर तैयार किया। इसका रचना-वर्ष विवादास्पद है। इसे उन्नीसवीं शताब्दी के उत्तरार्ध में तैयार किया गया। चार दरवेशों द्वारा रात काटने के लिए सुनाए गए चार क़िस्से अमीर ख़ुसरो (दे०) अपने गुरु हज़रत निज़ामुद्दीन औलिया से कहते हैं। घटनाओं के चयन में मीर अम्मन ने बड़ी सूझ-बूझ से काम लिया है। प्रस्तुति से यह अम्मन की मौलिक रचना जान पड़ती है। कोई विशेष कथानक या चरित्र-चित्रण न होने पर भी कहानी मन को बाँध लेती है। 'बाग़ो-बहार' की सबसे बड़ी विशेषता है इसकी सरल, प्रवाहपूर्ण और सामान्यतः बोली जाने वाली भाषा। अरबी-फ़ारसी के क्लिष्ट शब्दों का बहिष्कार किया गया है, न ही अलंकारों की भरमार है। यह एक बड़ी लोकप्रिय रचना

सिद्ध हुई। अंग्रेज़ी, फ़्रेंच, पुर्तगाली, लैटिन इत्यादि अनेक विदेशी भाषाओं में भी इसके अनुवाद हुए। गार्सां द तासी ने इसकी बहुत प्रशंसा की है।

बाजन, शेख़ बहाबुद्दीन (मृत्यु : सन् 1506 ई०)

शेख़ साहब गुजरात के रहने वाले थे और शेख़ रहमतुल्ला गुजराती के शिष्य थे। इन्होंने अपने गुरु और उनके पूर्वजों का वृत्तान्त 'हुज़निए-रहमत' नामक पुस्तक में लिखा है। बाजन वस्तुत: सूफ़ी कवि थे अत: इनकी इस रचना में भक्ति, प्रेम और अध्यात्म की सर्वत्र चर्चा है। अपनी भाषा को कहीं हिन्दवी और कहीं देहलवी कहते हैं। अध्यात्म के सन्दर्भ में हिन्दी शेर उद्धृत करते हैं। हिन्दी छन्दों का प्रयोग किया है।

बाजन ने लम्बी आयु पाई। कहा जाता है कि आपका देहान्त 120 वर्ष की उम्र में हुआ। बुरहानपुर में इनका मज़ार है।

बाले जिबरील (कृ०। प्रकाशन वर्ष सन् 1935 ई०)

यह डा० अल्लामा इक़बाल (दे०) की रचनाओं का श्रेष्ठतम संग्रह माना जाता है और उर्दू शायरी का संगे-मील। इसमें ग़ज़लें, नज़्में, रुबाइयाँ और क़तआत संकलित हैं। यहाँ इक़बाल धर्म और जाति से ऊपर और मानव मात्र की चिन्ता से ग्रस्त नज़र आते हैं। इक़बाल की दार्शनिकता का उत्कृष्टतम रूप इस कृति में उजागर है। इस संग्रह की कुछ नज़्में हैं—जिबरील-ओ-इबलीस, लेनिन ख़ुदा के हुज़ूर में, पंजाब के दहक़ान से, पीर-ओ-मुरीद, फ़लसफ़ा-ए-मज़हब, जावेद के नाम, साक़ी नामा इत्यादि। भविष्य की ओर कुछ सूक्ष्म संकेत हैं किन्तु किसी वाद से अभिभूत नहीं।

बाल-साहित्य

उर्दू का बाल साहित्य पूर्ण रूप से विकसित नहीं कहा जा सकता। विशेष रूप से केवल बच्चों के मानसिक स्तर और बाल-मनोविज्ञान को ध्यान में रखकर की गई रचनाएँ बहुत कम हैं। न ही इसकी कोई निश्चित परम्परा या योजना ही देखने में आती है। वैसे कई कवियों ने समय-समय पर कुछ एक कविताएँ और कहानियाँ बच्चों के लिए लिखी हैं। इनमें सबसे पहला नाम जनमानस के कवि नज़ीर अकबरावादी (दे०) का है जिनका संग्रह 'बच्चों के नज़ीर' सन् 1958 ई० में प्रकाशित हुआ। आपने पक्षियों, जानवरों, त्योहारों और खेलों पर बड़ी जीवन्त रचनाएँ की हैं। नज़ीर की वैसे भी साहित्य में एक अपनी ही परम्परा है।

ईस्माइल मेरठी (दे०) का शिक्षा और स्कूलों से सदा सम्बन्ध रहा। आपने

बच्चों के लिए अनेक पाठ्य पुस्तकें तैयार कीं। सरल भाषा में बच्चों के लिए छोटी-छोटी कविताएं और कहानियाँ लिखीं। कुछ अंग्रेज़ी कविताओं के उर्दू अनुवाद तैयार किए। आपकी तैयार की हुई पुस्तकें आज भी स्कूलों के पाठ्यक्रम में शामिल हैं। मौलाना मुहम्मद हुसैन आज़ाद (दे०) की पुस्तक 'कसासुल हिन्द' बच्चे बड़े चाव से पढ़ते हैं। 'नसीहत का करन-फूल' के ज़रिए आपने लड़के-लड़कियों को जीवन मूल्यों, आदर्शों और परम्पराओं की जानकारी दी। आपने स्कूलों के लिए तीन अन्य पुस्तकें भी तैयार कीं जिनमें भारत के इतिहास की कुछ मुख्य घटनाओं का वर्णन बड़े रोचक ढंग से किया गया है।

मौलाना अल्ताफ़ हुसैन 'हाली' (दे०) ने देश-प्रेम पर कुछ बहुत अच्छी रचनाएँ बच्चों के लिए कीं। 'हुब्बे-वतन' इस सन्दर्भ में विशेष रूप से उल्लेखनीय है। आपने कविताओं के माध्यम से बच्चों को भारतीय संस्कृति की जानकारी दी। हाली के समकालीन अल्लामा शिबली नोमानी (दे०) ने भी कुछ कविताएँ बच्चों के लिए लिखीं जो आपके काव्य-संग्रह 'मज-मूआ नज़्मे-उर्दू' में संकलित हैं। डा० मुहम्मद इक़बाल (दे०) के नाम के साथ ही एक पंक्ति जो मन-मस्तिष्क में गूँजती है, वह है— 'सारे जहाँ से अच्छा हिन्दोस्ताँ हमारा'। इसकी लोकप्रियता और महत्ता सर्वविदित है। इसके अलावा 'हमला', 'परिन्दे की फ़रियाद', 'बच्चे की दुआ', 'एक परिन्दा और जुगनू' इत्यादि आपकी अन्य कविताएँ हैं जो बच्चों के लिए लिखी गईं। आपने कुछ अंग्रेज़ी कहानियों का उर्दू अनुवाद भी किया। ब्रजनरायन चकबस्त (दे०) ने देश-प्रेम से आलोड़ित रचनाएँ कीं जो बहुत सरल न होने पर भी लोकप्रिय हुईं। चकबस्त ने रामायण के कुछ अंश भी काव्यबद्ध किए। तिलोकचंद महरूम (दे०) ने कविताओं के माध्यम से देश-प्रेम, स्वतन्त्रता, शांति का स्वरूप बच्चों को स्पष्ट करने का प्रयास किया। जगन्नाथ आज़ाद (दे०) ने भी बच्चों के लिए कुछ कविताएँ लिखीं जो 'बच्चों की नज़्में' में संकलित हैं। अफ़सर हमीदुल्ला मेरठी (दे०) ने प्रकृति के सौन्दर्य और देश-प्रेम पर कई रचनाएँ कीं। आपकी कुछ पुस्तिकाएँ हैं— 'पन्द्रह अगस्त', 'मकानों की कहानी', 'गांधी जी के साथी', 'हमारा झंडा', 'आसमान का हमसाया' इत्यादि। 'बच्चों के अफ़सर' नाम से आपका एक काव्य-संग्रह भी प्रकाशित है।

नेशनल बुक ट्रस्ट, चिल्ड्रेन बुक ट्रस्ट और साहित्य अकादमी ने विशेष रूप से बच्चों के लिए रचे गए साहित्य को कम कीमत पर उपलब्ध कराने की योजना शुरू की है। ये पुस्तिकाएँ विभिन्न भाषाओं में छप रही हैं।

बिलग्रामी, सैयद अली (सन् 1851-1911 ई०)

इनके पिता ज़ैनुद्दीन ख़ाँ डिप्टी कलक्टर थे। अवकाश प्राप्त करने पर हैदराबाद के उच्च पद पर काम करने लगे। अली की शिक्षा का अच्छा प्रबन्ध किया। इनकी बुद्धि बड़ी प्रखर और स्मरण-शक्ति तीव्र थी। अरबी फ़ारसी के साथ अंग्रेज़ी में बी० ए० किया। किन्तु इनके अतिरिक्त उर्दू, हिन्दी, जर्मन, फ्रेंच, लैटिन, बंगाली, संस्कृत, मराठी, तेलगू और गुजराती भी अच्छी तरह जानते थे। उनकी असाधारण प्रतिभा से प्रभावित होकर हैदराबाद के सालार-जंग ने इन्हें बुला लिया। यहाँ इन्होंने विज्ञान का अध्ययन किया, और उच्च शिक्षा के लिए इंग्लैंड गए। सरकार से 'शमसुल-उलेमा' की उपाधि भी प्राप्त की। बिलग्राम गाँव के रहने वाले थे अतः बिलग्रामी कहलाए।

खेद की बात है कि इतनी योग्यता होते हुए भी बिलग्रामी ने कोई मौलिक रचना नहीं की। इनके केवल अनुवाद ही उपलब्ध हैं। इनमें डा० गुस्ताव लेबाँ की फ्रेंच पुस्तकों के अनुवाद 'तमद्दुने-हिन्द' और 'तमद्दुने-अरब' विशेष प्रसिद्ध हैं। भाषा और शैली के दृष्टिकोण से ये अनुवाद, मौलिक रचनाएँ ही मालूम होते हैं। बिलग्रामी का उर्दू भाषा पर अच्छा अधिकार था। अनुवादों की भाषा प्रवाहमय और रसपूर्ण है। अंग्रेज़ी के शब्दों का कम से कम प्रयोग किया गया है। इन्होंने 'मेडीकल ज्यूरिसप्रूडेंस' का भी उर्दू अनुवाद किया।

बुत

बुत का अर्थ है मूर्ति। इस शब्द का प्रयोग साहित्य में बहुधा सुन्दर मगर निर्मम प्रियतम के लिए हुआ है। ये दोनों ही अर्थ इस शे'र में उजागर हैं—

है कुछ तो बात 'मोमिन' जो छा गई ख़मोशी
किस बुत को दे दिया दिल, क्यों बुत से बन गए हो ?

—मोमिन

इस्लाम में मूर्ति-पूजा वर्जित है, और मूर्ति-पूजा करने वाले को काफ़िर कहा जाता है। मगर शायर के लिए इश्क़ परस्तिश है, कुफ़्र नहीं—

हुस्न देखा जो बुतों का तो ख़ुदा याद आया
राह क़ाबे की मिली है मुझे बुतख़ाने से।

—जलील मानिकपुरी

बेख़बर, ख़्वाजा गुलाम ग़ौस (सन् 1825-1905 ई०)

'बेख़बर' का जन्म नेपाल में हुआ। प्रतिभासम्पन्न थे। छोटी आयु में ही

बड़ी उन्नति की और वर्तमान उत्तर प्रदेश के गवर्नर के मीर मुंशी हो गए। सन् 1885 ई० में पेंशन ले ली। मौलाना गुलाम इमाम 'शहीद' की पुत्री इन्हें ब्याही थीं।

'बेख़बर' अरबी-फ़ारसी के विद्वान थे। फ़ारसी की इनकी रचनाएँ ईरानी समाज में भी आदृत थीं। ग़ालिब (दे०) से इनके अच्छे सम्बन्ध थे। गद्य और पद्य दोनों में लिखा। कविताओं के संग्रह के अतिरिक्त 'फ़ुग़ाने-बेख़बर' और 'ख़ूनाब-ए-जिगर' इनकी दो गद्य पुस्तकें हैं। 'बेख़बर' की गद्य शैली पुरानी परम्परा की कड़ी है। इन्होंने अरबी-फ़ारसी शब्दों के साथ अलंकारों का प्रयोग बहुतायत से किया है।

बेख़ुद देहलवी (सन् 1860-1955 ई०)

पूरा नाम सैयद वहीदुद्दीन अहमद। तख़ल्लुस 'बेख़ुद'। जन्म भरतपुर में हुआ मगर छोटी आयु में दिल्ली आ गए और यहीं के हो रहे। आपके बाबा 'सालिक' और पिता 'सालम' के उपनाम से शायरी करते थे। आपने भी छोटी उम्र में ही शेर कहना शुरू किया। पहले मौलाना हाली और फिर दाग़ (दे०) के शागिर्द हुए और अक्सर उन्हीं के रंग में लिखा। 'दाग़' की शोख़ी, छेड़छाड़ और गिले-शिकवे इनके यहाँ भरपूर मिलते हैं। दिल्ली की ख़ास मंजी हुई टकसाली ज़बान में लिखा। दाग़ के प्रिय शिष्य और शायरी में उनके उत्तराधिकारी समझे जाते थे। आपके अपने भी बहुत से शिष्य हुए।

ग़ज़लों के संग्रह 'गुफ़्तारे-बेख़ुद' और 'दुर्र-ए-शहवार' प्रकाशित हैं।

बेख़ुद बदायूनी (सन् 1857-1926 ई०)

पूरा नाम मौलाना अब्दुल हई। बेख़ुद' तख़ल्लुस करते थे। जन्म बदायूँ में हुआ। पिता का नाम था मौ० गुलाम सरवर। अरबी-फ़ारसी की प्रारंभिक शिक्षा घर पर ही हुई। सन् 1875 ई० में वकालत पास की। कुछ समय तक शाहजहाँपुर में प्रैक्टिस की। फिर राजस्थान की सिरोही रियासत में जूडीशियल आफिसर के पद पर काम किया। वहां से अवकाश प्राप्त होने पर जोधपुर में स्पेशल मैजिस्ट्रेट नियुक्त हुए।

'बेख़ुद' ने छोटी आयु मे शेर कहना शुरू कर दिया था। पहले 'हाली' (दे०) से संशोधन कराते थे। बाद में 'दाग़' (दे०) के शिष्य हो गए। 'दाग़' के रंग में शायरी की है। अभिव्यक्ति की सरसता, सजीवता और प्रसाद गुण जो 'दाग़' के शिष्यों की विशेषता है, आपके यहाँ भी प्रचुर मात्रा में विद्यमान है। आप अपना क़लाम प्रकाशन के लिए नहीं भेजते थे। मित्रों और शुभचिन्तकों ने आपका एक दीवान प्रकाशित करवाया।

'बेताब' देहलवी

पंडित नारायन प्रसाद 'बेताब' देहलवी काव्य में सरदार मुहम्मद ख़ाँ 'तालिब' और नज़ीर हुसैन 'सख़ा' के शिष्य थे। आप नाटककार भी थे और बम्बई से 'शेक्सपियर' नामक पत्र निकालते थे जिसमें प्रसिद्ध अंग्रेज़ी नाटकों के अनुवाद प्रकाशित किए जाते थे। 'बेताब' एल्फ़्रेड थियेट्रिकल कम्पनी (दे०) के लिए नाटक लिखते थे। इनके नाटक 'महाभारत', 'रामायण', 'पटनी प्रताप', 'गोरखधंधा', 'कृष्ण सुदामा', 'क़त्ले नज़ीर', 'ज़हरी साँप' और 'फ़रेबे-मुहब्बत' प्रसिद्ध हैं। 'बेताब' रोचक धार्मिक आख्यानों पर नाटक लिखते थे। हिन्दी के ज्ञान के कारण इन्हें नाटक की गीतात्मकता बनाए रखने में विशेष सफलता मिली। 'बेताब' की भाव-व्यंजना तीव्र और चरित्र-चित्रण प्रभावशाली है। कलात्मक दृष्टिकोण से भी इनके नाटक उत्कृष्ट हैं यद्यपि दोहों और शेरों की बहुतायत से वातावरण अस्वाभाविक हो उठता है।

बेदार, पीर मुहम्मद अली

ये अठारहवीं सदी में दिल्ली में हुए और यहीं शिक्षा प्राप्त की। उर्दू-फ़ारसी दोनों में लिखा है। फ़ारसी में 'फ़िराक़' और उर्दू में 'दर्द' (दे०) के शागिर्द थे। दीवान की भाषा निखरी हुई है। ये स्वयं मौलाना फ़ख़रुद्दीन से प्रभावित होकर फ़क़ीर के भेस में रहते थे और इनकी कुछ रचनाओं का विषय भी तसव्वुफ़ है। लेकिन इन्होंने भौतिक प्रेम पर भी लिखा है। भावों में कोमलता है। कहीं-कहीं वेदना का रंग भी मिलता है।

बेदी, राजेन्द्र सिंह (सन् 1915-84 ई०)

बेदी का जन्म और पालन-पोषण लाहौर में हुआ। एफ़० ए० करके डाकखाने में नौकरी कर ली। सन् '40 में आल इण्डिया रेडियो में आ गए। इसके बाद कुछ समय तक पब्लिक रिलेशंस ऑफ़िस, दिल्ली में काम किया। द्वितीय महायुद्ध के बाद बम्बई चले गए और माहेश्वरी फ़िल्म्ज़ में नौकरी कर ली और फ़िल्म 'कहाँ गए' के संवाद लिखे। लाहौर में बेदी ने संगम पब्लिशर्स नामक प्रकाशन गृह खोला। कुछ महीनों तक कश्मीर रेडियो के डायरेक्टर भी रहे। फ़िल्मों के संवाद लिखने के अलावा आपने कुछ सफल कला फ़िल्मों का निर्देशन भी किया। मृत्यु बम्बई में हुई।

बम्बई फ़िल्म जगत में रहकर बेदी अधिक साहित्य-सेवा न कर सके। यद्यपि इनकी रचनाओं की संख्या अधिक नहीं है मगर वे कला की दृष्टि से महत्त्वपूर्ण और उत्कृष्ट हैं। आपकी कहानियों में ज़िन्दगी की सच्ची

तस्वीरें हैं। जीवन की समस्याएँ, छोटे-छोटे सुख-दुख, स्वप्न भंग, परिस्थितियों का दबाव, बाहर-भीतर की टूटन और बिखराव आपकी कहानियों को भाव प्रधान बना देते हैं। सामाजिक और आर्थिक परिप्रेक्ष्य में घटती इन कहानियों का गठन अति सुन्दर और प्रभावपूर्ण है। इस संदर्भ में इनकी कहानियाँ 'पॉन शॉप' 'गर्म कोट' और 'हमदोश' उल्लेखनीय हैं। मार्मिकता इनका विशेष गुण है। हास्य-व्यंग्य का वेदी के यहाँ विशेष स्थान नहीं। नपे-तुले शब्द प्रयोग करते हैं। बहुत अधिक नहीं लिखा मगर आपकी गिनती उर्दू के प्रतिष्ठित कथाकारों में हैं।

बेदी के प्रकाशित कहानी संग्रह हैं—'दाना-ओ-दाम', 'ग्रहन', 'कोखजली', 'लम्बी लड़की' और 'अपने दुख मुझे दे दो'। एक एकांकी संग्रह है 'सात खेल' और एक उपन्यास 'एक चादर मैली सी' जिस पर 'साँझी' नाम की फ़िल्म अभी बनकर तैयार हुई है।

बेनज़ीर (पा०)

शहज़ादा बेनज़ीर मीर हसन (दे०) की मसनवी 'सहरुल-बयान' (दे०) का नायक है। यह अद्वितीय रूप-गुण से सम्पन्न युवक न केवल माता-पिता बल्कि दास-दसियों और सारी प्रजा का चहेता है।

एक रात जब बेनज़ीर महल की छत पर सोया था, परियों की रानी माहरुख़ की नज़र उस पर पड़ी और वह शहज़ादे पर मुग्ध हो गई। माहरुख़ उसे उड़ाकर परिस्तान ले गई। महल में कोहराम मच गया मगर बेनज़ीर का कहीं पता न चलता था। उधर शहज़ादा भी परिस्तान में बहुत ख़ुश न था। उसके मन बहलाव के लिए माहरुख़ ने उसे एक उड़ने वाला घोड़ा दिया और पृथ्वी भ्रमण की अनुमति भी दे दी। एक दिन सैर करते हुए बेनज़ीर शहज़ादी बद्रे-मुनीर (दे०) के बाग़ में पहुँचा। दोनों ने एक-दूसरे को देखा और हृदय हार बैठे। फिर यह मिलने का क्रम चल निकला। माहरुख़ को जब इस प्रणय-सम्बन्ध का पता चला तो वह बहुत क्रुद्ध हुई और बेनज़ीर को एक कुएँ में बन्दी बना दिया।

मसनवी का शेष भाग बद्रे-मुनीर की विरह-व्यथा और बेनज़ीर को ढूँढ़ने के प्रयासों से सम्बद्ध है।

बोस्तान ख़याल (कृ०)

इस ग्रंथ को मीर तक़ी 'ख़्याल' ने अपनी प्रेमिका के मनोरंजन के लिए लिखा। इसके नौ भाग हैं और लगभग चार-पाँच हज़ार पृष्ठ। यह काल्पनिक कथाओं की पुराने ढंग से लिखी हुई पुस्तक है जिसमें निश्चित कथानक और चरित्र-चित्रण का अभाव है। मगर उस ज़माने में ऐसे क़िस्से

पसन्द किए जाते थे। कहते हैं मुहम्मद शाह रंगीला ने इस ग्रंथ को बहुत पसन्द किया।

'बोस्तान ख़्याल' के पाँच भागों का अनुवाद ख़्वाजा बदरुद्दीन अमान देहलवी ने और दो का छोटे आग़ा लखनवी ने किया।

भ

भारत व्याकुल नाटक कंपनी

इस कंपनी की स्थापना उन्नीसवीं शताब्दी के अन्त में मेरठ में हुई। विशम्भरसहाय व्याकुल इस कंपनी के सर्वेसर्वा थे। इनका 'बुद्धदेव' नाटक बहुत प्रसिद्ध हुआ। मुंशी ज्ञानेश्वर प्रसाद 'मायल' ने इस कंपनी के लिए 'चन्द्रगुप्त' और 'तेग़े-सितम' नामक दो नाटक तैयार किए। अली अतहर इस कंपनी के प्रसिद्ध अभिनेता थे।

म

मंज़ूर, शेख़ अब्दुल्ला (मृत्यु : सन् 1890 ई०)

19वीं शताब्दी में गुजरात में यद्यपि 'मीर' (दे०) और 'ग़ालिब' (दे०) के समकक्ष कवि नहीं हुए, मगर उर्दू गद्य और पद्य दोनों में साहित्य रचना का क्रम चलता रहा। मंज़ूर का एक ग़ज़लों का संग्रह और कुछ मसनवियाँ प्राप्त होती हैं। इन्होंने सन् 1844 ई० में 'मंज़ूर-उल-अख़बार' नामक एक पत्र भी चलाया। मंज़ूर ने वली (दे०) के दीवान का सम्पादन भी किया जो बाद में बम्बई से प्रकाशित हुआ।

मंटो के अफ़साने (कृ०)

यह सआदत हसन मंटो (दे०) की आरंभिक कहानियों का संग्रह है। इनमें सामाजिक समस्याओं का यथार्थ चित्रण हुआ है, जो मंटो की विशेषता है। उनके यहाँ किसी प्रकार का दुराव-छिपाव या रख-रखाव नहीं। हर स्थिति को उघाड़कर पेश करते हैं। भाषा-शैली में व्यंग्य की चुभन है।

मंटो, सआदत हसन (सन् 1912-'55 ई०)

जन्म संबड़ाला, पूर्वी पंजाब में हुआ। सन् 1931 में पंजाब यूनीवर्सिटी से हाई स्कूल पास किया। कहानी लिखने का शौक छोटी उम्र से ही हो गया था। युवावस्था में बम्बई में थे और फ़िल्मों के लिए कहानियाँ लिखते थे। यह मंटो के लेखन के चरम उत्कर्ष का समय था। विभाजन के बाद पाकिस्तान चले गए और वहीं असन्तुलित मदिरा-पान के कारण 43 वर्ष की आयु में ही चल बसे।

मंटो से पहले उर्दू कथा साहित्य में सामाजिक चेतना और यथार्थ चित्रण का अभाव था। मंटो मार्क्स और गोर्की से प्रभावित हुए और कुछ समय तक प्रगतिशील लेखन करते रहे। मगर बने-बनाये रास्ते पर चलना मंटो की प्रकृति नहीं थी। शीघ्र ही उन्होंने अपना अलग रास्ता ढूँढ़ लिया और अपनी सशक्त और प्रभावशाली लेखनी से सामाजिक और यौन

मनोविकारों को उकेरना शुरू किया। इस नग्न यथार्थवाद के लिए मंटो की बहुत आलोचना हुई और उन पर कई बार अश्लीलता के लिए मुक़दमे भी चलाए गए। मंटो की कहानियों के विषय सीमित हैं मगर कथानक विविध और सामान्य स्थितियों से लिए जाने पर भी नाटकीय। लेखन की कलात्मक प्रौढ़ता, विषय की मनोवैज्ञानिक पकड़ और कहानी की गठन के लिए मंटो के आलोचक भी उनका लोहा मानते हैं।

मंटो के अनेक कहानी संग्रह प्रकाशित हैं। उनमें से कुछ हैं—'धुआँ', 'मंटो के अफ़साने', 'सड़क के किनारे', 'ठंडा गोश्त', 'लज़्ज़ते संग', 'नमरुद की ख़ुदाई', 'यज़ीद', 'सियाह हाशिए', 'चुग़द', 'बादशाहत का ख़ात्मा' और 'ख़ाली डिब्बे ख़ाली बोतलें'।

मआनी, मुहम्मद क़ुली क़ुतुबशाह (राज्यकाल सन् 1580-1611 ई०)

गोलकुण्डा की क़ुतुबशाही सल्तनत का पाँचवाँ बादशाह था मुहम्मद क़ुली क़ुतुबशाह जो सन् 1580 में राजसिंहासन पर बैठा और 1611 तक यानि 31 सालों तक सल्तनत की बागडोर सँभाली। उन्होंने पहले 'कुतुबा' और बाद में 'मआनी' तख़ल्लुस किया। उर्दू, तेलगू और फ़ारसी तीनों भाषाओं में लिखा। ऐसा विश्वास है कि तेलगू में ये 'तुर्कमान' के नाम से कविताएँ लिखते थे किन्तु इनकी कोई तेलगू रचना प्राप्त नहीं। ये उर्दू के पहले कवि हैं जिनका कलाम संग्रह के रूप में उपलब्ध है और उसकी कई पांडुलिपियाँ भारत और यूरोप के पुस्तकालयों में हैं। इनकी कविताओं का संग्रह इनके भतीजे मुहम्मद क़ुतुबशाह ने कराया था। सन् 1941 में डा० ज़ोर ने इसका सम्पादन किया और हैदराबाद के इदारए—अदबीयाते—उर्दू ने इसे प्रकाशित किया। क़ुतुबशाह 'मआनी' का 'क़ुल्लियात' 1800 पृष्ठों का है। इसमें मसनवी (दे०) क़सीदा (दे०) तरजीह (दे०) बंद, मर्सिया (दे०) फ़ारसी और दकनी (दे०) ग़ज़ल तथा रुबाई (दे०) सभी प्रकार की कविताएँ हैं। भूमिका से पता चलता है कि इन्होंने 50000 शेर कहे।

क़ुली क़ुतुबशाह की भाषा शुद्ध रूप से दकनी है, और विचार विशुद्ध भारतीय। कहीं-कहीं फ़ारसी अलंकारों का प्रयोग हुआ है लेकिन उनका देशीकरण करके। हिन्दी उपमा, अलंकारों और स्त्री द्वारा पुरुष के प्रति प्रेम-प्रदर्शन की परम्परा को अपनाया। ये उर्दू के पहले साहित्यकार थे जिन्होंने कविता को केवल सूफ़ी सिद्धान्तों के प्रतिपादन के माध्यम तक सीमित न मानकर उससे बहुरंगी समाजी जीवन के चित्र खींचे। इन्होंने आध्यात्मिक प्रेम के साथ-साथ शृंगार को भी महत्ता दी। अपनी बारह

प्रेमिकाओं का नख-शिख वर्णन किया और कविता को नये आयाम दिए। अपने धर्म और अपने रीति-रिवाजों के अलावा इन्होंने बसन्त, दीवाली, होली जैसे हिन्दू त्योहारों पर भी रंगीन रचनाएँ कीं, भारतीय लोककथाओं को काव्य रूप दिया, हिन्दू वीर गाथाओं का बर्णन किया और हिन्दुस्तान के फलों, सब्जियों, फूलों और चिड़ियों पर मसनवियाँ लिखीं। इनकी रचनाओं में प्राकृतिक सौन्दर्य का वर्णन है। इनकी भाषा गंगा-जमनी है जो कहीं हिन्दी तो कहीं उर्दू के निकट जान पड़ती है। सुगमता इसका विशेष गुण है।

क़ुली क़ुतुबशाह 'मआनी' एक महान कवि होने के साथ वास्तुकला और संगीत के प्रेमी और सौन्दर्य के उपासक थे। इन्होंने अपनी प्रेयसी भागमती के नाम से गोलकुण्डा के निकट भागनगर बसाया, जो भागमती का शाही नाम 'हैदर महल' घोषित होने पर हैदराबाद कहलाया।

मक़ता (पारि०)

ग़ज़ल के अन्तिम शे'र को मक़ता कहते हैं। इसमें बहुधा शायर का तख़ल्लुस भी होता है। उदाहरण के लिए देखिए—

> है कुछ तो बात 'मोमिन' जो छा गई ख़मोशी
> किस बुत को दे दिया दिल, क्यों बुत से बन गए हो ?

कभी-कभी मक़ते में कवि के तख़ल्लुस (दे०) का ऐसा प्रयोग भी देखने में आता है कि वह उपनाम होने के साथ-साथ शे'र की अर्थवत्ता को भी द्विगुणित करता है जैसे—

> शबे-'फ़िराक़' उठे दिल में और भी कुछ दर्द
> कहूँ मैं कैसे तेरी याद रात भर आई। —फ़िराक़

मख़दूम मोहियुद्दीन (सन् 1908-69 ई०)

मख़दूम का जन्म हैदराबाद, आंध्र प्रदेश के एक छोटे से गाँव में हुआ। उच्चशिक्षा उस्मानिया यूनिवर्सिटी से प्राप्त की। कुछ समय तक अध्यापन किया। फिर सक्रिय राजनीति में आ गए और आन्ध्र के किसानों के तेलंगाना आन्दोलन में भाग लिया। आपकी हमदर्दी सदा समाज के पिछड़े, शोषित और दलित वर्ग के साथ रही। उनकी लड़ाई लड़ते हुए कई बार जेल भी गए।

मख़दूम एक क्रान्तिकारी थे और एक कवि भी। लेकिन आपकी कविता में कोमल भावों की प्रधानता है। अभिव्यक्ति में रिश्तों की मद्धम आँच है, स्वर में संवेगों की तरलता। यहाँ तक कि द्वितीय महायुद्ध के दौरान लिखी जाने वाली नज़्मों में भी देशप्रेम और लड़कर मरने की ललकार

नहीं। काव्यात्मक माधुर्य और सुन्दर बिम्ब रचना है। जीवन के अनुभव से उपजी करुणा सभी भावों, प्रतीकों, उपमानों और रंगारंग बिम्बों को रेखांकित करती चलती है। वर्णनात्मक कविताओं की यह विशिष्टता है। सामाजिक आर्थिक विषमताओं की चेतना सर्वत्र विद्यमान है। शब्दों को नये आयाम देते चलते हैं। हर पंक्ति में सौन्दर्य की तलाश है, उस अपरिभाषित आनन्द की खोज है जो हर पल एक नया छलावा है।
मख़दूम के काव्य-संग्रह हैं—'सुर्ख़ सवेरा', 'गुलेतर' और 'बिसाते-रक़्स'। 'इन्कलाब', 'तेलंगाना' और 'चारागर' नामक आपकी नज़्में विशेष रूप से उल्लेखनीय हैं।

मजनूं गोरखपुरी (जन्म : सन् 1904 ई०)

मजनूं का नाम अहमद सिद्दीक है। गोरखपुर के रहने वाले हैं। प्रारंभिक शिक्षा वहीं पर हुई। सन् 1924 में इलाहाबाद के क्रिश्चियन कॉलेज में गए लेकिन बीमारी की वजह से पढ़ाई छोड़कर वापस गोरखपुर जाना पड़ा। एम० ए० के बाद गोरखपुर में ही अध्यापन कार्य आरंभ किया और साथ ही 'ऐवाने-इशाअत' नामक प्रकाशन संस्थान खोला। सृजनात्मक लेखन और आलोचना—दोनों ही स्तरों पर मजनूं की चेतना व्यक्तिवादी है। उनका दृष्टिकोण बौद्धिक होते हुए भी सौन्दर्यान्वेषी और भावात्मक है। बाद में ये मार्क्सवाद से बहुत प्रभावित हुए किन्तु बुद्धि और भावना का संतुलन बनाए रखा। इनकी रचनाओं के व्यक्तिवाद में सामाजिक, आर्थिक क्रान्ति की ओर संकेत निहित है। मजनूं की कहानियों के दो संग्रह 'ख़्वाबो ख़्याल' और 'समन पोश' प्रकाशित हो चुके हैं। उपन्यासों में 'ज़ैदी का हश्र,' 'सोग़वारे-शबाब' और 'मरियम मजदलीन' उल्लेखनीय हैं। इन्होंने काव्य बहुत कम लिखा। 'तनक़ीदी हाशिये', 'अदब और ज़िन्दगी' 'अफ़साना', 'शेरो ग़ज़ल', 'दोशो-फ़र्दा', 'नक़ूशो-अफ़कार' और 'परदेसी के ख़तूत' मजनूं की आलोचनात्मक कृतियाँ हैं। ऑस्कर वाइल्ड के 'सालोम' का उसी नाम से, टालस्टॉय के 'द फ़र्स्ट डिस्टिलर' और बायरन के 'केन' का क्रमशः 'अबुल ख़म्र' और 'क़ाबील' के नाम से मजनूं ने अनुवाद किया। आपका 'आग़ाज़े-हस्ती' नामक नाटक 'बर्नार्ड शॉ के 'बैक टु मैथ्यूसला' पर आधारित है।

मज़मून, शेख़ शरफ़ुद्दीन (मृत्यु : सन् 1745 ई०)

आगरा के थे, मगर दिल्ली आ गए और यहीं उम्र बसर की। ख़ानदान का सिलसिला शेख़ फ़रीद से बताते हैं। यद्यपि उम्र में आरज़ू (दे०) से बड़े थे, मगर उन्हें अपना उस्ताद मानते थे और क़लाम में इस्लाह लेते थे।

इनका एक दीवान है। कविता का विषय और शैली पारम्परिक है। चमत्कार के लिए शब्दों में बलात् तालमेल बैठाने की कोशिश में अपने अन्य समकालीनों से ऊपर नहीं उठ पाए हैं।

मजरुह, मीर मेहदी (मृत्यु : सन् 1902 ई०)

ये दिल्ली के मीर हुसेन फ़िगार के पुत्र और ग़ालिब (दे०) के प्रिय शिष्य थे। सन् 1857 की क्रांति में पानीपत चले गए। फिर अलवर के राजा शिवध्यान सिंह के यहाँ रहे और अन्तिम दिनों में रामपुर जा बसे। वहीं सन् 1892 ई० में इनका दीवान प्रकाशित हुआ जिसका शीर्षक है—'मज़हरे-मानी।'

'मजरुह' की भाषा में दिल्ली की बोल-चाल की भाषा की सरलता और माधुर्य है। छोटी बहरों में अर्थपूर्ण शेर कहते हैं। छन्दशास्त्र के नियमों का सर्वत्र पालन किया है। भावों में मौलिकता का अभाव है। ये मिर्ज़ा ग़ालिब के अच्छे मित्र थे। मिर्ज़ा के इनके नाम लिखे पत्र प्रकाशित हो चुके हैं। मौलाना हाली (दे०) 'मजरुह' के काव्य के प्रशंसक हैं।

मजरुह, सुलतानपुरी (सन् जन्म : 1919 ई०)

पूरा नाम इसरारुल हसन। उपनाम 'मजरुह'। जन्म आज़मगढ़ में हुआ। रहने वाले सुलतानपुर ज़िले के हैं। फ़ैज़ाबाद और इलाहाबाद से 'मौलवी' और 'आलिम' की परीक्षा पास की। लखनऊ से यूनानी हिकमत की शिक्षा प्राप्त की। मगर चिकित्साशास्त्र की बजाय लखनऊ का शायराना माहौल ज़्यादा कारगर साबित हुआ। ग़ज़ल कहने लगे, मुशायरों में भाग लिया और शीघ्र ही काफ़ी लोकप्रिय हो गए। सन् 1945 ई० से बम्बई में हैं और फ़िल्मों के लिए गीत लिख रहे हैं।

मजरुह 'तरक़्क़ी पसन्द तहरीक़' के कार्यकर्ता रहे और साम्यवादी विचार-धारा के समर्थक हैं। इस सिलसिले में एक साल जेल में भी रहे। ग़ज़ल के माध्यम से अपने प्रगतिशील भावों को कलात्मक ढंग से प्रस्तुत करते हैं। गीतों की भाषा सरल और सरस है। 'ग़ज़ल' नाम से आपका काव्य-संग्रह 'अंजुमन तरक्क़ी-ए-उर्दू' अलीगढ़ से छपा।

मजहर, मिर्ज़ा जाने जानाँ (सन् 1699-1781 ई०)

इनके पिता मिर्ज़ा जान आलमगीर औरंगज़ेब के दरबार में मन्सबदार थे। इनका जन्म मालवा में हुआ और नाम स्वयं औरंगज़ेब ने रखा था—जाने जानाँ। अभी मुश्किल से अठारह बरस के थे कि पिता का देहान्त हो गया। किशोरावस्था से ही इनकी रुचि अध्यात्म की ओर थी। तीस वर्ष

की अवस्था तक मदरसों और सूफ़ी सन्तों से धार्मिक शिक्षा ग्रहण की और फ़कीर हो गए। हज़ारों हिन्दू और मुसलमान इनके मुरीद थे। तबीअत में तसव्वुफ़ का रंग गाढ़ा होने के बावजूद रुचि में बड़ा परिष्कार था। स्वभाव से सौन्दर्य प्रेमी थे और अपने समय के सुन्दर युवक कवि 'ताबाँ' (दे०) के लिए विशेष स्नेह रखते थे।

मिर्ज़ा मज़हर ने फ़ारसी और उर्दू दोनों में लिखा है। फ़ारसी के दीवान में पहले 20,000 अशआर थे जिसमें से 10,000 शेर छाँट कर बाक़ी काट दिए। उर्दू का दीवान अधूरा है। तसव्वुफ़ के अतिरिक्त इन्होंने अन्य नये विषयों पर भी लिखा। इनके क़लाम में कल्पना की अपेक्षा अनुभव का तीखापन और असर अधिक है। भाषा में प्रांजलता है। श्लेष से इन्होंने अपने क़लाम को भरसक बचाया है और दिल्ली में प्रचलित मुहावरों के नगीने बख़ूबी जड़े हैं।

मिर्ज़ा 'मज़हर' उस्ताद की हैसियत से भी प्रतिष्ठित थे। उनके शागिर्दों में इनामुल्ला ख़ाँ 'यक़ीं' (दे०) मीर मुहम्मद बाकर 'हज़ीं', बिसावन लाल 'बेदार', ख़्वाजा एहसनुल्ला ख़ाँ 'बयाँ' के नाम लिए जाते हैं। मीर तक़ी 'मीर' (दे०) ने इन्हें इज़्ज़त से याद किया है। और 'सौदा' (दे०) ने 'तारीख़' कही है।

सन् 1781 में 'मज़हर' की हत्या कर दी गई। हत्या का कारण इनकी कुछ व्यक्तियों के विरुद्ध की गई टिप्पणी बताई जाती है।

'मजाज़', लखनवी (सन् 1913-55 ई०)

असरारुल हक़ 'मजाज़' का जन्म बाराबंकी ज़िले के रदौली नामक क़स्बे में हुआ। लखनऊ से मैट्रिक, आगरा से एफ०ए० और अलीगढ़ विश्वविद्यालय से बी० ए० किया। सन् 1935-37 ई० तक दिल्ली-रेडियो के उर्दू-पत्र 'आवाज़' का सम्पादन किया। सन् 1939 ई० में सिब्ते हसन और सरदार जाफ़री (दे०) के साथ 'नया अदब' नामक मासिक आरंभ किया। इस बीच एक असफल प्रेम की व्यथा भोगी और अपने आपको मदिरा में डुबोने लगे। दो बार मानसिक असंतुलन का शिकार हुए। अकेलेपन, आर्थिक संकट, मदिरापान और बीमारी ने 'मजाज़' को खोखला कर दिया और वे 46 साल की उम्र में दुनिया छोड़ गए।

'मजाज़' की मूल चेतना रोमानी है। इनके काव्य में प्रेम की हसरतों और नाकामियों का बड़ा व्यथापूर्ण चित्रण हुआ है। आरंभ में 'मजाज़' की प्रगतिशील रचनाओ के पीछे भी एक रोमानी चेतना थी मगर धारे-धीरे इनकी विचारधारा का विकास हुआ और 'मजाज़' अपने युग की आशाओं,

सपनों, आकांक्षाओं और व्यथाओं की वाणी बन गए। 'मजाज़' ने दरिद्रता, विषमता और पूंजीवाद के अभिशाप पर बड़ी सशक्त क्रान्तिकारी रचनाएँ की हैं, मगर काव्य के प्रवाह और सरसता में कहीं कोई बाधा नहीं आने दी।

पहला काव्य-संग्रह 'आहंग' के नाम से सन् 1938 में छपा। कुछ नयी नज़्मों के साथ यही संकलन पुन: 'शबताब' के नाम से प्रकाशित हुआ। तीसरा संग्रह है 'सोज़-ए-नौ'।

मज़ामीन-ए-चकबस्त (कृ० । रचनाकाल 1937 ई०)

यह पं० ब्रजनारायण चकबस्त (दे०) की एक महत्त्वपूर्ण गद्य रचना है जिसमें विविध विषयों पर लिखे गए निबंध संकलित हैं। पं० दयाशंकर नसीम (दे०), उनकी मसनवी 'गुलज़ारे-नसीम' (दे०) 'दाग़' (दे०), पंडित रतननाथ सरशार (दे०) मिर्ज़ा मच्छू बेग सितम ज़रीफ़ (दे०), ज्वाला प्रसाद बर्क़ (दे०), 'अवधपंच' (दे०) इत्यादि कवियों, लेखकों पत्रों पर लिखे गए लेख न केवल साहित्यिक बल्कि ऐतिहासिक दृष्टि से भी स्थायी महत्त्व के हैं। काव्य रचनाओं का विवेचन उदाहरणों सहित बड़े स्पष्ट और निष्पक्ष रूप से किया गया है। आलोचना साहित्य में इस ग्रन्थ का अपना विशिष्ट स्थान है।

यह पुस्तक इंडियन प्रेस लि० इलाहाबाद से प्रकाशित हुई।

मज़ामीन-ए-पितरस (कृ०)

यह ज़ैड० ए० बुख़ारी 'पितरस' (दे०) के हास्य-व्यंग्य प्रधान निबंधों का संग्रह है। इसमें समाज में प्रचलित कुरीतियों और अंधविश्वासों पर चोट की गई है। हास्य की सृष्टि मुख्यत: भाषा और स्थिति से हुई। गद्य बड़ा सरस और चुटीला है।

मतला (पारि०)

मतला ग़ज़ल (दे०) और कसीदे (दे०) के उस पहले शे'र (दे०) या उन प्रारंभिक शेरों को कहते हैं जिनके दोनों मिसरों में रदीफ़ क़ाफ़िया (दे०) एक ही हो। बहुधा ग़ज़ल का एक चौथाई भाग मतलों का होता है किन्तु इनकी संख्या निश्चित नहीं। पूरी ग़ज़ल मतलों में या मतलों के बिना भी कही जा सकती है। क़सीदों में इनकी संख्या अपेक्षाकृत अधिक होती है।

ममनून (मृत्यु : सन् 1844 ई०)

सैयद निज़ामुद्दीन 'ममनून' का जन्म दिल्ली में हुआ। अपने ज़माने के अच्छे बड़े शायर थे। इनके दीवान से भी इस बात की पुष्टि होती है।

बादशाह ने इन्हें 'फ़ख़्रुल शोअरा' की उपाधि दी थी। इनके शागिर्दों की बड़ी संख्या थी। 'ममनून' की मृत्यु सन् 1844 ई० में दिल्ली में हुई।

मरसिया (पारि०)

यह अरबी भाषा का शब्द है और उस अरबी परम्परा की ओर संकेत करता है जब किसी प्रिय की मृत्यु पर उसका कोई मित्र या निकट संबंधी कबीले-कबीले जाकर काव्य के माध्यम से अपना शोक प्रकट करता था। फ़ारसी में मरसिये का विकास एक निश्चित काव्य-विधा के रूप में नहीं हो सका। उर्दू में इसका प्रवर्तन और परिवर्धन स्वतन्त्र रूप से हुआ। उत्तर भारत में औरंगज़ेब के ज़माने में सेवा (दे०) और राम राव मरसिया गो हुए। ऐसी धारणा भी है कि भारत में मरसिये का आरंभ पन्द्रहवीं सदी में दक्षिण में हाशिमी (दे०), अशरफ़(दे०) कुतबा (दे०) रुही (दे०) और सय्यदन ने किया।

मरसिये की मूल प्रेरणा धार्मिक है। उर्दू के अधिकांश मरसिये करबला (दे०) के मैदान पर हज़रत मोहम्मद के नवासे इमाम हुसैन (दे०) और उनके बहत्तर साथियों के युद्ध और बलिदान की कहानी कहते हैं। इस तरह मरसिया विषय-वस्तु पर आधारित है और इसका मुख्य रस है—करुण। युद्ध के वर्णन के कारण करुण के बाद मरसिये में वीर और रौद्र रस की प्रधानता होती है। इनके अतिरिक्त भयानक और अद्‌भुत रस का समावेश भी कवि की अपनी दृष्टि और कल्पना के अनुसार हो सकता है। वस्तुतः मरसिया कहना किसी कवि की सृजनात्मकता के लिए एक बड़ी चुनौती है क्योंकि एक ही कथानक पर बार-बार लिखने और फिर भी उसमें पाठकों और श्रोताओं की रुचि बनाए रखने और उनके हृदय को छू लेने की सामर्थ्य सार्वभौमिक प्रतिभा की अपेक्षा रखती है। बड़ी ही उत्कृष्ट कल्पना-शक्ति के साथ-साथ इतिहास के प्रति न्याय भी अनिवार्य है। मरसियों में चरित्र-चित्रण भी स्पष्ट से स्पष्टतर तो हो सकता है किन्तु विकासशील नहीं होता।

आरंभ में मरसिया शेर (दो पंक्तियों का पद) या मुरब्बा (दे०) के रूप में कहा जाता था। सौदा (दे०) ने पहली बार मरसिया मुसद्दस (दे०) यानि षट्‌पदी में लिखने की प्रथा चलाई जो बहुत लोकप्रिय हुई। आपने कोरे धार्मिक विवरणों में साहित्यिक सौन्दर्य का समावेश कर मरसिये को एक नई दिशा दी। मीर तक़ी 'मीर' (दे०), मीर ज़ाहक (दे०) और मीर हसन (दे०) ने भी इसी समय मरसिये लिखे। लेकिन इसकी एक सुनिश्चित क्लासिकल काव्य-विधा के रूप में स्थापना अवध में हुई जहाँ

का शासक वर्ग शिया सम्प्रदाय का था। मोहर्रम पर होने वाले चालीस दिन के राजकीय मातम ने इस विधा को निखरने का भरपूर अवसर दिया। दिलगीर (दे०), फ़सीह (दे०), खलीक (दे०) और ज़मीर (दे०) ने मरसिये को कलात्मक रूप में प्रस्तुत किया। ज़मीर ने मरसिये में महाकाव्य के तत्त्वों का समावेश किया और इसके कथानक को आठ भागों में बाँटा—

1. चेहरा—भूमिका
2. सरापा—पात्र-परिचय, चरित्र-चित्रण और नख-शिख वर्णन
3. रुख़सत—युद्ध-भूमि की ओर प्रस्थान
4. आमद—युद्ध-भूमि में आगमन
5. रजज़—अपनी श्रेष्ठता का वर्णन और शत्रु को चुनौती
6. जंग—युद्ध, शस्त्रादि का वर्णन
7. शहादत—मुख्य-चरित्रों का बलिदान, और
8. बैन—प्रियजनों का विलाप।

अंतिम अंग अनिवार्य है और अत्यधिक मार्मिक होना चाहिए। मरसियागो की सफ़लता काफ़ी हद तक इसके वहन पर निर्भर करती है। बाद में प्यारे साहब रशीद (दे०) ने इसमें 'बहार' और 'साक़ीनामा' के नाम से दो नये अंग जोड़े जो बहुत लोकप्रिय नहीं हुए।

अनीस (दे०) और दबीर (दे०) ने मरसिये की कला को चरमोत्कर्ष तक पहुँचाया। मरसिये में प्रकृति-चित्रण के साथ-साथ चरित्र-चित्रण और परस्पर सम्बन्धों की कोमल जटिलता ने एक नया आयाम पैदा किया। कल्पना के बल पर कवियों ने तत्कालीन रहन-सहन के सहज चित्र उकेरे और कथोपकथन से मरसिये में नाटकीयता की ताज़गी और आकर्षण पैदा किया। भाषा का भी बड़ा परिपक्व और सम्प्रेषणशील रूप सामने आया। सहजता और प्रवाह इस शैली के गुण विशेष थे।

अनीस के बाद उनके घराने में मीर मूनिस (दे०), मीर नफ़ीस (दे०) रईस (दे०), आरिफ़ (दे०) और जलीस (दे०) ने मरसिये लिखे। सै० मिर्ज़ा उन्स (दे०) का घराना भी मरसियागोई के लिए विशेष प्रसिद्ध रहा। इन्हीं के वंश में प्यारे साहब रशीद हुए। सामाजिक, राजनैतिक और धार्मिक परिस्थितियाँ बदलने के कारण आज मरसिये का वह महत्त्व नहीं रह गया जो पिछली सदी में था।

धर्मेतर विषयों पर भी मरसिये लिखे गए हैं। किसी महान नेता या प्रिय मित्र की स्मृति में भी इसकी रचना की जाती है। मोमिन (दे०) का

माशूक का मरसिया, हाली (दे०) द्वारा रचित ग़ालिब का मरसिया, इक़बाल (दे०) कृत 'दाग़' और माजिद द्वारा लिखा गया अक़बर इलाहाबादी का मरसिया इसके कुछ उदाहरण हैं। चकबस्त (दे०) ने तिलक और गोखले का मरसिया लिखा।

मरसिये में सामान्य रूप से 70-80 से 100 तक मुसद्दस होते हैं।

मरासिए-अनीस (कृ०)

यह मीर अनीस (दे०) के मरसियों का संग्रह है। अनीस उर्दू के श्रेष्ठ मरसिया-गो हुए हैं। आपकी रचनाओं में करुणा के साथ-साथ चित्रात्मकता का विशेष गुण पाया जाता है। भाव और कला दोनों का सुन्दर समन्वय, भाषा का प्रवाह, मुहावरों का सटीक प्रयोग और अद्भुत वर्णनात्मक शक्ति अनीस के मरसियों को उत्कृष्टता प्रदान करते हैं।

मलिक ख़ुशनूद

यह सत्रहवीं शताब्दी में दक्षिण भारत में हुए। आप बीजापुर के सुल्तान मुहम्मद आदिलशाह (सन् 1626-56 ई०) की महारानी ख़ुदेजा सुल्तान शहर बानू बेग़म के मायके, यानि गोलकुण्डा से आए थे। ख़ुदेजा सुल्तान के पिता गोलकुण्डा के बादशाह मुहम्मद कुतुबशाह थे। मलिक ख़ुशनूद मलिका के साथ एक दास के रूप में आए थे लेकिन बीजापुर में इन्होंने एक कवि के रूप में बड़ा सम्मान प्राप्त किया। सन् 1635 में इन्हें बीजापुर का राजदूत बनाकर गोलकुण्डा भेजा गया। वहाँ इन्होंने बादशाह की प्रशंसा में एक क़सीदा पढ़ा। बादशाह ने प्रसन्न होकर इन्हें ख़िलअत प्रदान की और इनका बहुत आदर-सत्कार किया। मलिक ख़ुशनूद ने कई कसीदे और ग़ज़लें लिखीं और अमीर ख़ुसरो (दे०) की फ़ारसी मसनवियों का उर्दू अनुवाद किया। आप मुख्यतः अपनी मसनवी 'हश्त-बहिश्त' के लिए प्रसिद्ध हैं। यह भी संभवतः अमीर ख़ुसरो की फ़ारसी रचना पर आधारित है। मसनवी की भाषा-शैली सरल एवं प्रवाहपूर्ण है।

मवाज़ना-ए-अनीस-ओ-दबीर (कृ०। रचनाकाल सन् 1907 ई०)

यह अल्लामा मुहम्मद शिबली नोमानी (दे०) की पुस्तक है जिसमें आपने उर्दू के दो प्रसिद्ध मरसिया निगारों 'अनीस' (दे०) और 'दबीर' (दे०) की तुलना की है। अल्लामा के अनुसार 'अनीस' 'दबीर' से बेहतर मरसिया-गो हैं।

मलिक राम (जन्म : सन् 1906 ई०)

आपका जन्म फालिया, गुजरात में हुआ। उर्दू ऑनर्स पंजाब विश्वविद्यालय से किया। सन् '39 से '47 तक भारत सरकार के कॉमर्स विभाग में सुपरिन्टेन्डेन्ट रहे। सन् '47 से '65 तक इंडियन फॉरेन सर्विस में रहे। '65 से '70 तक साहित्य अकादमी के उर्दू विभाग के सम्पादक थे। शोधकार्य, और समीक्षा के लिए आपकी विशेष मान्यता है। आपने 'तहरीर' और 'नैरंगे ख़्याल' का सम्पादन किया। आपकी 'ज़िक्रे-ग़ालिब' सन् '38 में छपी। 'तज़किरा-ए-मुआसरीन' चार भागों में छपी। 'फ़साना-ए-ग़ालिब' का भी साहित्य जगत में अच्छा स्वागत हुआ। 'वो सूरतें इलाही' पर आपको उत्तर प्रदेश उर्दू अकादमी (दे०) पुरस्कार से सम्मानित किया गया। उर्दू गद्य को आपके योगदान के लिए '76 में ग़ालिब एवार्ड दिया गया। साहित्य सेवा के लिए '74 में आपको दिल्ली स्टेट एवार्ड भी मिला।

मसऊद हसन रिज़वी (जन्म : सन् 1894 ई०)

सन् 1954 तक लखनऊ विश्वविद्यालय के उर्दू-फ़ारसी विभाग के अध्यक्ष रहे। प्राचीन कवियों, लेखकों और उर्दू मरसिया पर आपका अनुसंधान साहित्य को एक अमूल्य योगदान है। आलोचना में पुरानी परिपाटी के समर्थक हैं परन्तु अपनी बात बिना किसी पूर्वाग्रह के बड़े सहज, निष्पक्ष और प्रामाणिक ढंग से कहते हैं। विषय का प्रतिपादन प्रभावशाली होता है और भाषा सरल किन्तु गरिमायुक्त। आपकी पुस्तक 'हमारी शायरी' उर्दू-काव्य की विशेषताओं की विशद व्याख्या करती है। आपके द्वारा लिखित एवं सम्पादित अन्य प्रकाशित रचनाएँ हैं—'रूहे अनीस', 'फ़ैज़े-मीर', 'मजलिसे रंगीं', 'दीवाने फ़ायज़', 'उर्दू ड्रामा और स्टेज', 'ईरान का मुक़द्दस ड्रामा', 'आबे-हयात का तनक़ीदी मुताला' एवं 'मुतफ़र्रिकाने-ग़ालिब'।

मसनवी (पारि०)

लम्बी प्रबन्धात्मक कविता को मसनवी कहते हैं। यह बहुधा किसी पुराने क़िस्से या प्रेम कथा पर आधारित होती है। इसका मुख्य रस शृंगार है। वीर रस का समावेश भी कथानक की बुनावट के अनुसार किया जाता है। मसनवी में चरित्र-चित्रण, कथावस्तु निर्धारण एवं मौलिक घटनाक्रम बनाए रखने का बंधन नहीं अतः इस विधा में कल्पना एवं वर्णन-सौन्दर्य को पर्याप्त विस्तार मिलता है। दक्षिण भारत में सत्रहवीं शताब्दी का उत्तरार्ध मसनवी का स्वर्ण-युग माना जाता है। यद्यपि वहाँ मसनवियों के

उदाहरण सोलहवीं शताब्दी के आरंभ से मिलते हैं। इस सम्बन्ध में दकनी (दे०) में लिखी 'अशरफ़' (दे०) की 'नौसरहार' उल्लेखनीय है। इसका समय सन् 1503 बताया जाता है। बीजापुर और गोलकुण्डा के कवियों ने अधिकांशतया फ़ारसी मसनवियों के दकनी में अनुवाद किए और कई बार इतने सुन्दर रूपान्तर तैयार किए कि वे मौलिक जान पड़े। पुरानी कहानियों को अपने सामाजिक परिवेश से इस तरह जोड़ा कि वे नई रचनाएँ बन गईं। शाह मीरा जी शम्सुल उश्शाक़ (दे०) की 'ख़ुशनामा' और 'ख़ुशनग़्ज़', 'जानम' (दे०) की 'इरशादनामा' और 'सुख-सुहेला', 'मुक़ीमी' (दे०) की 'चन्द्रबदन महरयार', 'अमीन' (दे०) की 'बहराम बानो हुस्न', 'शौक़ी' (दे०) का 'फ़तहनामा निज़ामशाह', शाह मलिक की 'अहकामे सलवा' 'क़ादरी' (दे०) की 'बाग़े-हुसैनी', 'इशरती' (दे०) की 'दीपक पतंग' और 'चित लगन', ग़ुलाम कादिर सामी (दे०) की 'सर्व-ओ शमशाद' सत्रहवीं शताब्दी की रचनाएँ हैं। इस समय बहुत मसनवियाँ लिखीं गईं जिनमें से इब्ने-निशाती (दे०) की 'फूलबन' (दे०) सिराज (दे०) की 'बोस्तान-ख़याल' (दे०) और 'नुसरती' (दे०) की 'गुलशने इश्क़' और 'अलीनामा' विशेष रूप से उच्चकोटि की रचनाएँ मानी गईं। रुस्तमी (दे०) का सन् 1649 ई० का फ़ारसी 'ख़ावरनामा' का अनुवाद इस समय की एक वृहत्काय मसनवी है जिसमें चौबीस हज़ार अशआर बताए जाते हैं। इन सभी मसनवियों का विषय शृंगार है। इसके विपरीत गुजरात में इस समय धार्मिक मसनवियों की रचना हुई। सूफ़ी कवियों ने अपने आध्यात्मिक विचार जनसाधारण तक मसनवी के माध्यम से पहुँचाने के विचार से जनता की बोलचाल की भाषा को ही अपनाया। वहाँ गामधनी (दे०), मिसकीन, अब्दुल्ला वाइज़, हामिद, शेख़ ग़ुलाम हमदानी, मु० अमीन इत्यादि मसनवी लेखक हुए। ख़ूब मुहम्मद चिश्ती (दे०) की 'ख़ूबतरंग' विशेष रूप से प्रसिद्ध हुई। इसका रचनाकाल सन् 1578 ई० बताया जाता है।

उत्तर भारत में भी कई उच्चस्तर के मसनवी लेखक हुए। इनमें मीर हसन (दे०) की मसनवी 'सहरुल बयान' (दे०) और पं० दयाशंकर 'नसीम' की 'गुलज़ारे-नसीम' (दे०) मसनवी लेखन की उत्कृष्टता की चरम सीमा हैं और उर्दू साहित्य के गर्व की पूंजी। ये उर्दू की श्रेष्ठतम मसनवियाँ मानी गई हैं। 'मीर' (दे०) ने 31 मसनवियाँ लिखीं— 'अजगर नामा', 'जोशे-इश्क', 'शोला-ए-इश्क़', 'दरयाये-इश्क़', 'ऐजाज़े-इश्क़', 'कमालाते-इश्क़' इत्यादि। इनसे 'मीर' के प्रेम-आदर्श का पता मिलता है। 'मोमिन' (दे०) ने भी परम्परागत शृंगारिक मसनवियाँ

लिखीं जो अपने वर्णन सौन्दर्य के लिए विशिष्ट हैं। इनके अतिरिक्त क़लक़ (दे०) और 'शौक़' किदवई का नाम भी मसनवी से जोड़ा जाता है। बीसवीं सदी के परिवर्तित परिवेश में मसनवी की प्रासंगिकता पर प्रश्नचिह्न लग गया गो कि प्रेम कथाओं से हटकर जन-जीवन से इसे जोड़ने का सफल प्रयोग 'हाली' (दे०) ने किया।

मसनवी शे'रों में कही जाती है। प्रत्येक शे'र के दोनों मिसरों का रदीफ़ काफ़िया एक होता है किन्तु भिन्न शे'रों के रदीफ़ काफ़िये भिन्न होते हैं। अशआर की संख्या निश्चित नहीं।

मसूद हुसैन ख़ाँ (जन्म : सन् 1919 ई०)

आप लम्बे समय तक हैदराबाद के उस्मानिया विश्वविद्यालय से सम्बद्ध रहे। उर्दू-विभाग के अध्यक्ष पद से सेवा निवृत्त हुए। आपकी विशेष रुचि शोध-कार्य में रही लेकिन भाषा-विज्ञान और आलोचना के क्षेत्र में भी महत्त्वपूर्ण काम किया। 'उर्दू ज़बान की तारीख़' आपकी सुप्रसिद्ध कृति है। 'उर्दू-ज़बानो-अदब' और 'शेरो-ज़बान' आपके आलोचनात्मक संग्रह हैं।

महमूद शीरानी (सन् 1881-1946 ई०)

आप इस्लामिया कॉलेज, लाहौर में प्राध्यापक थे। आपने शिक्षा एवं ऐतिहासिक महत्व की कई साहित्यिक रचनाओं पर महत्त्वपूर्ण अनुसंधान किया। इस संदर्भ में 'पंजाब में उर्दू' (दे०) आपकी उल्लेखनीय पुस्तक है। आप एक उच्चकोटि के समीक्षक और भाषाविज्ञ भी थे।

महर, मिर्ज़ा हातिम अली बेग (मृत्यु : सन् 1879 ई०)

इनके पिता फ़ैज़ अली अलीगढ़ में ईस्ट इंडिया कम्पनी के तहसीलदार थे। ये स्वयं भी सन् 1840 में मिर्ज़ापुर में मुंसिफ़ नियुक्त हुए। वफ़ादारी के लिए अंग्रेज़ों ने जागीर इनाम में दी। सन् 1857 के बाद आगरे में वक़ालत करने लगे।

आपकी कई पुस्तकें मिलती हैं। ग़ालिब (दे०) अनीस (दे०) दबीर (दे०) आदि अनेक ख्यातिप्राप्त शायरों से इनका मैत्री सम्बन्ध था। लेकिन शागिर्दी नासिख़ (दे०) की की और उनके ढंग का अनुसरण किया। आपका एक दीवान है।

महरूम, तिलोकचन्द (सन् 1887-1966 ई०)

आपका जन्म सिंध नदी के किनारे ईसाख़ेल तहसील के गुजरांवाला गाँव में हुआ। ईसाख़ेल के मिडिल स्कूल से प्रारंभिक शिक्षा प्राप्त की। सन्

1907 ई० में प्रथम श्रेणी में मैट्रिक की परीक्षा पास की। इसी बीच आपके पिता की मृत्यु हो गई। अतः एक स्कूल में अध्यापन के साथ-साथ एफ़० ए० और बी० ए० किया। दस वर्ष अध्यापन के बाद हेड मास्टर हो गए। सन् '43 में सेवामुक्त होने पर गोर्डन कॉलेज रावलपिंडी में उर्दू-फ़ारसी के अध्यापक हो गए। भारत-विभाजन के बाद अपने पुत्र जगन्नाथ 'आज़ाद' (दे०) के पास दिल्ली आ गए और कुछ समय तक उर्दू दैनिक 'तेज' में काम किया। इसके बाद पंजाब यूनिवर्सिटी कैम्प कॉलेज में भी अध्यापन किया। 'महरूम' का जीवन संघर्षमय रहा और पारिवारिक जीवन भी दुर्घटनाओं और आपदाओं से ग्रस्त था जिसके परिणामस्वरूप आपका जीवन-दर्शन करुणामय हो गया। आपकी रचनाओं में वेदना प्रधान है। नज़्मों में प्राकृतिक दृश्यों का बड़ा सुन्दर वर्णन हुआ है। सबल कला-पक्ष के साथ हृदय की कोमलता और अभिव्यक्ति की संगीतात्मकता का सुन्दर समन्वय हुआ है। प्राकृतिक, सामाजिक एवं दार्शनिक कविताओं के अतिरिक्त समसामयिक घटनाओं पर भी 'महरूम' ने बड़ी सशक्त रचनाएँ दी हैं। अपनी पत्नी और पुत्री की मृत्यु पर लिखे इनके शोक-काव्य बड़े ही मार्मिक हैं। 'नूरजहाँ का मज़ार', 'ख़्वाबे जहाँगीर', 'मिर्ज़ा ग़ालिब', 'महात्मा बुद्ध' और 'सीताजी की फ़रियाद' आपकी प्रसिद्ध नज़्में हैं। 'बहारे तिफ़्ली', 'रुबायाते-महरूम' और 'गंजे अमनी' आपकी प्रमुख पुस्तकें हैं। 'कारवाने-वतन' आपकी राष्ट्रीय कविताओं का संग्रह है।

महशर-ए-ख़याल (कृ०। रचनाकाल सन् 1950 ई०)

यह असर सज्जाद अंसारी (दे०) की नज़्मों, लेखों और नाटकों का संग्रह है। निबन्ध मुख्य रूप से भावात्मक तथा सामाजिक समस्याओं का निरूपण करते हैं। साहित्यिक रचनाओं की समीक्षाएँ भी हैं। 'हसरत' मोहानी (दे०) और 'शिबली' (दे०) की याद में लिखी गई कविताओं के अतिरिक्त 'रोज़-ए-जज़ा' नामक एक नाटक भी इस संग्रह में शामिल है।

मिराजुल आशिक़ीन (कृ०। अनुमानित रचनाकाल सन् 1400 ई०)

यह हज़रत ख़्वाजा बंदा गेसूदराज़ (दे०) की पुस्तक है जिसे उर्दू की पहली गद्य-पुस्तक माना जाता है। यह एक धार्मिक पुस्तक है और इसमें सूफ़ी मत का प्रतिपादन किया गया है। भाषा-विज्ञान की दृष्टि से इस पुस्तक का विशेष महत्त्व है। यह आरंभिक दकनी उर्दू का नमूना है। अरबी-फ़ारसी शब्दों की बहुलता है। वाक्य विन्यास भी पुराने ढंग का है किन्तु फिर भी 'सबरस' (दे०) की अपेक्षा इसकी भाषा अधिक साफ़ और स्पष्ट है। गेसूदराज़ के जीवन का अधिकांश भाग दिल्ली में बीता, अतः भाषा

में यहाँ की खड़ी बोली और ब्रज का प्रभाव भी देखने में आता है। 'मिराजुल-आशिक़ीन' को आलोचनात्मक टिप्पणियों और प्रस्तावना के साथ डॉ० गोपीचन्द नारंग (दे०) ने प्रकाशित किया।

मादरे-वतन

यह उर्दू साप्ताहिक लखनऊ से डा० सम्पूर्णानन्द की देख-रेख में सन् 1958 से निकलना शुरू हुआ। इसके सम्पादक किशोरी लाल 'नसीम' कुंजाही थे। 'सुख़न-हाए-गुफ्तनी' शीर्षक से लिखा जाने वाला इसका सम्पादकीय राजनैतिक एवं साहित्यिक दायरों में सराहा गया। मूलत: एक राजनैतिक पत्र होने के साथ-साथ इसमें चुनी हुई उर्दू कहानियाँ, नज़्में-ग़ज़लें और उपन्यास अंश नियमित रूप से छपते थे। सम्पादक नसीम, जो कि स्वयं एक शायर भी थे, की साहित्यिक अभिरुचि, मानवीय समवेदना और राष्ट्रीय विचारों से परिपूर्ण था यह पत्र। आपके व्यक्तिगत प्रयास और लगन से यह साप्ताहिक बीस वर्ष तक छपा और सन् 1969 ई० में आपकी मृत्यु के साथ ही बंद हो गया।

मिरातुल उरुस (कृ०। रचनाकाल सन् 1869 ई०)

यह डिप्टी नज़ीर अहमद (दे०) का सामाजिक उपन्यास है जो मुख्य रूप से महिलाओं, उनके रहन-सहन, बोलचाल और तौर-तरीकों के सजीव चित्र मुहावरेदार टकसाली ज़बान में पेश करता है। उपन्यास नाटक की तरह संवाद की शैली में लिखा गया है। चरित्र-चित्रण प्रभावशाली है।

मिर्ज़ा ज़ाहिरदार बेग (पा०)

यह प्रसिद्ध एवं लोकप्रिय उपन्यासकार डा० नज़ीर अहमद (दे०) की पुस्तक 'तौबातुन्नसूह' (दे०) का पात्र है। ये दुबला-पतला, छोटे से क़द का व्यक्ति है जो अपनी ग़रीबी को ढाँपने के लिए झूठ का सहारा लेता है। लोगों पर हमेशा यह ज़ाहिर करने की कोशिश करता है कि वह बड़ा रईसज़ादा है, और ज़िन्दगी की तमाम नेहमतें उसे मयस्सर हैं। लेखक इस चरित्र के माध्यम से बाहरी दिखावे की लालसा से ग्रस्त और जीवन को जानबूझकर असहज बनाने वाले समाज के एक विशेष वर्ग को सावधान करना चाहता है।

मिसरा (पारि०)

शे'र (दे०) की एक पंक्ति को मिसरा कहते हैं।

मिसरा-ए-तरह (पारि०)

तरही मुशायरों के लिए दिया जाने वाला मिसरा 'मिसरा-ए-तरह' कह-

लाता है। नियमानुसार तरही मुशायरे के संयोजक शायरों को 'समस्या' के तौर पर एक पूरा मिसरा (दे०) दे देते हैं, और साथ ही रदीफ़, क़ाफ़िए (दे०) का स्पष्टीकरण भी कर दिया जाता है। शायरों से यह अपेक्षित है कि वे उसी रदीफ़, क़ाफ़िये और ज़मीन (दे०) की ग़ज़ल कहें। मिसरा-ए-तरह शे'र का पहला मिसरा है।

मीर ख़लीक (सन् 1774-1814 ई०)

मीर ख़लीक 'सहरूल-बयान' (दे०) के लेखक मीर हसन (दे०) के पुत्र और प्रसिद्ध मरसिया-गो अनीस (दे०) के पिता थे। इनका अपना मरसियों का एक संग्रह है। यह मीर ज़मीर (दे०) के समकालीन और प्रतिद्वन्दी थे। इनके काव्य में ज़मीर की अपेक्षा अधिक सरलता, स्वाभाविकता और प्रवाह है। क्योंकि ये दिल्ली के रहने वाले थे इसलिए इनकी भाषा में दिल्ली का असर और वहाँ के मुहावरों का प्रयोग देखने को मिलता है। लखनऊ में बस जाने के बाद भी इनका ध्यान शब्दाडम्बर की अपेक्षा काव्यात्मकता की ओर अधिक रहा। इनके पुत्र मीर अनीस ने मरसियागोई की कला को पराकाष्ठा पर पहुँचा दिया।

मीर ग़ुलाम हसन (सन् 1724-1787 ई०)

पिता का नाम था मीर ग़ुलाम हुसैन 'ज़ाहक'। शायरी इन्हें उत्तराधिकार में मिली। आरंभ में पिता से ही इस्लाह लेते थे, बाद में ख़्वाजा मीर 'दर्द' (दे०) के शागिर्द हो गए। दिल्ली की तबाही के दिनों में अवध की राजधानी फ़ैज़ाबाद चले आए। सालार जंग के यहाँ नौकर रहे। 1775 में जब नवाब आसफ़ुद्दौला ने राजधानी फ़ैज़ाबाद से बदलकर लखनऊ की, तो 'हसन' भी लखनऊ चले आए और अन्त तक वहीं रहे। वैसे फ़ैज़ाबाद उन्हें प्रिय था। वहाँ आते-जाते रहते थे। देहान्त लखनऊ में हुआ। 'हसन' का ग़ज़लों का एक दीवान प्रकाशित हो चुका है। इसमें तरक़ीब बंद (दे०), मुख़म्मस (दे०) और मुसल्लस (दे०) आदि भी हैं। इनकी ग्यारह मसनवियाँ भी मिलती हैं जिनमें 'सहरुल बयान' (दे०), 'गुलज़ारे अरम' और 'रमूज़ुल-आरफ़ीन' मुख्य हैं। यद्यपि इन्होंने कई क़सीदें, हजवें, मरसिये और सलाम भी लिखे लेकिन उर्दू साहित्य में जिसने इन्हें अमरत्व प्रदान किया, वह रचना है इनकी मसनवी 'सहरुल-बयान' (दे०)। फ़ारसी में इनका 'तज़किरा तुश्शुअरा' (दे०) प्रसिद्ध है। इसमें लगभग 300 कवियों का परिचय है। इनके सात हज़ार अशआर के संग्रह से जो ख़ास बात सामने आती है वह यह है कि हसन के यहाँ सोज़ की कमी नहीं। ज़बान बेहद सादा, बिल्कुल बोलचाल की-सी और मुहावरों से पुरज़ोर।

मीर हसन 1786 में परलोक सिधारे। मुसहफ़ी (दे०)ने इनकी 'तारीख़' (दे०) कही—'शायरे शीरीं बयान।' मीर हसन के दो बेटे हुए-मीर 'ख़लीक' (दे०) तथा मीर 'खुल्क'। इन्हीं मीर 'खुल्क' का पुत्र, यानि हसन का पौत्र हुआ 'अनीस' (दे०) जिसने मरसिये की काव्यविधा में क्रांतिकारी परिवर्तन किए।

'मीर', तक़ी मीर (सन् 1725-1810 ई०)

लगभग साठ वर्ष की आयु में 'मीर' ने अपनी आपबीती फ़ारसी में 'ज़िक्रे मीर' के नाम से लिखी। इसका उर्दू अनुवाद हुआ और मीर के बारे में बहुत से तथ्य सामने आए। इनके पूर्वज अरब से हिन्दुस्तान आए थे, पहले वे हैदराबाद और अहमदाबाद में रहे और बाद में आगरा में बस गए। वहीं सन् 1724 या 25 में 'मीर' का जन्म हुआ। जब ये दस साल के ही थे, इनके पिता का देहान्त हो गया। दस साल की नाज़ुक उम्र से ही दुःखों और परेशानियों का जो सिलसिला शुरू हुआ वह मृत्युपर्यन्त इन्हें सालता रहा। लेकिन बचपन में ही सूफ़ी सन्तों के साहचर्य से जो ज्ञान और स्वाभिमान सीखा, वह मुसीबतों के हर तूफ़ान से डटकर मुक़ाबला करने का साहस भी देता रहा। पिता की मृत्यु के बाद सौतेले भाई के दुर्व्य-वहार से खिन्न होकर यह अपने सौतेले मामू ख़ान 'आरज़ू' (दे०) के पास दिल्ली आ गए। दिल्ली में रईस रियायत ख़ाँ के यहाँ नौकरी की, किन्तु इनकी अहम्मन्यता ने इनको वहाँ भी न टिकने दिया। रियायत ख़ाँ के बाद दीवान महानारायण, अमीर ख़ाँ 'अंजाम', राजा जुगल किशोर, राजा नागरमल और सूरजमल जाट के यहाँ रहे लेकिन कहीं जी न लगा। 'मीर' अव्यवस्थित, शोकपूर्ण और बेचैन दिल्ली का आईना थे। उनके व्यक्तित्व में जगबीती आपबीती होकर ढली, और जब वह आपबीती शायरी के साँचे में ढली तो पाठकों ने उसमें जगबीती का एहसास पाया। सन् 1783 में दिल्ली से प्रस्थान किया। एक शायर की हैसियत से इनकी ख्याति दूर-दूर तक फैल चुकी थी। लखनऊ के नवाब आसफ़ुद्दौला ने इन्हें हाथों हाथ लिया। इनकी 300 रु० मासिक की वृत्ति निश्चित कर दी गई। आसफ़ुद्दौला की मृत्यु के पश्चात् नवाब सआदत अली ख़ाँ ने भी इन्हें सम्मानित किया। सन् 1810 ई० में लखनऊ में ही 'मीर' ने शरीर त्यागा।

सौभाग्य से 'मीर' ने दीर्घायु पाई और जीवन-भर मनप्राण से साहित्य रचना की। उर्दू में इनके छः बड़े दीवान ग़ज़लों के हैं। इनमें 1839 ग़ज़लें यानि लगभग चौदह हज़ार अशआर और 83 फुटकर शे'र हैं। इसके

अलावा इन्होंने आठ क़सीदे भी लिखे । लेकिन इस क्षेत्र में अपनी स्वाभिमानी प्रकृति के कारण कोई नया कीर्तिमान स्थापित न कर सके । 31 मसनवियाँ लिखीं जिनसे उनका प्रेम-आदर्श स्पष्ट होता है । 'अजगरनामा' नाम की एक मसनवी में अपने को अजगर और बाक़ी शायरों को छोटे-छोटे जानवर तसव्वुर किया है जो कि अजगर की फुंकार से फ़नाह हो जाते हैं । 'शोला-ए-इश्क़', 'जोशे-इश्क़', 'दरिया-ए-इश्क़', 'एजाज़-ए-इश्क़', 'कमालात-ए-इश्क़', 'ख़्वाब-ओ-ख़्याल' इत्यादि इनकी मसनवियाँ हैं । इनके तीन 'शिकारनामे' हैं जिनमें आसफ़ुद्दौला के शिकार पर जाने का वर्णन है । 'मीर' की 103 रुबाइयाँ और कई हिजो (दे०) (निन्दात्मक कविताएँ) भी प्राप्य हैं । 'मीर' ने मरसिये भी लिखे जिनका अपना एक अलग ढंग है । फ़ारसी में एक पुस्तक 'फ़ैज़े-मीर' और एक दीवान भी है । फ़ारसी में ही उर्दू कवियों का परिचय 'निकातुश्शुअरा' लिखा और 'ज़िक्रे मीर' में आपबीती । इनके उर्दू दीवान में ग़ज़ल और रुबाई के अतिरिक्त मुख़म्मस (दे०), मुस्तज़ाद (दे०), तरजीअबन्द (दे०), तरक़ीब बन्द (दे०), मुसद्दस (दे०)आदि सभी काव्य-विधाएँ हैं । वासोख़्त (दे०)का इन्हें आविष्कारक माना जाता है। लेकिन बादशाह आप ग़ज़ल के हैं । 'मीर' के क़लाम में जो कोमलता, मार्मिकता, शोख़ी और रंगीनी है वह किसी उर्दू ग़ज़ल-गो के यहाँ नहीं मिलती । दिल को तड़पा देने वाले जज़्बात को जिस सादगी से 'मीर' सीधे-सादे लफ़्ज़ों में बाँधकर पेश करते हैं वह अपनी मिसाल आप है । वो तड़पाते ज़रूर हैं लेकिन उनके दर्द में एक सुरूर है, एक नशा है जो अपनी दवा आप है, जिसके बाद किसी सुकून की ख़्वाहिश नहीं रहती । उनके क़लाम की तरलता पढ़ने वाले को सर से पाँव तक सराबोर कर देती है। शेरों में इतनी सादगी है कि सीधे दिल में समा जाते हैं और इतनी ताज़गी कि दो सौ साल पुराने होने पर भी यों लगता है जैसे अभी कहे गए हों । यही वजह है कि "दोस्त-दुश्मन सबने इन्हें ग़ज़ल का ख़ुदा तस्लीम किया है । और हक़ीक़त यह है कि उर्दू शायरी कितनी ही जदीद फ़तूहात (आधुनिक विजय) हासिल कर ले, लेकिन वह उस मुमलिक़त (बादशाहत) में कोई फ़ातिहाना (विजयी) कदम नहीं रख सकती जो 'मीर' के कब्ज़े में आ चुकी है । ज़बान की हलावत (साहित्यिक माधुर्य) आशिक़ाना उफ़्तादगी (प्रेमासक्ति की नम्रता) वालिहाना रबूदगी (प्रेम की रुग्णावस्था) कौन-सी ऐसी चीज़ है जो 'मीर' की ग़ज़लों में नहीं पाई जाती । और अब किसमें हिम्मत है जो उनमें

कोई इज़ाफ़ा (परिवर्धन) कर सके।"

—**अल्लामा नियाज़ फ़तेहपुरी**

'इन्तक़ादियात' भाग 2, पृष्ठ 106

मीर नफ़ीस (सन् 1818-1901 ई०)

पूरा नाम मीर ख़ुरशीद अली नफ़ीस।

आपका जन्म फ़ैज़ाबाद में हुआ। आप मीर बबर अली अनीस (दे०) के पुत्र थे और अपने पिता की तरह मरसिया-गोई में विशेष नाम किया। यद्यपि इनके समय में अवध पर अंग्रेज़ों का अधिकार हो चुका था, मगर फिर भी हिन्दू-मुस्लिम त्योहार पूरे उत्साह के साथ मनाए जाते थे। संभवतः अपनी संस्कृति को जीवित रखने का यह एक परोक्ष प्रयास था। मोहर्रम पर चेहल्लुम की मजलिस में मरसिये पढ़े और सराहे जाते थे। मरसियों का कथानक हज़रत मुहम्मद के नवासे इमाम हुसैन (दे०) की मदीना से करबला (दे०) की यात्रा और उनकी शहादत होता था। नफ़ीस ने इस कथा के मानवीय पक्ष और आपसी सम्बन्धों के ममत्व और करुणा को सहज सरल भाषा में बड़े ही मार्मिक ढंग से प्रस्तुत किया। अभिव्यक्ति का सौष्ठव कहीं-कहीं अनीस की याद दिलाता है।

मीर मूनिस (मृत्यु : 1292 हि०)

प्रसिद्ध मरसिया लेखक अनीस (दे०) के भाई थे। स्वयं भी मरसिया लिखते और बड़े प्रभावोत्पादक ढंग से उसका पाठ करते थे। महमूदाबाद के राजा अमीर हसन ख़ाँ मरसिया में मूनिस के शिष्य थे और उनके प्रश्रय-दाता भी। अनीस की तुलना में मूनिस अधिक टिक नहीं पाए।

'मीर'-हयात और शायरी (कृ०। रचनाकाल सन् 1954 ई०)

इसके लेखक हैं डा० ख़्वाजा अहमद फ़ारुकी (दे०)। इसमें मीर तक़ी 'मीर' (दे०) के जीवन और उनके कृतित्व से सम्बन्धित बहुत-सी अनुपलब्ध और उपयोगी सामग्री जुटाई गई है। 'मीर' का व्यक्तित्व और कृतित्व उनके युग का आईना है। आपबीती और जगबीती आपके क़लाम में एक हो गई हैं—और इस तथ्य को डा० फ़ारुकी ने बड़े ही सुन्दर और प्रामाणिक ढंग से प्रस्तुत किया है। साथ ही उर्दू भाषा और साहित्य को 'मीर' की देन और ऐतिहासिक परिप्रेक्ष्य में रखकर उनके स्थान का मूल्यांकन किया है।

यह पुस्तक अंजुमन तरक़्क़ी-ए-उर्दू, अलीगढ़ ने प्रकाशित की।

मीरान जी शाह (मृत्यु : सन् 1497 ई०)

आपकी गणना बीजापुर के सुप्रसिद्ध सूफ़ी कवियों में की जाती है। आपका जन्म कब और कहाँ हुआ यह निश्चित रूप से नहीं कहा जा सकता। जीवन का अधिकांश भाग बीजापुर में बिताया। मीरान जी की कई गद्य एवं पद्य रचनाएँ उपलब्ध हैं। ये सभी परोक्ष रूप से सूफ़ीवाद के सिद्धान्तों का प्रतिपादन करती हैं। व्यवहार एवं साहित्य में भक्ति भावना की प्रधानता के कारण इन्हें 'शमसुल उश्श़क़' (भक्तों का सूर्य) कहा जाता था।

मीरान जी के 'ख़ुशनामा' में 117 शे'र हैं। 'ख़ुशनग़्ज़' इसका उत्तरार्ध है और इसमें 72 अशआर हैं। 'शहादतुल हक़ीक़त' इनकी सबसे लम्बी नज़्म है और इसमें 563 बन्द हैं। यह पूर्णतया अध्यात्मवाद को ही प्रतिपादित करती है। इसमें इन्होंने यह स्पष्ट किया है कि इन्हें अरबी-फ़ारसी की अपेक्षा जन-साधारण द्वारा समझी जा सकने वाली भाषा में लिखना अभीष्ट है। आप सरल उर्दू में लिखते हैं जिसमें हिन्दी शब्दों का बाहुल्य है। 'शरहे-मरग़ूबुल-कुलूब', 'जलतरंग' तथा 'गुलबास' आपकी गद्य रचनाएँ हैं।

मुआविया (अं०)

ये हज़रत अली के ज़माने में सीरिया का गवर्नर था और इसने हज़रत अली की आध्यात्मिक सत्ता को मानने से इन्कार कर दिया था। मुआविया के विरुद्ध लड़ते हुए हज़रत अली ने वीरगति प्राप्त की।

उनके बाद उनके ज्येष्ठ पुत्र इमाम हसन (दे०) ने ख़िलाफ़त सँभाली। मुआविया ने कूफ़ा में उन पर आक्रमण किया। इमाम हसन को उसके साथ संधि करनी पड़ी। मगर मुआविया ने इस संधि का सम्मान नहीं किया और पीने के पानी में विष मिलाकर धोखे से इमाम हसन की हत्या कर दी। इसके बाद मुआविया ने अपने बेटे यज़ीद (दे०) को अपना उत्तराधिकारी घोषित कर दिया।

मुक़द्दमा-ए-शेरो-शायरी (कृ०। रचनाकाल सन् 1893 ई०)

यह आलोचनात्मक निबन्ध मौ० अल्ताफ़ हुसेन 'हाली' (दे०) के काव्य-संकलन 'दीवाने-हाली' की भूमिका के रूप में लिखा गया था। कई सौ पृष्ठों में लिखा गया यह लेख समीक्षा के क्षेत्र में एक क्रांतिकारी रचना है। बाद में यह स्वतंत्र पुस्तक के रूप में प्रकाशित हुआ। इसके दो भाग हैं। पहले भाग में 'शायरी और समाज', 'शायरी पर सोसायटी का असर' 'अच्छा शे'र किसे कहते हैं ?', 'शे'र के लिए क़ाफ़िया ज़रूरी है या नहीं,'

'शे'र का मक़सद', 'नज़्मो-नस्र का फ़र्क' आदि शीर्षकों के अन्तर्गत शायरी के तत्वों की विवेचना की गई है। तात्कालिक साहित्य में घर कर गए आडम्बर और कृत्रिमता की कड़ी आलोचना की गई है। इस बात पर ज़ोर दिया गया है कि साहित्य केवल जीवन का दर्पण ही नहीं, उसे बेहतर बनाने का एक सशक्त माध्यम है। अरबी-फ़ारसी, ग्रीक और अंग्रेज़ी साहित्यकारों के मत भी उद्धृत किए गए हैं। दूसरे भाग में ग़ज़ल, क़सीदा, मसनवी, मरसिया आदि काव्य-विधाओं की समीक्षा है और उर्दू शायरी को नये युग की आवश्यकताओं के अनुरूप ढालने का आवाहन किया गया है। प्रो० एहतेशाम हुसैन (दे०) के अनुसार इस निबन्ध का उर्दू में वही स्थान है जो यूरोप में वर्ड्सवर्थ और कोलरिज की 'लिरिकल बैलेड्स' की भूमिका का। पुस्तक की भाषा-शैली अभूतपूर्व है। 'हाली' की यह कृति उर्दू-आलोचना का संगे-मील है।

मुक़ीमी

ये सत्रहवीं सदी के फ़ारसी भाषा के कवि थे। हिन्दी लोककथा पर आधारित इनकी 'चन्द्रबदन और महियार' दकनी (दे०) की एक रोचक साहित्यिक रचना है।

मुख़म्मस या ख़म्सा (पारि०)

पाँच-पाँच मिसरों के बंद वाली कविता को मुख़म्मस कहते हैं। इसमें पहले चार मिसरो में एक ही रदीफ़ क़ाफ़िया (दे०) होता है किन्तु पाँचवें में भिन्न। हर बंद के पाँचवें मिसरे एक ही रदीफ़ क़ाफ़िये में होते हैं। कभी-कभी हर बंद के अंत में एक ही पंक्ति को भी दोहराया जाता है।

मुजीब अहमद (सन् 1910—जनवरी 1985 ई०)

प्रो० अहमद ने उच्च शिक्षा ऑक्सफ़ोर्ड विश्वविद्यालय से प्राप्त की और आप अंग्रेज़ी के अतिरिक्त जर्मन और रूसी भाषा पर अच्छा अधिकार रखते थे। आपने कई रूसी पुस्तकों का उर्दू अनुवाद किया। उर्दू-साहित्य और आलोचना सदा आपके ऋणी रहेंगे। प्रो० मुजीब, डा० ज़ाकिर हुसैन के सहयोगी रहे और काफ़ी समय तक जामिया मिलिया इस्लामिया, दिल्ली के कुलपति थे। साहित्यिक पत्र-पत्रिकाओं के लिए बहुधा लिखते थे। 'खती' आपका एक बहुचर्चित नाटक है जिसमें एक भी स्त्री पात्र नहीं। अन्य उल्लेखनीय रचनाएँ हैं—'खाना जंगी' और 'हब्बा ख़ानक'।

मुनव्वर, लखनवी (जन्म : सन् 1897 ई०)

जन्म लखनऊ में हुआ। शायरी विरासत में मिली। छोटी उम्र में शे'र

कहना शुरू कर दिया था। अपने पिता 'उफ़क' साहब से भी इस्लाह लेते थे लेकिन कविता-गुरु मुंशी नौबत राय 'नज़र' (दे०) को माना। शिक्षा समाप्त करके रेलवे के ऑडिट विभाग में नियुक्त हुए और दिल्ली आ गए। उर्दू-फ़ारसी के अलावा अंग्रेज़ी और संस्कृत साहित्य के भी अच्छे मर्मज्ञ थे।

ग़ज़ल और नज़्म—दोनों कही हैं। देश-प्रेम और हिन्दू-मुस्लिम एकता के समर्थक थे। एक प्रकार की सार्वभौमिक और मानव-प्रेम आपके कलाम से अभिव्यक्त होता है। नज़्मों के संग्रह हैं—'कायनाते-दिल' और 'नक़ूशे मुनव्वर'। रुबाइयों का संकलन 'रुबाइयाते-मुनव्वर' और 'नज़रे-अदीब'। 'नवाए-कुफ़्र' में छः-सात सौ ग़ज़लें हैं। इसके अतिरिक्त मुनव्वर ने भगवद्गीता, वाल्मीकि रामायण, टैगोर की गीताञ्जलि और दुर्गासप्तशती का उर्दू में पद्यानुवाद किया। फ़ारसी के कवि हाफ़िज शीराज़ी के चुने हुए क़लाम का उर्दू अनुवाद 'वज्दाने-हाफ़िज़' तैयार किया। कुरान शरीफ़ के उपदेशों का 'फ़रमाने इलाही' के नाम से पद्यानुवाद किया।

मुनीर, इस्माइल हुसैन (मृत्यु : सन् 1881 ई०)

ये शिकोहाबाद के रहने वाले थे और मुनीर शिकोहाबादी के नाम से प्रसिद्ध हुए। शायरी में पहले 'नासिख़' (दे०) और फिर 'रश्क' और 'दबीर' (दे०) की शागिर्दी की। इनकी रचनाओं के तीन संग्रह मिलते हैं। इसके अतिरिक्त 'मेराजुल-मज़ामीन' नामक एक मसनवी है जिसमें धार्मिक नेताओं के चमत्कारों का वर्णन किया गया है। शैली में शब्द-चयन, मुहावरों और अलंकारों पर ज़ोर है। 'नासिख़' (दे०) और 'आतिश' (दे०) के बाद लखनऊ की पतन की ओर अग्रसर काव्यधारा को संभालने वाले शायरों में 'मुनीर' उल्लेखनीय हैं।

सन् 1857 की क्रान्ति में बाग़ी होने के संदेह पर इन्हें काला पानी की सज़ा हुई। वहाँ से लौटने के कुछ समय बाद सन् 1881 में रामपुर में परलोक सिधारे।

मुमताज़, हुसैन (जन्म : सन् 1914 ई०)

आपकी गणना उर्दू साहित्य के मूर्धन्य आलोचकों में होती है। आपका दृष्टिकोण प्रगतिशील है और आपने साहित्य को उसके देशीय और पारम्परिक संदर्भ के साथ वर्तमान स्थितियों के सही परिप्रेक्ष्य में आँकने का प्रयास किया है। मुमताज़ हुसैन दर्शनशास्त्र, समाजशास्त्र और व्यक्ति विज्ञान में गहरी पैठ रखते हैं और आपके अध्ययन और ज्ञान का क्षेत्र बड़ा विस्तृत है। आपकी विद्वत्ता आपकी आलोचनात्मक पुस्तकों में देखने

को मिलती है। भाषा कहीं-कहीं दुरूह है। प्रकाशित पुस्तकें हैं—'नक़्दे हयात', 'नये गोशे', 'अदब और शऊर', 'तनक़ीदी मसायल' और 'नयी क़दरें'।

मुरब्बा (पारि०)

चार-चार मिसरों के बंद (पद) वाली काव्य-रचना को मुरब्बा कहते हैं। ये चारों मिसरे समान तुक वाले होते हैं।

मुल्ला अहमद (मृत्यु : सन् 1650 ई०)

दक्षिण भारत के प्रसिद्ध कवि वजही (दे०) के समकालीन थे और आपकी मृत्यु अनुमानतः सन् 1650 ई० के लगभग हुई। आपकी दो पुस्तकें 'लैला मजनूं' और 'अह्वाले मुसीबत अह्ले बैत' उपलब्ध हो चुकी हैं। इब्ने-निशाती (दे०) ने अपनी मसनवी फूलबन (दे०) में मुल्ला अहमद की बड़ी प्रशंसा की है।

'मुल्ला', पंडित आनन्द नारायण (जन्म : सन् 1901 ई०)

पं० आनन्द नारायण काश्मीरी ब्राह्मण परिवार के हैं और लखनऊ के रहने वाले हैं। लखनऊ हीं से सन् 1925 में एम० ए०, एल० एल० बी० किया और वकालत का ख़ानदानी पेशा अपनाया। आई० सी० एस० की परीक्षा दी, किन्तु अपनी कुछ स्वतंत्र साहित्यिक मान्यताओं के कारण उर्दू में अनुत्तीर्ण कर दिए गए। कविता का शौक़ कॉलेज के दिनों से ही शुरू हुआ। पहले अंग्रेज़ी में लिखते थे। सन् 1927 में पहली बार 'परस्तारे-हुस्न' शीर्षक से उर्दू नज़्म कही जो 'ज़माना' (दे०) कानपुर में प्रकाशित हुई और बहुत पसन्द की गई। यहीं से 'मुल्ला' के कवि-जीवन का आरंभ हुआ। 'मुल्ला' बड़े स्वाभिमानी और स्वतंत्र विचारक हैं। यहाँ तक कि इन्होंने शायरी में इसलिए किसी को उस्ताद नहीं बनाया कि उस्ताद के विचारों की छाप शिष्य के कलाम पर पड़ जाती है। लखनवी होते हुए भी मुल्ला 'ग़ालिब' (दे०) और 'इक़बाल' (दे०) से प्रभावित हैं और 'चकबस्त' (दे०) की परम्परा को आगे बढ़ाते हैं। 'मुल्ला' ने प्रेम संबंधी कुछ रचनाएँ की हैं किन्तु अधिकतर देश-प्रेम से प्रेरित सामाजिक, राज-नीतिक और साम्प्रदायिकता विरोधी नज़्में लिखी हैं। लेकिन प्रशंसनीय है कि ऐसे विषयों पर लिखी कविताएँ भी अत्यधिक प्रभावशाली हैं और उनमें कहीं प्रचार-साहित्य की गंध नहीं। देश-प्रेम से 'मुल्ला' मानव-प्रेम की ओर बढ़ जाते हैं। 'मुल्ला' की कविता का भावपक्ष भी बड़ा सशक्त है और विचारों को कलात्मक ढंग से प्रस्तुत करना उनकी विशिष्टता है।

'मुल्ला' के काव्य-संग्रह 'जूए-शीर', 'कुछ जर्रे कुछ तारे', और 'मेरी हदीसे उम्रे-गुरेज़ाँ' प्रकाशित हो चुके हैं। इक़बाल (दे०) की फ़ारसा रचना 'पयामे मशरिक़' का आपने अंग्रेज़ी में अनुवाद किया।

मुशायरा

मुशायरे का आरंभ कब और कैसे हुआ यह निश्चयपूर्वक कह पाना कठिन है। प्राप्त जानकारी के आधार पर यही कहा जा सकता है कि मुशायरा साथ मिल-बैठकर गाने और कविता पाठ करने की प्राचीन परम्परा का विकसित और व्यवस्थित रूप है। इस परम्परा का इतिहास अगम है। यह परंपरा किसी न किसी रूप में हर देश, काल और जाति में प्रचलित रही होगी। सभ्य सामाजिक जीवन से इसका गहरा सम्बन्ध जान पड़ता है। कविता पाठ का प्रचलन अरब में इस्लाम के प्रवर्तन के पूर्व भी था। फिर दसवीं शताब्दी में ईरान में सुनियोजित तरही मुशायरों की शुरूआत हुई। ये दरबारी मुशायरे थे और इन्हें बादशाहों का प्रश्रय प्राप्त था। जन साधारण से इनका कोई सम्बन्ध नहीं था। राज्याश्रय में मुखरित होने के कारण मुख्य रूप से प्रशंसात्मक काव्य यानि कसीदा (दे०) कहने की प्रवृत्ति फली फूली। ग़ज़लें भी कही गईं। भारत में फ़ारसी ढंग के इन मुशायरों का प्रारंभ सोलहवीं शताब्दी में हुआ। मुग़लों के शासनकाल में बहुत से ईरानी शायर भारत आए और यहाँ भी फ़ारसी में दरबारी मुशायरों का आयोजन होने लगा। इस समय तक पढ़े-लिखे लोगों की भाषा फ़ारसी ही मानी जाती थी। मगर अठारहवीं शताब्दी में रेख़्ता (दे०) (उर्दू) ने अभूतपूर्व उन्नति की। 'मीर' (दे०), 'सौदा' (दे०) और 'दर्द' (दे०) ने रेख़्ता में अपना कलाम कहकर उसे साहित्यिक भाषा का दर्जा दिलाया और इस भाषा में मुशायरे भी होने लगे जिन्हें आरंभ में मुराख़्ता कहा गया। पहले ये भी दरबारों से सम्बद्ध थे मगर कालान्तर में मुशायरों का सार्वलौकिक रूप विकसित हुआ। दिल्ली के शायर बाहर निकले और लखनऊ, रामपुर, हैदराबाद, टाँडा इत्यादि रियासतों में भी तरही मुशायरे की परम्परा का आरंभ हुआ। मुशायरों को सुरुचिपूर्ण बनाने के लिए नियम निश्चित हुए। शायरों और श्रोताओं के बैठने-उठने, दाद देने, ग़ज़ल पढ़ने, आभार प्रदर्शित करने के ढंग तय हुए। मुशायरे का संचालन मीर मुशायरा का उत्तरदायित्व था और मीर-मुशायरा बहुधा स्वयं बादशाह, नवाब या शाही परिवार का कोई सदस्य होता। सार्वजनिक मुशायरों में भी अध्यक्ष बादशाह ही होता। इस बादशाही प्रश्रय के फलस्वरूप उर्दू शायरों में गुटबंदी और अपने प्रतिद्वंद्वी को नीचा दिखाने की कुप्रवृत्ति

को प्रोत्साहन मिला और मुशायरे पहलवानी के अखाड़े बन गए। मगर इस सबके बावजूद इस बात से इन्कार नहीं किया जा सकता कि मुशायरों ने उर्दू भाषा को परिमार्जित और परिवर्धित करने में महत्त्वपूर्ण भूमिका निभाई।

धीरे-धीरे लोग तरही मुशायरों से ऊबने लगे। सो सन् 1867 ई० में लाहौर में 'अंजुमन-ए-उर्दू' ने 'मुनाज़मों' यानि नज़्मों के पाठ का सूत्रपात किया। इसमें शायरों को नज़्म (दे०) का शीर्षक दे दिया जाता था। छपाई का प्रसार होने पर तहरीरी मुशायरे होने लगे। इसमें पत्र-पत्रिका का सम्पादक एक मिसरा देकर ग़ज़लें आमंत्रित करता था। अच्छी रचनाएँ प्रकाशित की जाती थीं। इन मुशायरों में महफ़िली मुशायरों की त्रुटियाँ नहीं थीं। फिर रेडियो पर मुशायरों का प्रसारण प्रारंभ हुआ। वर्तमान युग में ग़ैर तरही मुशायरों को अधिक मान्यता मिली है। इसमें शायर की कल्पना की उड़ान पर बंधन नहीं रहता। आज भी विभिन्न प्रान्तों में समय-समय पर अनेक संस्थाओं द्वारा मुशायरों का आयोजन होता है। टी० वी० और रेडियो पर इनके प्रसारण की व्यवस्था की जाती है। इस सम्बन्ध में हर साल 26 जनवरी को लाल क़िले में होने वाला मुशायरा विशेष रूप से उल्लेखनीय है।

मुसद्दस (पारि०)

छः-छः पंक्तियों के बंद वाली नज़्म को मुसद्दस कहते हैं। इसमें पहली चार पंक्तियों में रदीफ़ (दे०) क़ाफ़िया (दे०) एक होता है और उससे अगली दो पंक्तियों में एक। एक बंद (पद) के किसी शब्द विशेष का दूसरे बंद में दोहराया जाना आवश्यक नहीं।

बंदों की कोई निश्चित संख्या नहीं। मुसद्दस किसी भी विषय पर लिखा जा सकता है। 'अनीस' (दे०) और 'दबीर' (दे०) के मरसिये मुसद्दस में ही लिखे गए हैं। इस सम्बन्ध में एक महत्त्वपूर्ण रचना है मौ० अल्ताफ़ हुसेन हाली (दे०) की 'मुसद्दसे-हाली' (दे०)।

मुसद्दसे हाली (कृ०। रचनाकाल सन् 1879 ई०)

यह मौ० अल्ताफ़ हुसेन 'हाली' (दे०) पानीपती की रचना है जिसका मौलिक शीर्षक था 'मद्द-ओ-जज़्र-ए-इस्लाम' मगर यह छह मिसरों के बंदों में लिखी जाने के कारण 'मुसद्दसे-हाली' के नाम से प्रसिद्ध हुई। इसमें मुसलमानों के अतीत की गौरव-गाथा, वर्तमान पतन और सुधार की आवश्यकता को बड़े प्रभावशाली ढंग से छंदबद्ध किया गया है। यह अपने

समय की अत्यन्त लोकप्रिय रचना थी और आज भी एक अमूल्य साहित्यिक कृति है ।

मुसम्मन (पारि०)

आठ-आठ मिसरों के बंदों (पदों) वाली काव्य-रचना को मुसम्मन कहते हैं। इसमें पहले छः मिसरों का रदीफ़ (दे०) क़ाफ़िया (दे०) समान होता है और अगली दो पंक्तियों का पहली छः से भिन्न, किन्तु आपस में समान होता है। पाँचवें और छठे मिसरों को उसी रूप में हर बंद के अंत में दोहराया भी जा सकता है।

मुसल्लस (पारि०)

तीन-तीन मिसरों के बंद (पद) वाली काव्य-रचना को मुसल्लस कहते हैं। मुसल्लस में रदीफ़ (दे०) क़ाफ़िये (दे०) के विविध प्रयोग मान्य हैं। तीनों मिसरे एक ही रदीफ़ क़ाफ़िये में या तीनों मिसरे विभिन्न रदीफ़ क़ाफ़िये में भी हो सकते हैं। कभी पहले दो मिसरों में एक रदीफ़ क़ाफ़िये की बंदिश होती है और तीसरे में अलग। किन्तु कविता के सभी बंदों के तीसरे मिसरे का रदीफ़ क़ाफ़िया एक ही होता है।

मुसहफ़ी, शेख़ गुलाम हमदानी (सन् 1750-1824 ई०)

आपका जन्म अमरोहा के एक कुलीन वंश में हुआ। पिता का नाम शेख़ वली मुहम्मद था। 'मुसहफ़ी' को बचपन से ही पढ़ने-लिखने का शौक़ था। युवावस्था में आजीविका की खोज में दिल्ली आ गए। दिल्ली के आकाश में इस समय 'मीर' (दे०) 'दर्द' (दे०) 'सौदा' (दे०) और 'सोज़' (दे०) जैसे महान, वयोवृद्ध और लब्धप्रतिष्ठ कवि जगमगा रहे थे। 'मुसहफ़ी' ने भी दिल्ली की दाख़िली शायरी (दे०) के ढंग पर लिखना शुरू किया। दिल्ली सल्तनत के ये दुर्दिन थे। 'मीर' के अनुसार जब दिल्ली में बादशाहों को भीख न मिलती थी, ऐसे समय में कवियों को संरक्षण कौन देता। बारह साल वहाँ बिताकर पहले टांडा गए और फिर लखनऊ आ गए और मिर्ज़ा सुलेमान शिकोह के यहाँ नौकर हो गए। यहीं 'इंशा' (दे०) से इनकी प्रतिद्वन्द्विता शुरू हुई। इसमें 'मुसहफ़ी' की काव्य-प्रतिभा को धक्का पहुँचा।

'मुसहफ़ी' ने बहुत कुछ लिखा है। फ़ारसी में आपके चार दीवान बताए जाते हैं जिनमें से केवल एक उपलब्ध है। उर्दू में आपके आठ दीवान हैं। इनमें अधिकतर ग़ज़लें, कतए और रुबाइयाँ हैं। आपने कसीदे और मसनवियाँ भी लिखी हैं। आपकी महत्त्वपूर्ण रचना है एक तज़किरा जिसमें

इन्होंने साढ़े तीन सौ उर्दू-फ़ारसी कवियों का वृत्तान्त और उनके कलाम के नमूने दिए हैं। 'मुसहफ़ी' की एक मसनवी 'बहरुल-मुहब्बत' बहुत प्रसिद्ध है। 'मुसहफ़ी' के कलम में बड़ा प्रवाह था और कहते हैं कि आप की याददाश्त भी बहुत अच्छी थी। शायरी में 'मुसहफ़ी' का अपना कोई विशिष्ट रंग नहीं। कभी 'इंशा' के ढंग पर शे'र कहते हैं तो कभी 'मीर' (दे०) की तर्ज़ पर। आपके काव्य में करुणा, ओज, सरलता, उच्छृंखलता सभी कुछ है। मगर आपके यहाँ जो भाषा की सफ़ाई और प्रवाह है, वह बहुत कम शायरों में देखने को मिलता है।

एक उस्ताद की हैसियत से 'मुसहफ़ी' को बड़ा मान प्राप्त है। आपके शागिर्दों में 'आतिश' (दे०) 'ख़लीक' (दे०) 'ज़मीर' (दे०) 'असीर' (दे०) और 'तन्हा' के नाम उल्लेखनीय हैं।

मुस्तज़ाद (पारि०)

किसी ग़ज़ल के प्रत्येक मिसरे (पंक्ति) के अंत में मात्रा और रदीफ़ (दे०) क़ाफ़िये (दे०) की पाबन्दी का अनुशीलन करते हुए जोड़े गए टुकड़े मुस्तज़ाद कहलाते हैं। इनका रदीफ़-क़ाफ़िया ग़ज़ल के समान भी हो सकता है और उससे भिन्न भी। आज़ाद मिसरों में जोड़े गए ये टुकड़े भी रदीफ़-क़ाफ़िया के बंधन से मुक्त होते हैं।

मुहतसिब

उर्दू शायरी, ख़ासतौर से ग़ज़ल, के चंद किरदारों में से मुहतसिब एक है। इसका काम है शराबबंदी। यह मदिरालय बंद करवाता है, और जाम और सुराहियाँ तोड़-तोड़कर फेंकता है। ज़ाहिर है कि मय ख़्वार इसे नापसन्द करते हैं। इस शे'र (दे०) में मुहतसिब की हरकतों पर शायर की तड़प, लाचारी, इल्तजा और शौक का नमूना देखिए—

ऐ मोहतसिब ! न फेंक, मेरे मोहतसिब ! न फेंक
ज़ालिम ! शराब है, अरे ज़ालिम ! शराब है !

मुहम्मद अमीन

गुजरात में गोधरा नामक स्थान के रहने वाले थे। इनकी एक मसनवी मिलती है। 'यूसुफ़-ज़ुलेख़ा' नामक इस मसनवी की रचना सन् 1697 ई० में हुई। यह एक प्रेमाख्यान है। कहानी का परिप्रेक्ष्य पूर्णतया भारतीय है और तत्कालीन सामाजिक जीवन का सफल दिग्दर्शन कराता है। इसी समय दक्षिण के कवि हाशमी (दे०) ने इसी कथा को पद्यबद्ध किया। मुहम्मद अमीन की भाषा गुजरात में प्रचलित उर्दू है जिसमें फ़ारसी शब्दों

का प्रयोग उसी प्रकार हुआ है जैसे वे सामान्य रूप से बोले जाते थे। मसनवी में कुल 1414 शेर हैं।

मुहम्मद हसन (जन्म : सन् 1925 ई०)

आप उर्दू साहित्य-जगत में एक अच्छे नाटककार, कहानीकार और आलोचक के रूप में जाने जाते हैं। ज़ुल्फ़े-ज़न्ज़ीर' आपका बहुचर्चित उपन्यास है और 'पैसा और परछाईं' (दे०) नाटक-संग्रह। आलोचना के क्षेत्र में आपका योगदान महत्त्वपूर्ण है। कविता में केवल भाव और भाषा ही नहीं, विचारों की उत्कृष्टता के पक्षपाती हैं। साहित्यिक कृतियों के मूल्यांकन में सामाजिक परिप्रेक्ष्य की चेतना बराबर बनी रहती है। आपके समीक्षात्मक ग्रन्थ हैं—'अदबी तनकीद', 'हिन्दी अदब की तारीख़' 'जलाल लखनवी', 'मुतालअ सौदा' तथा 'उर्दू-अदब में रोमानी तहरीक़'।

मुहसिन-ए-कलाम-ए-ग़ालिब (कृति। रचनाकाल सन् 1935 ई०)

यह मिर्ज़ा ग़ालिब (दे०) के कलाम की विशिष्टताओं पर डा० अब्दुल रहमान बिजनौरी (दे०) द्वारा लिखी गई एक छोटी किन्तु उल्लेखनीय पुस्तक है, जो ग़ालिब के काव्य के रसास्वादन में पाठकों की महती सहायता कर सकती है। डा० बिजनौरी ने ग़ालिब के भाव और कलापक्ष दोनों के गुणों को उद्धरणों के माध्यम से उभारा है और काव्य की संगीतात्मकता और चित्रात्मकता को विशेष रूप से सराहा है।

मूसा (अं०)

मिस्र के बादशाह फ़ाउन (दे०) के कोई संतान न थी। उसकी रानी ने मूसा को अपने बेटे की तरह पाला। मूसा बचपन से ही बड़ी धार्मिक प्रवृत्ति के थे। बड़े हुए तो 'तूर' (दे०) नामक पहाड़ पर इन्हें ख़ुदाई नूर के दर्शन हुए। इन्होंने यहूदी धर्म का प्रवर्तन किया और ईश्वर के दस आदेशों का प्रचार किया। फ़ाउन ने जब ख़ुदाई का दावा किया तो मूसा ने उसे बहुत समझाया कि वह अपनी हठधर्मिता से बाज़ आए। मगर फ़ाउन न माना और इनकी जान का दुश्मन हो गया। मूसा अपने क़बीले को लेकर मिस्र से निकल पड़े। फ़ाउन ने अपनी फ़ौज के साथ इनका पीछा किया। जब मूसा उफनती हुई नील नदी के किनारे पहुँचे तो उन्होंने अपना डंडा पटका और नाल नदी बीच से सूख गई। मूसा और उनके अनुयायी सकुशल पार हो गए। मगर फ़ाउन की सेना के आते ही नदी फिर से उमड़ पड़ी और सारी सेना उसमें डूबकर नष्ट हो गई। मूसा में चमत्कार की शक्ति थी जो ईश्वरीय देन थी। उनका हाथ सफ़ेद था। इस वरद हस्त को उर्दू साहित्य में 'यदे-बैज़ा' कहा जाता है।

मूसा की ईश्वर-भक्ति साहित्य में प्रेम की प्रखर स्थिति को अभिव्यक्त करती है। उदाहरणार्थ—

> हज़ारों पर्दे में मुश्ताक देख लेते हैं
> उसे हिजाब था मूसा को तो हिजाब न था

— 'दाग़'

मेहदी इफ़ादी (मृत्यु : सन् 1921 ई०)

आपका नाम प्रथम श्रेणी के निबन्धकारों में है। अंग्रेज़ी साहित्य का भी गूढ़ अध्ययन किया और आपके गद्य पर यूरोप की रोमांटिक मूवमेण्ट का प्रभाव स्पष्ट ही लक्षित किया जा सकता है। आपकी चेतना सर्वतोमुखी थी और चिन्तन प्रौढ़ एवं परिपक्व। शैली सशक्त एवं प्रवाहपूर्ण है। आपके पत्र भी साहित्यिक महत्त्व रखते हैं। लेखों का एक संग्रह 'इफ़ादाते-मेहदी' के नाम से प्रकाशित है जिसकी प्रस्तावना मौ० अब्दुल माजिद (दे०) ने लिखी।

मै और मैक़दा

एक सामान्य धारणा है कि उर्दू शायरी हुस्न-ओ-इश्क़ और मै, यानि शराब की शायरी है। वास्तव में ये काव्य के परम्परागत रूपक हैं और इनके अभाव में ग़ज़ल का अपना विशेष रंग और प्रभाव स्थापित नहीं होता। मै के प्रयोग का चलन उर्दू-शायरी में फ़ारसी से आया है। इसे काव्य-विषय की अपेक्षा काव्य-रूपक के रूप में देखा जाना चाहिए। मै, मैख़ाना, जाम-ओ-मीना, साग़र सुराही वे तमाम रूपक हैं जिनके माध्यम से शायर अपने अनुभव, व्यक्तिगत दुख, परेशानी, विवशता, ग़म और ख़ुशी के अतिरिक्त अपने जीवन-दर्शन, अध्यात्म और समसामयिक समस्याओं का काव्यात्मक और कलात्मक ढंग से निरूपण करता है। ग़ज़ल (दे०) संकेतात्मक काव्य-रूप है और शे'र की दो पंक्तियों में विशद सारगभित तत्व सम्प्रेषण की शक्ति है जो रूपकों के प्रयोग से द्विगुणित हो उठती है। कुछ उदाहरण देखिए।

कवि की आपबीती और जगबीती (ग़मे-जानाँ और ग़मे-दौराँ) इस शे'र में एकरूप हो उठी है—

> यक़ीनन आ गया है मैक़दे में तिश्नालब कोई
> कि पीता जा रहा हूँ कैफ़ियत कम होती जाती है।

—वामिक़ जौनपुरी

इसी रूपक के माध्यम से 'मजाज' अपना जीवन दर्शन यूँ सहज ही अदा कर देते हैं—

इस महफ़िले-क़ैफ़-ओ-मस्ती में, इस अंजुमन-ए-इरफ़ानी में
सब जाम-ब-क़फ़ बैठे ही रहे, हम पी भी गए छलका भी गए।

—असरारुल हक़ 'मजाज़'

जीवन की आपाधापी को इन्हीं प्रतीकों के माध्यम से 'शाद' अज़ीमाबादी इस तरह व्यक्त करते हैं—

ये बज़्मे-मै है, यहाँ कोताह दस्ती में है महरुमी
जो बढ़कर ख़ुद उठा ले हाथ में मीना उसी का है।

और आनन्द नारायण 'मुल्ला' इन्हीं कोमल संकेतों से सारी व्यवस्था पर कैसा करारा प्रहार करते हैं—

निजाम-ए-मैक़दा साकी बदलने की ज़रूरत है।
हज़ारों हैं सफ़ें जिनमें न मै आई, न जाम आया

'मोमिन', हक़ीम मोमिन ख़ाँ (सन् 1800-1851 ई०)

इनका सम्बन्ध कश्मीर के एक प्रसिद्ध कुलीन परिवार से था जिसमें हक़ीमी पुश्तों से चली आई थी। इनके दादा हक़ीम नामदार ख़ाँ और पिता हक़ीम गुलाम नबी ख़ाँ शाही हक़ीम थे। अंग्रेज़ी सरकार रियासत के बदले हज़ार रुपया सालाना पेंशन इस परिवार को देती थी जिसका कुछ भाग 'मोमिन' को भी मिलता था। बाक़ी कुछ हक़ीमी से कमा लेते थे। कुल मिलाकर जीवन भर समर्थ रहे और कभी किसी के दरबार में जाकर क़सीदे पढ़ने की नौबत न आई। मोमिन प्रतिभाशाली थे। अपनी प्रखर बुद्धि के बल पर उन्होंने अरबी-फ़ारसी के साहित्य के अलावा चिकित्सा-शास्त्र और ज्योतिष में भी असाधारण कुशलता प्राप्त कर ली। मोमिन का व्यक्तित्व बड़ा ही आकर्षक था। कश्मीरी सौन्दर्य की जीती-जागती तस्वीर थे। पहनने-रहने के सलीके में भी बड़ा रख-रखाव था। शौक़ीन तबीयत आदमी थे। मगर आत्म-सम्मान से भरपूर। जिन्दगी दिल्ली में ही गुज़ारी।

'मोमिन' ने शायरी में कुछ दिन शाह नसीर (दे०) से इस्लाह ली, लेकिन बाद में अपनी कविता का आप ही संशोधन करने लगे। इनका उर्दू का एक दीवान है जिसमें ग़ज़लें, मसनवियाँ, क़सीदे, तारीख़ें और फुटकर शेर हैं। इसके अतिरिक्त एक दीवान और है जिसमें बहुत-सी गद्य रचनाएँ फ़ारसी में हैं।

'मोमिन' की मसनवियाँ परम्परागत श्रृंगारिक रचनाएँ हैं। अभिव्यक्ति की सरलता और वर्णन सौन्दर्य तो वहाँ अवश्य है लेकिन भावों की गरिमा नहीं। नैतिक दृष्टिकोण से भी इनके कई अंश आपत्तिजनक हैं। अनुभूति का तीखा'.न है। लेकिन फिर भी इनकी मीर हसन (दे०) या नसीम

(दे०) की मसनवी से कोई तुलना नहीं। क़सीदे के क्षेत्र में भी 'मोमिन' का कोई महत्वपूर्ण योगदान नहीं। तारीख़ें इन्होंने खूब कही हैं। इस कला में काफ़ी निपुण थे और तारीख़ (दे०) कहने के इन्होंने नये-नये तरीक़े निकाले। लेकिन उर्दू में 'मोमिन' को अमरत्व एक ग़जल गो की हैसियत से प्राप्त है। ग़जल में उनका विषय परम्परागत है—यानि हुस्नो-इश्क़, संयोग-वियोग, रक़ीबों की जलन, मन की तड़प, आशा-निराशा, स्मृतियाँ मिलने की तदबीरें इत्यादि। 'मोमिन' शुद्ध रूप से भौतिक प्रेम की बात करते हैं। प्रेम के व्यक्तिगत अनुभव को जिस तरह उनके संवेदनशील हृदय ने ग्रहण किया, उसे वे पूरी सच्चाई और तीखेपन के साथ अपने खूबसूरत अन्दाज़ में बयान कर देते हैं। कहीं कोई छिपाव-दुराव नहीं। साधारण-सी बात को भी इस तरह कहते हैं कि वह एकदम असाधारण और नई हो जाती है। यही उनके अशआर की प्रभावात्मकता का रहस्य है। उपमा उत्प्रेक्षा की नवीनता, और कहीं-कहीं व्यंग्य का लहजा तो क़लाम को और भी दिलकश और पुरलुत्फ़ बना देता है। काव्य-शास्त्र के नियमों से भलीभाँति परिचित थे।

'मोमिन' की भाषा में अरबी-फ़ारसी के शब्दों और मुहावरों का काफ़ी प्रयोग देखने में आता है। फ़ारसी वाक्य-विन्यास और कहावतों तथा अलंकारों के कारण कहीं-कहीं क्लिष्टता और दुरूहता आ गई है लेकिन ऐसा सर्वत्र नहीं। भावों की सादगी और सहजता तो वे सदा बनाए रखते हैं और इसको जब सरल भाषा का जामा पहनाते हैं तो कहीं 'मीर' (दे०) के क़रीब जा पहुँचते हैं। वैसे विषय के चुनाव और उसके प्रतिपादन की दृष्टि से 'मोमिन' 'जुरअत' (दे०) और 'मीर' के बीच खड़े हैं। कभी अपनी प्रभावात्मकता से 'मीर' को छू लेते हैं तो कभी करुणा और उदारता से रहित प्रेम के वर्णन में 'जुरअत' के अधिक निकट लगते हैं।

मोमिन के शिष्यों में नवाब मुस्तफ़ा ख़ाँ शेफ़्ता (दे०), मुहम्मद अक़बर ख़ाँ 'अक़बर', मीर हुसैन 'तसकीन' (दे०) मिर्जा असग़र अली ख़ाँ 'नसीम' देहलवी (दे०), अब्दुर्रहमान 'आसी', 'क़लक़' मेरठी(दे०) और आशुफ़्ता अलवरी उल्लेखनीय हैं। बीसवीं शताब्दी में 'हसरत' मोहानी (दे०) ने 'मोमिन' की शैली और काव्य परम्परा को बड़ी सफलता के साथ निभाया।

मोहम्मद इब्राहीम सनअती

आप दक्षिण भारत में सत्रहवीं शताब्दी में हुए। सन् 1645 ई० में आपने 'क़िस्सा-ए-बेनज़ीर' के नाम से एक लम्बी मसनवी (दे०) लिखी जिसकी

उपमाएँ विशेष रूप से प्रशंसित हुईं। इस मसनवी में तत्कालीन जीवन के चित्र भी मिलते हैं।

मोहम्मद हसन असकरी

आजकल पाकिस्तान में हैं और कम लिखते हैं। आप एक कथाकार और आलोचक की हैसियत से जाने जाते हैं। आपकी अधिकांश कहानियों में अवचेतन से प्रेरित मनोभावनाओं और वासनाओं का चित्रण हुआ है। आलोचना में आप प्रगतिशील विचारधारा के कट्टर विरोधी हैं। आपके लेखों में सार्वजनिक चेतना का महत्व नहीं। असकरी की गद्य शैली बड़ी सुन्दर और सजीव है। कहानी संग्रह हैं—'ज़ंजीरें' और 'क़यामत हम रिकाबा आए न आए'। विचारशील लेखों के संकलन हैं—'इंसान और आदमी' और 'सितारा और बादयान'। आपने कई अंग्रेज़ी और फ्रांसीसी उपन्यासों के अनुवाद भी किए हैं।

मोहसिनुल्मुल्क, नवाब मेहदी अली ख़ाँ (सन् 1837-1907 ई०)

इटावा के रहने वाले थे। साधारण-सी शिक्षा के बाद ईस्ट इंडिया कंपनी में दस रुपये महीना पर क्लर्की शुरू की और उन्नति करते-करते सन 1861 में तहसीलदार और '67 में डिप्टी कलक्टर हो गए। 1872 में हैदराबाद में 1200 रु० महीना पर राजस्व विभाग में इंस्पेक्टर जनरल नियुक्त हुए और सन् 1876 में राजस्व मंत्री बन गए। 1882 में वित्तीय तथा राजनीतिक सचिव हुए। यहीं 'मुनीर नवाज़ जंग', 'मोहसिनुद्दौला' और 'मोहसिनुल्मुल्क' की उपाधियाँ प्राप्त कीं। इंगलैंड की यात्रा भी की। सन् 1893 में पेंशन लेकर अलीगढ़ आ गए। 1907 में शिमला में मृत्यु हुई लेकिन दफ़न अलीगढ़ में सर सैयद (दे०) के बराबर किए गए।

मोहसिनुल्मुल्क सर सैयद से बहुत प्रभावित थे और इनकी शैली में भी वही सफ़ाई और प्रभाव पाया जाता है जो सैयद साहब के यहाँ देखने को मिलता है। धर्म, नीति, और आचार-विचार पर बहुत से लेख लिखे। 'लयात-बन्नियात' नामक एक पुस्तक भी मिलती है जो धर्म-सम्बन्धी है। मोहसिनुल्मुल्क अपने साथियों में एक असाधारण वक्ता के रूप में भी प्रसिद्ध थे।

मौज-ए-तबस्सुम (कृ०)

यह अज़ीम बेग़ चुग़ताई (दे०) का हास्य निबंध-संग्रह है। जीवन की छोटी से छोटी बात और घटना में हँसी की संभावना खोज लेते हैं अज़ीम और उसे अपने मख़सूस मस्त अन्दाज में पेश कर देते हैं। भाषा में प्रवाह है, सरसता और ताजगी है। हँसाते हैं, मगर सोचने को मजबूर नहीं करते।

य

यकरंग, ग़ुलाम मुस्तफ़ा ख़ाँ

इनके जन्म और मृत्यु के वर्ष का पता नहीं चलता। मोहम्मदशाही दौर के अमीर थे; हातिम (दे०) नाजी (दे०) मज़हर (दे०) मज़मून (दे०) के समकालीन थे। संभवतः 'मज़हर' से इस्लाह लेते थे। शायरी का अच्छा अभ्यास था। इनका एक दीवान है। काव्य में भौतिक प्रेम और अध्यात्म दोनों का सम्मिश्रण है। कल्पना सुन्दर है किन्तु क़लाम में अलंकारों की भरमार है। यह अलंकार प्रेम (विशेषतया श्लेष) इस समय के सभी शायरों की कमज़ोरी थी।

यक़ीन, इनामुल्ला ख़ाँ (सन् 1730-1755 ई०)

पिता का नाम शेख़ ज़हीरुद्दीन था। दिल्ली के रहने वाले थे। तज़किरों से पता चलता है कि इनामुल्ला की पैदाइश भी दिल्ली की थी और ये एक निहायत ख़ूबसूरत, नेक और मिलनसार शख़्स थे। इधर मिर्ज़ा फ़रहतुल्ला बेग (दे०) ने इन पर शोध किया और इनका दीवान हैदराबाद से प्रकाशित करवाया है। दीवान में एक सौ सत्तर ग़ज़लें हैं और सब पाँच-पाँच शे'र की हैं। द्वयर्थियों के लिए कहीं-कहीं लफ़्ज़ों में ज़बरदस्ती तालमेल बिठाने की कोशिश है। लेकिन क़लाम की शोखी और दिलकशी इस कमी को ढाँप लेती है। ख़ास बात यह कि एक क़ाफ़िए को अलग-अलग अन्दाज़ से अलग-अलग रदीफ़ों में इस्तेमाल करते हैं जिससे शेर' में एक नई बात पैदा हो जाती है। फ़रहतुल्ला बेग़ ने लिखा है कि "दीवान भर में कहीं भी ऐसा नहीं कि दो जगह एक ही क़ाफ़िए से एक ही मज़मून अदा किया हो।" ('दीवाने-यक़ीन' की भूमिका)

पच्चीस वर्ष की आयु में इनका क़त्ल हो गया। क़त्ल की वजह आज तक नहीं जानी जा सकी। दुर्भाग्यवश इनकी उम्र लम्बी न हुई वरना 'मुसहफ़ी' (दे०) की राय यह थी कि 'मीर' (दे०) और मिर्ज़ा (दे०) का यकताई का दावा न रहता।

यगाना चंगेज़ी (सन् 1884-1956 ई०)

मिर्ज़ा वाजिद हुसैन 'यग़ाना' का जन्म पटना में चंगेज़ ख़ाँ के वंशजों में हुआ। बड़े होनहार विद्यार्थी थे। उर्दू, फ़ारसी के अतिरिक्त अंग्रेज़ी से भी परिचित थे। आरंभ में 'यास' उपनाम से शायरी करते थे और 'शाद' अज़ीमाबादी (दे०) के शिष्य थे। सन् 1905 में लखनऊ गए। वहाँ की तत्कालीन निराशावादी कविता इन्हें बिल्कुल नहीं भाई और इन्होंने खुले आम उसका विरोध करना शुरू किया। परिणामतः यग़ाना और लखनऊ के साहित्यकारों में एक सैद्धान्तिक युद्ध छिड़ गया। यग़ाना बड़े अहम्मन्य और स्वाभिमानी व्यक्ति थे। डटकर मुकाबला किया। विरोध की रौ में आपने मिर्ज़ा ग़ालिब (दे०) की भी आलोचना कर डाली। सन् 1915 में आपने 'नश्तरे-यास' नाम से एक काव्य सम्बन्धी पत्र का प्रकाशन भी आरंभ किया। कुछ समय के लिए लाहौर गए मगर वहाँ पंजाबियों से न बनी और वापस लखनऊ लौट आए। सन् '35 में 'ग़ालिब शिकन' नाम से एक पत्र निकाला। यग़ाना ने ग़ालिब के अतिरिक्त 'जोश' (दे०) और 'इक़बाल' (दे०) की भी कड़ी आलोचना की। महाराजा सर किशनप्रसाद 'शाद' (दे०) ने इन्हें हैदराबाद बुलाकर ज़िले का सब-रजिस्ट्रार बना दिया। अन्तिम समय लखनऊ में ही थे।

विचारों की स्वतन्त्रता, अभिव्यक्ति का बांकपन और सबलता इनकी ग़ज़ल के गुण-विशेष हैं। यग़ाना को वास्तविक या भौतिक प्रेम से कोई सरोकार नहीं। उनका प्रियतम कोई व्यक्ति नहीं, सौन्दर्य मात्र है। इस तरह आपकी भावनात्मक चेतना काफ़ी ऊँचे स्तर की है। यग़ाना सब धर्मों को समान दृष्टि से देखते हैं और साम्प्रदायिकता के विरोधी हैं। विचारों की गम्भीरता कहीं-कहीं तग़ज़्ज़ुल में बाधा देती है। यग़ाना के तीन काव्य-संग्रह हैं—'नश्तरे-यास', 'गंजीना' और 'आयाते-विजदानी'।

यज़ीद (अं०)

यह सीरिया के दुष्ट गवर्नर मुआविया (दे०) का पुत्र था। यह बड़ी क्रूर और नृशंस प्रवृत्ति का युवक था। पिता की मृत्यु के बाद यज़ीद ने खुद को मुसलमानों का ख़लीफ़ा घोषित कर दिया। हज़रत अली के पुत्र इमाम हुसैन (दे०) ने इसकी सत्ता को अस्वीकार किया और सत्य की प्रतिष्ठा के लिए दृढ़प्रतिज्ञ रहे। इस पर यज़ीद ने एक षड्यंत्र रचा। उसने कूफ़ा के मुसलमानों द्वारा इमाम हुसैन के पास मैत्री और सद्भाव का सन्देश भिजवाया। साथ ही यह झूठा आश्वासन भी दिया कि यदि इमाम हुसैन स्वयं कूफ़ा आयें तो वहाँ की जनता उनका स्वागत करेगी और उन्हें सहर्ष

अपना ख़लीफ़ा मान लेगी। इमाम हुसैन इस धोखे में आ गए और मदीना से कूफ़ा की ओर अपने गिने-चुने अनुयायियों के साथ चल पड़े। रास्ते में इन्हें इस षड्यंत्र का पता चल गया लेकिन फिर भी वे वापस नहीं लौटे। उनका उद्देश्य यज़ीद को समझा-बुझाकर न्याय और सत्य के मार्ग पर लाना था। मगर यज़ीद की आज्ञा से कूफ़ा के हाकिम उबैदुल्ला (दे०) की सत्तर हज़ार की सेना ने इमाम हुसैन और उनके 72 साथियों को रास्ते में ही घेर लिया। उन तक पानी पहुँचने का मार्ग भी बन्द कर दिया गया। इस पर भी इमाम हुसैन और उनके साथियों का मनोबल नहीं टूटा। उन्होंने समर्पण नहीं किया अपितु लड़ते हुए करबला (दे०) के मैदान में वीरगति को प्राप्त हुए। उनके परिवार की स्त्रियों के साथ भी यज़ीद के सेनापति ने अपमानपूर्ण व्यवहार किया किन्तु बाद में यज़ीद की पत्नी हिन्दा ने इन्हें आज़ाद करवाया। यज़ीद का चित्रण उर्दू मरसियों में एक कपटी, दुराचारी और नृशंस शासक के रूप में हुआ है। इसके विपरीत इमाम हुसैन शौर्य, धैर्य, उदारता, त्याग और सद्भाव की साकार छवि हैं।

यल्दरुम, सज्जाद हैदर

यल्दरुम बीसवीं शताब्दी के आरंभ के कथाकार हैं। यह वह समय था जब अभी कहानी के क्षेत्र में रोमांस का ही बोलबाला था। राजनैतिक चेतना और सामाजिक दृष्टिकोण का अभाव था। कथाकार का मुख्य उद्देश्य पाठक की रुचि को बनाए रखना था। ऐसे समय में यल्दरुम ने तुर्की भाषा से कई उपन्यासों, नाटकों और कहानियों का रूपान्तर कर उर्दू के पाठकों को एक नये रंग से परिचित कराया। तुर्की वातावरण और रहन-सहन का उर्दू में अपने ढंग से पुनर्सृजन करते हुए एक नई, बड़ी ही सुन्दर और कोमल शैली का प्रयोग किया। कहने को ये अनुवाद हैं लेकिन रंग इनमें मौलिक रचनाओं का झलकता है। यल्दरुम की मौलिक कृतियों में भी यह तुर्की रोमानियत देखने को मिलती है। इनका गद्य बड़ा रंगीन और भावपूर्ण है। चरित्रों के मनोविज्ञान में अच्छी पहुँच रखते हैं। कहीं-कहीं विनोद का पुट सोने पर सुहागे का काम करता है। इनकी रचनाओं में 'ख़यालिस्तान', 'ज़ोहरा', 'सालिस बिल ख़ैर', 'जलालुद्दीन ख़्वारिज़्मशाह' और 'हिकायातो-एहतेमासात' उल्लेखनीय हैं। 'ख़यालिस्तान' नामक इनका संग्रह काफ़ी पसन्द किया गया था, और उस समय 'ज़मींदार' ने इसे ललित साहित्य की सर्वश्रेष्ठ रचना क़रार दिया था।

यहूदी की लड़की (कृ०। प्रकाशन वर्ष सन् 1955 ई०)

यह आग़ा हश्र कश्मीरी (दे०) का लोकप्रिय नाटक है। कथानक में गठन

है और संवाद चरित्रों के अनुकूल । नाटक का अन्त आग़ा हश्र ने सुखान्त कर दिया है । नाटक की सफलता का एक यह भी बड़ा कारण रहा ।

यादगार मुशायरा (कृ०)

यह राशिदुल ख़ैरी (दे०) की रचना है जिसमें उस मुशायरे का विवरण है जो मुग़ल काल के अंतिम दिनों में लाल क़िले में हुआ था । इसमें उस ज़माने के उस्ताद शायरों ने शिरकत की थी । इसके अलावा इस पुस्तक में मुशायरे के नियमों और उसकी कार्यवाही पर बड़े रोचक ढंग से प्रकाश डाला गया है । ख़ैरी साहब की सरस भाषा-शैली में मुशायरों का माहौल और उनकी रंगीनी साकार हो उठी है ।

यादगारे-ग़ालिब (कृ० । रचनाकाल सन् 1897 ई०)

मिर्ज़ा ग़ालिब (दे०) की इस जीवनी के लेखक हैं मौ० अल्ताफ़ हुसेन 'हाली' (दे०) । इसमें मिर्ज़ा का चित्रण एक व्यक्ति, मित्र, दार्शनिक कवि और लेखक के रूप में बड़ी ही संवेदनशीलता के साथ किया गया है । विवरण इतने सजीव हैं कि कवि का व्यक्तित्व पाठक के सामने साकार हो उठता है । एक सिद्धहस्त लेखक और कवि के रूप में उनकी भाषा-शैली का भी विवेचन किया गया है । यह पुस्तक मिर्ज़ा की स्मृति को 'हाली' की श्रद्धा का सुमन है ।

यादें (कृ० । रचनाकाल सन् 1961 ई०)

यह अख़्तरुल ईमान (दे०) की नज़्मों का संग्रह है जिसमें कवि की प्रगतिशील विचारधारा स्पष्ट रूप से परिलक्षित होती है । विचारों के साथ भावना का सुन्दर समन्वय इन रचनाओं में बन पड़ा है । कुछ नज़्में लम्बी हैं और कई एक संक्षिप्त । इनको कवि ने इन शीर्षकों में बाँटा है—तारीक़ सय्यारे से पहले, तारीक सय्यारा, जंग और तारीक़ सय्यारे के बाद । शैली प्रतीकात्मक है ।

यूसुफ़ (अं०)

यूसुफ़ पैग़म्बर याक़ूब के पुत्र थे । ये बहुत ही सुन्दर, सुशील और गुणवान व्यक्ति थे । इनके सरल, सौम्य स्वभाव के कारण इनके पिता का इन पर विशेष स्नेह था । यह बात इनके भाइयों को न भाती थी । अतः उन्होंने षड्यंत्र किया और यूसुफ़ को अंधे कुंए में धकेल दिया । पिता से आकर कह दिया कि यूसुफ़ मर गए । याक़ूब पुत्र-वियोग में रो-रोकर अंधे हो गए । उधर राह चलते कुछ व्यापारियों ने यूसुफ़ को देख लिया और उन्हें अंधे कुंए से बाहर निकाला । वे इन्हें अपने साथ मिस्र ले गए और वहाँ के

बाज़ार में बेच दिया। मिस्र के एक राज्याधिकारी की पत्नी ज़ुलेख़ा (दे०) इनके रूप पर आसक्त हो गई और उसने यूसुफ़ को ख़रीद लिया। मगर यूसुफ़ सदाचारी थे। ज़ुलेख़ा द्वारा लगाए गए झूठे आरोपों को उन्होंने निराधार सिद्ध कर दिया। इससे यूसुफ़ को बहुत सम्मान मिला। मिस्र का बादशाह भी इनका बहुत आदर करने लगा। इन्होंने मिस्र की जनता की अकाल से रक्षा की। इनकी पैग़म्बर के रूप में प्रतिष्ठा हुई। साहित्य में यूसुफ़ सौन्दर्य और सदाचार का प्रतीक है। एक उदाहरण देखिए—

दामन उस यूसुफ़ का आया पुर्ज़े होकर हाथ में
उड़ गई सोने की चिड़िया रह गए पर हाथ में।

—आरज़ू लखनवी

प्रिय को यूसुफ़ भी कहा जाता है।
और उसके सौन्दर्य की तुलना यूसुफ़ से की जाती है—

यूसुफ़ से कोई क्योंकर उस माह को भिला दे
है फ़र्क रात-दिन का अज़दीदा-ता-शुनीदा।

—मीर तक़ी 'मीर'

र

'रंगीं', सआदत यार ख़ाँ (सन् 1756-1834 ई०)

ये तहमास्प बेग ख़ाँ तूरानी के बेटे थे। बेग साहब नादिरशाह के साथ दिल्ली आए और फिर यहीं बस गए। उन्हें हफ़्त हज़ारी का मन्सब और 'महकमुद्दौला' की उपाधि प्राप्त थी। 'रंगीं' अमीरी और ख़ुशहाली में पले। किशोरावस्था से ही कविता करने लगे। 'मीर' (दे०) के पास शागिर्दी के लिए गए तो उन्होंने इन्कार कर दिया। सो पहले शाह हातिम (दे०) और फिर 'निसार' (दे०) से इस्लाह की। कुछ समय तक सुलेमान शिकोह के दरबार में रहे। वहाँ 'इंशा' (दे०) से इनकी ख़ूब बनी और दोनों अच्छे दोस्त बन गए। फिर कुछ दिन निज़ाम के तोपख़ाने में अफ़सर रहे। बाद में घोड़ों का व्यापार करने लगे। ये स्वयं बड़े अच्छे घुड़सवार और तीरअंदाज़ थे। अपनी क़िताब 'क़स्सनामा' में इन्होंने घोड़ों की क़िस्में बताई हैं।

'रंगीं' बड़ी रंगीन तबीयत के थे। परिस्थितियाँ उनके अनुकूल थीं। उर्दू काव्य में 'रेख़्ती' (दे०) के आविष्कार का श्रेय इन्हें दिया जाता है। वैसे कुछ लोग 'इंशा' को भी रेख़्ती का जन्मदाता मानते हैं क्योंकि 'इंशा' ने इस संदर्भ में अपना और 'रंगीं' का नाम साथ दिया है। चिर-उपेक्षित स्त्री वर्ग की ओर किसी कवि का ध्यान जाना कुछ अस्वाभाविक नहीं था लेकिन समाज में भ्रष्टाचार इतना बढ़ गया था कि स्त्री पुरुष के लिए केवल भोग की सामग्री होकर रह गई थी। सामाजिक विलगता के कारण उसकी भाषा भी अलग-सी हो गई थी। आवश्यकता थी कि कोई घर की चारदीवारी में बंद, पर्दा प्रथा की शिकार, व्यथित और घुटन से त्रस्त स्त्री-जीवन के सच्चे चित्र प्रस्तुत करे। लेकिन 'रेख़्ती' के रूप में 'रंगीं' के क़लम से जो आया वह कामोत्तेजना को उद्दीप्त करने वाला एक अश्लील चित्रण था। उसमें कहीं भी स्त्री-समस्याओं को गंभीरता और सहानुभूति से देखने वाला दृष्टिकोण नहीं। ऐसे काव्य को हम तत्कालीन भोग-

विलास में डूबे समाज का दर्पण भले ही मान लें, लेकिन 'रंगीं' के दृष्टि-दोष की ओर से आँखें बंद नहीं की जा सकतीं।

रंगीं के चार दीवान मिलते हैं जिनमें से एक दीवान 'रेख़्ती' का है। 'ईजादे रंगीन', 'इम्तहान-ए-रंगीं', 'मजलिस-ए-रंगीं', 'मज़हरुल-अजायब' इनकी मसनवियाँ हैं। मसनवी 'दिल पिज़ीर' में एक प्रेम-कथा लगभग दो हज़ार अशआर में बयान की गई है। इसके अतिरिक्त इनके कुछ क़सीदे हैं। 'मजलिस-ए-रंगीं' में तत्कालीन कवियों की आलोचना है। इनकी ग़ज़लों में कोई ख़ास बात या कोई ख़ास रंग नहीं।

रक़ीब

रक़ीब का अर्थ है प्रतिद्वन्द्वी। यह क़ासिद (दे०), नासेह (दे०), वाइज़ (दे०) और ज़ाहिद (दे०) की तरह उर्दू काव्य के कुछ विशिष्ट चरित्रों में से एक है। प्रेमी का यह दुर्भाग्य है कि उसके प्रिय की कृपादृष्टि बहुधा रक़ीब पर ही रहती है। पास बैठने, बात करने का मौक़ा उसी को मिलता है और शायर प्रेमी यह देखकर कभी कुढ़ता है, कभी ईर्ष्या की आग में जलता है, कभी तंग आकर शिकायत करता है तो कभी स्वाभिमान के मारे चुप साध लेता है। यही तमाम रंग उसकी शायरी में भी बल खाते हैं। एक उदाहरण देखिए—

उस नक़्श-ए-पा के सजदे ने क्या-क्या किया ज़लील
मैं कूचा-ए-रक़ीब में भी सर के बल गया। —**मोमिन**

रक़ीब की उपस्थिति से उर्दू-काव्य में कवि की प्रेम-व्यथा बड़ी तीव्रता के साथ उजागर होती है। इसीलिए किसी ने कहा था—

लज़्ज़त-ए-इश्क़ गई ग़ैर के मर जाने से।

रख़्शाँ (नय्यर), नवाब ज़ियाउद्दीन (मृत्यु : सन् 1883 ई०)

अहमद बख़्श ख़ाँ लुहारा के बेटे थे। ग़ालिब के शागिर्द और रिश्तेदार भी थे। अपने समय के प्रतिष्ठित विद्वानों और कवियों में इनकी गणना थी। उर्दू-काव्य के अच्छे पारखी और इतिहासकार थे। इनके पुत्र 'साक़िब' भी ग़ालिब के शिष्य थे, किन्तु सन् 1869 में 29 वर्ष की आयु में ही चल बसे। शेरो-शायरी की परम्परा साक़िब के पुत्रों 'ताबाँ' (दे०) और 'साइल' (दे०) ने निभाई जो 'दाग़' (दे०) के शिष्य थे और बीसवीं सदी के ख्यातिप्राप्त कवि हुए।

रदीफ़ (पारि०)

कई बार शेरों के अन्त में अनुप्रास युक्त शब्दों के स्थान पर एक ही शब्द को बार-बार दोहराया जाता है। इसे रदीफ़ कहते हैं।

तुक होने के कारण काफ़िया (दे०) बदलता रहता है लेकिन रदीफ़ पूरी ग़ज़ल में अक्षरशः वही रहती है।

उदाहरणार्थ—

नहीं मालूम दिल पे क्या गुज़री
इन दिनों कुछ ख़बर नहीं आती।
हाले-दिल मिस्ले शमअ रौशन है
गो मुझे बात कर नहीं आती।
दिन कटा जिस तरह कटा लेकिन
रात कटती नज़र नहीं आती।

ख़्वाजा पीर मुहम्मद 'असर' के इन शे'रों के दूसरे मिसरे के अन्त में 'नहीं आतीं' शब्द बार-बार दोहराए गए हैं। ये ग़ज़ल की रदीफ़ हैं। रदीफ़ बहुधा ग़ज़ल और क़सीदे के शेरों के अन्त में देखने में आती है, लेकिन यह इन काव्य-विधाओं का अनिवार्य अंग नहीं। बहुधा नज़्म के पहले शे'र के दोनों मिसरों में रदीफ़ का प्रयोग होता है। ग़ज़ल के ध्वन्यात्मक सौन्दर्य में 'रदीफ़' का विशेष स्थान है। बिना रदीफ़ की ग़ज़ल को ग़ैर मुरद्दफ़ ग़ज़ल कहा जाता है।

रफ़ीउद्दीन शाह, अब्दुल क़ादिर शाह

ये दोनों भाई दिल्ली के प्रसिद्ध विद्वान और धर्मगुरु शाह वली उल्लाह के पुत्र थे और इनका उद्देश्य धर्म-प्रचार था। इन्होंने अठारहवीं शताब्दी में कुरान-शरीफ़ के दो उर्दू-अनुवाद किए। रफ़ीउद्दीन का अनुवाद सन् 1786 ई० और क़ादिर का 1790 ई० में बताया जाता है। इन अनुवादों की भाषा कठिन है और इनका साहित्यिक महत्त्व अधिक नहीं। इन दोनों अनुवादों का ध्येय क़ुरान-शरीफ़ को उन लोगों तक पहुँचाना था, जो अरबी नहीं जानते थे।

'रवाँ', जगत मोहन लाल (सन् 1889-1934 ई०)

'रवाँ' छोटी ही उम्र के थे जब इनके पिता का देहान्त हो गया। बड़े भाई कन्हैया लाल ने इनका पालन-पोषण किया और शिक्षा की समुचित व्यवस्था की। 'रवाँ' ने सन् 1913 में एम० ए० किया, फिर एल० एल० बी० करके उन्नाव में वक़ालत शुरू की। ज़िन्दगी ने ज़्यादा मोहलत न दी और सन् 1934 में इस प्रतिभाशाली कवि और नामी वकील का देहान्त हो गया।

शायरी में 'रवाँ' 'अज़ीज़' लखनवी (दे०) के शिष्य थे और 'अजीज़' का प्रभाव इनकी ग़ज़लों में स्पष्ट देखा जा सकता है। 'रवाँ' की ग़ज़लों में

उच्चकोटि के विचार, दार्शनिक जिज्ञासा और अर्थात्मक गंभीरता देखने को मिलती है। इनकी नज़्मों में भी ग़ज़ल सी भावात्मकता है और उनमें चरित्र-चित्रण तथा प्राकृतिक दृश्यों का वर्णन अत्यन्त सुन्दर बन पड़ा है। 'रवाँ' ने बड़ी प्रभावपूर्ण रुबाइयाँ भी कही हैं। दुरूह विषय का भी कोमल उपमाओं के सहारे सरल और आकर्षक प्रतिपादन हुआ है।

'रवाँ' का एक काव्य संग्रह 'रुहे-रवाँ' और एक मसनवी 'नक़्शे-रवाँ' प्रकाशित हो चुके हैं। 'रवाँ' ने फ़ारसी शब्द-विन्यास का प्रयोग इस कुशलता से किया है कि काव्य-प्रवाह में कहीं बाधा नहीं आती।

'रविश' सिद्दीक़ी (सन् 1911-1971 ई०)

शाहिद अज़ीज़ 'रविश' का जन्म सहारनपुर ज़िले के ज्वालापुर नामक क़स्बे में हुआ। अरबी-फ़ारसी का अध्ययन घर पर ही किया। हिन्दी, अंग्रेज़ी और संस्कृत से भी परिचित थे। छोटी आयु में ही शेर कहने लगे थे। आरंभ में ग़ज़ल और फिर नज़्म की ओर आकृष्ट हुए और दोनों विधाओं में ही उत्कृष्टता प्राप्त की। रविश सच्चे देशभक्त और राष्ट्रीय कवि हैं। ये स्वतंत्रता के पुजारी और पूँजीवाद, पराधीनता, वर्गभेद और साम्प्रदायिकता के कट्टर विरोधी हैं। किसानों, मज़दूरों और दलित वर्ग के साथ सहानुभूति रखते हैं। इस संदर्भ में द्वितीय महायुद्ध से पूर्व और भारतीय स्वतंत्रता संग्राम के दौरान लिखी गई इनकी नज़्में महत्त्वपूर्ण हैं। इन नज़्मों में केवल आग-अंगार नहीं, एक प्रकार का दार्शनिक तत्त्व और शैली की प्रौढ़ता भी विद्यमान है। 'रविश' की रचनाओं में एक और भी रंग है—प्रेम का रंग। प्रेम को वह बड़ा ऊँचा स्थान देते हैं—ईश्वर के समकक्ष। 'रविश' के अनुसार प्रेम विश्व की निधि है, जीवन की श्रेष्ठतम उपलब्धि और मानवता की पराकाष्ठा है। धर्म का सच्चा रूप प्रेम है। इनकी विचारधारा में रहस्यवाद और रोमांस का तत्त्व है।

'रविश' की भाषा फ़ारसी-निष्ठ है। इनकी ग़ज़लों का संग्रह 'मेहराबे-ग़ज़ल' के नाम से प्रकाशित है।

रशीद अहमद सिद्दीक़ी (जन्म : सन् 1896 ई०)

आपकी गिनती उर्दू के उच्चकोटि के हास्य-व्यंग्य लेखकों में होती है। आपके विचारों में गहराई है और व्यंग्य में तीखापन। रूखे-सूखे विषय को भी सरस और रोचक बनाकर प्रस्तुत करते हैं। फ़ारसी और अरबी शब्दों का बहुलता से प्रयोग करते हैं। गद्य शैली प्रभावोत्पादक है।

रशीद जहाँ (मृत्यु : सन् 1954 ई०)

रशीद जहाँ बीसवीं सदी के उत्तरार्ध की एक सफल एवं लोकप्रिय लेखिका

थीं। इनकी कहानियों में मनुष्य के भीतर पल रही मनोवैज्ञानिक गुत्थियों का विवेचन हुआ है। बुराई को छिपाने में नहीं, उसे उघाड़कर समाज के सामने लाने में विश्वास रखती हैं। ग़लत परिस्थितियों को देख-समझकर ही उनका उन्मूलन संभव है, ऐसी इनकी विचारधारा है। धर्म, नीति, और प्रचलित यौन सम्बन्धी विचारधारा पर कुठाराघात करने वाले कहानी-संग्रह 'अंगारे' में सज्जाद ज़हीर (दे०) अहमद अली (दे०) और महमूदुज़-ज़फ़र के साथ स्त्री लेखिका रशीद जहाँ ही थीं। मध्यम वर्ग के पारिवारिक जीवन पर भी इन्होंने कई मार्मिक कहानियाँ लिखीं। काफ़ी लिखा लेकिन 'औरत' नाम का एक ही कहानी-संग्रह प्रकाशित है।

रशीद जहाँ की मृत्यु 1954 में मॉस्को में हुई।

रशीद, प्यारे साहब (मृत्यु : सन् 1918 ई०)

रशीद 'साबिर' (दे०) के पुत्र और प्रसिद्ध मरसिया-गो 'अनीस' (दे०) के दौहित्र थे। अनीस के पुत्र मीर अस्करी की पुत्री इनकी पत्नी थीं। काव्य-परम्परा में भी रशीद 'अनीस' के अनुयायी हैं। मरसिये में इन्होंने ज़मीर (दे०) के बताए आठ अंगों में दो अंग और जोड़े—बहार और साक़ीनामा। इनका उद्देश्य मरसिये में उल्लास के तत्व का समावेश करना था। लेकिन यह प्रयोग सफल नहीं हो सका क्योंकि यह मरसिये की मूल प्रेरणा के विपरीत पड़ता था। रशीद मरसिये पढ़ने के लिए रामपुर, हैदराबाद, कानपुर, कलकत्ता गए और बड़ी प्रशंसा प्राप्त की। मरसियों के अतिरिक्त इन्होंने ग़ज़लें, सलाम और रुबाइयाँ लिखी हैं।

रश्क, मीर औसत अली (मृत्यु : सन् 1867 ई०)

ये नासिख़ (दे०) के प्रमुख शिष्यों में से थे। इनका वतन फ़ैज़ाबाद था, पर लखनऊ में ज़्यादातर रहे। इनके 'नज़्मे मुबारक़' तथा 'नज़्मे गरामी' नामक दो दीवान मिलते हैं। इनमें भाषा की प्राञ्जलता और मुहावरों का प्रयोग तो बहुत है, लेकिन कोई रस नहीं। शृंगार-वर्णन होने के बावजूद लालित्य का अभाव है। उर्दू शब्द-कोष 'नफ़ायसुल लुग़ात' के कारण इनका बहुत नाम है। इनका मुख्य उद्देश्य अपने गुरु 'नासिख़' के भाषा सम्बन्धी सिद्धान्तों का प्रचार करना था। रश्क के अपने शिष्यों में 'मुनीर' (दे०) और 'जलाल' (दे०) प्रमुख हैं।

रस्मी

नाम था कमाल ख़ाँ। इस्माईल ख़ाँ के बेटे थे। बीजापुर के दरबार से सम्बद्ध थे। इन्होंने सुल्ताना शहरबानू बेगम के आदेश से 1059 हिजरी में

'ख़ादरनामा' का फ़ारसी से दकनी (दे०) पद्य में अनुवाद किया। 'ख़ादर-नामा' अमीर अलेस्सलाम का किस्सा है और 'शाहनामा' के ढंग पर लिखा गया है।

रस्म-ए-देहली (कृ० । रचनाकाल सन् 1905 ई०)

यह कोई साहित्यिक ग्रन्थ नहीं, मगर सामाजिक और ऐतिहासिक दृष्टि से महत्त्वपूर्ण है। इसमें इस्लामी सभ्यता-संस्कृति और युग-युगान्तर से मुसल-मानों में प्रचलित रीति-रिवाजों का विशद वर्णन है। इसके लेखक मौलवी सैयद अहमद देहलवी हैं और यह पहले मख़्ज़न प्रेस दिल्ली और फिर सन् 1965 ई० में रामपुर से प्रकाशित हुई।

रहबर/रहज़न

ये दोनों उर्दू-काव्य के विशिष्ट चरित्र हैं। रहबर कहते हैं रास्ता दिखाने वाले को और रहज़न पथिकों को लूटता है। मगर शायरी में अक्सर रहबर ही रहज़न की भूमिका निभाता है—

सुना है लूट लिया है किसी को रहबर ने
यह वाक़या तो मेरी दास्ताँ से मिलता है।

—**शमीम जयपुरी**

अपने भीतर से सम्पूर्ण और समर्थ कवि किसी मार्गदर्शक का मोहताज नहीं—

रहनुमा की क्या ज़रूरत इश्क़ कामिल चाहिए
दिल जहाँ धड़के समझ लेना वही है कूए-दोस्त।

—**दिल शाहजहाँपुरी**

मगर इस दिल से कोई क्योंकर पार पाए ?

क़ामिल रहबर, क़ातिल रहज़न
दिल सा दोस्त न दिल सा दुश्मन।

—**जिगर मुरादाबादी**

रानी केतकी की कहानी (कृ० । रचनाकाल सन् 1808 ई०)

यह इंशाअल्ला ख़ाँ 'इंशा' (दे०) की गद्य रचना है जिसमें कुंवर उदयभान और रानी केतकी की प्रेमकथा का सरस वर्णन है। इंशा का यह दावा था कि वे इस कथा में अहिन्दी शब्दों का प्रयोग नहीं करेंगे। इंशा ने यद्यपि अरबी-फ़ारसी शब्दों से बड़ी हद तक परहेज़ रखा और हिन्दी शब्दों का बहुतायत से प्रयोग किया, मगर पुस्तक की शैली पर उर्दू का प्रभाव स्पष्ट है और इसी कारण हिन्दी और उर्दू वाले—दोनों ही इसे अपनी भाषा

और साहित्य की अमूल्य निधि मानते हैं। वैसे उस समय 'हिन्दी' शब्द 'हिन्दुई', 'हिन्दवी' या 'ज़बाने-हिन्दोस्तान' के पर्याय के रूप में भी इस्तेमाल होता था। कहानी कहने के ढंग में मसनवी शैली का अनुकरण हुआ है। भाषा-शैली में मुहावरों और कहावतों का बहुतायत से प्रयोग भी फ़ारसी प्रभाव की ओर संकेत करता है। कहानी इस प्रकार है—

सुन्दर सलोना युवक कुँवर उदयभान एक हिरन का पीछा करते-करते एक बाग़ में पहुँचता है जहाँ राजा जगत प्रकाश की बेटी रानी केतकी झूला झूल रही है। दोनों प्रथम दृष्टि में ही हृदय हार बैठते हैं। बेटे की मनः-स्थिति को पहचान कर राजा सूरजभान केतकी के पिता के पास शादी का संदेशा भिजवाते हैं जिसे राजा जगतप्रकाश ठुकरा देते हैं। अपमानित राजा सूरजभान जगतप्रकाश पर आक्रमण कर देते हैं। जगतप्रकाश की सेना कमज़ोर पड़ जाती है अतः राजा अपने गुरु महेन्द्र गिर की सहायता लेते हैं। महेन्द्र गिर जादू के प्रभाव से उदयभान, सूरजभान और उसकी पत्नी लक्ष्मीबास को हिरन बना देते हैं। राजा जगतप्रकाश अपने उद्देश्य में सफल होते हैं किन्तु उनकी बेटी केतकी विरह-व्यथा को सह नहीं पाती और गृह त्यागकर जंगलों में निकल जाती है। राजा बेटी का दुख सह नहीं पाते और उसकी सखी मदनबान को उसे ढूंढ़ने भेजते हैं। उदयभान के लिए केतकी के प्रणय का पता पाकर राजा जगतप्रकाश अपने गुरु महेन्द्र गिर से प्रार्थना करते हैं कि वे उदयभान और उसके माता-पिता को खोजकर उन्हें मानव रूप प्रदान करें। यह एक जटिल समस्या है और इसके समाधान के लिए महेन्द्र गिर राजा इन्द्र से सहायता की प्रार्थना करते हैं। राजा इन्द्र की कृपा और सहयोग से जंगल में नृत्य संगीत की सभा का आयोजन होता है। संगीत की अलौकिक ध्वनि से जंगल के मृग खिंचे चले आते हैं। इनमें से पहचानकर महेन्द्र गिर फिर अपनी शक्ति से राजा सूरजभान, उनकी पत्नी और उनके बेटे उदयभान को मनुष्य का रूप देते हैं। दोनों पक्षों की सम्मति से उदयभान और केतकी का विवाह धूमधाम से सम्पन्न होता है।

रामचन्द्र

रामचन्द्र दिल्ली कॉलेज के विद्यार्थी थे और शिक्षा समाप्त करने पर इसी कॉलेज में योरोपियन विज्ञान के अध्यापक हो गए। ये गणित के विशेषज्ञ थे और इस क्षेत्र नें इनके कार्य की इंगलैण्ड में भी सराहना हुई। इसके अतिरिक्त इनको अरबी-फ़ारसी का भी अच्छा ज्ञान था। बाद में ये शिक्षा-विभाग के डायरेक्टर भी रहे। ईसाई होने पर इनकी समाज में

काफ़ी भर्त्सना हुई। किन्तु इस बात से इन्कार नहीं किया जा सकता कि प्रोफ़ेसर रामचन्द्र बहुमुखी प्रतिभा से सम्पन्न, प्रगतिशील विचारक थे। रामचन्द्र ने साहित्यिक रचनाएँ भी कीं। रोमन और ग्रीक विद्वानों का वृत्तान्त इन्होंने 'तज़किरातुल्कामिलीन' के नाम से लिखा। 'ऊसूले-इल्मे-हैयत' और 'अजायबे-रोज़गार' इनकी दो विज्ञान पुस्तकें हैं। रामचन्द्र की शैली सरल है। कहीं-कहीं अरबी के शब्द अधिक आ जाते हैं। प्रसिद्ध गद्य लेखक नज़ीर अहमद (दे०), ज़काउल्ला (दे०) और मुहम्मद हुसैन 'आज़ाद' (दे०) इनके शिष्य थे।

राशिदुल ख़ैरी मौलाना (सन् 1868-1936 ई०)

मौलाना ख़ैरी के जीवन वृत्त का पता नहीं चलता। इनका सम्बन्ध प्रसिद्ध उपन्यासकार नज़ीर अहमद (दे०) के परिवार से बताया जाता है। साहित्य में भी ख़ैरी ने उन्हीं की परम्परा को निभाया और मुस्लिम मध्यवर्ग की नारियों के उत्पीड़न के ऐसे करुण चित्र प्रस्तुत किए कि इन्हें 'मुसव्विरे-ग़म' (दु:ख का चित्रकार) कहा जाने लगा। इन्होंने स्त्री-जीवन की समस्याओं और उनकी यातनाओं को बड़ी सहानुभूति से समझा और अपने उपन्यासों में दर्शाया। पारिवारिक जीवन की कलह और स्त्री के शोषण की छोटी-छोटी घटनाओं का इस तरह वर्णन करते हैं कि पाठक दु:ख की भावना से अभिभूत हो उठता है। शैली में ऐसी भावुकता है कि करुणा का एक अत्यन्त मार्मिक माहौल पैदा हो जाता है। दृश्य-वर्णन न करके पात्रों के कथोपकथन से ही मनचाहा वातावरण तैयार कर देते हैं। इनका उद्देश्य समाज सुधारक का है। लेकिन इनके विचारों को क्रांतिकारी नहीं कहा जा सकता; क्योंकि ख़ैरी पुराने सामाजिक मूल्यों और संस्कारों की परिधि में ही सुधार चाहते हैं। स्त्री की आर्थिक स्वतंत्रता उनके परिप्रेक्ष्य से बाहर की वस्तु है। पश्चिमी सभ्यता को अपनाने वाले पात्रों का अन्त इनके उपन्यासों में हमेशा बुरा होता है। शिक्षा पर अवश्य ज़ोर दिया है।

मौलाना ख़ैरी की रचनाओं की संख्या तीस से अधिक है। छोटी कहानियों के संग्रह और उपन्यास लिखे। इनमें 'सुबहे-ज़िन्दगी', 'शामे-ज़िन्दगी', 'शबे-ज़िन्दगी', 'माहे-अजम', 'नौबते-पंचरोज़ा', 'महबूबा-ए-ख़ुदावन्द', 'सुराबे-मग़रिब', 'उरुसे-कर्बला', 'मनाज़िलुस सायरा' और 'समरता का चाँद' उल्लेखनीय हैं। स्त्री-उद्धार के उद्देश्य से 'इस्मत' और 'बिनात' नामक दो पत्रिकाएँ भी निकालीं जो बहुत लोकप्रिय हुईं। 'इस्मत' इनकी मृत्यु के बाद भी प्रकाशित होती रही।

ख़ैरी के उपन्यासों की भाषा दिल्ली की शुद्ध बोलचाल की भाषा है। स्त्रियों की भाषा और मुहावरों का प्रयोग करते हैं, जिससे शैली में भावुकता, कोमलता और संगीत के गुण समाविष्ट हो गये हैं।

रासिख़, शेख़ ग़ुलाम अली (सन् 1748-1824 ई०)

अज़ीमाबाद बिहार के रहने वाले थे। नवाब आसफ़ुद्दौला और गाज़ीउद्दीन हैदर के शासनकाल में दो बार लखनऊ आए और उनकी प्रशंसा में क़सीदे लिखे। मुसहफ़ी (दे०) के समकालीन थे। पहले 'फ़िदवी' से इस्लाह लेते थे। लेकिन बाद में उन्हें छोड़कर मीर (दे०) के अनुयायी हो गए और उन्हीं के रंग में लिखने की चेष्टा करने लगे। क़लाम कुछ निखरा, थोड़ी लोकप्रियता मिली तो अपने को 'मीर' का समकक्ष मान बैठे। लेकिन 'मीर' से रासिख़ की तुलना सूरज को चिराग़ दिखाने-जैसा ही है।

76 वर्ष की आयु में संसार से कूच किया।

रिन्द

मद्यप्रेमी को रिन्द कहते हैं। उर्दू-काव्य का यह चरित्र शायर ख़ुद है और उसे अपने आपको रिन्द कहने या कहलाने में कतई शर्म या किसी प्रकार की अपराध भावना का एहसास नहीं। मगर यह ज़रूरी नहीं कि अपने को रिन्द कहने वाला कवि वास्तविक जीवन में भी मदिरा-प्रेमी हो। रिन्द केवल मद्यप ही नहीं, परम्परा से हटकर चलने वाले के लिए भी प्रयुक्त होता है। साग़र निज़ामी की रिन्द की परिभाषा देखिए—

रिन्द हूँ कब दूसरे का आसरा रखता हूँ मैं
आँख में सागर, नज़र में मैक़दा रखता हूँ मैं।

वस्तुतः रिन्द का चरित्र मै, मैक़दा (दे०), जाम-ओ-मीना, और साग़र-सुराही जैसे उर्दू-काव्य के रूपकों की अनिवार्य सृष्टि है। रिन्द और वाएज़ (दे०), ज़ाहिद (दे०) शेख़ जैसे धर्मोपदेशकों की नोंक-झोंक उर्दू ग़ज़ल में नाटकीयता और कथोपकथनात्मकता का गुण पैदा करती है।

रिन्द, नवाब सैय्यद मुहम्मद ख़ाँ (मृत्यु : सन् 1857 ई०)

रिन्द का सम्बन्ध अवध के राज परिवार से था। बचपन फ़ैज़ाबाद में बीता, युवावस्था में लखनऊ आ गए और वहाँ के विलासी वातावरण का अंग बन गए। 'आतिश' (दे०) इनके काव्य-गुरु थे। कहते हैं कि पिछली उम्र में गुरु के प्रभाव से सादा जीवन व्यतीत करने लगे। वैसे इनके काव्य में शृंगार की प्रधानता है। कहीं-कहीं अध्यात्म की चर्चा भी मिलती है। इनके दो दीवान हैं, जिनमें से पहला 'गुलदस्तए-इश्क' है। इनकी भाषा साफ़, सरल और प्रवाहमय है और विषय में भावों की प्रधानता है।

'रियाज़' ख़ैराबादी (सन् 1853-1934 ई०)

सैयद रियाज़ अहमद 'रियाज़' का जन्म सीतापुर ज़िले के ख़ैराबाद नामक क़स्बे में हुआ। इनके पिता सैयद तुफ़ैल अहमद पुलिस में थे। 'रियाज़' ने भी पुलिस में काम किया, मगर बहुत दिन नहीं। सन् 1872 में, यानि उन्नीस वर्ष की आयु में गोरखपुर से 'रियाज़ुल अख़बार' और बाद में 'तारबर्क़ी' नामक दैनिक निकाला जो काफ़ी लोकप्रिय हुआ। सन् 1879 में साहित्यिक पत्रिका 'गुलकदा-ए-रियाज़' का प्रकाशन आरंभ किया। इस तरह 'रियाज़' सफल गद्यलेखक और पत्रकार रहे।

'रियाज़' को लड़कपन से ही शायरी का शौक़ था। 'अमीर मीनाई' (दे०) के शागिर्द थे। बड़ी मस्त तबीयत के ज़िन्दा दिल इंसान थे। यही रंग शायरी में भी भरपूर है। खुद कभी शराब पी नहीं, मगर सारी कविता मद्य और मैख़ाने से सम्बद्ध है। शुद्ध भौतिक प्रेम पर बड़े आकर्षक और शोख़ ढंग से ग़ज़ल कहते हैं। अभिव्यक्ति में बड़ा प्रवाह और चुलबुलापन है। इनकी शायरी में 'दाग़' (दे०) की झलक दीखती है। दार्शनिकता और अध्यात्म के अभाव में भी 'रियाज़' की ग़ज़लों में छिछोरापन नहीं। भाषा शुद्ध और शैली मुहावरेदार है।

ग़ज़लों के अलावा कसीदे (दे०), मसनवी (दे०), नात (दे०) और नौहे (दे०) भी लिखे हैं; लेकिन 'रियाज़' मुख्यत: अपनी मद्यसम्बन्धी ग़ज़लों के लिए प्रसिद्ध हैं। इनके काव्य-संग्रह का नाम है—'रियाज़े-रिज़्वाँ'।

रुबाई (पारि०)

चार मिसरों (पंक्तियों) के स्वतंत्र मुक्तक को रुबाई कहते हैं। इसमें पहले, दूसरे और चौथे मिसरे का रदीफ़ (दे०) क़ाफ़िया (दे०) एक ही होता है। मगर इनकी बहर (दे०) ग़ज़ल (दे०) से भिन्न होती है। इसके अपने 24 छंद हैं और इस पर विषय-सीमा का कोई बन्धन नहीं। ग़ज़ल की तरह रुबाई भी एक पुरानी और पारम्परिक काव्य-विधा है। फ़ारसी में उमर ख़ैयाम और हाफ़िज़ की रुबाईयाँ प्रसिद्ध हैं। उर्दू में अनीस लखनवी (दे०), शाद अज़ीमाबादी (दे०), जोश मलीहाबादी (दे०), फ़िराक़ गोरखपुरी (दे०), आसी-गाज़ीपुरी (दे०), तिलोकचंद महरुम (दे०), अमजद हैदराबादी, यग़ाना चंगेज़ी (दे०) ने बड़ी ख़ूबसूरत रुबाईयाँ कही हैं और अनेक अन्य शायरों के केवल रुबाइयों के संग्रह प्रकाशित हुए हैं। रुबाई का मुख्य क्षेत्र दार्शनिक विचार है।

रुसतमी, कमाल ख़ाँ

रुसतमी को बीजापुर के सुल्तान मुहम्मद आदिलशाह का संरक्षण प्राप्त

था। इनकी केवल एक ही रचना प्राप्त है—'ख़ावरनामा' जो इन्होंने सुल्तान की बेग़म ख़ादिजा के अनुरोध पर लिखी थी। यह एक प्रबन्ध-काव्य है और इसमें 24,000 अशआर हैं। इसका रचनाकाल सन् 1649 ई० बताया जाता है और यह भी प्रसिद्ध है कि इस महत् काव्य-ग्रन्थ की रचना रुसतमी ने केवल डेढ़ वर्ष में की थी। यह ग्रन्थ सहज, बोधगम्य भाषा में रचा गया है।

'रुसवा', मिर्ज़ा मुहम्मद हादी (सन् 1858-1931 ई०)

'रुसवा' का जन्म लखनऊ में आग़ा मुहम्मद तक़ी के यहाँ हुआ। गणित और ज्योतिष की शिक्षा पिता से प्राप्त की। सोलह बरस के थे कि बाप का साया सिर से उठ गया और मामा ने सारी जायदाद हड़प ली। अरबी-फ़ारसी के साथ अंग्रेज़ी पढ़कर इन्ट्रेन्स की परीक्षा पास की। फिर रुड़की से ओवरसियर का प्रशिक्षण लिया और रेलवे में कुछ समय तक नौकरी की। एक दिन अरबी में लिखी रसायन शास्त्र की कोई पुस्तक हाथ पड़ गई। परिणाम यह हुआ कि कोठी का सारा सामान बेचकर इंगलैण्ड से वैज्ञानिक यंत्र मंगा लिए और एक लुहार के बेटे को इसलिए पढ़ाना शुरू किया ताकि काम ख़त्म होने पर उसकी भट्टी का इस्तेमाल कर सकें। नौकरी से इस्तीफ़ा दे दिया। प्राइवेट बी० ए० किया और अमेरिका की ओरियन्टल यूनीवर्सिटी से पी० एच० डी० की डिग्री प्राप्त की। तर्कशास्त्र, दर्शनशास्त्र, गणित और ज्योतिष में विशेष रुचि थी। धर्मशास्त्रों का गहन अध्ययन किया और दर्शन पर पुस्तकें लिखीं। अरबी-फ़ारसी और उर्दू के अतिरिक्त संस्कृत, हिन्दी, अंग्रेज़ी, ग्रीक और हिब्रू पर अच्छा अधिकार रखते थे। ग़रज़ यह कि एक बहुमुखी प्रतिभासम्पन्न सीधे-सादे इन्सान थे। स्वभाव से संतोषी और स्वाभिमानी। ज्ञानार्जन ही जीवन का उद्देश्य था और दृष्टि में ऐसी गंभीरता कि हर विषय की गहराई तक पैठ जाते। जीविकोपार्जन के लिए लखनऊ के स्कूल, कॉलेजों में अध्यापन किया। आख़िरी उम्र में उस्मानिया यूनिवर्सिटी के अनुवाद विभाग में भी काम किया।

'रुसवा' ने अनेक पद्य रचनाएँ कीं जिनमें से अधिकांश उपलब्ध नहीं। जो प्राप्त हैं उनमें 'मुरक़्क़ए लैला-मजनूँ' और मसनवी 'उमीदो बीम' उल्लेखनीय हैं। किन्तु 'रुसवा' को उर्दू साहित्य में अमर यश अनुवादों या कविताओं से नहीं, उपन्यासों से प्राप्त हुआ है। 'उमराव जान अदा' (दे०) इनका एक महत्त्वपूर्ण मनोवैज्ञानिक उपन्यास है जिसमें उन्होंने पहली बार एक वेश्या को एक स्त्री के रूप में चित्रित किया। अभी तक यह विषय

साहित्यकारों के लिए त्याज्य था। उपन्यास का मानवीय पक्ष बड़ा प्रबल है और रुसवा की मानव स्वभाव में गहरी पैठ का पता देता है। साथ ही इसमें उन्नीसवीं शताब्दी के अन्तिम दशकों के लखनऊ की सभ्यता, सामाजिक, आर्थिक, धार्मिक और साहित्यिक स्थिति का वास्तविक वर्णन हुआ है। समाज के अनेक वर्गों के व्यक्ति अपनी तमाम अच्छाइयों, बुराइयों के साथ सामने ला खड़े किए हैं। जीवन की वह व्याकुलता जो आधुनिक उपन्यास का मर्म है, चरित्रों के माध्यम से उजागर हुई है। 'शरीफ़ज़ादा' में आत्मकथा का तत्त्व है और 'ज़ाते-शरीफ़' में उच्च श्रेणी के लोगों की जीवन-कथा के माध्यम से सन् 1857 के बाद के अवध की दुर्दशा का चित्रण है।

'रुसवा' ने उपन्यास को जीवन का आईना बना दिया और ज़िन्दगी की छोटी-बड़ी तमाम बातों को उनके मनोवैज्ञानिक परिप्रेक्ष्य में बड़ी सच्चाई और स्वाभाविकता से पेश किया। प्रकृति के बड़े सजीव चित्रण भी इनके उपन्यासों में देखने को मिलते हैं। गद्य में सरसता और भाषा में लखनवी सुथरापन है। वर्णन सौन्दर्य 'रुसवा' की शैली का विशेष गुण है। भावों की कोमलता और भाषा की मिठास गद्य को पद्यात्मक बना देती है। इनके अन्य उपन्यास 'बहराम की रिहाई', 'ख़ूनी भेद', 'ख़ूनी जोरू' और 'अफ़शाए-राज़' हैं। 'रुसवा' ने यूरोपियन नाटकों की शैली पर एक काव्य-बद्ध नाटक भी लिखा जो गद्य नाटकों के सामने सफल न हो सका।

रुस्तम (अं०)

रुस्तम एक प्रसिद्ध ईरानी योद्धा थे। इन्होंने अपने समय के बड़े-बड़े वीरों से लोहा लिया और उन्हें परास्त किया। ऐसा कहा जाता है कि रुस्तम ने बहुत से भयानक दैत्यों का भी नाश किया। रुस्तम के हाथ से उनके अपने ही पुत्र सोहराब की हत्या हुई। साहित्य में रुस्तम अनन्य शौर्य का प्रतीक है। उदाहरणार्थ देखिए—

वो भी कुछ कम नहीं है रुस्तम से
नशा-ए-ज़र की जो तरंग में है।

—यार मुहम्मद शौकत

रुहे इक़बाल (कृ० । प्रकाशन वर्ष सन् 1942 ई०)

इस पुस्तक के लेखक हैं डॉ० यूसुफ़ हुसैन ख़ाँ। और इसका उद्देश्य है डा० सर मोहम्मद इक़बाल (दे०) के व्यक्तित्व और कृतित्व की प्रामाणिक और रोचक प्रस्तुति। कवि के जीवन-दर्शन को उसकी रचनाओं के उद्धरण देकर इस तरह पेश किया गया है कि सचमुच ही उसकी आत्मा शब्दों में उतर आई है।

रुहे तनक़ीद (कृ० । रचनाकाल सन् 1927 ई०)

इस पुस्तक के लेखक डा० मुहीयुद्दीन क़ादिरी 'ज़ोर' (दे०) हैं। डा० 'ज़ोर' ने पाश्चात्य आलोचना ग्रन्थों के गहन अध्ययन के बाद यह पुस्तक अपने विद्यार्थी जीवन में लिखी। इसके लेख दो भागों में विभाजित हैं। पहले भाग में आलोचना की परिभाषा, उसका उद्देश्य, साहित्य की परिभाषा और उद्देश्य, आलोचक की जागरूकता और कर्तव्य तथा आलोचना-सिद्धान्तों का विवेचन है। दूसरे भाग में 'रोम एवं यूनान का प्राचीन काल', 'मध्यकाल', 'संशोधन-युग', 'आलोचना की प्रगति', 'फ़्रांस-इंगलैण्ड', 'अठारहवीं शताब्दी की आलोचना', 'तीन प्रसिद्ध आलोचक', 'प्रचलित आलोचना' और 'चंद आलोचनात्मक कृतियाँ' आदि लेख हैं। डा० ज़ोर पर पाश्चात्य आलोचना और आलोचकों का प्रभाव है। यत्र-तत्र पश्चिमी समीक्षकों के उद्धरण देखने में आते हैं। डा० ज़ोर केवल छिद्रान्वेषण को आलोचना का उद्देश्य नहीं मानते। उनके विचार से आलोचना वह कला है जो भले-बुरे, खोटे-खरे की पहचान बताती है। आलोचना के सम्बन्ध में यह एक महत्त्वपूर्ण पुस्तक है।

रेख़्ती (पारि०)

रेख़्ती शब्द संभवत रेख़्ता (उर्दू) का स्त्रीलिंग है और इसका तात्पर्य है स्त्रियों की भाषा। सामाजिक विलगता, अल्प शिक्षा, सामन्ती व्यवस्था और परदे की कट्टरता की शिकार स्त्रियों की समस्याओं पर बहुत कुछ लिखा जा सकता था लेकिन रेख़्ती काव्य इनको केवल छूकर ही रह गया। इसमें स्त्री जाति की संवेदना, घुटन और पीड़ा तो नहीं केवल यौन-सम्बन्धी विषय और स्त्रियों में बोले जाने वाले कुछ शब्द और मुहावरे ही मुखरित हुए। इस शैली के आविष्कारक, सआदत यार ख़ाँ 'रंगीं' (दे०) माने जाते हैं। 'इंशा' (दे०) ने भी रेख़्ती की रचना की। वैसे रेख़्ती के उदाहरण बीजापुर के मौलाना हाशमी (दे०) के काव्य में भी मिलते हैं। मीर यार अली ख़ाँ 'जान साहब' (दे०) ने सिर्फ़ रेख़्ती में ही लिखा। ये मुख्यत: ग़ज़ल में ही कही गई। किसी सामाजिक उद्देश्य एवं उदा भावनाओं के अभाव में यह शैली अधिक पनप न सकी।

रोबक, कैप्टेन टॉमस

कैप्टेन रोबक भारत में ईस्ट इण्डिया कम्पनी के सेनाधिकारी थे। डा० गिलक्रिस्ट (दे०) के प्रभाव से ये भी उर्दू में रुचि लेने लगे। सन् 1804 में जब डा० गिलक्रिस्ट स्वदेश लौट गए तो कै० रोबक फ़ोर्ड विलियम

कॉलेज (दे०) के मुख्याधीश नियुक्त हुए। इन्होंने 'लुग़ते जहाज़रानी' नामक एक पुस्तक लिखी जिसमें नाविक शास्त्र सम्बन्धी पारिभाषिक शब्दों के पर्यायवाची हिन्दुस्तानी शब्दों की सूची है। व्याकरण के सिद्धान्तों पर इनकी एक दूसरा पुस्तक 'इंडियन इण्टरप्रेटर' है। अंग्रेज़ी में इन्होंने फ़ोर्ट विलियम कॉलेज के सम्बन्ध में एक पुस्तक लिखी और शब्दकोश तैयार करने में डा० गिलक्रिस्ट की सहायता की। इन्होंने अपने समय में हिन्दुस्तानी के कई विद्वानों को कॉलेज में बुलाया। इनमें बेनी नारायन 'जहां' (दे०) का नाम प्रमुख है। डा० रोबक के अतिरिक्त फ़ोर्ट विलियम कॉलेज के अंग्रेज़ अध्यापकों में कैप्टेन टेलर उल्लेखनीय हैं जिन्होंने डा० हैदर की सहायता से अंग्रेज़ी-हिन्दुस्तानी शब्दकोश तैयार किया।

ल

लखनऊ स्कूल की ख़ारिजी शायरी (प्र०)

कुछ विशेष साहित्यिक प्रवृत्तियों के आधार पर दिल्ली और लखनऊ की 18वीं शताब्दी के उत्तरार्ध और 19वीं सदी के पूर्वार्ध की शायरी को दो भिन्न धाराओं के रूप में देखा जाता है। आलोचकों ने इन्हें लखनऊ स्कूल की ख़ारिजी (objective या वस्तुगत) और दिल्ली स्कूल की दाख़िली (Subjective अथवा आत्मगत) शायरी (दे०) का नाम दिया है।

जिस समय औरंगज़ेब की धर्मान्धिता और असहिष्णुता के दुष्परिणाम मुग़ल सल्तनत के वंशज भुगत रहे थे, और दिल्ली नादिरशाह और अहमदशाह दुर्रानी के हमलों से त्रस्त थी, आलमशाह ईस्ट इंडिया कम्पनी के बंदीगृह में पड़े थे, अवध में एक नया, स्वतंत्र राज्य स्थापित हो रहा था। नवाब शुजाउद्दौला ने इसका सूत्रपात किया और नवाब आसफ़ुद्दौला ने साहित्य और कला को प्रोत्साहित करने की परम्परा को आगे बढ़ाया। उन्हीं के शासनकाल में फ़ैज़ाबाद से हटाकर लखनऊ को अवध की राजधानी बनाया गया। सआदत अली ख़ाँ के बाद नवाब ग़ाज़ीउद्दीन हैदर गद्दीनशीन हुए और उन्होंने दिल्ली दरबार से अपना सम्बन्ध तोड़कर बादशाह की पदवी हासिल की। इन्हीं के वंशज नवाब वाजिदअली शाह (दे०) हुए जो खुद कवि थे, और कलाकारों को आश्रय देने के लिए जिनकी सारे हिन्दुस्तान में धूम थी। सन् 1856 ई० में ईस्ट इंडिया कम्पनी ने नवाब साहब को बंदी बनाकर कलकत्ता में नज़रबंद कर दिया, और उनके साथ ही अवध के ऐश्वर्य का दीपक भी बुझ गया।

अवध में धन की कमी न थी। नवाब ललित कलाओं के कद्रदान थे और नृत्य-संगीत और ऐश्वर्य के लिए पानी की तरह पैसा बहाते थे। शायरों को वज़ीफे दिए जाते थे और बहुधा मुशायरों का आयोजन होता था। राज्याश्रय से वंचित और दुर्दिनों से आक्रान्त दिल्ली के कुछ कवियों ने भी अवध

की राह ली। वहाँ उन्हें समुचित सत्कार और प्रश्रय मिला। अवध का पतनोन्मुख राज्य बाह्य रूप से प्रगति की ओर अग्रसर था। राजनैतिक उथल-पुथल से अछूता और आर्थिक रूप से सम्पन्न था। लखनऊ के इस दौर की शायरी ख़ारिजी शायरी के नाम से जानी गई। इसका रंग दिल्ली की दाख़िली शायरी (दे०) से जुदा था। इस ज़माने के लखनऊ के शायरों ने शे'र की आत्मा के बजाय उसके शरीर को सजाने-संवारने पर अधिक बल दिया। अध्यात्म और करुणा रस से भीगी मर्मस्पर्शी रचनाओं के स्थान पर शब्दों से चमत्कृत करने वाली ग़ज़लें लिखी गईं। मुहावरों के नये प्रयोग, नये क़ाफ़िये, शब्दजाल और भाषा की बनावट और औचित्य पर ज़्यादा ज़ोर दिया जाने लगा। इससे उर्दू भाषा में अवश्य ही कसाव आया, मगर शायरी की सरसता और प्रभावोत्पादकता की गहरी क्षति हुई। नखशिख वर्णन को हृदयोद्गारों से अधिक महत्त्व दिया जाने लगा। सादगी की जगह कृत्रिमता ने ले ली। 'रंगीं' (दे०) की रेख़्ती (दे०) इसी युग की देन है। 'इंशा' (दे०), 'मुसहफ़ी' (दे०) 'जुरअत' (दे०) 'नासिख़' (दे०) 'आतिश' (दे०) इस दौर के मुख्य कवि हुए। 'सोज़' (दे०), 'सौदा' (दे०) 'फ़ुग़ाँ' (दे०) और 'ज़ाहिक' (दे०) दिल्ली से लखनऊ आए। कुछ समय के लिए 'मीर' भी आए, उन्हें राज्याश्रय भी मिला लेकिन कविता का लखनवी रंग रास न आया। ऐसा नहीं कि इस स्कूल के अन्य कवियों ने विशुद्ध वस्तुवादी कविता ही की मगर तत्कालीन साहित्य का मुख्य रुझान इसी ओर था। शिया नवाबों के प्रश्रय में इस समय में कुछ बेहतरीन मरसिये (दे०) भी लिखे गए। नौहा (दे०) तथा सलाम (दे०) का रूप भी परिमार्जित हुआ।

लल्लू लाल जी (सन् 1763-1825 ई०)

ये गुजराती ब्राह्मण थे किन्तु काफ़ी समय से उत्तर भारत में बस गए थे। इन्हें कलकत्ता फ़ोर्ट विलियम कॉलेज (दे०) में हिन्दी पुस्तकें लिखने के लिए नियुक्त किया गया था। इन्होंने 'प्रेम-सागर', 'राजनीति', 'सभा-विलास', 'महादेव-विलास' आदि हिन्दी पुस्तकों की रचना करके आधुनिक हिन्दी गद्य के जन्मदाता का गौरव अर्जित किया। इन ग्रन्थों की हिन्दी खड़ीबोली पर आधारित है और उर्दू के बहुत निकट है। लल्लू लाल जी उर्दू भी जानते थे और उनकी काज़िम अली 'जवान' (दे०) की सहायता से लिखी 'सिंहासन बत्तीसी' उर्दू और हिन्दी दोनों लिपियों में प्रकाशित हुई। 'अभिज्ञान-शाकुन्तल' के अनुवाद में इन्होंने 'जवान' की बड़ी सहायता की। उर्दू-साहित्य से इनका इतना ही सीधा सम्बन्ध है।

लाला श्रीराम देहलवी (सन् 1875-1929 ई०)

लाला श्रीराम का सम्बन्ध एक साहित्यिक अभिरुचि सम्पन्न परिवार से था। ये दिल्ली के रहने वाले थे। फ़ारसी, अरबी और अंग्रेज़ी के जानकार थे। अस्वस्थता के कारण इन्होंने सन् 1907 ई० में नौकरी से अवकाश ले लिया और साहित्य सेवा में जुट गए। इनकी पुस्तक 'खुमख़ाना-ए-जावेद' एक ऐसी पुस्तक है जो अकेले ही श्रीराम का नाम उर्दू-साहित्य के इतिहास में अमर कर देने को पर्याप्त है। यह उर्दू-कवियों का तज़किरा है। लाला श्रीराम का उद्देश्य आरंभ से लेकर अपने समय तक के सभी कवियों का जीवन वृत्तान्त तैयार करने का था। इस काम पर इन्होंने बहुत परिश्रम किया और सहस्त्रों किताबें इकट्ठी कीं। बड़े शोधपूर्ण ढंग से सूचनाएँ एकत्र करके 'ख़ुमख़ाना-ए-जावेद' में सुन्दर ढंग से संग्रहीत कीं। लालाजी इस पुस्तक के चार ही भाग पूरे कर पाए थे कि उनका देहान्त हो गया और पुस्तक का पाँचवाँ भाग पंडित कैफ़ी (दे०) ने प्रकाशित कराया। 'खुमख़ाना-ए-जावेद' उर्दू की महत्त्वपूर्ण रचनाओं में से है और कुछ एक कमियों के बावजूद भी साहित्य के इतिहास पर प्रामाणिक पुस्तक है। 'दीवान अनवर', 'महताब दाग़' और 'जमीमा यादगार दाग़' इनकी अन्य पुस्तकें हैं।

लुत्फ़, मिर्ज़ा अली (मृत्यु : सन् 1822 ई०)

'लुत्फ़' दिल्ली के रहने वाले थे लेकिन दिल्ली की तबाही के दिनों में अन्य विद्वानों की भाँति वहाँ से प्रस्थान किया। लखनऊ और पटना गए और वहीं से कलकत्ता पहुँचे। कलकत्ता में फ़ोर्ट विलियम कॉलेज (दे०) के डा० गिलक्रिस्ट (दे०) से भेंट हुई तो कॉलेज के साहित्य विभाग में रख लिये गए। यहीं पर डा० गिलक्रिस्ट के निर्देश पर इन्होंने उर्दू-कवियों का एक तज़किरा 'गुलशने हिन्द' लिखा। इसकी भाषा सरल नहीं लेकिन इससे तत्कालीन कवियों से सम्बन्धित कई सूचनाएँ मिलती हैं। इस ग्रन्थ की पाण्डुलिपि खो गई थी अत: यह कलकत्ता से प्रकाशित न हो सका। यह पाण्डुलिपि सन् 1906 में हैदराबाद की बाढ़ में मिली और फिर वहीं से प्रकाशित हुई।

लुत्फ़ का देहान्त हैदराबाद में ही सन् 1822 ई० में हुआ।

लैला (पा०)

यह क़ाज़ी अब्दुल ग़फ़्फ़ार (दे०) की कृति 'लैला के ख़ुतूत' (दे०) की नायिका है। लैला सुन्दर और सजग युवती है किन्तु परिस्थितियों के चक्र-

व्यूह में फँसकर वेश्या बन जाती है। उसका प्रेम प्रतिशोध की भावना में बदल जाता है और वह समाज से घृणा करने लगती है। अपनी वासना-पूर्ति के लिए आने वाले पुरुषों से वह भले ही खिलवाड़ करे किन्तु मन में कहीं नितान्त अकेलेपन से ग्रस्त है। लैला पाठक के मन में करुणा उप-जाती है।

लैला के ख़ुतूत (कृ०)

यह काज़ी अब्दुल ग़फ़्फ़ार (दे०) की एक अनुपम व्यंग्य-रचना है जिसमें एक वेश्या के जीवन की करुण कहानी बड़े रोचक और प्रेरक ढंग से कही गई है। इसमें केवल वेश्या जीवन की पीड़ा ही नहीं, उसकी विभिन्न समस्याओं का सामाजिक पृष्ठभूमि में विश्लेषण भी हुआ है। लेकिन कहीं उपदेश का स्वर नहीं और न ही दर्शन की बोझिलता। मनोवैज्ञानिक पहलू भी अछूता नहीं। भाषा सुन्दर और भावपूर्ण है, शैली व्यंग्यात्मक। लेखक अपनी सभ्यता और व्यवस्था की विसंगतियों के प्रति सचेत है।

व

वजही

मुहम्मद कुली क़ुतुबशाह के शासनकाल (सन् 1580-1611 ई०) में गोलकुण्डा में जो उर्दू के शायर हुए उनमें मौलाना वजही का नाम सबसे पहले लिया जाएगा। इनका दो रचनाएँ विशेष रूप से प्रसिद्ध हुईं—'क़ुतुब-मुशतरी' और 'सबरस' (दे०)। 'क़ुतुब-मुशतरी' एक मसनवी है जिसमें वजही ने एक प्रणय कथा की आड़ में सुल्तान मुहम्मद 'क़ुली क़ुतुब शाह' (दे०) के शौर्य, उदारता, और अनुरागशील प्रकृति का सुन्दर वर्णन किया है। इस तरह यह मसनवी ऐतिहासिक दृष्टि से भी महत्त्वपूर्ण हो जाती है। इसमें उस ज़माने के सामाजिक जीवन का भी चित्रण है। इस मसनवी में लगभग दो हज़ार अशआर हैं। ग़ज़ल और रुबाइयाँ भी हैं। इसका रचनाकाल सन् 1608-9 ई० माना जाता है। इसका प्रकाशन अंजुमन-तरक़्क़ी-ए-उर्दू ने किया है। इसकी भाषा विशेष सरल नहीं। अरबी-फ़ारसी और संस्कृत शब्दों का खुलकर प्रयोग किया गया है। 'सबरस' वजही की उत्कृष्ट गद्य रचना है। इसमें उन्होंने अध्यात्म के गहन प्रश्नों को उठाया है। शैली प्रतीकात्मक और तुकान्त है। उर्दू में इसे साहित्यिक गद्य का आरंभ माना जाता है। इसका रचनाकाल सन् 1635 ई० है। यह उर्दू और हिन्दी दोनों में प्रकाशित हो चुकी है।

वज़ीर आग़ा

आपका नाम पाकिस्तान की नई कविता से गहरा जुड़ा हुआ है। नई कविता आंदोलन में आपकी भूमिका इसलिए भी महत्त्वपूर्ण है कि आप न केवल कविता लिखते हैं बल्कि उसके आधार और उसकी विशेषताओं की विवेचना भी करते हैं। गद्यकार के रूप में भी आपका योगदान सराहनीय है। आपके लेखन पर युंग की मनोवैज्ञानिक विचारधारा का प्रभाव है। कविताओं का संग्रह 'शाम और साये' प्रकाशित है। साहित्यिक निबंधों के

संग्रह हैं 'मसर्रत की तलाश', 'ख़यालपारे' और 'चोरी से यारी तक'। 'उर्दू शायरी में 'तंज़ो मिज़ाह', 'नज़्मे-जदीद की करवटें', 'उर्दू शायरी का मिज़ाज' और 'तनक़ीदो एहतसाब' आपकी आलोचनात्मक पुस्तकें हैं।

वज़ीर, ख़्वाजा मुहम्मद (मृत्यु : सन् 1853 ई०)

ये ख़्वाजा मुहम्मद फ़क़ीर के पुत्र और 'नासिख़' (दे०) के प्रमुख शिष्य थे। इनका उद्देश्य भी अपने गुरु के काव्य-सिद्धान्तों और शैली का प्रचार करना था। यही शिक्षा इन्होंने अपने शिष्यों को भी दी। इन्होंने अपना काव्य संग्रह नहीं किया था, परन्तु इनकी मृत्यु पर इनके शागिर्दों ने इनकी रचनाएँ एकत्र करके 'दफ़्तरे-फ़साहत' के नाम से प्रकाशित कर दीं। ये ख़ारिजी (objective) शायरी में विश्वास रखते थे, और भाषा के परिष्कार की ओर विशेष ध्यान देते थे। बड़े स्वाभिमानी व्यक्ति थे। नवाब वाजिद अली शाह (दे०) के दो निमंत्रण अस्वीकार कर दिए। सारा जीवन विरक्ति में बिता दिया।

वजीहुद्दीन वज्दी

अठारहवीं शताब्दी के पूर्वार्ध में दक्षिण भारत में हुए। इनकी गणना उस समय के उच्चकोटि के कवियों में की जाती है। इन्होंने बहुत ही सरल, सुबोध और शुद्ध भाषा में कई मसनवियाँ लिखीं जिनमें से तीन उपलब्ध हैं। वज्दी की मसनवी 'पंछीबाछा' शेख़ फ़रीदुद्दीन अत्तार की प्रसिद्ध फ़ारसी रचना 'मन्तिकुल तीर' का उर्दू रूपान्तर है। इसमें 3650 शेर हैं और यह सन् 1718 ई० में लिखी गई। सन् 1731 ई० में 'मख़ज़न-ए-इश्क़' के नाम से एक और मसनवी की रचना की। सन् 1740 ई० में मसनवी 'तोहफ़ा-ए-आशिकां' लिखी। यह शेख़ अत्तार की रचना 'ख़ुसरोनामा' का अनुवाद है। वज्दी की मसनवियों में तत्कालीन सामाजिक जीवन, रीति-रिवाजों, रहन-सहन आदि की सुन्दर झाँकियाँ मिलती हैं।

वज़ू

नमाज़ पढ़ने से पहले आत्मशुद्धि के लिए कुहनियों तक हाथों को धोना वज़ू कहलाता है। वह पवित्र स्थान की मर्यादा है। उर्दू शायरी में अक्सर इसका ज़िक्र आता है कभी धार्मिक कर्मकाण्ड के संदर्भ में, तो कभी व्यंग्यात्मक अर्थ में। एक उदाहरण देखिए—

तर दामनी पे शेख़ हमारी न जाइयो
दामन निचोड़ दें तो फ़रिश्ते वज़ू करें।

वज्द, सिकन्दर अली (जन्म : सन् 1914 ई०)

औरंगाबाद और हैदराबाद में शिक्षा प्राप्त करने के बाद निज़ाम सरकार

में डिप्टी कलेक्टर नियुक्त हुए। अवकाश प्राप्त करने के बाद पूरी तरह साहित्य को समर्पित हो गए। कविता विद्यार्थी जीवन में ही लिखने लगे थे। भारतीयता के प्रति गहरा लगाव आपकी रचनाओं से स्पष्ट होता है। शैली में नवीन और प्राचीन का सुन्दर समन्वय है। अजन्ता, एलोरा और ताजमहल पर लिखी आपकी नज़्में बहुत लोकप्रिय हुईं। आपके तीन संग्रह 'लहू तरंग', 'आफ़ताबे-ताज़ा और 'औराक़े मुसव्वर' छप चुके हैं।

वली (सन् 1668-1744 ई०)

'फ़िराक' गोरखपुरी (दे०) के अनुसार वली औरंगाबाद के कादरिया शखों के वंशज थे। ऐसा भी कहा जाता है कि इनका जन्म तो औरंगाबाद में हुआ किन्तु अधिक समय तक अहमदाबाद के सूफ़ी कवि शाह वजीहुद्दीन अलवी के सान्निध्य में रहे और उनके आध्यात्मवाद से गहरे तक प्रभावित हुए।

वली पर्यटन प्रेमी थे। तबीयत से मस्त। राज्याश्रय की कभी अपेक्षा नहीं की। मन-वचन-कर्म से सूफ़ी थे। सन् 1686 ई० में जब औरंगज़ेब ने बीजापुर और गोलकुण्डा की सल्तनतों को पराभूत किया तो दकनी और दिल्ली की फ़ारसी शायरी गले मिलीं। वली सन् 1700 ई० में दिल्ली आए। अभी तक दकनी में लिखते थे। यहाँ आकर शाह गुलशन की प्रेरणा से अपने काव्य में फ़ारसी शब्दों का बहुतायत से प्रयोग करने लगे। 1722 ई० में इनके 'दीवाने-रेख़्ता' को लोगों ने हाथों हाथ लिया और गली-कूचों से लेकर अमीरों की महफ़िलों तक सराहे गए। औरंगाबाद वापस पहुँचकर करबला के शहीदों की प्रशंसा में एक मसनवी 'दह मजलिस' (दे०) लिखी जिसको बाद में फ़ज़ली (दे०) ने गद्य-बद्ध किया।

'दीवाने-वली' में वली की ग़ज़लें, रुबाईयाँ, क़तआत, क़सीदा और मसनवी संग्रहीत हैं। ग़ज़लों का विषय परम्परागत होने पर भी उस प्रेम में आध्यात्मिक व्यापकता है। वली की रचनाओं पर फ़ारसी कविता के तर्ज़-बयान का स्पष्ट प्रभाव है। प्रेयसी के लिए पुल्लिग का प्रयोग करते हैं, लेकिन कल्पना देसी रंगों में नहायी है और भारतीय जीवन के निकट है। वली में विचारों का सौष्ठव, कल्पना का सौन्दर्य और भाषा की सरसता है। वली ने उर्दू काव्य को एक नई दिशा दी। दकनी में लिखा गया अब तक का काव्य हिन्दी उपमा, अलंकारों और संस्कृत के सहारे चलता था; वली ने इनका बहिष्कार करके फ़ारसी की तर्ज़ पर जो साहित्य रचा उसकी भाषा उर्दू (दे०) कहलाई और वली को उर्दू का 'आदि कवि' (बाबा-ए-रेख़्ता) होने का गौरव प्राप्त हुआ। वली को उर्दू ज़बान का चौसर भी कहा

जाता है।

'दीवाने वली उर्दू साहित्य की श्रेष्ठ निधि है और उर्दू के अतिरिक्त अन्य कई भाषाओं में सम्पादित हो चुका है। सबसे पहले गार्मां दा तासी ने इसे प्रकाशित किया। अंजुमन-तरक़्क़ी-ए-उर्दू ने इसे तीन बार प्रकाशित किया है।

वली का एक हिन्दी काव्य संग्रह और सूफ़ी मत सम्बन्धी एक उर्दू गद्य पुस्तक 'नुरुल मारफ़त' का प्रणेता भी बताया जाता है। किन्तु ये दोनों पुस्तकें अप्राप्य हैं।

वली दकनी

आलमगीर के समय में दकन में हुए। सातगढ़ नामक स्थान पर हिरासत ख़ाँ नामक अमीर के आश्रित थे। बाद में कुड़प्पा चले आए। इन्होंने बड़े आकार की एक मसनवी लिखी—'रतन पदम'। इनकी दूसरी रचना है 'रौज़तुल शोहदा' जिसमें कर्बला (दे०) की घटनाएँ पद्यबद्ध की गईं। यह 1119 हि० में लिखी गई। इसके अतिरिक्त इनका एक 'पनाजात' (उपालंभ) भी है।

वहीदुद्दीन सलीम, मौलवी

उर्दू, अरबी-फ़ारसी के अच्छे विद्वान थे। अंग्रेज़ी भी जानते थे। कुछ समय तक भावलपुर के शिक्षा-विभाग में रहे। फिर 'मआरिफ़' नाम से अपना मासिक पत्र निकाला। 'अलीगढ़ गज़ट' और 'मुस्लिम गज़ट' का भी सम्पादन किया। फिर लाहौर के 'ज़मींदार' के सम्पादक रहे। इसके अतिरिक्त अन्य पत्र-पत्रिकाओं में भी इनके लेख छपते रहे जो बहुत उच्चकोटि के हैं। सरल और मधुर हिन्दी शब्दों का सदा स्वागत करते और क्लिष्ट भाषा के पक्षपाती न थे। हैदराबाद के 'दारुल तर्जुमा' में 'वज़ा इस्तलाहात' नाम से परिभाषाओं की एक उपयोगी पुस्तक लिखी। आप बाद में उस्मानिया यूनिवर्सिटी में उर्दू के प्रोफ़ेसर रहे।

वाएज़

धर्मोपदेशक को वाएज़ कहते हैं। वाएज़ उर्दू काव्य को फ़ारसी साहित्यिक परम्परा की देन है। मदिरा प्रेमी और लीक से हटकर चलने वाले शायर और वाएज़ में हमेशा तक़रार चलती है। वाएज़ रिन्द (दे०) को गुमराह जानकर उसे शराबनोशी से बाज़ आने की हिदायत करता है, उसे संयम-नियम और व्रत उपवास का उपदेश देता है। मगर शायर उसे अज्ञानी और पाखंडी मानता है और उसके कर्मकाण्ड का उपहास करता है।

सांसारिक सुखों से विमुख होकर जन्नत (दे०) में उन्हीं सुखों की लालसा रखने वाला वाएज़ बहुधा कवि के व्यंग का शिकार हो जाता है—

उठाकर अपना बिस्तर राह ले जन्नत की ऐ वाएज़
ढला जाता है हूरों का शबाब आहिस्ता-आहिस्ता ।

—'असद' गोरखपुरी

वाएज़ ऐसे व्यक्ति का प्रतीक है जिसका ज्ञान उथला है और मानव-पक्ष अधूरा। इसका काम सिर्फ़ उपदेश देना है। जीवन के विभिन्न रंगों से इसकी पहचान नहीं, और न ही उनकी तह तक पहुँचने की क्षमता।

आदमीयत है फ़रिश्तों से बहुत दूर 'रविश'
वाएज़-ए-शहर को दुश्वार है इंसाँ होना।

—रविश सिद्दीक़ी

'वामिक़' जौनपुरी (जन्म : सन् 1912 ई०)

अहमद मुजतबा 'वामिक़' का जन्म जौनपुर ज़िले के कजगाँव में हुआ। इनके पिता मुस्तफ़ा हुसेन कलक्टर थे। परिवार में शिक्षा की परम्परा थी। 'वामिक़' ने बी० ए०, एल० एल० बी० किया और वक़ालत करने लगे। शायरों को पढ़ने का शौक़ था और बेशुमार अशआर याद थे मगर खुद शायरी द्वितीय महायुद्ध के दौरान शुरू की। पहले हुस्नो-इश्क़, ज़ाहिदो-मैकदा और तसव्वुफ़ जैसे पारम्परिक विषयों पर लिखा लेकिन विश्वयुद्ध ने इनकी चेतना को झकझोरा और वामिक़ आशिक़-माशूक़ का क़िस्सा छोड़ प्रगतिशील कवियों में आ मिले। महबूबा संगिनी बन गई और दिल में आज़ादी की ख़्वाहिश सुलगने लगी। 'वामिक़' ने राजनैतिक विषयों पर कई सफल रचनाएँ की हैं। बोल-चाल की भाषा और मुक्त-छन्द भी लिखा है। इनके पहले काव्य-संग्रह 'चीखे' की रचनाएँ हिन्दू-मुस्लिम साम्प्रदायिक दंगों और महात्मा गांधी की हत्या से प्रभावित हैं। इनके दूसरे प्रकाशित संग्रह का शीर्षक 'जरस' है।

वासोख़्त (पारि०)

इस काव्य-रूप में प्रेम में असफल शायर प्रेमिका की निष्ठुरता की शिकायत करता है। रक़ीब (दे०) के प्रति उसे प्रेम का उलाहना देते हुए इश्क तर्क़ करने की धमकी भी देता है।

इस प्रकार की रचनाएँ उन्नीसवीं सदी में, विशेषतया लखनऊ में, काफ़ी प्रसिद्ध हुईं। इनमें प्रस्तुत प्रेम का स्तर बहुत नीचा है।

विकार अज़ीम (जन्म : सन् 1909 ई०)

प्रो० विकार अज़ीम मुख्य रूप से एक आलोचक एवं अनुवादक के रूप में

जाने जाते हैं। आपने कहानी कला पर बहुत-सी समीक्षा पुस्तकें लिखी हैं। किसी विशेष आलोचना-पद्धति से अभिभूत नहीं और न ही अपना मत पाठक पर आरोपित करने का आग्रह रखते हैं। कहानियों का विश्लेषण बड़े सहज एवं संतुलित ढंग से करते हैं। आपकी प्रसिद्ध समीक्षा पुस्तकें हैं—'अफ़साना निगारी', 'हमारे अफ़साने', 'हमारी दास्तानें', 'दास्तान से अफ़साने तक', 'नया अफ़साना' और 'फ़न और फ़नकार'। प्रो० अज़ीम देश के विभाजन के बाद पाकिस्तान चले गए।

विकारुल मुल्क, मौलवी मुश्ताक़ हुसैन

अमरोहा के रहने वाले थे। कुछ समय तक सर सैयद अहमद (दे०) के साथ काम किया। हैदराबाद के सालार जंग के यहाँ नाज़िम दीवानी रहे। सरकार निज़ाम ने ही इनकी सेवाओं के लिए 'विकारुद्दौला विकारुल्मुल्क' की उपाधि प्रदान की। सन् 1891 ई० के बाद अलीगढ़ कॉलेज में रहे। 1866 ई० से साइंटिफ़िक सोसायटी के मेम्बर और 'तहज़ीबुल इख़लाक' के मैनेजर हो गए। यहीं उनके अनेक महत्त्वपूर्ण लेख प्रकाशित हुए। इन्होंने अंग्रेज़ी पुस्तक 'फ्रेंच रिवल्यूशन एंड नेपोलियन' का 'सरगुज़श्त नेपोलियन' के नाम से उर्दू अनुवाद किया जो सन् 1871 में प्रकाशित हुआ।

विक्टोरिया नाटक कम्पनी

इसकी स्थापना ख़ुरशेद जी बालीवाला ने की जो स्वयं एक अच्छे हास्य अभिनेता थे। इस कम्पनी ने सन् 1877 ई० में दिल्ली दरबार के समय नाटक मंचित किए। इस कंपनी के नाटककार मुंशी विनायक प्रसाद 'तालिब' (दे०) बनारसी थे और इसके प्रमुख कलाकार थे—रुस्तम जी, मिस ख़ुरशीद, मिस महताब और एक यूरोपियन महिला मिस मेरी फेन्टन। यह कम्पनी इंगलैण्ड भी गई मगर वहाँ इसे सफलता नहीं मिली।

विला, मज़हर अली

इनका असली नाम लुत्फ़ अली था, लेकिन प्रसिद्ध मज़हर अली 'विला' के नाम से हुए। संभवतः दिल्ली के रहने वाले थे और वहाँ के दरबारी शायरों में से थे। सन् 1802 में कलकत्ता फ़ोर्ट विलियम कॉलेज (दे०) में आ गए और वहाँ कई पुस्तकें लिखीं जिनमें 'बैताल पचीसी' का अनुवाद सबसे अधिक प्रसिद्ध हुआ। कहा जाता है कि बादशाह मुहम्मद शाह के युग में किसी लेखक ने इसे ब्रजभाषा में लिखा था और विला ने इसे ब्रज से उर्दू में ले लिया। अनुवाद में भी कई ब्रज के शब्द देखने में आते हैं और भाषा की मिठास में वृद्धि करते हैं। इस पुस्तक के अनेक संस्करण निकल चुके हैं।

इसके अतिरिक्त विला ने 'माधवानल' और कामकुण्डला' की हिन्दी प्रेम कथा का भी उर्दू में अनुवाद किया। 'तारीखे-शेरशाही' नामक फ़ारसी पुस्तक का इनका अनुवाद भी प्राप्य है। शेख सादी के 'करीमा' को इन्होंने पद्य में ढाला और उर्दू में भी इनका एक दीवान बताया जाता है।

वीराना

बियाबाँ जंगल को वीराना कहते हैं। लेकिन उर्दू-काव्य में यह केवल इसी अर्थ में प्रयुक्त नहीं होता। वीराना एक सन्नाटा है, ख़ालीपन है जो दिल में भी हो सकता है और आबाद बस्ती में भी—

कोई वीरानी सी वीरानी है
दश्त को देख के घर याद आया। —**ग़ालिब**

बहुधा इसका उल्लेख मजनूँ एवं अन्य उन्मत्त प्रेमियों के संदर्भ में आता है। आशिकों को दीन दुनिया से निस्बत नहीं। जाने-पहचाने चेहरों के बीच वे घबराये रहते हैं। एकान्त में चैन मिलता है। वे वीराने से डरते नहीं। यह तो उनकी तलाश की राह का एक मकाम है; अपना दोस्त है। प्रतीक के रूप में इसके प्रयोग का उदाहरण देखिए—

हर एक ज़र्रे में जिसके सैंकड़ों गुलशन हैं पोशीदा
जुनूँ की राह में ऐसा भी इक वीराना आता है।
—**अलम मुज़फ़्फ़रनगरी**

श

शमआ-परवाना

यह उर्दू-काव्य के बड़े लोकप्रिय और बहुधा प्रयुक्त होने वाले प्रतीक हैं। साधारणतया 'शमआ' महबूबा का और 'परवाना' आशिक का बोध कराता है—

रुख़-ए-रौशन के आगे शमआ रखकर वो ये कहते हैं
उधर जाता है देखें या इधर परवाना आता है। —**ज़ौक़**

शमआ आपदाओं से ग्रस्त जीवन का प्रतीक है—

ग़म-ए-हस्ती का 'असद' किससे हो जुज़ मर्ग इलाज
शमआ हर रंग में जलती है सहर होने तक। —**ग़ालिब**

शमआ जीवन के किसी बड़े लक्ष्य का भी प्रतीक है। उदाहरण के लिए इस शेर में 'शमआ' आज़ादी है और 'परवाने' आज़ादी के दीवाने—

विसाल-ए-शमआ की हसरत में सब बेताब फिरते थे
मैं क्या जानूँ हज़रे-शमआ परवानों पे क्या गुज़री।

—**जगन्नाथ 'आज़ाद'**

शम्सुल उमरा

उन्नीसवीं सदी में दक्षिण भारत के लेखकों में शम्सुल उमरा उल्लेखनीय हैं। इन्होंने विज्ञान की कई पुस्तकों का उर्दू अनुवाद किया। लेकिन ये पुस्तकें अप्राप्य हैं।

शमीम करहानी (जन्म : सन् 1916 ई०)

आज़मगढ़ उत्तर प्रदेश के रहने वाले हैं। अपनी पीढ़ी के कवियों में शमीम का महत्त्वपूर्ण स्थान है। आपने पहले श्रृंगारिक और फिर धार्मिक नज़्में लिखीं। राष्ट्रीय आंदोलन से प्रभावित होकर राजनैतिक घटनाएँ भी कीं। स्वतंत्रता-संग्राम के इतिहास को प्रबन्ध-काव्य के रूप में लिपिबद्ध किया है। ओजपूर्ण भाषा का प्रयोग करते हैं। प्रकाशित काव्य-संग्रह हैं—'बर्क़ो-बाराँ', 'रोशन अँधेरा', 'तराने' और 'अक्से-गुल'।

'शरर' अब्दुल हलीम (सन् 1860-1926 ई०)

'शरर' का जन्म लखनऊ में हुआ लेकिन आठ वर्ष की आयु में अपने पिता तफ़ज़्ज़ुल हुसेन के पास मटिया बुर्ज, कलकत्ता में नवाब वाजिद अली शाह (दे०) के संरक्षण में चले गए। वहीं अरबी-फ़ारसी का अध्ययन किया। थोड़ी-बहुत अंग्रेज़ी भी सीखी। बीस वर्ष की आयु में लखनऊ वापस लौटे। पत्र-पत्रिकाओं में लेख लिखे जो काफ़ी पसन्द किए गए। 1880 ई० में 'अवध अख़बार' (दे०) के सहायक सम्पादक हो गए। सन् 1887 ई० में अपनी पत्रिका 'दिलगुदाज़' का प्रकाशन आरंभ किया और इसके लिए सहस्रों लेख और धारावाहिक उपन्यास लिखे। आर्थिक समस्याओं के कारण लखनऊ छोड़ना पड़ा। 'तारीख़े सिन्ध' लिखने पर हैदराबाद में इन्हें पाँच हज़ार रुपये मिले और नवाब वक़ारुल उमरा ने अपने बेटे के साथ तीन साल के लिए इंग्लैंड भेज दिया। वहाँ फ्रेंच सीखी। सन् 1896 में वापस हैदराबाद आए और 'दिलगुदाज़' का पुनरारंभ किया। किन्तु धार्मिक कारणों से हैदराबाद छोड़ना पड़ा। इसके बाद अन्तिम समय तक लखनऊ में रहे।

'शरर' ने पैंसठ वर्ष की आयु पाई। लेकिन इतने समय में विभिन्न विषयों पर सौ से अधिक पुस्तकें लिखीं। इनके 42 उपन्यास, 21 जीवन चरित्र, 15 इतिहास पुस्तकें, 6 काव्य-संग्रह और 18 स्फुट विषयों पर लिखी पुस्तकें हैं। 'फ़िरदौसे-बरीं', 'ऐय्यामे अरब', 'हुस्न का डाकू', 'ज़वाले-बग़दाद', 'हसन-अंजलीना', 'मलिकुल-अज़ीज़ वर्जीनिया', 'फ़्लोरा-फ़्लोरेंडा' 'मंसूर-मोहना', 'शरर' के प्रसिद्ध उपन्यास हैं। इन्होंने बंकिमचन्द्र चटर्जी के उपन्यास 'दुर्गेशनन्दिनी' का उर्दू अनुवाद किया और कुछ नाटक भी लिखे, लेकिन उनमें से केवल 'शहीदे-वफ़ा' ही सफल हुआ। काव्य-रचनाएँ साधारण सिद्ध हुईं। लगभग नौ पत्रिकाएँ निकालीं किन्तु अधिकांश ज़्यादा समय तक न चल सकीं।

'शरर' को इस्लाम के इतिहास से गहरा लगाव था। इन्होंने पहली बार ऐतिहासिक कथाओं का उपन्यास के लिए प्रयोग किया। किन्तु इस्लामी इतिहास और पात्रों का गौरवगान प्रचार के उद्देश्य से किया गया लगता है। 'शरर' में धार्मिक उदारता का अभाव था। साथ ही उनके इतिहास ज्ञान में व्यापक ऐतिहासिक दृष्टि और कलाकार की कल्पना की कमी है। चरित्र-चित्रण में शरर सफल नहीं हो सके। उनके सभी चरित्र एक से ही मालूम होते हैं। उपन्यासों के कथानक भी ढीले हैं। लेकिन 'शरर' की भाषा में बड़ा प्रवाह है। काव्यमय गद्य लिखते हैं जो कि उस समय काफ़ी

लोकप्रिय हुआ और उर्दू के बहुत से लेखकों ने 'शरर' की शैली को अपनाया।

शह्‌र आशोब (पारि०)

किसी नगर, प्रदेश अथवा देश के उजड़ जाने पर उसके अतीत वैभव की स्मृति में लिखी गई मर्मस्पर्शी काव्य-रचना को शह्‌र आशोब कहते हैं। इसमें कभी-कभी व्यंग का पुट भी रहता है। इस काव्य-विधा के सन्दर्भ में मीर तक़ी 'मीर' (दे०) और 'सौदा' (दे०) के नाम से उल्लेखनीय हैं।

शहीद, मौलाना ग़ुलाम इमाम

मौलाना 'शहीद' इलाहाबाद के पेशकार थे लेकिन रामपुर और हैदराबाद भी गए और वहाँ दरबारों में सम्मान प्राप्त किया। इन्होंने गद्य और पद्य दोनों में लिखा। विषय बहुधा धार्मिक होता था। 'मजमूअ-ए-मीलादे-शरीफ़' और 'बहारे-बेख़िज़ाँ' इनकी दो पुस्तकें हैं। 'शहीद' की गद्य शैली पुराने ढंग की, अनुप्रास और अलंकारयुक्त है। बहुधा तुकान्त वाक्य लिखते हैं।

शाइर, कज़लबाश (सन् 1871-1940 ई०)

पूरा नाम आग़ा मुज़फ़्फ़र बेग़। 'शाइर' तख़ल्लुस। जन्म दिल्ली में हुआ। मिर्ज़ा 'दाग़' (दे०) के शिष्य थे सो उनकी सेवा में कई साल हैदराबाद में गुज़ारे और शायरी और ज़बान की बारीकियों को समझा। बाद में ख़ुद उस्ताद शायर माने गए और आपके सैकड़ों शिष्य हुए जिनमें से मुंशी महाराज बहादुर 'बर्क़' और पं० जिनेश्वरदास 'माइल' उल्लेखनीय हैं। इनकी शायरी में 'दाग़' का रंग है। नज़्मों, ग़ज़लों और कसीदों के अलावा गद्य में भी लिखा। इनके 37 साहित्यिक और आलोचनात्मक लेखों का संकलन 'ख़ुमारिस्तान' के नाम से प्रकाशित है। दीवान 'तीरो नश्तर' सन् 1909 में छपा। उमर ख़ैयाम की फ़ारसी रुबाइयों का आपने बड़ा सुन्दर उर्दू अनुवाद भी किया।

'शाद', अज़ीमाबादी (सन् 1846-1927 ई०)

पूरा नाम नवाब अली मुहम्मद ख़ाँ था। अज़ीमाबाद में जन्म हुआ और 'शाद' तख़ल्लुस से काव्य रचना की। सन् 1891 ई० में सरकार ने 'ख़ान बहादुर' की उपाधि से सम्मानित किया। बत्तीस साल तक आनरेरी मैजिस्ट्रेट और चौदह वर्ष तक म्यूनिस्पिल कमिश्नर रहे। 81 वर्ष की आयु पाई।

'शाद' उन कुछ एक कवियों में से हैं जिन्होंने पश्चिमी साहित्य के प्रभाव

से आक्रान्त ग़ज़ल की आधारभूत चेतना को सँभाला और 'हाली' के सूफ़ीवाद को नया प्रसार दिया। ऐसा विचार है कि 'शाद' अपनी रचनाएँ 'सफ़ीर' बिलगरामी को दिखाते थे किन्तु उनके गुरु सय्यद शाह उल्फ़त हुसैन 'फ़रियाद' थे जो कि ख़्वाजा मीर 'दर्द' (दे०) के शिष्य थे। नियाज़ फ़तहपुरी (दे०) के अनुसार 'शाद' में मीर-ओ-दर्द का सोज़ोगुदाज़, मोमिन की नुक्तासंजी, ग़ालिब की बुलन्द परवाज़ी और 'अमीर-ओ-दाग़ की सलासत' सब एक साथ मौजूद है। 'शाद' ने हिन्दू-पारसी तथा ईसाई धर्मग्रन्थों का भी गहन अध्ययन किया। इसी कारण उनके काव्य में सूफ़ीवादी प्रेम मार्ग के साथ प्राचीन भारतीय एवं ग़ैर इस्लामी दर्शन का स्पष्ट प्रभाव है। हुस्नो-इश्क की शायरी भी बड़ी बुलन्द पाये की है। सूफ़ीवादी दर्शन की व्याख्या में 'शाद' की भाषा कभी-कभी क्लिष्ट हो जाती है किन्तु सामान्यतः भाषा में सादगी है। मुहावरेदार रोज़मर्रा की ज़बान इस्तेमाल करते हैं। ग़ज़ल में अत्यधिक सरसता है। 'शाद' ने 'अनीस' (दे०) के रंग में मरसिये भी कहे लेकिन इस काव्य-विधा में वे अपनी पहचान नहीं बना सके। भावनात्मक उच्चता और भाषा-सौष्ठव के संगम से उर्दू ग़ज़ल को जो नया जीवन मिला उसके लिए साहित्य 'शाद' का ऋणी रहेगा।

सन् 1938 में 'शाद' का दीवान 'नग़्म-ए-इल्हाम' के नाम से प्रकाशित हुआ। इसमें लगभग 4000 शेर हैं। 'शाद' की आत्मकथा भी प्रकाशित हो चुकी है।

'शाद', नरेश कुमार

जन्म जालन्धर के नकोदर गाँव के एक दरिद्र परिवार में हुआ। आरंभ से ही आर्थिक संकटों और ज़िन्दगी की दुश्वारियों का सामना करना पड़ा। जीविका की ख़ातिर अपना क़लाम भी बेचा। परिणामतः साम्यवाद, आर्थिक विषमता और शोषण की प्रवृत्ति के विरुद्ध कलम उठाई। शायरी में प्रतिवाद का स्वर प्रखर हुआ और प्रगतिवादी शायरों में आ मिले। इसके अतिरिक्त शाद की शायरी की विशेषता है भाषा और पिंगलशास्त्र का ज्ञान, शब्दों का सटीक और सजीव प्रयोग, मुहावरे, प्रतीक एवं सुन्दर उपमाएँ। इनकी शायरी में भोगी हुई यंत्रणा की तड़प है। 'जोश' मलीहाबादी (दे०) के अनुसार 'वे दिल के तक़ाज़ों से मजबूर होकर शेर कहते हैं। सोच-समझकर शेर कहते हैं। फ़न के दायरे में रहकर शेर कहते हैं और मुनासिब अलफ़ाज़ को हम आहंगी के साथ इस्तेमाल करते हुए शेर कहते हैं। इसी वजह से उनके शेर में तासीर और तासीर में वह

क़ैफ़ियत होती है जो मौरिजे-बयान में नहीं आ सकती।'

ग़ज़ल (दे०) और नज़्म (दे०) के अलावा, हृदयस्पर्शी और चुभते हुए क़ते (दे०) और रुबाईयाँ (दे०) बड़ी कसरत से लिखी हैं। काव्य-संग्रह 'दस्तक' 'आहटें' 'फ़वार' और 'आयाते-जुनूं'। 'काशें' क़तआत का संकलन है। 'फ़रियाद' में भारत-विभाजन के समय कही गई नज़्में प्रकाशित हैं।

शादाँ, महाराजा चंदू लाल (सन् 1766-1845 ई०)

सोलहवीं-सत्रहवीं शताब्दी में उर्दू कविता के उत्थान के पहले युग में गोलकुण्डा की कुतुबशाही ने बड़ी महत्त्वपूर्ण भूमिका निभाई। यहीं पर फिर हैदराबाद की स्थापना हुई। कुछ समय तक यहाँ साहित्यिक गति-विधियाँ मंद रहीं। निज़ाम के सत्ता सँभालने के साथ ही पुरानी परम्पराएँ फिर जी उठीं और केवल निज़ाम ने ही नहीं, उनके प्रधान मंत्रियों ने भी साहित्य और कला के संरक्षण में अभूतपूर्व योगदान दिया। इनमें खत्रिय वंश में उत्पन्न प्रधान मंत्री महाराजा चंदू लाल का नाम विशेष रूप से उल्लेखनीय है। ये स्वयं भी कवि थे। 'शादाँ' तख़ल्लुस करते थे। इनके उर्दू और फ़ारसी में दो दीवान मिलते हैं। शादाँ बड़े गुणज्ञ थे। कहा जाता है कि इनके समय में लगभग तीन सौ कवि हैदराबाद के दरबार में संरक्षण पाते थे।

शादानी, डा० अन्दलीप

डा० शादानी ढाका यूनिवर्सिटी के उर्दू-फ़ारसी विभाग में प्रोफ़ेसर रहे। इनके अनुसंधान का विषय वैसे तो फ़ारसी है, किन्तु इन्होंने उर्दू में कविता, कहानी, आलोचना सभी कुछ लिखा है। इनके आलोचना निबंधों के संग्रह 'तहक़ीक़ात', 'तहक़ीक़ की रोशनी में' और 'दौरे-हाज़िर की उर्दू ग़ज़लगोई' के नाम से प्रकाशित हुए हैं।

शाह अब्दुर्रहमान क़ादरी

बीजापुर के रहने वाले थे। वहाँ की सल्तनत समाप्त होने के बाद पहले बरार और फिर दिल्ली चले आए। कुछ फ़कीरों की संगत के प्रभाव से इमाम हुसैन (दे०) की शहादत के विषय पर दकनी (दे०) में एक विशद रचना की। यह मसनवी 'बागे-हुसैनी' के नाम से उत्तर और दक्षिण भारत में बहुत प्रसिद्ध हुई। इसकी भाषा सरल और शुद्ध है। इस मसनवी में सोलह हज़ार शेर हैं। यह सन् 1727 ई० में लिखी गई।

शाह-इनायत (मृत्यु : सन् 1741 ई०)

दक्षिण भारत के रहने वाले थे और हज़रत महबूब सुभानी अब्दुल कादिर

जीलानी के वंशज थे। इनकी 'नूर नामा' नामक केवल एक मसनवी प्राप्त है जो सन् 1699 ई० में लिखी गई। यह एक धार्मिक पुस्तक है और फ़ारसी गद्य से उर्दू-पद्य में अनूदित है।

शाह मलिक

सत्रहवीं शताब्दी में दक्षिण भारत में हुए। आप साहित्य रचना में संलग्न सूफ़ी सन्तों के एक संगठन के सदस्य थे। सन् 1666 ई० में शाह मलिक ने 'शरीयत नामा' नाम की एक धार्मिक मसनवी की रचना की जो 'अहकाम-ए-सलवा' के नाम से प्रसिद्ध हुई।

शाही, अली आदिलशाह

अली आदिलशाह मुहम्मद आदिलशाह का उत्तराधिकारी था और यह सन् 1656 ई० में बीजापुर का सुल्तान हुआ। यह 'शाही' तख़ल्लुस से लिखता था और इसका काव्य-संग्रह हिन्दी और उर्दू दोनों में 'कुल्लियाते-शाही' के नाम से प्रकाशित हो चुका है। इसके दरबार में 'नुसरती' (दे०) नाम का एक महाकवि था जिसने 'अलीनामा' में सुल्तान की ज़िन्दगी का बड़ा सजीव, विस्तृत वर्णन किया है। अली आदिलशाह ने साहित्यकारों को आश्रय देने की पारिवारिक परम्परा निभाई।

शिबली, नोमानी (सन् 1857-1914 ई०)

मौलाना शिबली का जन्म आज़मगढ़ में वकील शैख़ हबीबुल्ला के यहाँ हुआ। आप एक ऐसे लेखक हुए हैं जिनका दिल्ली या लखनऊ से कोई सम्बन्ध नहीं रहा, लेकिन फिर भी गद्य और आलोचना में आपकी भाषा सनद मानी जाती है। इन्होंने अरबी-फ़ारसी, दर्शन और धर्म की शिक्षा बड़े-बड़े विद्वानों से प्राप्त की। कुछ समय तक वक़ालत की लेकिन इस व्यवसाय में मन न लगा तो सरकारी नौकरी कर ली और दीवानी में अमीन हो गए। इसी बीच अलीगढ़ जाने का संयोग हुआ। वहाँ सर सैयद (दे०) से भेंट हुई जिनके विचारों से शिबली प्रभावित हुए। 'आज़ाद' (दे०) की 'सनँनुल-इस्लाम' से भी राष्ट्रीय प्रेरणा मिली। अलीगढ़ में ही फ़ारसी के प्राध्यापक हो गए। यहीं मि० आर्नाल्ड से फ्रेंच पढ़ी। पहले कविता करते थे लेकिन अब गद्य की ओर प्रवृत्त हुए और नई चेतना को भाषा में ऐसा साकार किया कि शीघ्र ही बड़े लेखकों में गिने जाने लगे। आर्नाल्ड के साथ इस्लामी देशों की यात्रा की। सर सैयद से इनकी घनिष्ठता थी और यह उनके विचारों के समर्थक थे। सन् 1898 में उनका देहान्त होने पर शिबली आज़मगढ़ चले आए और वहाँ एक नेशनल स्कूल की स्थापना

की। कुछ समय तक हैदराबाद के साहित्य-कला विभाग में रहे, फिर मुसलमान धार्मिक नेताओं द्वारा स्थापित संस्था 'नदवतुल-उलमा' के लिए लखनऊ आ गए। यहाँ कुछ कट्टरपंथी नेताओं ने उनका विरोध किया। सो शिबली फिर आज़मगढ़ आ गए। और वहाँ 'दारुल-मुसन्नफ़ीन' नाम की एक सांस्कृतिक संस्था की स्थापना की। मुस्लिम लीग के विरोधी और कांग्रेस के समर्थक थे। धर्म और राजनीति पर सदा निर्भीकता से अपने विचार प्रकट किए।

शिबली की रचनाओं की संख्या बहुत है। इनकी प्रख्यात पुस्तकें ये हैं—'रोरुल-अजम' (पाँच भाग) यह फ़ारसी साहित्य का इतिहास है; 'अलफ़ारुक़', 'अलमामूं', 'सीरतुनन अमान', 'अलग़ज़ाली' और 'अलक़लाम'-ये पाँच पुस्तकें इस्लामी इतिहास से सम्बन्धित हैं। इनके अतिरिक्त 'सवानेह मौलाना रूम', 'औरंगज़ेब आलमगीर', 'अलबहरिया', 'मुस्लमानों की गुज़श्ता तालीम', 'सफ़र नामाए-रूमो-मिस्त्रो-शाम', 'तारीख़े-इस्लामो-फ़लसफ़ए-इस्लाम', 'हयाते-खुसरो', 'तनक़ीदे-जुरज़ी ज़ैदान', 'मक़ालते-शिबली', 'मक़ातीबे-शिबली', 'रसायले-शिबली' और 'मवाज़नए-अनीसो-दबीर' आदि गद्य रचनाएँ हैं। 'सीरतुन्नबी' (दे०) इनकी अन्तिम पुस्तक थी। यह मुहम्मद साहब की जीवनी है और शिबली इसके केवल दो भाग ही लिख सके। पद्य में 'दीवाने-शिबली', 'दस्तए-गुल': 'सुबहे-उम्मीद' और 'मजमूअए-नज़्मे-उर्दू' इनकी कृतियाँ हैं। पद्य में शिबली को विशेष मान्यता नहीं मिली। ये छोटी-छोटी नये ढंग की नज़्में लिखते थे जिनमें लीग की उल्लासपूर्ण आलोचना और अंग्रेज़ी दासता के बंधन को तोड़ने का आह्वान व्यंग्यात्मक ढंग से करते थे।

उक्तलिखित रचनाओं से यह स्पष्ट होता है कि शिबली बहुमुखी प्रतिभा-सम्पन्न व्यक्ति थे और 57 साल की आयु में ही इन्होंने भाषा-सिद्धान्त, इतिहास, धर्म, जीवनी और आलोचना के क्षेत्र में महत्त्वपूर्ण कार्य किए। शिबली ने पहली बार वैज्ञानिक ढंग से साहित्यालोचना की और उसके सिद्धान्त निश्चित किए। इस दृष्टि से 'मवाज़नाए-अनीसो-दबीर' उनकी एक महत्त्वपूर्ण रचना है। आपने ही पहले पहल पूर्व और पश्चिम के विद्वानों के विचार एक जगह एकत्र किए। शिबली की भाषा-शैली इतनी सरस, प्रवाहपूर्ण और आकर्षक है कि उनकी ऐतिहासिक रचनाएँ भी रोचक बन पड़ी हैं। शैली में बड़ी सफ़ाई और सादगी है। अधिकतर बोलचाल की भाषा प्रयोग करते हैं लेकिन प्रभाव के लिए कभी-कभी अरबी-फ़ारसी के शब्द भी ले आते हैं। विषय का अच्छा ज्ञान और स्पष्ट आलोचनात्मक दृष्टि हमें शिबली के यहाँ मिलती है।

शिम्र (अं०)

यह कूफ़ा के हाक़िम उबेदुल्ला (दे०) का क्रूर सेनापति था। करबला (दे०) के युद्ध में इसने हज़रत इमाम हुसैन (दे०) की गरदन खुद काटी थी और उनके सिर को भाले की नोक पर रखकर घुमाया था। शिम्र ने ही उनके परिवार की स्त्रियों को बंदी बनाया था और उनके गहने लूटे थे। उर्दू मरसियों में शिम्र का उल्लेख एक बड़े नृशंस व्यक्ति के रूप में होता है।

शीरानी, हाफ़िज़ महमूद

आलोचना और शोध-कार्य में शीरानी का महत्त्वपूर्ण स्थान है। ये पुरानी और समकालीन रचनाओं का बड़ी बारीकी से अध्ययन करते और उनमें से छाँट-छाँटकर गल्तियाँ निकालते। इन्होंने मौलाना आज़ाद (दे०) और मौलाना शिबली (दे०) की रचनाओं में कई त्रुटियाँ निकालीं और उनका विस्तृत विवेचन किया जो पुस्तक के रूप में प्रकाशित हो चुका है। 'पृथ्वी-राजरासो' पर भी इन्होंने एक पुस्तक लिखी। 'पंजाब में उर्दू' में शीरानी ने उर्दू की उत्पत्ति पर प्रकाश डालते हुए प्रारंभिक उर्दू और प्रारंभिक पंजाबी में समानता दिखाई है। ये अरबी-फ़ारसी, उर्दू और हिन्दी के बड़े विद्वान थे। लेकिन इनकी गद्य शैली में सरसता का सर्वथा अभाव है।

शुल्ज़, पादरी बेन्जिमन

पादरी शुल्ज़ ने सन् 1744 में हिन्दुस्तानी की व्याकरण लिखी और 1748 में बाइबिल का उर्दू में अनुवाद किया।

शेफ़्ता, नवाब मुहम्मद मुस्तफ़ा ख़ाँ (सन् 1806-1869 ई०)

इनके पिता नवाब मुर्तज़ा ख़ाँ बहादुर पर अंग्रेज़ी सरकार की कृपादृष्टि थी। वफ़ादारी के बदले इन्हें जागीर और कई उपाधियों से विभूषित किया गया था। 'शेफ़्ता' का जन्म दिल्ली में हुआ। बड़े-बड़े विद्वानों से अरबी-फ़ारसी की शिक्षा प्राप्त की। सृजनात्मक प्रतिभा से सम्पन्न थे। उर्दू में 'मोमिन' (दे०) और फ़ारसी में 'ग़ालिब' (दे०) से इस्लाह लेते थे। इक्कीस वर्ष की आयु में अपना पहला दीवान तैयार कर लिया था। सन् 1838 में हज करने गए। वहाँ से लौटने पर लिखना कम कर दिया और धार्मिक जीवन व्यतीत करने लगे।

'शेफ़्ता' का एक उर्दू और एक फ़ारसी दीवान है। इसके अतिरिक्त इनकी एक आलोचना पुस्तक है 'गुलशने-बेख़ार' जिसमें उर्दू कवियों की जीवनी और उनकी रचनाओं की आलोचना है। उर्दू काव्य में अधिकांश ग़ज़लें

ही लिखीं। इन ग़ज़लों में कल्पना, भावना और प्रभाव का सम्मिश्रण है जो कि ग़ज़ल के विशेष गुण हैं। रंग मोमिन से मिलता है। भाग्य से ऐसे समय में पैदा हुए जब कि ज़ौक (दे०) के तेज के सामने ग़ालिब और मोमिन भी माँद पड़े हुए थे। इसलिए इन्हें लोकप्रियता न मिल सकी। 'ग़ालिब', 'हाली' (दे०) और 'मोमिन' इनके काव्य सौन्दर्य के प्रशंसक थे। शेफ़्ता और ग़ालिब में मैत्री सम्बन्ध भी थे।

शेर-उल अजम (कृ०। रचनाकाल सन् 1907 ई०)

यह एक ग्यारह सौ पृष्ठों का पाँच भागों में लिखा गया समीक्षा ग्रन्थ है। इसके लेखक अल्लामा शिबली (दे०) नोमानी हैं। इसमें फ़ारसी कवियों के जीवन-वृत्त, उनके चुने हुए अशआर, काव्य-विषय, विधा और गुण-दोष का विवेचन है। यह ग्रन्थ समीक्षा-साहित्य की अमूल्य निधि है।

शेरुल-हिन्द (कृ०। रचनाकाल सन् 1942 ई०)

इस तज़किरे (दे०) के लेखक मौलाना अब्दुस्सलाम (दे०) का उद्देश्य एक ऐसी समीक्षा पुस्तक प्रस्तुत करना था जिसमें उर्दू-कवियों के जीवन-वृत्त और उनकी प्रतिनिधि रचनाओं का संकलन कुछ विशेष सिद्धान्तों के अन्तर्गत किया जाए। उर्दू भाषा और साहित्य के रूपान्तरों और युग विशेषताओं पर प्रकाश डाला जाए। इसी लक्ष्य को ध्यान में रखते हुए आपने इस तज़किरे को दो भागों में तैयार किया। पहले भाग में कवियों का परिचय है। इसमें अर्वाचीन युग तक के न केवल ग़ज़ल गो बल्कि नज़्म लिखने वाले शायरों का भी समावेश किया गया है। रचनाओं के विभिन्न रूपों को नीतिविषयक, देश-भक्ति सम्बन्धी, प्रकृति सम्बन्धी, हास्यपरक जैसे शीर्षकों के तहत विभाजित किया गया है। काव्य-रचनाओं का तुलनात्मक अध्ययन, राज्याश्रय में पलने वाली कविता का गुण-दोष विवेचन और उर्दू साहित्य को हिन्दुओं के योगदान पर भी विस्तार से लिखा गया है। पुस्तक के दूसरे भाग में काव्य-विधाओं—ग़ज़ल (दे०), कसीदा (दे०), मसनवी (दे०) मरसिया (दे०) आदि की ऐतिहासिक एवं साहित्यिक दृष्टि से आलोचना की गई है। इस कृति पर 'आज़ाद' (दे०) की 'आबे-हयात' (दे०) का प्रभाव है किन्तु वह रोचकता और शैली की रंगीनी नहीं। आलोचना दृष्टि पुराने तज़किरों की परम्परा के निकट और 'हाली' (दे०) के 'मुक़द्दमा-ओ-शेरो-शायरी' (दे०) से भिन्न है।

शैतान (अं०)

यह एक फ़रिश्ता था और इसका नाम इब्लीस था। मगर किन्हीं कारणों

से यह ख़ुदा का विरोधी हो गया। जब ख़ुदा ने आदिपुरुष को बनाया तो सभी फ़रिश्तों को हुक्म दिया कि वे उसके सामने झुकें। इब्लीस को छोड़ कर सभी ने आज्ञा का पालन किया। अवज्ञा के अपराध के लिए ख़ुदा ने उसे जन्नत (दे०) से निकाल दिया। तभी से शैतान आदिपुरुष यानि आदम (दे०) का विरोधी हो गया और उसे सत्य के रास्ते से हटने के लिए उकसाने लगा। शैतान के बहकावे में आकर ही हव्वा (दे०) ने गेहूँ खाया जिसके परिणामस्वरूप आदम और हव्वा को स्वर्गोद्यान से निष्कासित किया गया। शैतान आज भी आदम की औलाद को बहकाने में लगा है।

शोला-ए-तूर (कृ०)

यह 'जिगर' मुरादाबादी (दे०) की काव्य रचनाओं का संग्रह है। मुख्य विषय है प्रेम, सौन्दर्य, यौवन और श्रृंगार। भौतिक प्रेम के चित्रण में अध्यात्म का आह्लाद और आत्मविभोर करने का गुण है। सरसता और मादकता की एक बहती नदी है। मर्यादा का रख-रखाव है। भाव और कलापक्ष दोनों सबल हैं। भाषा सरल, प्रसाद गुण युक्त है। अलंकारों और मुहावरों का यथास्थान सुन्दर प्रयोग किया गया है।

'शौक़' किदवई, अहमद अली (सन् 1853-1928 ई०)

गद्य और पद्य दोनों में लिखते थे। पद्य में 'असीर' (दे०) के शिष्य थे। इनकी मसनवी 'तराना-ए-शौक़' और 'आलम ख़्याल' अच्छी रचनाएँ मानी जाती हैं। इनका दीवान भी प्रकाशित हुआ है। पद्यात्मक गद्य में लिखे इनके नाटक 'क़ासिम-जुहरा' और 'मैंकफ़रसन लूसी' प्रसिद्ध हैं। नारी-मनोभावों के अच्छे चितेरे हैं। सरल मुहावरेदार भाषा का प्रयोग करते हैं।

शौकत थानवी (मृत्यु : सन् 1963 ई०)

सन् 1932 ई० में लिखी 'स्वदेशी रेल' नामक कहानी से शौकत थानवी की गणना हास्य-रस के उच्च श्रेणी के लेखकों में होने लगी। वैसे इन्होंने हास्य-रस प्रधान लेख ही अधिक लिखे हैं। इनकी रचनाओं में भाषा के प्रयोग से हास्यात्मक स्थितियों की रचना हुई है। शौकत के यहाँ शुद्ध हास्य भी हैं और व्यंग्यात्मक भी। इनकी चालीस से अधिक पुस्तकें प्रकाशित हो चुकी हैं। 'जोड़-तोड़', 'कार्टून', 'माबदौलत', 'ससुराल', 'सवतिया चाह', 'दुनिया-ए-तबस्सुम', 'मौज-ए-तबस्सुम', 'बहर-ए-तबस्सुम','सैलाब-ए तबस्सुम', और 'तूफ़ाने-तबस्सुम' उनमें से कुछ नाम हैं। इनकी अनेक रचनाओं का हिन्दी में अनुवाद हो चुका है।

शौकत थानवी ने कविताएँ और कई लोकप्रिय रेडियो-नाटक भी लिखे हैं। 'शीश महल' में अपने मित्रों के गुण-दोष का द्वेषरहित रोचक सजीव विश्लेषण किया है।

शौक़, मिर्ज़ा तसद्दुक हुसैन

नवाब मिर्ज़ा के नाम से जाने जाते थे और शायरी में उपनाम 'शौक़' था। शौक़ 'आतिश (दे०) के शिष्य थे और लखनऊ के अच्छे शायरों में इनकी गणना थी। इन्होंने ग़ज़लें कही हैं लेकिन अपनी मसनवी 'ज़हरे-इश्क़' (दे०) के लिए विशेष प्रसिद्ध हैं। इसका रंग 'आतिश' के रंग से बिल्कुल जुदा है। यह एक सुनियोजित प्रेम-कहानी है जिसमें उस समय के विलास में डूबे, पतनशील समाज का चित्रण है। इसी कारण इस पर अश्लीलता का आरोप भी लगाया जाता है। वर्णन की सादगी वास्तविकता और भाषा का प्रवाह इसकी मुख्य साहित्यिक विशेषताएँ हैं।

शौक़ी

शौक़ी बीजापुर की आदिलशाही सल्तनत में फले-फूले। इनका नाम था हसन, और तख़ल्लुस 'शौक़ी'। इनकी दो रचनाएँ मिली हैं। 'ज़फ़रनामा-ए-निज़ाम शाह' नामक मसनवी में विजयनगरम् के राजा रामराज और दकन के मुसलमानों के बीच हुए युद्ध का विवरण है। इससे उस समय की राजनैतिक और सामाजिक स्थितियों पर प्रकाश पड़ता है। शौक़ी की दूसरी मसनवी है 'मेज़बानीनामा सुल्तान मोहम्मद आदिलशाह' जिसमें सुल्तान मोहम्मद आदिल शाह (1626-56) के विवाह का वर्णन है।

स

सक़ीना (अं०)

आप हज़रत इमाम हुसैन (दे०) की अल्पायु पुत्री थीं जिन्हें करबला (दे०) के युद्ध के बाद अन्य स्त्रियों और बच्चों के साथ बंदी बना लिया गया था। बंदीगृह के कष्ट न सह पाने के कारण इनकी मृत्यु हो गई। आपकी मासूमियत, कोमलता और पितृ स्नेह का उर्दू मरसियों में बड़ा करुण वर्णन किया जाता है।

सज्जाद अंसारी

सज्जाद अंसारी की मृत्यु छोटी-सी आयु में ही हो गई। इनके निबंध और कविताओं का संग्रह 'महशरे ख़्याल' मरणोपरान्त प्रकाशित हुआ। इन रचनाओं से अंसारी के सौन्दर्य प्रेम और नवीनता के प्रति आकर्षण का पता चलता है। यदि समय मिलता तो अवश्य ही उर्दू साहित्य को अधिक समृद्ध बना जाते।

सज्जाद ज़हीर (जन्म : सन् 1905 ई०)

जौनपुर के रहने वाले थे। प्रारंभिक शिक्षा लखनऊ में हुई। लन्दन से बैरिस्टरी पास की। लंदन प्रवास के दौरान मुल्कराज आनन्द एवं अन्य लेखकों के साथ मिलकर भारतीय प्रगतिशील लेखकों की संस्था बनाई। आजीवन राष्ट्रीय एवं क्रान्तिकारी आन्दोलनों से जुड़े रहे। कथाकार होने के साथ आपने महत्त्वपूर्ण आलोचनात्मक निबन्ध भी लिखे हैं। कविता भी की है। 'रोशनाई' नामक आपकी पुस्तक में भारत के प्रगतिशील आन्दोलन का इतिहास प्रस्तुत किया गया है। आपका एक महत्त्वपूर्ण उपन्यास है 'लंदन की एक रात' जिसमें योरुप में रहने वाले भारतीय युवा विद्यार्थियों की आकांक्षाओं और कल्पनाओं को भारत की राजनैतिक पृष्ठभूमि में देखा गया है। सज्जाद ज़हीर ने इस उपन्यास में पश्चिम की कई साहित्यिक

शैलियों का उपयोग किया जो कला की दृष्टि से एक नया और अनुपम प्रयोग था।

सज्जाद हुसैन (सन् 1856-1915 ई०)

आपके पिता मुंशी मंसूर अली डिप्टी कलक्टर थे। अवकाश प्राप्त करने पर हैदराबाद में सिविल जज रहे। सज्जाद हुसैन का जन्म काकोरी में हुआ और शिक्षा लखनऊ में प्राप्त की। सन् 1873 में एन्ट्रेन्स की परीक्षा पास करके लखनऊ कैनिंग कॉलेज में एफ० ए० में प्रवेश लिया लेकिन जल्दी ही छोड़कर फ़ैज़ाबाद चले आए। वहाँ कुछ समय तक सेना में उर्दू पढ़ाई। लेकिन इस काम में भी मन न लगा। सन् 1877 में 'अवध पंच' (दे०) निकाला और पहले ही वर्ष में पंडित त्रिभुवन नाथ 'हिज्र', मिर्ज़ा मच्छू बेग 'सितम ज़रीफ़' (दे०), सैयद मुहम्मद ख़ाँ 'आज़ाद' (दे०), अली अहमद 'शौक़' (दे०), अकबर हुसैन 'अकबर' इलाहाबादी (दे०), ज्वालाप्रसाद 'बर्क़' (दे०), अहमद अली कसमण्डवी आदि चोटी के लेखकों से सम्पर्क स्थापित कर 'अवध पंच' के लिए उनके लेख लेने लगे। पंडित रतन-नाथ 'सरशार' (दे०) ने भी दो वर्ष तक इस पत्र के लिए लिखा। सज्जाद हुसैन सन् 1887 में कांग्रेस में सम्मिलित हुए और अंत तक उसी में रहे। दो बार पक्षाघात हुआ। सन् 1901 ई० और 1904 में। 'अवध पंच' 1912 ई० में बंद हुआ और इनका देहान्त 1915 में हुआ।

'अवध पंच' में लिखे लेखों के अतिरिक्त मुंशी जी ने उपन्यास भी लिखे, जिनमें से 'हाजी बग़लोल' (दे०) विशेष रूप से प्रसिद्ध हास्य रस प्रधान रचना है। यह सरशार के 'फ़िसाना-ए-आज़ाद' (दे०) की तरह की कृति है और इसमें भी तत्कालीन लखनवी सभ्यता की विषमताओं को बड़ी कुशलता से प्रस्तुत किया गया है। यद्यपि सामाजिक दृष्टिकोण बहुत स्पष्ट नहीं है लेकिन सामाजिक विसंगतियों के अंकन में सुधार का संकेत है। कहावतों और मुहावरों का बड़ा चटपटा प्रयोग करते हैं और भाषा लखनऊ की बोलचाल की। इसके अतिरिक्त सज्जाद हुसैन ने ये उपन्यास लिखे—'तरहदार लौंडी', 'प्यारी दुनिया', 'अहमकुलल्ज़ीन', 'कायापलट', 'मीठी छुरी' और 'हयाते-शैख़चिल्ली'। ये सब भी हास्य रस में डूबी हुई रचनाएँ हैं। सज्जाद को उर्दू गद्य का प्रथम हास्य लेखक कहा जा सकता है। इन्होंने एक सीमा तक चरित्र विकास का आरंभ भी किया। भाषा में सर्वत्र प्रवाह है, हास्य की सबसे बड़ी विशेषता यह है कि इसमें कटुता नहीं।

'सफ़ी', लखनवी (सन् 1862-1950 ई०)

मौलाना अली नक़ी 'सफ़ी' लखनऊ के रहने वाले थे। पाँच वर्ष की आयु में इन्होंने अरबी-फ़ारसी का अध्ययन आरंभ किया। केनिंग कॉलिजियेट स्कूल से इन्ट्रेंस की परीक्षा की। हकीमी और दर्शन-शास्त्र का भी अध्ययन किया। कुछ समय तक अंग्रेज़ी के अध्यापक रहे। सन् 1883 ई० में दीवानी में नौकरी कर ली। सन् 1922 ई० में सेवामुक्त हुए और जीवन के अंतिम वर्षों में भी साहित्य-सेवा में लगे रहे।

काव्य में 'सफ़ी' ने किसी को उस्ताद नहीं बनाया। किन्तु इनके अपने शिष्यों की सूची लम्बी है। 'अज़ीज़' (दे०) जैसे प्रसिद्ध शायर, उनमें से एक हैं। 'सफ़ी' की विशिष्ट देन है कि उन्होंने लखनऊ की परम्परावादी कृत्रिम ख़ारिजी शायरी (दे०) को नकार कर अपनी प्रतिभा के बल पर ग़ज़ल (दे०) को एक नई ज़िन्दगी दी। 'रक़ीब' (दे०), 'शेख़' (दे०), और 'ज़ाहिद' (दे०) जैसे विषयों को इन्होंने बिल्कुल नकार दिया। तग़ज़्ज़ुल और सादा शब्दों तथा भावों के नयेपन से ग़ज़ल को सँवारा और उसे निष्प्राण कल्पना से वास्तविकता की ओर ले गए। 'सफ़ी' के यहाँ भारी भारी शब्द कम हैं। बंदिश में चुस्ती है और मुहावरों का कुशल प्रयोग हुआ है। ग़ज़लों में कोमलता और संगीत है।

'सफ़ी' ने नज़्में भी लिखीं और उन्हें बख़ूबी निभाया। इनकी कुछ लम्बी कविताओं में भारत के सुन्दर नगरों का वर्णन है। क़ौमी नज़्मों के लिए मुस्लिम समाज ने इन्हें 'लिसान-उल-क़ौम' (क़ौम की ज़बान) की उपाधि दी। एक मसनवी पर हिन्दुस्तानी एकेडमी ने इन्हें पुरस्कृत भी किया। 'सफ़ी' सच्चे इस्लाम प्रेमी थी मगर उनमें साम्प्रदायिकता नहीं थी। जीवन के अन्तिम वर्षों में 'सफ़ी' ने उमर ख़ैयाम की रुबाइयों का उर्दू-काव्य में अनुवाद किया और उन पर शोधपूर्ण टीकाएँ भी लिखीं।

'सफ़ी' की नज़्मों के दो संग्रह—'लख़्ते-जिगर' और 'सहीफ़ुतल्क़ौम'—और ग़ज़लों का एक दीवान प्रकाशित हो चुके हैं।

सबरस (कृ०। रचनाकाल सन् 1635 ई०)

मौलाना वजही (दे०) की 'सबरस' दकनी (दे०) गद्य की एक प्रमुख पुस्तक है जो सन् 1635 ई० में लिखी गई। इससे पहले भी दकनी गद्य के उदाहरण मिलते हैं, लेकिन वे धर्म सम्बन्धी या सूफ़ियाना हैं। इसकी बड़ी विशेषता यह है कि यह एक शृंखलाबद्ध कथा है। इसकी भाषा साहित्यिक है। यद्यपि गद्य तुकान्त है मगर सरल और स्पष्ट है। तसव्वुफ़ के सारगर्भित विचार प्रतीकों के रूप में लिये गए हैं। कथा-वस्तु संक्षिप्त

है मगर प्रगतिशील। ऐसा कहा जाता है कि मौ० वजही को इस रचना की प्रेरणा फ़ारसी कवि फ़त्ताही के 'हुस्नो-दिल' से मिली। 'सरबस' का संपादन मौलवी अब्दुल हक़ (दे०) ने सन् 1932 ई० में करके इसे प्रकाशित करवाया।

सबा, मीर वज़ीर अली (सन् 1795-1854 ई०)

आप लखनऊ के रहने वाले थे। नवाब वाजिद अली शाह (दे०) के दरबार से दो सौ रुपया महीना पाते थे। शायरी में 'आतिश' के शागिर्द थे। कुछ शेर 'आतिश' (दे०) के रंग में अच्छे कहे हैं। श्रृंगार रस में इनका एक दीवान है—'गुन्चा आरज़ू' और एक मसनवी वाजिद अली शाह के शिकार के बारे में। लखनऊ शैली के अनुयायी थे। पद्य में बनावट अधिक है और कहीं-कहीं अश्लीलता भी।

सब्ज़परी (पा०)

सब्ज़परी 'अमानत' (दे०) के प्रसिद्ध नाटक 'इन्दर सभा' (दे०) की प्रमुख पात्र है। यह काफ़ पर्वत पर रहने वाली परियों की रानी है और सिंहल द्वीप का राजा इन्दर (दे०) इसके रूप और नृत्य पर मोहित है। एक बार कोहकाफ़ से इन्दर के अखाड़े की ओर जाते हुए इसकी दृष्टि अख़्तर नगर में लाल महल की छत पर सोये सुन्दर राजकुमार गुलफ़ाम पर पड़ती है और यह उस पर आसक्त हो जाती है। विरह-वेदना को सहने में असमर्थ सब्ज़परी काले देव को आज्ञा देती है कि वह गुलफ़ाम को उठा लाये। गुलफ़ाम इन्दर की सभा में परियों का नृत्य देखने की इच्छा प्रकट करता है। सब्ज़परी उसे वहाँ ले जाती है मगर इन्दर को एक मर्त्य व्यक्ति की उपस्थिति का पता लग जाता है और वह दोनों को दण्ड देता है। बाद में सब्ज़परी अपने संगीत की शक्ति से गुलफ़ाम को मुक्त कराती है।

सरमाया-ए-ज़बाने-उर्दू (कृ० । रचनाकाल अठारहवीं शताब्दी)

इस उर्दू शब्दकोश के प्रणेता हैं हकीम सैयद ज़ामिन अली 'जलाल' लखनवी (दे०)। पुराने प्रयोगों के साथ-साथ इसमें महिलाओं की शब्दावली भी शामिल की गई है। भिन्न मुहावरों, लोकोक्तियों को उदाहरण देकर समझाया गया है। प्रतीकों की विवेचना और यथास्थान उनके फ़ारसी मूल पर भी प्रकाश डाला गया है।

'सरशार', पंडित रतननाथ (सन् 1846-1902 ई०)

'सरशार' कश्मीरी ब्राह्मण थे और इनका जन्म लखनऊ में हुआ। अरबी-फ़ारसी की शिक्षा प्राप्त की और अंग्रेज़ी के अध्ययन के लिए लखनऊ

केनिंग कॉलेज में प्रवेश लिया। कुछ समय तक खीरी के ज़िला स्कूल में अध्यापन कार्य किया। इसी समय कश्मीरियों की पत्रिका 'मुरासिल-ए-कश्मीर' और सज्जाद हुसेन (दे०) के 'अवध-पंच' (दे०) में लेख लिखने लगे। शिक्षा विभाग की पत्रिका में भी लिखते थे और कई अनुवाद भी किए। उल्लेखनीय है कि इन्होंने भौतिक विज्ञान की एक पुस्तक का 'शम-शुज़्ज़ुहा' नाम से बहुत ही अच्छा अनुवाद तैयार किया। शैली की रोचकता और नवीनता के कारण 'सरशार' शीघ्र ही बड़े लोकप्रिय हो गए। मुंशी नवलकिशोर ने इन्हें 'अवध' अख़बार (दे०) का सम्पादक बना दिया। इस पत्र में सरशार का 'फ़साना-ए-आज़ाद' (दे०) धारावाहिक रूप में छपा। बाद में इसके कई संस्करण निकले। कुछ समय तक 'सरशार' इलाहाबाद उच्च न्यायालय में अनुवादक के रूप में रहे और फिर हैदराबाद चले गए, जहाँ निज़ाम ने इनका स्वागत किया। निज़ाम के प्रधान मंत्री सर किशन परशाद 'शाद' (दे०) इनसे अपनी कविताओं में संशोधन कराते थे। यहीं सरशार ने 'दबदब-ए-आसफ़िया' का संपादन भी किया। असंतुलित मद्य-पान से सन् 1902 में हैदराबाद में इनका देहान्त हो गया।

'सरशार' अच्छे कवि थे किन्तु साहित्य के इतिहास में इनका स्थान गद्य-कार के रूप में है। 'फ़साना-ए-आज़ाद' इनकी सबसे प्रसिद्ध रचना है। यद्यपि 'सरशार' से पहले नज़ीर अहमद (दे०) उपन्यास लिख चुके थे किन्तु यथार्थवादी उपन्यास का यह पहला उदाहरण है। यह उपन्यास 5 भागों में छपा।

तत्कालीन समाज की जीती-जागती तस्वीरें हमें 'फ़साना-ए-आज़ाद' में देखने को मिलती हैं। लखनऊ का जैसा चित्रण इस उपन्यास में हुआ है, उसके आज तक उदाहरण दिए जाते हैं। शैली बड़ी चुलबुली और मुहा-वरों से भरपूर है। प्रत्येक वर्ग की भाषा का ज्यों का त्यों इस्तेमाल कर चरित्र-वैभिन्न्य को उजागर किया है। अरबी-फ़ारसी आविष्ट भाषा लिखते हैं तो ऐसे अधिकार से कि बड़े-बड़े भाषाविज्ञ दंग रह जायें। 'फ़साना-ए-आज़ाद' की अभूतपूर्व सफलता का एक बड़ा कारण इसकी भाषा-शैली भी थी। इसके अतिरिक्त सरशार ने 'जामे-सरशार', 'सैरे-कोहसार', 'हश्शू', 'पी कहाँ', 'कामिनी', 'बिछड़ी दुल्हन', 'कुड़म-धुम', 'तूफ़ाने-बदतमीज़ी' आदि मौलिक रचनाएँ कीं। इन्होंने सर्वेन्टीज़ के 'डॉन क्विकज़ोट' का 'ख़ुदाई फ़ौजदार' के नाम से स्वतंत्र रूपान्तर किया। 'अलिफ़ लैला' का अनुवाद किया और 'तरजुमए-तारीख़े-रूस' और 'तरजुमए-ख़तूते-लॉर्ड डफ़रिन' प्रस्तुत किए।

'सरशार' कला और जीवन के मर्म को समझते थे। इनकी शैली में बड़ी ताज़गी, भाषा में शोख़ी, और मुहावरों में सफ़ाई थी। लेकिन स्वभाव की बेचैनी अक्सर आड़े आ जाती। परिणामस्वरूप कुछ रचनाओं में ढीलापन और उपन्यासों में गठन का अभाव है।

शायरी में अमीर मीनाई (दे०) के शिष्य थे लेकिन मुख्यत: गद्यकार के रूप में ही जाने जाते हैं।

'सरूर' आले अहमद (जन्म : सन् 1912 ई०)

जन्म बदायूँ में हुआ। अलीगढ़ विश्वविद्यालय से एम० ए० किया। कुछ समय तक अलीगढ़ कॉलेज में प्राध्यापक के पद पर काम किया। फिर लखनऊ विश्वविद्यालय उर्दू विभाग में रीडर और फिर अलीगढ़ विश्वविद्यालय में प्रोफ़ेसर रहे। आपने उर्दू और अंग्रेज़ी साहित्य का गवेषणापूर्ण अध्ययन किया और आलोचना सिद्धान्तों को एक नया वैज्ञानिक दृष्टिकोण दिया। आपके लेखों में बड़ी गहराई और सन्तुलन है, विचार तर्कपूर्ण और शैली रचनात्मक है। आपका विश्वास है कि हर साहित्य की अपनी एक परम्परा होती है और इस परम्परा का आदर करना लेखक का कर्तव्य है। यद्यपि आपने काव्य रचना भी की है किन्तु आप अपने आलोचना ग्रन्थों के लिए अधिक प्रसिद्ध हैं। 'तकनीकी इशारे', 'तनक़ीद क्या है?', 'नये-पुराने चिराग़' और 'अदब और नज़रिया' आपकी प्रकाशित पुस्तकें हैं।

सर्वरी, अब्दुल क़ादिर

सर्वरी साहब उस्मानिया यूनिवर्सिटी में उर्दू विभाग के अध्यक्ष थे। साहित्य के आलोचकों में इनका विशिष्ट स्थान है। इनकी कई पुस्तकें प्रकाशित हो चुकी हैं, जैसे 'जदीद उर्दू शायरी', 'दुनिया-ए-अफ़साना', 'उर्दू मसनवी का इर्तिका', 'उर्दू की अदबी तारीख़' और 'ज़बाने-इल्मे-ज़बान'। इसके अतिरिक्त इन्होंने कुछ अनुवाद भी किए और कई कवियों के संग्रहों की टीकाएँ लिखीं। उसमानिया यूनिवर्सिटी से अवकाश प्राप्त करने पर ये जम्मू-कश्मीर विश्वविद्यालय में उर्दू-फ़ारसी विभाग के अध्यक्ष रहे।

सलीम, पानीपती (मृत्यु : सन् 1916 ई०)

नाम था वहीदुद्दीन तख़ल्लुस 'सलीम' और पानीपत के रहने वाले थे। 'हाली' (दे०) की शागिर्दी का फ़ख्र हासिल था। मगर शायरी के अलावा गद्य लेखक के रूप में ही विशेष प्रसिद्ध हुए। हैदराबाद की उस्मानिया यूनिवर्सिटी के उर्दू विभाग में एक लम्बे समय तक अध्यापन कार्य किया।

सर सैयद (दे०) के मित्र और उनके समर्थकों में से थे। 'तुलसीदास की शायरी' और 'अरब की शायरी' जैसे इनके महत्त्वपूर्ण लेख उस समय के पत्र 'उर्दू' में प्रकाशित हुए। उर्दू के विद्वान थे लेकिन हिन्दी के शब्दों से विशेष आग्रह था। काव्य संग्रह के अतिरिक्त इनकी दो गद्य रचनाएँ मिलती हैं। 'इफ़ादाते-सलीम' और 'वजए इस्तेलाहात'। दूसरी पुस्तक पारिभाषिक शब्दों की बनावट से संबंध रखती है। इसमें इन्होंने ऐसे नियम निर्धारित किए जिनसे नई परिभाषाएँ बनाई जा सकें। यह अपनी तरह की एक अनूठी पुस्तक है और इससे 'सलीम' के ज्ञान और विद्वत्ता का पता चलता है।

सहरुल बयान (कृ०। रचनाकाल सन् 1785 ई०)

ये मीर ग़ुलाम हसन 'हसन' (दे०) की लिखी मसनवी (दे०) है, बल्कि यों कहना चाहिए कि यह वह मसनवी है जिसकी वजह से मीर हसन उर्दू साहित्य में अमर हो गए। यह मसनवी लगभग सन् 1785 में लिखी गई और इसे 'क़िस्सा बेनज़ीर व बद्रे-मुनीर' के नाम से भी जाना जाता है। क़तील (दे०) और मुसहफ़ी (दे०) के तज़किरों से यह मालूम होता है कि यह मसनवी नवाब आसफुद्दौला को समर्पित की गई थी। इसकी कहानी इस प्रकार है :

बड़ी मन्नतों के बाद एक निस्सन्तान बादशाह के घर बेटा हुआ। बड़े लाड़-प्यार से पाला मगर क़िस्मत का खेल ! शाहज़ादा बेनज़ीर (दे०) 13 बरस का हुआ था कि उसे एक परी उठाकर ले गई। परी की क़ैद में ही शाहज़ादा एक बादशाह की बेटी से, जिसका नाम था बद्रे मुनीर(दे०) प्यार करने लगा। परी को पता लगा तो ग़ुस्से में आग-बबूला हो गई। शाहज़ादे को बियाबान जंगल में एक सूखे कुएँ में धकेल दिया और कुएँ का मुँह एक विशाल शिलाखण्ड से बंद कर दिया। बद्रे मुनीर ने सपना देखा, उसका प्रेमी कुएँ में क़ैद है। उसने रो-रोकर सब हाल वज़ीर की बेटी को बताया। वज़ीर की बेटी जोगन का भेस धर शहज़ादे को ढूँढ़ने निकल पड़ी। नगर-नगर, गाँव-गाँव घूमती थी। एक दिन उसे बियाबान जंगल में अकेले सितार बजाते एक परीज़ादे ने देखा। परीज़ादा उसके जोगन रूप पर मुग्ध हो गया और प्रणय निवेदन किया। वज़ीर की बेटी ने कहा कि अगर वह कुएँ की क़ैद से शहज़ादा बेनज़ीर को आज़ाद करा दे तो वह उससे विवाह कर लेगी। परीज़ादे ने शर्त पूरी की। वज़ीरज़ादी शहज़ादे को लेकर अपने देश लौटी और दो प्रेमी युगल विवाह बंधन में बँध गए।

उर्दू दुनिया में 'सहरुल् बयान' के स्तर की मसनवियाँ बहुत कम हैं। इस मसनवी को उतनी ही प्रसिद्धि और उतनी ही प्रतिष्ठा प्राप्त है जितनी पं० दयाशंकर नसीम (दे०) की मसनवी 'गुलज़ारे नसीम' (दे०) को। ऐसी सुन्दर वर्णनात्मक शैली अन्यत्र दुर्लभ है। कोमल मनोभावों का चित्रण अत्यन्त सहज, स्वाभाविक और प्रभावपूर्ण है। वार्तालाप के अंश तो चरित्रों को मूर्त कर देते हैं। भाषा इतनी सरल, साफ और मुहावरेदार जैसी आप और हम आज बोल रहे हैं। यही वजह थी कि इसके अशआर सूक्तियों की तरह लोगों की ज़बान पर चढ़ गए। कुछ अतिशयोक्ति नहीं मौलाना आज़ाद (दे०) के इस कथन में कि 'ज़माने ने तमाम शायरों और तज़-किरा लिखने वालों से इसकी जादूबयानी का क़ायल होने की सनद ली।' इतना ही नहीं, यह मसनवी अपने ज़माने के रहन-सहन, रीति-रिवाज़ का आईना है। उस समय की भाषा, वेशभूषा, शादी की रस्म, बारात के सामान का वर्णन इत्यादि प्रसंग बड़े ही रोचक बन पड़े हैं। हर उम्र और हर वर्ग के लोगों के विचार, उनका ढंग, उनकी ज़बान सभी कुछ समो दिया है मीर हसन ने 'सहरुल बयान' में। इन्हीं विशेषताओं के कारण ही आज दो सौ बरस बाद भी इसे उर्दू की सबसे अच्छी मसनवी माना जाता है।

साइल देहलवी (सन् 1867-1945 ई०)

पूरा नाम नवाब सिराजुद्दीन अहमद ख़ाँ। उपनाम 'साइल' अर्थात् भिक्षुक। पिता का नाम मिर्ज़ा शहाबुद्दीन अहमद ख़ाँ 'साक़िब'। मिर्ज़ा ग़ालिब(दे०) के सम्बन्धी और दिल्ली के रहने वाले थे। अरबी-फ़ारसी की शिक्षा प्राप्त की और छोटी आयु में ही शेर कहना शुरू किया। मिर्ज़ा दाग़ (दे०) के शिष्य हुए और बाद में उस्ताद की पुत्री से ही विवाह किया। बड़ा आक-र्षक व्यक्तित्व था और मुशायरों में तरन्नुम से ग़ज़लें पढ़ते थे। इनका यह ख़ास अन्दाज़ काफ़ी लोकप्रिय था। शायरी में दाग़ का प्रभाव है और दिल्ली की टकसाली ज़बान इस्तेमाल करते हैं।

इन्होंने ग़ज़लों के छः दीवान लिखे। एक दीवान मसनवियों का भी छोड़ा। कुल मिलाकर लगभग एक लाख शेर लिखे जो व्यवस्थित रूप से प्रकाशित नहीं हुए।

साक़िब लखनवी (सन् 1869-1946 ई०)

मिर्ज़ा ज़ाकिर हुसैन 'साक़िब' का जन्म आगरे में हुआ। यह छः माह के ही थे जब इनके पिता आगरा छोड़कर लखनऊ आ बसे। मिर्ज़ा साक़िब के जीवन का अधिकांश भाग लखनऊ में ही व्यतीत हुआ। बारह वर्ष की

अवस्था से ही इन्होंने शेर कहना शुरू कर दिया। दुर्भाग्यवश इनके पिता को शायरी से चिढ़ थी अतः साक़िब को मुशायरों में भाग लेने की इजाज़त न मिली। सो ये छिपा कर कविता करते और अपने सहपाठियों को मुशायरों में पढ़ने को दे देते और उन शेरों पर मिली दाद के विवरण से जी खुश कर लेते।

अंग्रेजी शिक्षा प्राप्त करने के लिए साक़िब सन् 1887 ई० से 1891 तक आगरे में रहे। यहाँ इन्हें मोमिन हुसैन ख़ाँ 'सफ़ी' (दे०) की शागिर्दी का सौभाग्य प्राप्त हुआ और शीघ्र ही ग़ज़लगोई में ऐसा कमाल हासिल किया कि अपने गुरु-भाइयों की रचनाओं का संशोधन सफलतापूर्वक करने लगे। दुर्भाग्य से आर्थिक कठिनाइयों ने कभी साक़िब का दामन न छोड़ा। सारी पूँजी व्यापार में गँवा दी। दो वर्ष तक कलकत्ता के ईरानी दूतावास में काम किया। सन् 1908 में महाराजा महमूदाबाद ने 50 रु० महीने पर इन्हें लखनऊ वापस बुला लिया। बाक़ी ज़िन्दगी बड़े सब्र-ओ-शुक्र से इसी थोड़े से वज़ीफ़े पर काट दी।

साक़िब ने अपना जीवन शायरी को अर्पित कर दिया। राह-चलते शायरी किया करते थे। जितनी अच्छी ग़ज़ल कहते थे उतना ही अच्छा काव्यपाठ करते थे। इतने सीधे-सादे और पुरजोश ढंग से अदायगी करते कि तरन्नुम से ग़ज़ल पढ़ने वाले भी फ़ीके पड़ गए। मिर्ज़ा को फिलबदीह (आशु कविता) कहने में विशेष निपुणता प्राप्त थी और ऐसे मुशायरों में कोई उनके सामने न टिक पाता था।

उन दिनों लखनऊ में नासिख़ी शायरी का बोलबाला था। मिर्ज़ा के दीवान में भी नासिख़ी शेर कहीं-कहीं देखने को मिलते हैं लेकिन उर्दू ग़ज़ल (दे०) में साक़िब ने अपनी दिशा आप खोजी और ग़ालिब (दे०) और मीर (दे०) के उत्तराधिकारी के रूप में अपनी पहचान क़ायम की। साक़िब की शायरी में ग़ालिब की उच्च भावनाओं और मीर के माधुर्य और करुणा का सुन्दर संगम हुआ है। साथ ही ख़त्म होती हुई 19वीं और जन्म लेती हुई 20वीं सदी को उन्होंने अपनी आँखों से देखा और अपनी प्रतिभा से प्राचीन और आधुनिक का सुन्दर समन्वय अपनी रचनाओं में किया। पारम्परिक विषयों और प्रतीकों को नये अर्थ दिए और साथ ही तग़ज़्ज़ुल को भी मंद न पड़ने दिया।

साक़िब की ज़बान साफ़, प्रवाहपूर्ण और मुहावरेदार है, भाव मौलिक, उच्च और गहरे। कहीं-कहीं तो उन्होंने ग़ालिब की तरह एक शेर में इतना कुछ कह डाला कि विशद व्याख्या बिना उसका पूरा आनंद नहीं लिया

जा सकता। प्रेम इनके यहाँ पूजा का समकक्ष है और समर्पण एक शानदार स्थिति।

साक़िब की भाषा कहीं-कहीं अरबी-फ़ारसी के शब्द-विन्यास के कारण क्लिष्ट हो जाती है लेकिन भाषा की सुघड़ता कहीं कम नहीं होती। 'दीवाने-साक़िब' का संकलन सैयद अक़बर अली ने किया है।

साक़ी

शराब पिलाने वाले को साक़ी कहते हैं। ईरानी शराबख़ानों में ग्राहकों को शराब पिलाने के लिए सुन्दर किशोरों को रखा जाता था। इसी सांस्कृतिक पृष्ठभूमि की झलक फ़ारसी काव्य में प्रयुक्त साक़ी, मै (दे०), मैक़दा आदि रूपकों में मिलती है। उर्दू कविता पर फ़ारसी काव्य परम्परा का गहरा प्रभाव है। साक़ी का चरित्र उसी की देन है। साक़ी उर्दू शायर का स्नेह पात्र है। वह सुन्दर, शोख़ और चंचल है। उसकी अदाएँ मन लुभाती हैं। मगर साक़ी से शायर को एक शिकायत हमेशा रहती है कि वह या तो मदिरा देता ही नहीं, और अगर देता है तो बड़ी कंजूसी से।

मुझ तक कब उनकी बज़्म में आता था दौरे-जाम
साक़ी ने कुछ मिला न दिया हो शराब में।

प्रियतमा को भी साक़ी कहा जाता है और ख़ुदा को साक़ी-ए-अज़ल। एक उदाहरण देखिए—

तेरे शीशे में मै बाक़ी नहीं है ?
बता क्या तू मेरा साक़ी नहीं है ?
समन्दर से मिले प्यासे को शबनम
बख़ीली है ये रज़्ज़ाक़ी नहीं है।

—इक़बाल

'साग़र' निज़ामी (सन् 1905-1984 ई०)

सरदार मुहम्मद समदयार ख़ाँ 'सागर' का जन्म अलीगढ़ में हुआ। अरबी-फ़ारसी की शिक्षा घर पर ही हुई। अलीगढ़ हाई स्कूल से अंग्रेज़ी शिक्षा प्राप्त की। 18 वर्ष की आयु में सागर ने आगरा से 'पैमाना' नामक मासिक पत्र निकाला। सन् 1927 में अलीगढ़ से 'रिसालए-मुस्तकबिल' और 1929 में साप्ताहिक़ 'इस्तक़लाल' का प्रकाशन आरंभ किया। सन् 1932 में मेरठ में साग़र प्रेस और 'मक़तबे-साग़र' शुरू किया। यहीं से 'एशिया' मासिक का मुद्रण और प्रकाशन शुरू हुआ जो सन् 1951 तक चला। आर्थिक कठिनाईयों से जूझते सन् 1944 ई० में बम्बई चले गए और फिल्मों के लिए गीत कहानियाँ और संवाद लिखते रहे। सन् 1954

में भारत के तत्कालीन प्रधान मंत्री स्व० जवाहरलाल नेहरू ने इन्हें आल इंडिया रेडियो में उर्दू विभाग के एडवाइज़र प्रोड्यूसर के पद पर बुला लिया।

साग़र के कवि-जीवन का आरंभ प्रेमविषयक ग़ज़लों से हुआ, फिर देश-प्रेम, स्वराज्य, स्वतंत्रता-संग्राम, हिन्दू मुस्लिम एकता, समाजवाद और जनहित जैसे विषयों पर बड़ी प्रभावशाली नज़्में कहने लगे। उत्साह, उमंग, ओज और स्फूर्ति से भरी ये नज़्में प्रथम विश्व-युद्ध के बाद आज़ादी के दीवाने हिन्दुस्तानियों के दिल की धड़कन बन गईं और सारे भारत में जोश (दे०) के साथ 'सागर' के नाम की धूम मच गई। 'साग़र' की काव्य शैली का मुख्य रूप उसमें कोमल हिन्दी शब्दों का प्रयोग है। इनके कई काव्य-संग्रह प्रकाशित हो चुके हैं: 'सबूही', 'बाद-ए-अशरिक', 'रंगे-महल', 'मौजो-साहिल' नज़्मों, ग़ज़लों और गीतों के संकलन हैं। 'साग़र' ने 'शकुन्तला' और 'अनारकली' नाटकों का अति सुन्दर काव्य-रूपान्तर तैयार किया। 'कहकशाँ' के नाम से इनकी कहानियों का भी एक संग्रह छप चुका है। यहाँ महाकाव्य की तर्ज़ पर लिखी लम्बी कविता 'नेहरू नामा' भी उल्लेखनीय है। 'साग़र' का एक काव्य-संग्रह नागरी लिपि में 'रस सागर' के नाम से प्रकाशित हुआ है।

सालिक, कुरबान अली (मृत्यु : सन् 1893 ई०)

नवाब मिर्ज़ा आलम के पुत्र थे। जन्म हैदराबाद में हुआ, पालन-पोषण देहली में। पहले मोमिन (दे०) के शिष्य थे, बाद में मिर्ज़ा ग़ालिब (दे०) से इस्लाह लेने लगे। क्रांति से पहले ही अलवर चले गए थे, और वहाँ से हैदराबाद जा बसे। इनके क़लाम पर 'मोमिन' का स्पष्ट प्रभाव है।

साहिर लुधियानवी (सन् 1922-80 ई०)

अब्दुल हई 'साहिर' का जन्म पंजाब के ज़िला लुधियाना में एक अंग्रेज़ी हकूमतपरस्त जमींदार ख़ानदान में हुआ। लुधियाना से एफ० ए० किया। किसान मज़दूर आंदोलन में भाग लेने के कारण कॉलेज से निकाल दिए गए। सो लाहौर आकर दाख़िला लिया। मगर वहाँ भी अपने क्रांतिकारी विचारों के कारण न टिक सके। इनके पिता विलासी व्यक्ति थे और उनकी कई पत्नियाँ थीं। साहिर की स्वाभिमानी माँ का उनसे सम्बन्ध-विच्छेद हो गया। साहिर माँ का असीम आदर करते थे और उन्हीं के साथ रहते थे। इस घटना ने उनके कवि-हृदय पर गहरा प्रभाव डाला। पढ़ाई ख़त्म करने पर बड़ी आर्थिक विवशता का सामना करना पड़ा मगर अपने आत्मसम्मान को क़ायम रखा। अन्ततः बड़े लोकप्रिय एवं सफल लेखक

के रूप में प्रतिष्ठित हुए। फ़िल्मों के लिए बहुत से गीत लिखे। भारत विभाजन के बाद पाकिस्तान चले गए थे और वहाँ कुछ समय तक 'सवेरा' पत्र का सम्पादन किया। वहाँ की राजनैतिक आबो-हवा रास न आई और बम्बई लौट आए। बम्बई में ही देहान्त हुआ।

साहिर के काव्य-जीवन का आरंभ बड़ी सुन्दर और भावपूर्ण प्रेम कविताओं से हुआ। मगर जीवन के कड़ुवे अनुभव ने उन्हें साम्राज्यवाद और वर्ग वैभिन्न्य का नग्न रूप दर्शाया तो क्रांतिकारी कविता कहने लगे। यहाँ तक कि उनकी रोमानी शायरी में भी प्रेम के मार्ग में आने वाली सामाजिक नैतिक और आर्थिक बाधाओं का करुण और कभी-कभी तल्ख चित्रण हुआ है। अधिकतर प्रगतिशील कविताएँ लिखीं। प्रस्तुति का अपना अनूठा ढंग है। सुन्दर उपमाओं और सूक्ष्म संकेतों का प्रयोग करते हैं।

काव्य-संग्रह 'तल्ख़ियाँ और 'परछाइयाँ' अनेक बार प्रकाशित हो चुके हैं। फिल्मी गीतों का संग्रह 'गाता जाए बंजारा' के नाम से छपा है।

सिकन्दर (अं०)

यह ग्रीस में स्थित मकदूनिया के राजा फ़िलिप द्वितीय का पराक्रमी पुत्र था जिसे अंग्रेज़ी में एलैग्ज़ैन्डर कहा जाता है। ईसा से 336 वर्ष पूर्व यह मकदूनिया का राजा हुआ। इसने बहुत से सफल युद्धों का नेतृत्व किया। परशिया को धराशायी करता हुआ यह मिस्र तक गया और वहाँ से फिर भारत पहुँचा। यहाँ से स्वदेश लौटते हुए बेबीलोन में 32 वर्ष की आयु में ही सिकन्दर महान की मृत्यु हो गई। साहित्य में सिकन्दर का उल्लेख एक महान योद्धा और विजेता के रूप में होता है। सांसारिक ऐश्वर्य और उपलब्धियों की अस्थिरता से भी सिकन्दर का नाम जुड़ा है—

न ग़ोरे सिकन्दर, न है कब्रे दारा
ज़मीं खा गई आस्माँ कैसे-कैसे।

सिद्दीक़ी, रशीद अहमद

सिद्दीक़ी अलीगढ़ विश्वविद्यालय के उर्दू विभाग के अध्यक्ष थे। इन्होंने मुख्य रूप से हास्य-रस प्रधान निबंध लिखे हैं। आलोचना में भी व्यंग्य और हास्य के छींटे उड़ाकर उसे सरस बना देते हैं लेकिन शैली में गंभीरता और दार्शनिकता प्रचुर है। हास्य का प्रयोग बड़े संयम से निश्चित उद्देश्य से करते हैं। इन्होंने उर्दू साहित्य में हास्य-रस की परम्परा पर एक पुस्तक भी लिखी है। इनकी रचनाएँ इस प्रकार हैं—'ख़न्दाँ', 'मज़ामीने रशीद', 'गंजहाय गिरांमाया', 'तनज़ियातो-मुज़हिक़ात', 'आशुफ़्ता बयानी मेरी', 'जदीद ग़ज़ल' और 'शैख़ नियाज़ी'।

सिराज (सन् 1714-64 ई०)

सैयद सिराजुद्दीन 'सिराज' औरंगाबाद के प्रसिद्ध कवि हुए हैं। बारह वर्ष की आयु में आप पर आध्यात्मिक उन्माद हावी हो गया था। सात साल तक फ़कीरों की तरह घूमते रहे। उन्नीस वर्ष की आयु में सैयद शाह अब्दुर्रहमान चिश्ती के पास गए और उनके शिष्य हो गए। अभिव्यक्ति के लिए शायरी का दामन पकड़ा। आपका उर्दू और फ़ारसी दोनों में एक-एक दीवान उपलब्ध है। इनमें हर तरह की कविताएँ हैं लेकिन 'सिराज' विशेष रूप से अपनी ग़ज़लों और एक मसनवी 'बोस्तान ख़्याल' (दे०) के लिए प्रसिद्ध हैं। इस मसनवी में 1160 अशआर हैं और कहते हैं कि इसकी रचना 'सिराज' ने दो दिन में की थी। इसका रचनाकाल सन् 1747 ई० बताया जाता है। 'मुतख़िब दीवानहा' में 'सिराज' ने प्राचीन तथा समकालीन फ़ारसी कवियों की उत्कृष्ट रचनाओं का संकलन किया। वली औरंगाबादी (दे०) की तरह 'सिराज' की रचनाएँ सरल एवं सरस हैं और उनमें आध्यात्मिकता की छटा है। 'सिराज' की जीवन दृष्टि करुणामय थी, अतः उनके काव्य में भी मार्मिकता है। आपकी भाषा दकनी (दे०) की अपेक्षा उत्तर भारत की उर्दू (दे०) के अधिक निकट है।

सीरत-उल-नबी (कृ०। रचनाकाल सन् 1906-12 ई०)

यह इस्लाम के प्रवर्तक हज़रत मोहम्मद की जीवनी है। इसको मौलाना शिबली नोमानी (दे०) ने पाँच भागों में लिखने की योजना बनाई थी। मगर पहले दो भाग लिखने के बाद उनका देहान्त हो गया और शेष तीन भाग उनके साहित्यिक उत्तराधिकारी सैयद सुलेमान नदवी (दे०) ने पूरे किए।

केवल धार्मिक दृष्टि से ही नहीं, जीवनी के रूप में भी यह एक उत्कृष्ट कृति है और बड़े अनुसंधान और परिश्रम का परिणाम है।

'सीमाब' अकबराबादी (सन् 1880-1951 ई०)

आगरा में जन्म हुआ। अरबी-फ़ारसी के अतिरिक्त अंग्रेज़ी का भी ज्ञान रखते थे। विद्यार्थी जीवन से ही शायरी का शौक़ था। खुद ग़ज़लें कहते, और फ़ारसी रचनाओं को उर्दू में रूपान्तरित करते। पिता की मृत्यु के कारण कॉलेज छोड़कर आजीविका के लिए कानपुर जाना पड़ा। कुछ समय इधर-उधर नौकरी की मगर फिर जीवन-पर्यन्त साहित्य-सेवा का निश्चय करके स्थायी रूप से आगरा में बस गए।

'सीमाब' 'दाग़' (दे०) के शिष्य थे। मगर शायरी में आपका रास्ता 'दाग़'

से जुदा है। 'सीमाब' की छोटी-बड़ी गद्य-पद्य की कुल लगभग 300 रचनाएँ हैं। आप भाषा और काव्य-शास्त्र के बड़े विद्वान थे। इन्होंने कविता का एक 'आगरा-स्कूल' चलाने की भी चेष्टा की। मासिक पत्र 'शायर' का प्रकाशन किया। इनकी कुछ प्रमुख रचनाएँ इस प्रकार हैं—'क़ारे-इमरोज' और 'साज़ो-आहंग' नज़्मों के संग्रह हैं। 'क़लीमे-अज़्म' और 'सिद्रतुल्मुब्तहा' में ग़ज़लें संग्रहीत हैं। 'शेरे-इन्क़लाब' में इंकलाब संबंधी ग़ज़लें हैं और 'आलमे-आशोब' में रुबाइयाँ। पिंगल पर लिखी 'दस्तूर-उल-इस्लाह' और 'राज़े उरुज़' उल्लेखनीय हैं।

'सीमाब' साम्प्रदायिकता के कट्टर विरोधी थे किन्तु भारत विभाजन के समय इन्हें पाकिस्तान जाना पड़ा और वहीं कराची में इनका निधन हुआ।

सुग़रा (अं०)

यह हज़रत इमाम हुसैन (दे०) की बेटी थीं। जब इमाम हुसैन कूफ़ा के मुसलमानों के आमंत्रण पर मदीना से रवाना हुए, तो सुग़रा बीमार थीं। वे बहुत चाहती थीं कि पिता के साथ जाएँ, मगर बीमारी के कारण इमाम हुसैन ने उनकी ज़िद न मानी और उन्हें घर पर ही रहने का आदेश किया। सुग़रा के आग्रह, भावपूर्ण हठ और रोष के चित्रण में मरसियों के कथानक का मानवीय पक्ष दृढ़ हुआ है।

सुदर्शन, पंडित बदरीनाथ (जन्म : सन् 1896 ई०)

पं० सुदर्शन का जन्म पंजाब में हुआ और वहीं इन्होंने स्कूल, कॉलेज की पढ़ाई करके बी० ए० की उपाधि प्राप्त की। आरंभ से ही साहित्य की ओर रुझान था। प्रेमचन्द की भाँति इन्होंने भी लिखना पहले उर्दू में ही शुरू किया, लेकिन बाद में हिन्दी की ओर जो रुख किया, तो पलटकर न देखा। उर्दू में इनकी लगभग अस्सी पुस्तकें प्रकाशित हो चुकी हैं जिनमें उपन्यास, कहानी संग्रह और कुछ नाटक हैं। इनका नाटक 'मुहब्बत का इन्तक़ाम' और 'बहारिस्तान' तथा 'सुदर्शन सुमन' नामक दो कहानी संग्रह पंजाब सरकार द्वारा पुरस्कृत हो चुके हैं। 'बेगुनाह-मुजरिम', 'चन्दन', 'तायरे-ख़याल', सोलह-सिंगार', 'अंधे की दुनिया', 'सदाबहार फूल', 'क़ौसे-क़ज़ह', 'चुटकियाँ', 'मन की मौज' आदि इनकी अन्य कृतियाँ हैं। सुदर्शन को कहानी के क्षेत्र में बड़ी सफलता मिली। लोकप्रियता में प्रेमचन्द(दे०) के बाद इनका नाम लिया जाता है। ग्राम्य-जीवन के सजीव चित्र प्रस्तुत करने के अतिरिक्त इन्होंने अपनी कहानियों में नगर-धनिकों के जीवन से उनकी तुलना भी प्रस्तुत की। कहानी के लिए सुदर्शन का घटना-चुनाव

बहुत रोचक होता है। चरित्रों के मनोविज्ञान में भी गहरी पैठ रखते हैं। चरित्रों का चयन वास्तविक जीवन से करते हैं और चरित्र विकास की प्रक्रिया भी देखने में आती है। सुदर्शन की भाषा सहज, सरल और सरस है। शब्द-चयन और उपमाओं में एक विशेष आकर्षण है।

सुरीले बोल (कृ०। प्रकाशन वर्ष सन् 1940 ई०)

यह जनाब मु० अज़मतुल्लाह ख़ाँ (दे०) की रचनाओं का संग्रह है जो हैदराबाद से प्रकाशित हुआ। पुस्तक के दो भाग हैं—गद्य एवं पद्य। गद्य में उर्दू काव्य से सम्बन्धित लेख हैं और दूसरे भाग में सैंतीस काव्य रचनाएँ हैं। भाषा बड़ी सरल, सरस और सुबोध है। मौलिक रचनाओं के अतिरिक्त इस भाग में कुछ अंग्रेज़ी कविताओं का स्वतन्त्र अनुवाद भी है।

'सुरुर', मिर्ज़ा रजब अली बेग (सन् 1787-1867 ई०)

'सुरुर' आगरे के एक कुलीन परिवार से सम्बद्ध थे किन्तु अरबी-फ़ारसी, सुलेखन और संगीत आदि की शिक्षा लखनऊ में ग्रहण की। कविताएँ लिखते थे और नवाज़िश हुसैन 'नवाज़िश' के शागिर्द थे। लेकिन यश इनको लखनऊ के प्रथम गद्य लेखक के रूप में मिला। नवाब गाज़ीउद्दीन हैदर ने किसी बात पर नाराज़ होकर इन्हें लखनऊ से निकाल दिया। 'सुरुर' कानपुर चले आए और वहीं अपनी प्रसिद्ध पुस्तक 'फ़सानए-अजाएब' (दे०) लिखनी आरंभ की। वाजिद अली शाह (दे०) ने इन्हें वापस लखनऊ बुला लिया। सन् 1857 की क्रांति के बाद बनारस, अलवर और पटियाला के महाराजा के यहाँ सम्मान से रहे। कुछ समय के लिए आँखों के इलाज के लिए कलकत्ता भी गए थे।

'सुरुर' की सर्वश्रेष्ठ रचना 'फ़सानाए-अजाएब' है। यह एक पुराने क़िस्म की अस्वाभाविक घटनाओं से भरी हुई कहानी है जिसका उद्देश्य कल्पनात्मक उड़ानों के द्वारा पाठकों का मनोरंजन और परोक्ष रूप से नैतिक गुणों का प्रचार करना है। विषयवस्तु में कोई नवीनता नहीं। इसकी शैली ही इसकी मुख्य विशेषता है। कलकत्ता के फ़ोर्ट विलियम कॉलेज (दे०) में जब सरल और साधारण बोलचाल की भाषा को उर्दू साहित्यिक गद्य में लाने पर ज़ोर दिया जा रहा था, 'सुरुर' फ़ारसी शैली पर आधृत उर्दू को स्थापित कर रहे थे। इस पुस्तक में अरबी-फ़ारसी शब्दों और वाक्य-विन्यासों के अलावा अलंकारों और रूपकों की भरमार है। प्रायः सभी वाक्य तुकान्त हैं। किन्तु ऐसी भाषा के बावजूद भी 'सुरुर' ने कथा के प्रवाह को बनाए रखा है जो कि वस्तुत प्रशंसनीय है। इनके वर्णन भी उचित शब्द-चयन के कारण बड़े स्वाभाविक बन पड़े हैं। इससे लखनऊ

के तत्कालीन सामाजिक और सांस्कृतिक जीवन का भी परिचय मिलता है। शैली की दृष्टि से यद्यपि 'फ़सानए-अजाएब' मीर अम्मन (दे०) के 'बाग़ो-बहार' (दे०) के एकदम विपरीत है, और एक मरणासन्न परम्परा को जिलाने का प्रयास है लेकिन फिर भी इस पुस्तक को बड़ी लोकप्रियता प्राप्त हुई और इसके बीसियों संस्करण निकले।

'सुरुर' की अन्य रचनाएँ इस प्रकार हैं—'सुरुरे-सुल्तानी', यह नवाब वाजिद अली शाह (दे०) के आदेश पर किया गया 'शमशीरे-ख़ानी' का अनुवाद है। 'शररे-इश्क' में पक्षियों के प्रेम की रोचक कथा है। यह 1856 में लिखी गई। इसी वर्ष संडीला के रईस अमजद अली ख़ाँ के आग्रह पर 'शिगूफ़ा-ए-मुहब्बत' नामक प्रेमकथा लिखी। इसे पहले मेहरचंद खत्री लिख चुके थे। 'गुलज़ारे-सुरुर' एक धार्मिक पुस्तक है जिसकी प्रस्तावना ग़ालिब (दे०) ने लिखी। 'शबिस्ताने-सुरुर' में अलिफ़ लैला की कुछ कहानियों का अनुवाद है और 'इन्शा-ए-सुरुर' 'सुरुर' के पत्रों के संग्रह हैं जो मरणोपरान्त सम्पादित हुआ।

'सुरुर' मुंशी दुर्गा सहाय (सन् 1873-1910 ई०)

जहानाबाद के रहने वाले थे। अपनी पद्य रचनाओं के भारतीय तत्त्व और शुद्ध भारतीय पृष्ठभूमि के लिए प्रसिद्ध हैं। शमा-परवाना (दे०) के साथ-साथ सीता और गंगा-यमुना पर कविता करते हैं। उर्दू में हिन्दी शब्दों के समावेश से काव्य सरस और संगीतात्मक हुआ है। आपके दो काव्य-संग्रह 'ख़ुमख़ाना-ए-सुरुर' और 'जाम-ए-सुरुर' मरणोपरान्त प्रकाशित हुए।

सुलेमान नदवी (मृत्यु : सन् 1953 ई०)

मौलाना शिबली (दे०) द्वारा आज़मगढ़ में स्थापित साहित्यिक संस्था 'दारुल-मुसन्नफ़ीन' (दे०) के माध्यम से जिन उर्दू लेखकों ने मौलाना का उदाहरण सामने रखकर साहित्य की सेवा की, उनमें मौ० सुलेमान नदवी का नाम महत्त्वपूर्ण है। ये बिहार के पटना ज़िले के रहने वाले थे और शिबली को गुरु मानते थे। डक्कन कॉलिज में अरबी के प्रोफ़ेसर थे। मगर जब शिबली ने भाषा की सेवा के लिए 'नदवतुल-उलेमा' में लखनऊ बुलाया, तो नौकरी छोड़कर पहुँच गए। 'नदवतुल-उलेमा' और 'दारुल मुसन्नफ़ीन' के माध्यम से इन्होंने साहित्य में बहुत काम किया। ख़िलाफ़त के ज़माने में इस्लाम के दार्शनिक सिद्धान्तों का पश्चिम में प्रचार करने के लिए योरोपीय देशों की यात्रा की।

मौ० नदवी सही अर्थ में शिबली के उत्तराधिकारी सिद्ध हुए। इन्होंने शिबली की अधूरी पुस्तक 'सीरतुन्नबी' (दे०) को पूरा किया। इनकी

मौलिक रचनाओं में 'अर्ज़उल क़ुरान', 'मुख़्तसर तारीख़े हिन्द' और 'सीरते आयशा' उल्लेखनीय हैं। 'उमर ख़ैय्याम' और 'नक़ूशो सुलैमानी' इनकी दो शुद्धरूप से साहित्यिक रचनाएँ हैं। 'अरब और हिन्द के ताअल्लुक़ात' (दे०) का अनुसंधानात्मक पक्ष इनकी विद्वत्ता का परिचायक है। अपनी पत्रिका 'मारिफ़' के माध्यम से इन्होंने क़ौम और ज़बान की प्रशंसनीय सेवाएँ कीं।

मौलाना नदवी की रचनाओं पर इनकी विद्वत्ता की छाप है। लेकिन फिर भी भाषा प्रवाहपूर्ण है और अरबी-फ़ारसी का विद्वान होने पर भी इन भाषाओं के शब्द जबरदस्ती इस्तेमाल नहीं करते। देश के विभाजन के बाद मौलाना नदवी पाकिस्तान चले गए थे और यहीं इनका देहान्त हुआ।

सेवा

सेवा ने सन् 1680 में फ़ारसी 'रौज़तुश शुहदा' का उर्दू में अनुवाद किया। और 'क़ानून-ए-इस्लाम' नामक मौलिक ग्रन्थ की रचना की। इनकी प्रसिद्धि मुख्यतः मर्सिये लिखने से हुई। ये गुलबर्गा के रहने वाले थे।

सैफ़-ओ-सबू (कृ०। रचनाकाल सन् 1935 ई०)

यह प्रसिद्ध उर्दू कवि 'जोश' मलीहाबादी (दे०) की आरंभिक काव्य-रचनाओं का संकलन है। विषय मुख्य रूप से प्रेम और सौन्दर्य है। श्रृंगार के अतिरिक्त कहीं-कहीं प्रगतिवादी चेतना का स्वर भी मुखर हुआ है। उपमाएँ अत्यन्त सुन्दर और नयी हैं। भाषा-शैली 'जोश' की अपनी विशिष्ट। कविताएँ नौ शीर्षकों के अन्तर्गत प्रस्तुत की गई हैं—आतिशकदा, अफ़कार, रंग-ओ-बू, मुतालआ-ए-नज़र, तास्सुरात, वारदातें, निगारख़ाना, बादा-ए-सरजोश और रुबाइयात।

सैयद अहमद, मौलवी (जन्म : सन् 1846 ई०)

जन्म दिल्ली के एक कुलीन घराने में हुआ। पारम्परिक ढंग से शिक्षा हुई। बचपन से ही साहित्य में अभिरुचि थी। विद्यार्थी जीवन में 'तिफ़ली नामा' नाम की फ़ारसी कविता और पत्र-व्यवहार पर एक पुस्तक 'तक़वीयतुल सुबियाँ' लिखी। अध्यापन के साथ साहित्य-सेवा करते रहे। सात वर्ष तक डा० फ़ैलन (दे०) के साथ उर्दू-अंग्रेज़ी कोश के लिए काम किया। पंजाब गवर्नमेंट बुक डिपो में अनुवादक भी रहे। मौलवी सैयद अहमद का 'फ़रहंग आसफ़िया' उर्दू भाषा का एक महत्त्वपूर्ण कोश है जो सन् 1892 ई० में छपा। इस कोश पर मौलवी साहब को पाँच हज़ार रुपये का इनाम और पचास रुपये महीना पेंशन मिली। 'तहक़ीकुल कलाम'

उर्दू भाषा की बारीकियों और 'इल्मुलनिसा' उसकी उन्नति के सम्बन्ध में लिखी गई। स्कूलों की पुस्तकों के अतिरिक्त सैयद अहमद ने रीति-रिवाजों पर 'रस्मे-देहली' और 'ऋतु बखान'; हिन्दू-स्त्रियों की बोली पर 'नारी-कथा', बोलचाल की भाषा पर 'रोज़मर्रा देहली' इत्यादि पुस्तकें लिखीं।

सैयद ज़ामिन अली

आप इलाहाबाद विश्वविद्यालय के उर्दू विभाग में प्रोफ़ेसर थे। इन्होंने अपना अनुसंधान विषय प्राचीन साहित्य को बनाया और मरसिये की काव्य विधा पर महत्त्वपूर्ण कार्य किया। 'बाक़याते कर्बला' और 'उर्दू ज़बान और अदब' इनकी उल्लेखनीय रचनाएँ हैं। ज़ामिन अली ने गद्य और पद्य दोनों में लिखा।

सैयद, डा० हफ़ीज (मृत्यु : सन् 1961 ई०)

डा० हफ़ीज़ इलाहाबाद यूनिवर्सिटी के उर्दू विभाग में प्राध्यापक थे। इन्होंने धार्मिक, दार्शनिक और साहित्यिक विषयों पर बहुत से लेख लिखे। काज़ी महमूद 'बहरी' पर शोधकार्य किया और उसकी काव्य रचनाएँ संकलित कीं। यह संग्रह प्रकाशित हो चुका है। इनकी शैली साधारण है।

सैयद सर अहमद ख़ाँ (सन् 1817-1898 ई०)

जन्म दिल्ली के एक प्रतिष्ठित परिवार में हुआ। माता अज़ीमुन्निसा बेग़म की देख-रेख में शिक्षा प्राप्त की। धार्मिक और साहित्यिक हस्तियों के सम्पर्क में रहे। सन् 1838 ई० में ईस्ट इंडिया कम्पनी में नौकरी प्रारंभ की, 1841 ई० में मुंसिफ़ हो गए। 1855 ई० में सदर अमीन (सिविल जज) के पद पर बिजनौर तबादला हुआ। तभी सन् 1857 की क्रान्ति हुई। आपने हिन्दुस्तानियों और अंग्रेज़ों में समझौता कराने की कोशिश की और इसी समय 'तारीख़े-बिजनौर' और 'असबाबे-बग़ावते-हिन्द' नामक पुस्तकें लिखीं। गाजीपुर में सन् 1862 में 'साइन्टिफ़िक सोसायटी' की स्थापना की जिसने महत्त्वपूर्ण अंग्रेजी पुस्तकों का उर्दू अनुवाद तैयार कराया। मुरादाबाद और गाजीपुर में स्कूल खुलवाए और अलीगढ़ मुस्लिम विश्वविद्यालय की नींव डाली। सन् 1870 ई०में अपनी प्रसिद्ध पत्रिका 'तहज़ीबुल-इख़लाक' आरंभ की जिसमें धार्मिक और नैतिक प्रश्नों को नये वैज्ञानिक ढंग से प्रतिपादित किया गया। धर्म के ठेकेदारों ने आपका आजीवन विरोध किया। सन् 1886 ई० में आपने 'मोहम्मडन एजूकेशनल कांफ्रेन्स' की स्थापना की। सर सैयद के प्रयासों से भारतीय मुसलमानों की सामाजिक, आर्थिक, शैक्षिक और नैतिक विचारधारा में

क्रान्तिकारी परिवर्तन हुआ। अपनी पुस्तकों, लेखों और पत्रिका के माध्यम से आपने साहित्य की भी अपूर्व सेवा की और उर्दू में एक नई गद्य शैली को जन्म दिया। आपको उर्दू निबन्ध का जन्मदाता कहा जाता है। आपने 30 से अधिक पुस्तकें लिखीं। लेखन सोद्देश्य होने पर भी इनमें साहित्यिक सौन्दर्य का अभाव नहीं। भाषा स्पष्ट, सरल और प्रवाहपूर्ण है। विचारों के प्रति आस्था से शैली में गांभीर्य और मर्यादा है। कहीं-कहीं हास्य-व्यंग का पुट भी रहता है। आपकी एक प्रसिद्ध पुस्तक है 'आसार-उस्सनादीद' (दे०) जिसमें दिल्ली की प्रसिद्ध ऐतिहासिक इमारतों, बाज़ारों आदि का वर्णन है। 'ख़ुतबाते-अहमदीया' (दे०) में आपने ईसाई लेखकों द्वारा रसूल पर लगाए गए आरोपों के तर्कपूर्ण उत्तर दिए हैं। इनके अतिरिक्त 'लायल मोहम्मडन्स ऑव इंडिया', 'क़ौले-मतीन', 'राहे-सुन्नत', 'क़लमातुल हक़', 'तारीख़े-फ़ीरोज़शाही' और 'सिलसिला-ए-मलूके-हिन्द' आदि पुस्तकें लिखीं। बाइबल की व्याख्या की और क़ुरान की टीका भी आपने तैयार की।

सोज़, सैय्यद मुहम्मद मीर (सन् 1721-1798 ई०)

पिता का नाम था सैय्यद ज़ियाउद्दीन। शाह कुतुब आलम गुजराती के ख़ानदान से थे। मीर 'सोज़' का जन्म दिल्ली में हुआ। सम्भ्रान्त कुल से सम्बद्ध होने के कारण घुड़सवारी और निशानेबाज़ी के अलावा संगीत में अच्छा दख़ल रखते थे। कहते हैं कि सितारवादन में दक्ष थे और इनकी लिखाई भी बड़ी सुन्दर थी। शाह आलम के ज़माने में जब दिल्ली पर दुर्दिन आए तो 'सोज़' भी वहाँ से निकल पड़े। कुछ समय तक फ़र्रुख़ाबाद में रहकर लखनऊ गए और फिर वहाँ से मुर्शिदाबाद। वहाँ भी सफलता न मिली तो फिर लखनऊ लौटे। अब नवाब आसफुद्दौला ने इनका सत्कार किया और इन्हें अपना काव्य-गुरु नियुक्त कर लिया। लेकिन 'सोज़' इसके बाद ज़्यादा दिन न जिए और उसी साल यानि सन् 1798 में आपका देहान्त हो गया।

पहले 'मीर' तख़ल्लुस रखते थे लेकिन मीर तक़ी 'मीर' (दे०) के साहित्य जगत पर छा जाने के बाद 'सोज़' उपनाम' से लिखने लगे। इनका एक दीवान है जिसमें ग़ज़लें, मसनवियाँ, रुबाइयाँ और मुख़म्मस हैं इन्होंने न तो कसीदा लिखा और न हजो, आलोचना को हँसकर टाल जाते थे। ये मुख्यतः श्रृंगार के कवि हैं। जिस प्रेम का ये गुणगान करते हैं वह आध्यात्मिक न होकर शुद्ध रूप से भौतिक है। फ़िराक़ गोरखपुरी (दे०) का तो कहना है कि यद्यपि इनकी ग़ज़लों में उच्छृंखल प्रेम दिखाई नहीं

देता, पर उच्छृंखल प्रेम की जो परम्परा बाद में चली, उसका बीज यहीं है। इनके काव्य में सहज कोमल भावों का चित्रण है। बनावट बहुत ही कम है। भाषा भी वैसी ही सरल, सरस और मधुर है। ग़ज़ल के लिए जिस मिठास की ज़रूरत होती है वह 'सोज़' अनायास ही पा जाते हैं। इन्होंने अरबी-फ़ारसी शब्दों, उपमा-उत्प्रेक्षाओं और फ़ारसी तर्ज़े बयान का बहुत कम इस्तेमाल किया है।

'सोज़' के बारे में एक ख़ास बात यह है कि सिर्फ़ इनकी भाषा ही नहीं, इनकी आवाज़ भी बहुत मीठी थी। ग़ज़ल पढ़ते वक्त हाव-भाव ऐसी चतुराई से व्यक्त करते कि सुनने वाले 'वाह-वाह' कर उठते। बाद के बहुत से शायरों ने इनके ग़ज़ल पढ़ने के ढंग की नक़ल करनी चाही, लेकिन सफल न हो सके।

'सौदा' मुहम्मद रफ़ी (सन् 1714-1781 ई०)

मिर्ज़ा मुहम्मद सफ़ी 'सौदा' के पूर्वज काबुल में थे। इनके पिता मिर्ज़ा मु० शफ़ी व्यापार के सिलसिले में हिन्दुस्तान आये और यहीं बस गए। यहाँ दिल्ली में 'सौदा' का जन्म हुआ। जन्म का वर्ष सन् 1709 से '14 के बीच बताया जाता है। बचपन सुख-समृद्धि में कटा। बड़े हुए तो अमीर-उमरा के साथ उठना-बैठना और शाही दरबार तक रसाई थी। इनकी शायरी का इनके जीवन काल में ही आदर हुआ, यह एक बड़े सौभाग्य की बात थी। पहले फ़ारसी में लिखते थे। सिराजुद्दीन अली ख़ाँ 'आरज़ू' (दे०) की सलाह पर उर्दू में लिखना शुरू किया और शीघ्र ही लोकप्रिय हो गए। पहले अपना क़लाम सुलेमान क़ुली ख़ाँ 'विदाद' को दिखाते थे। बाद में 'हातिम' (दे०) को काव्य गुरु माना। शाह आलम बादशाह इनके शागिर्द थे। लेकिन उनसे 'सौदा' की ज़्यादा दिन न बनी और दिल्ली की तबाही शुरू होने पर ये फ़र्रुख़ाबाद आ गए। नवाब अहमद ख़ाँ बंगश के मंत्री मेहरबान ख़ाँ 'रिन्द' स्वयं कवि थे, और गुणग्राही भी। इन दिनों 'सोज़' (दे०) भी यहीं थे। 'सौदा' कई बरस फ़र्रुख़ाबाद रहकर फ़ैज़ाबाद में नवाब शुजाउद्दौला और फिर लखनऊ में आसफ़ुद्दौला के दरबार में आ गए। यहीं सन् 1781 में इनका देहान्त हुआ। नवाब ने इन्हें 'मलिकुश्शुअरा' की उपाधि दी।

'सौदा' के 'दीवाने-रेख़्ता' में ग़ज़ल (दे०) रुबाई (दे०) मुरब्बअ (दे०) मुखम्मस (दे०), मुसद्दस (दे०), मुस्तज़ाद (दे०), क़तअ (दे०), पहेली वासोख़्त (दे०), तरजीहबंद, मसनवी (दे०) इत्यादि सभी कुछ हैं। ग़ज़ल में 'सौदा' अधिक सफल नहीं हो सके। क्योंकि ग़ज़ल के लिए जिस नर्मी

और मुलायमियत की ज़रूरत होती है वह 'सौदा' में कम है। 'मीर' (दे०) की वेदना और तड़प भी इनके यहाँ नहीं मिलती। इनकी ग़ज़लों की विशेषता इनका शब्द-चयन है, भाषा का प्रवाह और एक विशेष प्रकार का ओज है। शेरों की बन्दिश बड़ी चुस्त है और हर लफ़्ज़ अपनी जगह पर नगीने की तरह जड़ा हुआ। 'मीर' में करुणा है तो 'सौदा' में उमंग और प्रफुल्लता।

'सौदा' के क़लाम में तसव्वुफ़ (आध्यात्मिकता) का अभाव है। आपकी भाषा में यद्यपि फ़ारसी शब्दों का प्रयोग अधिक है लेकिन हिन्दुस्तान के रीति-रिवाज, यहाँ के महापुरुषों और मौसमों को भुलाया नहीं गया। हिन्दी के कुछ कोमल शब्दों के प्रयोग से भी वे नहीं कतराते। 'सौदा' ने मरसिये (दे०) को पहली दफ़ा मुसद्दस की शक्ल में पेश किया। मरसिये को उन्होंने धार्मिक विषयों तक ही सीमित न रखकर इसके माध्यम से भावनाओं और परिस्थितियों की जीती-जागती तस्वीरें पेश की हैं। लेकिन 'सौदा' की सबसे महत्त्वपूर्ण रचना उनके क़सीदे (दे०) और हिजो (दे०) हैं। 'सौदा' आजीवन राजदरबार से सम्बद्ध रहे अतः उन्होंने बादशाह और नवाबों तथा कुछ महापुरुषों की प्रशंसा में फ़ारसी की परम्परा में कसीदे लिखे। इसमें उन्होंने कला के उच्च स्तर को बनाए रखा, उपमा-उत्प्रेक्षाओं का नये ढंग से प्रयोग किया और भावनाओं के साथ-साथ सामाजिक और ऐतिहासिक घटनाओं का वर्णन भी किया है। उनकी शैली का ओज क़सीदे और हिजो जैसी रचनाओं के लिए विशेषतया उपयुक्त था। उर्दू साहित्य में आज तक 'सौदा' जैसा क़सीदा कहने वाला नहीं हुआ। 'मीर' ग़ज़ल के बादशाह हैं तो 'सौदा' क़सीदे के।

सौदा की हिजो भी बहुत प्रसिद्ध हैं। इनकी हिजो अधिकतर व्यक्ति से सम्बन्ध रखती हैं लेकिन कुछ में तत्कालीन सामाजिक पतन का भी वेदनामय वर्णन किया गया है। जहाँ वे व्यक्तिगत आग्रह से ऊपर उठ जाते हैं वहाँ उनकी हिजो कलात्मक भी हैं और सूचनात्मक भी।

ह

हज़रत अब्बास (अं०)

हज़रत अब्बास का उल्लेख उर्दू मरसियों में मिलता है। आप इमाम हुसैन (दे०) के रिश्ते के भाई थे और उनका अत्यधिक आदर-सम्मान करते थे। आपके लिए अपने भाई के मुंह से निकला शब्द ईश्वर के आदेश जैसा था। मरसियों में आपका चित्रण एक बड़े शूरवीर और ओजस्वी के रूप में हुआ है। करबला (दे०) के मैदान में जब दुश्मनों ने इन तक पानी पहुँचने का रास्ता बंद कर दिया तो हज़रत अब्बास की क्रोधाग्नि भड़क उठती है। मगर इमाम हुसैन इन्हें हिंसा से रोकते हैं। पानी लाने के प्रयास में दोनों हाथ कट जाने पर मश्क मुंह से पकड़कर लाते हुए शहीद हो जाते हैं।

ऐसी घटनाओं के विशद और मार्मिक विवरण हमें बहुत से मरसियों में मिलते हैं। ये न केवल चरित्रों की छवि स्पष्ट और प्रखर करते हैं, बल्कि इनसे कथानक का माननीय पक्ष भी पुष्ट होता है।

हज़रत जैनब (अं०)

आप हज़रत इमाम हुसैन (दे०) की छोटी बहन थीं। इन्होंने अपने दो अल्पायु बेटों औन और मुहम्मद को प्रसन्नता से भाई के साथ रणभूमि में लड़ने के लिए भेज दिया था। करबला (दे०) के युद्ध में जैनब के दोनों सपूत काम आए। मरसियों में इस घटना का मार्मिक विवरण बहुधा दिया जाता है।

हज़रत शहरबानो (अं०)

आप हज़रत इमाम हुसैन (दे०) की पत्नी और न्यायप्रिय बादशाह नौशेरवाँ (दे०) की पोती थीं। करबला (दे०) के युद्ध के समय आप अपने पति के साथ थीं। स्त्री चरित्रों के माध्यम से मरसिया (दे०) रच-यिताओं ने मानव सम्बन्धों की तरल आत्मीयता और करुणा को बहुत

प्रसार दिया है। धैर्य, दया और ममता की साकार प्रतिमा हज़रत शहर-बानो इसका एक सुन्दर उदाहरण हैं।

हज़ल (पारि०)

रेख़्ती (दे०) की कंघी-चोटी और अंगिया से एक क़दम और आगे है हज़ल जिसमें स्त्री-पुरुष के गुप्तांगों और रति-क्रिया का अश्लील वर्णन किया गया। आपसी सम्बन्धों और अभिव्यक्ति की मर्यादा से बिल्कुल परे है यह काव्य-रूप। मीर जाफ़र जटल (दे०), जानी (दे०), चिरकीन (दे०), उफ़क (दे०), शफ़ीक (दे०), मीर ग़ुलाम हुसेन बुरहानपुरी (दे०) और मीर जटल नारनौली इत्यादि ने हज़ल लिखी।

हज़ीं, मीर मुहम्मद बाकर

मिर्ज़ा जानजानाँ (दे०) के शागिर्द थे। दरिद्रता से तंग आकर पटना चले गए जहाँ नवाब सौलत जंग ने इनका आदर किया। इनका एक दीवान क़सीदा और ग़ज़लों का है।

'हफ़ीज' जालन्धरी (जन्म : सन् 1900 ई०)

'हफ़ीज़' का जन्म जालन्धर में हुआ। सिर्फ़ छठी कक्षा तक स्कूल गए। पढ़ाई में रुचि न थी और शायरी का रोग बचपन से ही लग गया था। बड़े भाइयों की मौत, भावजों और उनके बच्चों का बोझ, आर्थिक कठिनाइयाँ और अपनी शादी -- इन सबने मिलकर 'हफ़ीज़' को ज़िम्मेदार इन्सान बना दिया। रोज़ी कमाने के लिए कई काम किए मगर कहीं सफलता न मिली। शायरी का शौक इस सबके साथ पलता रहा। आख़िर 1921 ई० में नौकरी छोड़कर, मकान बेचकर एक मासिक पत्र 'एजाज़' जालन्धर से निकाला जो सिर्फ पाँच महीने ही चल सका। फिर लाहौर से निकलने वाले 'शबाब' से सम्बद्ध रहे। 'नौनिहाल' और 'हज़ार दास्तान' का सम्पादन किया। 'फूल' और 'तहज़ीबे-निसवाँ' में काम किया। इस तरह 'हफ़ीज़' को पत्रकारिता का खासा अनुभव हुआ।
शायरी में 'हफ़ीज' का कोई उस्ताद नहीं। अपनी रचनाओं को खुद ही बार-बार पढ़ते और संशोधन करते। हफ़ीज़ का महत्त्वपूर्ण योगदान उर्दू में सरल और मीठे हिन्दी शब्दों का सुन्दर समावेश है। इनके हिन्दुस्तानी में लिखे गीत सारे देश में प्रसिद्ध हुए। 'हफ़ीज़' के कलाम के तीन संकलन 'नग्म-ए-ज़ार', 'सोज़ो-साज़' और 'तल्खाबा-शीरीं' प्रकाशित हुए हैं। 'शाहनामा-ए-इस्लाम' में 'हफ़ीज़' ने मुसलमानों के इतिहास को प्रबन्ध काव्य के रूप में तैयार किया है। हफ़ीज ने सामाजिक और राजनैतिक विषयों

पर भी काव्य रचनाएँ कीं। देश-विभाजन के बाद 'हफ़ीज़' को पाकिस्तान के राष्ट्रीय कवि का सम्मान मिला।

हबीबुल्ला कश्मीरी हमीदी (जन्म : सन् 1932 ई०)

कश्मीर के रहने वाले हैं। जम्मू कश्मीर विश्वविद्यालय से अंग्रेज़ी साहित्य और पंजाब यूनिवर्सिटी से उर्दू में एम० ए० किया। कश्मीर से ही शोध कार्य के लिए पी०-एच० डी० की उपाधि प्राप्त की। वहीं के उर्दू विभाग में रीडर के पद पर काम कर रहे हैं। हमीदी ने कविता, उपन्यास, शोध, आलोचना सभी विधाओं में काम किया है। सन् '58 में छपे आपके काव्य संग्रह 'उरुसी तमन्ना' को जम्मू कश्मीर उर्दू अकादमी पुरस्कार प्रदान किया गया। आपके दो प्रकाशित उपन्यास हैं—'बहारों में शोले' (1956) और 'बुलन्दियों के ख़्वाब' (1959)। आपकी आलोचना पुस्तक 'जदीद उर्दू नज़्म और यूरोपी असरात' सन् '68 में प्रकाशित हुई। सन् '72 में छपी 'ग़ालिब के तख़लीकी सरचश्मे' को भी जम्मू कश्मीर उर्दू अकादमी पुरस्कार मिला।

हम्द (पारि०)

ऐसी कविता जिसमें ईश्वर का गुणगान किया गया हो, हम्द कहलाती है। इसका एक रूप मुनाजात है।

हमारी शायरी (कृ०)

इस पुस्तक के लेखक प्रो० सैयद मसऊद हसन रिज़वी (दे०) हैं। आप लखनऊ विश्वविद्यालय के उर्दू विभाग से सम्बद्ध थे। प्राचीन साहित्य में विशेष रुचि रखते हैं और कई पुरानी रचनाओं को सम्पादित कर चुके हैं। 'हमारी शायरी' आपकी समीक्षा पुस्तक है। इसके दो भाग हैं। पहले भाग में शायरी पर सामान्य चर्चा है और दूसरे भाग में विशेष रूप से उर्दू शायरी की ख़ूबियों को उजागर किया गया है। 'हाली' (दे०) की 'मुक़द्दमा-ए-शेरो-शायरी' (दे०) के विपरीत इस पुस्तक में उर्दू शायरी में विद्यमान गुणों की विवेचना है, दोषों का विश्लेषण नहीं। लेखक के विचार में शायरी भावनाओं का मनोहारी चित्रण है। रस और आनन्द की सृष्टि ही उसका चरम लक्ष्य है, किसी विचारधारा का प्रचार नहीं। पाश्चात्य साहित्य और समीक्षा सिद्धान्तों के जानकार होने पर भी मसऊद हसन रिज़वी एक आलोचक की हैसियत से उनसे अभिभूत नहीं। उर्दू को अंग्रेज़ी के मापदण्ड से नहीं मापते। आपकी समीक्षा में भारतीय और पश्चिमी नियमों का अच्छा संतुलन दिखाई देता है।

हयात-उल्ला अंसारी (जन्म : सन् 1911 ई०)

आपका जन्म लखनऊ में हुआ। शिक्षा लखनऊ और अलीगढ़ में प्राप्त की। आप अध्ययन काल में ही महात्मा गांधी से बहुत गहरे प्रभावित हुए और अखिल भारतीय कांग्रेस समिति के सदस्य हो गए। इसी समिति के उर्दू साप्ताहिक 'हिन्दुस्तान' के आप सम्पादक रहे। बाद में लखनऊ से निकलने वाले दैनिक पत्र 'क़ौमी आवाज़' के सम्पादक हो गए। पत्रकार के अलावा आप एक सशक्त कहानीकार के रूप में जाने जाते हैं। आपकी कहानियों में गांधी दर्शन का प्रभाव स्पष्ट देखा जा सकता है। आपकी कहानी 'आख़िरी कोशिश' बहुर्चाचित रही। 'भरे बाज़ार में', 'अनोखी-मुसीबत' और 'शिकस्ता कंगूरे' आपके कहानी-संग्रह हैं। पाँच भागों में सभाप्य उपन्यास 'लहू के फूल' में आपने सन् 1911 से लेकर भारत की पहली पंचवर्षीय योजना तक का सिलसिलेवार वर्णन किया है। आपकी एक कहानी पर सन् 1947 में 'नीचा नगर' नामक एक फ़िल्म भी बनी। 'मज़ार' और 'घरौंदा' आपके दो अन्य प्रकाशित उपन्यास हैं।

हयाते-जावेद (कृ०। रचनाकाल सन् 1901 ई०)

यह मौलाना अल्ताफ़ हुसैन 'हाली' (दे०) द्वारा लिखित सर सैयद अहमद ख़ाँ (दे०) की जीवनी है। इसके पहले भाग में सर सैयद के जीवन और दूसरे भाग में उनकी देश, क़ौम और समाज की सेवाओं का विवरण है। लेखक की दृष्टि आलोचनात्मक है और इस तरह उर्दू जीवनी-साहित्य में यह एक नयी दिशा की परिचायक है।

हर्फ़-ओ-हिकायत (कृ०। रचनाकाल सन् 1925-41 ई०)

यह 'जोश' मलीहाबादी (दे०) की काव्य-रचनाओं का संग्रह है। विषय में विविधता है। सौन्दर्य, प्रेम और यौवन की कविताएँ अत्यन्त सरस बन पड़ी हैं। उपमाओं और बिम्ब रचना में नवीनता है। कल्पना की उड़ान और अनुभूति की तीव्रता का सुन्दर समायोजन यहाँ देखने में आता है। कहीं-कहीं बड़ा सजीव प्रकृति-चित्रण भी हुआ है। कई रचनाओं में प्रगतिशील स्वर मुखर है। किन्तु इससे भाव औदात्य में कहीं कोई कमी नहीं आई है। भाषा सरस और विषय के अनुसार संगीतात्मक तथा ओजगुण युक्त है। कुल मिलाकर यह 'जोश' की रचनाओं का एक उत्कृष्ट संकलन है।

हसरत देहलवी

आप शाह आलम के समय में दिल्ली में हुए। बादशाह के पतन के बाद

फ़ैज़ाबाद चले गए। नवाब आसफ़ुद्दौला के समय में लखनऊ आ गए। मिर्ज़ा सुलेमान शिकोह से आर्थिक सहायता पाते थे। इनके एक क़सीदे और दो ग़ज़लों के दीवान हैं। इनकी शिष्यों में 'जुरअत' (दे०) उल्लेखनीय हैं। हसरत की मृत्यु 1217 हि० में हुई।

हसरत मोहानी (सन् 1875-1951 ई०)

सैयद फ़ज़लुल हसन 'हसरत' का जन्म उन्नाव ज़िले के मोहाना कस्बे में हुआ। स्थानीय मक़तब में आरंभिक शिक्षा के बाद अलीगढ़ मुस्लिम कॉलेज से बी० ए० किया। कुछ समय लखनऊ में बिताकर फिर अलीगढ़ आ गए। वहाँ एक प्रेस ख़रीदा और 'उर्दू-ए-मुअल्ला' नामक साहित्यिक मासिक पत्र निकाला। 'हसरत' में असाधारण राजनैतिक चेतना थी। आप पूर्ण स्वराज्य के हिमायती थे। ब्रिटिश विरोधी आंदोलनों में भाग लेने के कारण कई बार जेल गए। अधिकांश ग़ज़लें भी वहीं लिखीं। असहयोग आंदोलन के बाद आप मुस्लिम लीग में शामिल हो गए और उसी के टिकट पर संसद सदस्य भी निर्वाचित हुए। स्वभाव से विद्रोही थे। जिन्ना के साथ भी न बनी और विभाजन के बाद भारत में ही बने रहे। रोज़े-नमाज़ के पाबंद धर्मपरायण मुसलमान थे।

'हसरत' मोहानी ने आकारवाद की पकड़ में छटपटाती पतनोन्मुख ग़ज़ल को पुनः प्रतिष्ठित करने में महत्त्वपूर्ण योगदान दिया। आप शायरी में तसलीम (दे०) के शिष्य थे और तसलीम 'मोमिन' (दे०) के शिष्य 'नसीम' (दे०) के शागिर्द थे। इस तरह ग़ज़ल में हसरत 'मोमिन' की परम्परा की कड़ी हैं। आपके क़लाम में तग़ज़्ज़ुल भरपूर है। कोमल भावों के साथ फ़ारसी तरकीबों का सम्मिश्रण 'मोमिन' की याद ताज़ा कर देता है। 'हसरत' ने केवल ग़ज़लें कही हैं और वे सभी श्रृंगार-रस प्रधान हैं। यह संभवतः इनके व्यस्त राजनैतिक जीवन की स्वाभाविक प्रतिक्रिया है, आपके यहाँ कोई दार्शनिक गहराई या विचारों का नयापन नहीं लेकिन प्रेम और यौवन की अनुभूतियों का बड़ा हृदयग्राही और शालीन वर्णन करते हैं। हसरत के छोटे-छोटे तेरह दीवान हैं। ये सब संकलित रूप से 'कुल्लियाते-हसरत' के नाम से प्रकाशित हैं।

आपने काव्य-रचना पर भी कई पुस्तकें लिखीं और पुराने शायरों का चुना हुआ कलाम पचास भागों में प्रकाशित करवाया। 'ग़ालिब' (दे०) के काव्य पर आपकी टीका विशेष रूप से उल्लेखनीय है।

हाजरा मसरूर (जन्म : सन् 1929 ई०)

आप ख़दीजा (दे०) की छोटी बहन हैं। पाकिस्तान बनने पर लाहौर

चली गईं और कुछ समय तक अहमद नदीम क़ासिमी (दे०) के साथ 'नुक़ूश' का सम्पादन किया। '49 में 'पाकिस्तान टाइम्स' के सह-सम्पादक अहमद अली के साथ आपका विवाह हुआ।

इनके चार कहानी संग्रह 'हाय अल्ला', 'चोरी छुपे', 'चरके' और 'अँधेरे उजाले' प्रकाशित हैं।

आपने अपनी कहानियों में स्त्री-जीवन की विडम्बनाओं और सामाजिक विसंगतियों को विद्रोह का स्वर दिए बिना उभारा है। इस्मत चुग़ताई (दे०) की तरह इनके यहाँ पीड़ा और कसक तो है मगर सामाजिक और नैतिक मान्यताओं पर खुला प्रहार नहीं। मनोविश्लेषण अधिक और संवाद कम हैं।

हाजी बग़लोल (कृ०)

यह अंग्रेज़ी के प्रसिद्ध उपन्यासकार चार्ल्स डिकेन्स के 'पिकविक पेपर्स' का रूपान्तर है जिसे सज्जाद हुसैन (दे०) की प्रतिभा ने देशीय रंग देकर एक सशक्त और लोकप्रिय हास्य व्यंग्य प्रधान रचना के रूप में पेश किया। भाषा में चुटीलापन है और मुहावरों का बड़ा सटीक प्रयोग किया गया है।

हातिम (अं०)

यह अरब का रहने वाला था और वहाँ के 'तै' क़बीले का था। हातिम दानवीर था और इसकी दानवीरता के कई क़िस्से पुरानी कथाओं में मिलते हैं। हातिम साहित्य में ही नहीं आम बोलचाल की भाषा में भी दानवीरता का पर्याय हो गया है कर्ण और राजा शिवि की तरह। उर्दू के क़सीदों में हातिम का उल्लेख यत्र-तत्र मिलता है।

हातिम, शेख़ ज़हीरुद्दीन शाह (सन् 1699-1791 ई०)

शाहजहाँबाद के रहने वाले थे। पेशे से सिपाही थे। बाद में मोहम्मद शाही सरकार में मुसाहिब हो गए। दिल्ली में उन दिनों मीर बादल अली शाह का तकिया था। हातिम इनके यहाँ आध्यात्मिक शिक्षा के लिए जाया करते थे। अध्यात्म में ऐसे डूबे कि फ़क़ीर हो गए।

किशोरावस्था से ही आपकी काव्य रचना में रुचि थी। पहले फ़ारसी में 'राज़' तख़ल्लुस से लिखा। जब दिल्ली में वली औरंगाबादी (दे०) के दीवान की धूम मची तो आपने भी 'हातिम' उपनाम से रेख़्ता में लिखना शुरू किया। 'हातिम' का उर्दू का पहला दीवान बहुत ही विशद था। बाद में इन्होंने स्वयं ही उसमें से लगभग पाँच हज़ार अशआर छाँटकर

'दीवानज़ादा' नाम का एक छोटा संकलन तैयार किया। इस संकलन की भूमिका बड़ी महत्त्वपूर्ण है और इसने आने वाली पीढ़ी के लिए भाषा को प्रशस्त किया। इससे तात्कालिक परिवर्तनशील रुचि और परिस्थितियों का भी अनुमान होता है। 'हातिम' का विषय परम्परागत आध्यात्मिक प्रेम है मगर भाषा में नयापन है। आपने उस समय की उर्दू की काँट-छाँट कर उसे यथाशक्ति सजाया-सँवारा। ढूँढ-ढूँढ कर ऐसे अरबी-फ़ारसी शब्दों का बहिष्कार किया जो उर्दू की बुनावट में फबते न थे। ऐसे अक्षरों और मात्राओं को भी निकाल दिया जो उर्दू में दब जाती थीं। शब्दों की गढ़न और सफ़ाई की ओर विशेष ध्यान दिया। भाषा के परिमार्जन की यह प्रक्रिया सौ वर्ष के बाद 'नासिख़' (दे०) के समय में अपनी पराकाष्ठा को पहुँची।

'हातिम' को दिल्ली की दाख़िली शायरी (दे०) का संगे-बुनियाद माना जाता है। 'सौदा' (दे०) आपके शागिर्द थे। 'ताबाँ' (दे०), 'रंगी' (दे०) और फ़ारिग आपसे इस्लाह लिया करते थे। 'दीवानज़ादा' की भूमिका में आपने अपने पैंतालिस शिष्यों के नाम दिए हैं।

'हाली', मौलाना अल्ताफ़ हुसेन (सन् 1836-1914 ई०)

'हाली' का जन्म पानीपत के अन्सारी परिवार में हुआ। नौ वर्ष के थे जब कि इनके पिता का देहान्त हो गया। भाइयों के संरक्षण में पुराने ढंग से पालन-पोषण हुआ। दिल्ली आकर अरबी का अध्ययन किया और कविताएँ लिखने लगे। मिर्ज़ा 'ग़ालिब' (दे०) ने इन्हें प्रोत्साहित किया। सन् 1856 में हिसार में डिप्टी कमिश्नर के दफ्तर में काम किया। 1857 की क्रांति में पानीपत लौट गए, लेकिन स्थिति सामान्य होते ही फिर दिल्ली आ गए और 'शेफ़्ता' (दे०) के बच्चों को पढ़ाने लगे। अब इन्होंने दिल्ली की साहित्यिक गतिविधियों में भी सक्रिय भाग लेना आरंभ कर दिया। काव्य में 'ग़ालिब' के शिष्य हो गए। सन् 1869 में 'शेफ़्ता' (दे०) और 'ग़ालिब' (दे०) दोनों का देहान्त हो जाने पर लाहौर आ गए और वहाँ गवर्नमेंट बुक डिपो में नौकरी कर ली। यहाँ अंग्रेज़ी पुस्तकों के उर्दू अनुवादों के संशोधन करने की प्रक्रिया में हाली का अंग्रेज़ी भाषा, विचार, विषय और अभिव्यक्ति से साक्षात्कार हुआ जिसका इनके मस्तिष्क पर गहरा प्रभाव पड़ा और साहित्य के प्रति उनके दृष्टिकोण में परिवर्तन हुआ। चार वर्ष लाहौर में रहने के बाद इन्हें दिल्ली में अध्यापन का काम मिल गया। यहीं ये सर सैय्यद (दे०) के सम्पर्क में आए और उनके व्यक्तित्व और विचारों से प्रभावित हुए। हैदराबाद से इन्हें सौ रुपये

मासिक की वृत्ति भी मिलती थी। अवकाश ग्रहण करने पर हाली पानीपत लौट गए।1904 में इन्हें सरकार ने 'शम्सुल-उलेमा' की उपाधि दी। हाली के कवि-जीवन का प्रारंभ ग़ज़ल से हुआ। इनकी प्रारंभिक रचनाओं पर 'ग़ालिब', 'मीर' (दे०) और 'शेफ़्ता' का प्रभाव स्पष्ट लक्ष्य होता है। ग़ज़लों की भाषा सरल और भावपूर्ण है। लेकिन हुस्नो-इश्क की शायरी 'हाली' की प्रकृति के अनुकूल न थी। शीघ्र ही वे सामाजिक, नैतिक सुधार और राष्ट्रीयता की ओर मुड़ गए और उन्हें नज़्म (दे०) इन विचारों के वहन का अधिक सशक्त माध्यम प्रतीत हुई। 'आज़ाद' (दे०) के मुशायरे इन दिनों चरम उत्कर्ष पर थे। 'हाली' भी इस आंदोलन में शामिल हो गए और कविता के माध्यम से जागृति का संदेश दिया। आकारवादी काव्य के विरोधी थे। शब्दाडम्बर और अलंकार का बहिष्कार कर 'हाली' ने नये स्वाभाविकतावादी आंदोलन को प्राण दिया। इन्होंने अपनी कविता को जन-जीवन, विशेषकर मुस्लिम मध्यम वर्ग के जन-जीवन से सम्बद्ध किया; उनकी समस्याओं को अभिव्यक्ति दी और उन्हें गौरवशाली अतीत की याद दिलाते हुए नैराश्य के सागर से उबरने का आह्वान किया। इस सम्बन्ध में 'हाली' की श्रेष्ठ रचना वह लम्बी कविता है जो इन्होंने सर सैयद के आग्रह पर लिखी थी। यह 'मुसद्दसे-हाली' (दे०) के नाम से प्रसिद्ध है। इसके अतिरिक्त 'मुनाज़ाते-बेवा', 'बरखा रुत', 'हुब्बे-वतन', 'चुप की दाद', 'निशाते-उम्मीद', 'रहमो-इंसाफ़', 'मनाज़िरां-तअस्सुबो-इंसाफ़' इनकी अन्य काव्य रचनाएँ हैं। 'कुल्लियाते-हाली' इनका काव्य संग्रह है। 'हाली' की भाषा सरल, विचार गंभीर और अभिव्यक्ति संवेदना से परिपूर्ण है। 'हाली' ने मरसिये भी लिखे जिनमें 'ग़ालिब' और हक़ीम महमूद ख़ाँ के मरसिये उल्लेखनीय हैं। आपका एक फ़ारसी दीवान भी है।

यद्यपि 'हाली' मुख्यत: एक कवि थे; इनकी गद्य रचनाओं का उर्दू साहित्य में बड़ा ऊँचा स्थान है। सन् 1874 में नारी-शिक्षा के सम्बन्ध में लिखी इनकी पुस्तक 'मजालिसुन-निसा' काफ़ी चर्चित हुई। फ़ारसी के विख्यात कवि और लेखक 'सादी' की जीवनी इन्होंने 'हयाते-सादी' के नाम से सन् 1882 में लिखी। 'हयाते-जावेद' (दे०) में सर सैयद का जीवन-चरित्र है। जीवनी के क्षेत्र में ये दोनों महत्त्वपूर्ण रचनाएँ हैं। 'यादगारे-ग़ालिब' (दे०) में 'ग़ालिब' के जीवन-वृत्त के साथ उनकी कविताओं और गद्य का आलोचनात्मक अध्ययन प्रस्तुत किया गया है। आलोचना के क्षेत्र में हाली की क्रांतिकारी रचना है वह प्रस्तावना जो उन्होंने अपने काव्य-संग्रह के लिए लिखी थी। कई सौ पृष्ठों में फैली हुई यह भूमिका 'मुकद्दमा-ए-

शेरो-शायरी' (दे०) के नाम से प्रसिद्ध है। 'हाली' की भाषा सरल, सहज और जीवन के निकट है, तथा विचार यथार्थवादी। कहीं-कहीं अंग्रेजी शब्दों का प्रयोग अनुपयुक्त ढंग से कर जाते हैं, जो खटकता है। इसमें संदेह नहीं कि हाली एक क्रांतिकारी कवि और प्रथम श्रेणी के आलोचक और जीवनीकार हैं।

हाशमी (मृत्यु : सन् 1697 ई०)

बीजापुर में सत्रहवीं शताब्दी में हुए। पूरा नाम था सैयद मीराँ और 'हाशमी' तख़ल्लुस। ये जन्म से ही अन्धे थे। इनकी एक प्रसिद्ध रचना 'यूसुफ़ ज़ुलैख़ा' नामक मसनवी है जिसमें बारह हज़ार अशआर कहे जाते हैं। यह कृति सन् 1687 ई० में सम्पन्न हुई। इसकी प्रतियाँ जर्मनी में और भारत में आग़ा हैदर हुसैन देहलवी के पुस्तकालय में देखी जा सकती हैं। 'हाशमी' ने ग़ज़लें भी लिखीं और इनका ग़ज़लों का एक दीवान है। इनकी भाषा सरल और साफ़ है। इनकी रचनाओं में हिन्दी कवियों की परम्परा के अनुसार प्रणय-निवेदन स्त्री की ओर से हुआ है। हाशमी ने मरसिया भी लिखा। इनकी मृत्यु सन् 1697 ई० में हुई। कुछ विद्वानों ने 1688 भी इनका अन्तिम वर्ष बताया है।

हिजाब बेग़म (जन्म : सन् 1844 ई०)

इनके जीवन काल की विशेष जानकारी नहीं मिलती। कुछ विद्वानों का विचार है कि ये नवाब वाजिद अली शाह (दे०) की बेग़म थीं। लेकिन नियाज़ फ़तेहपुरी (दे०) इससे सहमत नहीं। आपका जन्म अनुमानतः सन् 1844 ई० में हुआ।

हिजाब बेग़म का एक दीवान है जो सन् 1875 में प्रकाशित हुआ। शायरी का विषय हुस्नो-इश्क़, रकाबत और बेवफ़ाई है। विचारों में मौलिकता का अभाव है। अभिव्यक्ति में भी कोई नवीनता नहीं। उर्दू शायरी में प्रणय-निवेदन पुरुष करता है। बेग़म साहिबा इसी लीक पर चली हैं और प्रेम-प्रदर्शन में पुल्लिग का प्रयोग करती हैं। भाव भी पुरुषोचित हैं जो एक स्त्री के कलम से अटपटे लगते हैं।

हिजो (पारि०)

किसी की निन्दा में लिखी गई कविता हिजो कहलाती है। इस काव्य-रूप का आरंभ लखनऊ में शायरों की आपसी प्रतिद्वन्दिता के कारण हुआ। इस प्रतिद्वन्दिता की जड़ें राज्याश्रय प्राप्त करने के प्रयास और आर्थिक लाभ की आशा में थीं। नवाबों, बादशाहों और रईसों की ख़ुशामद के बग़ैर

शायरों के लिए जीवन-यापन की सुविधाएँ जुटाना मुश्किल हो गया था। इसी होड़ में शायर एक-दूसरे पर कीचड़ उछालने लगे। 'इंशा' (दे०) और मुसहफ़ी (दे०) की हिजोबाज़ी मशहूर है। आत्मसम्मान को ताक पर रखकर, केवल स्वार्थ के वशीभूत होकर की गई शायरी न तो लोकप्रिय सिद्ध हुई, न स्थायी। वैसे हिजो किसी व्यक्ति विशेष के अतिरिक्त किसी वस्तु या विचार पद्धति पर भी लिखी जा सकती है। 'मीर' (दे०) ने अपने घर पर हिजो लिखी और मुसहफ़ी (दे०) की खटमलों पर लिखी हिजो हास्य से भरपूर है।

हिदायत देहलवी

हिदायतुल्ला ख़ाँ 'हिदायत' दिल्ली के रहने वाले और मीरदर्द (दे०) के शागिर्द थे। 'मीर' और मीर हसन (दे०) दोनों ने इनके काव्य की प्रशंसा की है। इनका एक दीवान है। मिर्ज़ा अली लुत्फ़ के अनुसार इन्होंने बनारस की तारीफ़ में एक बहुत अच्छी मसनवी भी कही है। 'हिदायत' का देहान्त 1215 हि० में हुआ।

हुमा (अं०)

यह एक काल्पनिक पक्षी है जो सौभाग्य का प्रतीक माना जाता है। ऐसा कहा जाता है कि जिस आदमी के सिर पर हुमा की छाया पड़ जाती है, वह बादशाह बन जाता है। एक प्रयोग देखिए—

पिला दे आज तू जितनी पिलाई जा सके मुझको
हुमा-ए-उम्र उड़ने के लिए तैयार है साकी।

—अख़्तर शीरानी

हुर (अं०)

यह वस्तुतः कूफ़ा के हाकिम उबेदुल्ला (दे०) का सेनापति था, किन्तु स्वभाव से न्यायप्रिय था। हज़रत इमाम हुसैन (दे०) के विरुद्ध रचे गए षड्यन्त्र को इसकी आत्मा ने स्वीकार नहीं किया और यह उबेदुल्ला को छोड़कर हुसैन के साथ आ मिला और उनके साथ लड़ते-लड़ते करबला (दे०) के मैदान में वीरगति को प्राप्त हुआ।

हुर का उल्लेख उर्दू मरसियों में सम्मान के साथ होता है।

हुसैनी, मीर बहादुर अली

हुसैनी कलकत्ता के फ़ोर्ट विलियम कॉलेज (दे०) के साहित्य निर्माण विभाग में मीर मुंशी थे। इनका जीवन वृत्तान्त नहीं मिलता। ये मीर

अम्मन (दे०) के मित्र थे और उन्हें डा० गिलक्रिस्ट (दे०) से परिचित कराके कॉलेज में लाने का काफ़ी श्रेय इन्हें प्राप्त है।

हुसैनी ने मीर हसन (दे०) की मसनवी 'सहरुल बयान' (दे०) का 'नस्रे बेनज़ीर' के नाम से गद्य रूपान्तर किया। इन्होंने डा० गिलक्रिस्ट के व्याकरण का संक्षिप्तीकरण 'रिसालए-गिलक्रिस्ट' के नाम से निकाला और शहाबुद्दीन ताबिश की फ़ारसी रचना 'तारीख़े-आसाम' का इसी नाम से उर्दू अनुवाद किया। यह औरंगज़ेब के सेनापति मीर जुमला के आसाम आक्रमण का विवरण है। इसका फ्रांसीसी में रूपान्तर हुआ है। हुसैनी की सबसे अधिक लोकप्रिय रचना है—'अख़लाके हिन्दी'। यह हितोपदेश की कहानियों के मुफ्ती ताजुद्दीन कृत फ़ारसी रूपान्तर पर आधारित है। यह पुस्तक सन् 1802 में कलकत्ता से प्रकाशित हुई।

हुस्न-आरा (पा०)

यह पं० रतननाथ सरशार (दे०) के उपन्यास 'फ़साना-ए-आज़ाद' (दे०) की नायिका है जो रूप-गुण सम्पन्न, उदार विचारों वाली स्त्री है। शिक्षित एवं प्रगतिशील होते हुए भी पश्चिमी स्वतन्त्रता की पोषक नहीं। हुस्न-आरा समकालीन साहित्य के स्त्री पात्रों से भिन्न एक आदर्श चरित्र है।

हूर

ये वे अक्षय यौवना रूपसी स्त्रियाँ हैं जो जन्नत में जाने वाली पवित्र आत्माओं के हिस्से में आएँगी। इसी विश्वास को लेकर शायर पुण्यात्मा वाएज़ (दे०) पर छींटाकशी करता है—

उठाकर अपना बिस्तर राह ले जन्नत की ऐ वाएज़
ढला जाता है हूरों का शबाब आहिस्ता आहिस्ता।
—**'असद' गोरखपुरी**

आमतौर से उर्दू काव्य में हूर का ज़िक्र प्रियतमा के रूप की तुलना में आता है मगर अक्षय यौवना होने पर भी प्रेमी उनका तिरस्कार ही करते हैं—

थी बदगुमानी अब उन्हें क्या इश्क़े-हूर की
जो आ के मरते दम मुझे सूरत दिखा गए। —**मोमिन**

'हैदरी', सैयद हैदर बख़्श (मृत्यु : सन् 1823 ई०)

आप सैयद अबुल हसन के पुत्र थे। जन्म दिल्ली में हुआ लेकिन काफ़ी समय बनारस में व्यतीत किया, और वहाँ के न्यायाधीश नवाब अली इब्राहीम ख़ाँ 'ख़लील' के सम्पर्क से साहित्य में रुचि उत्पन्न हुई। कलकत्ता

में फ़ोर्ट विलियम कॉलेज (दे०) शुरू हुआ तो 'हैदरी' ने 'किस्सए-महरो-माह' नामक एक रचना डा० गिलक्रिस्ट (दे०) को भेजी। डा० गिलक्रिस्ट ने इसे पसन्द किया और 'हैदरी' कलकत्ता बुला लिए गए।

'हैदरी' की रचनाओं की लम्बी सूची है। इन्होंने न केवल फ़ारसी ग्रन्थों के अनुवाद किए बल्कि मौलिक पुस्तकें भी लिखीं। ये कृतियाँ इस प्रकार हैं: 'किस्सा-ए-लैला मजनूं', यह अमीर ख़ुसरो की मसनवी का अनुवाद है: 'तारीख़े नादिरी' मिर्ज़ा मेहदी के 'नादिर नामा' का अनुवाद है; 'गुलज़ारे-दानिश' शेख़ इनायतुल्ला के फ़ारसी 'बहारे-दानिश' का अनुवाद है और इसमें त्रिया चरित्र सम्बन्धी कथाएँ हैं; 'हफ्त पैकर', यह निज़ामी गंजवी की फ़ारसी मसनवी का उर्दू रूपान्तर है; 'गुलदस्त-ए-हैदरी', जो हैदरी के अपने लेखों और कविताओं का संग्रह है; 'गुलशने-हिन्द' यह उर्दू कवियों का तज़किरा है और अभी तक प्रकाशित नहीं हुआ। इसी नाम का मिर्ज़ा अली 'लुत्फ़' (दे०) का ग्रन्थ छप चुका है। जिन तीन पुस्तकों ने हैदरी का स्थान उर्दू गद्य के इतिहास में सुरक्षित किया, वे हैं—सन् 1801 में रचित 'तोता कहानी', सैयद मुहम्मद क़ादिरी के 'शुक सप्तति' की 52 कहानियों के दकनी रूपान्तर 'तूतीनामा' का सरल, शुद्ध और प्रचलित रूप है। यह पुस्तक कई बार प्रकाशित हुई। लन्दन से भी इसका एक संस्करण निकला और स्माल ने इसका अंग्रेज़ी अनुवाद किया। 'गुले-मग़फ़िरत', मुल्ला हुसैन वाइज़ 'काशिफ़ी' के 'रौज़तुश-शुहदा' का अनुवाद है और फजली के 'करबल कथा' की भाँति है। यह ग्रन्थ 1812 में कलकत्ता से प्रकाशित हुआ। सन् 1845 में इसका फ्रेंच में अनुवाद हुआ। 'आराइशे-महफ़िल' हैदरी की सबसे अधिक लोकप्रिय रचना है। यह डा०गिलक्रिस्ट के निर्देश पर 1802 में लिखी गई। यह एक फ़ारसी रचना पर आधारित है और इसमें प्रसिद्ध दानी हातिमताई (दे०) की सात यात्राओं का वर्णन है। इसकी भाषा सरल और मधुर है और यह कई बार प्रकाशित हो चुकी है।

हैदरी की भाषा प्रवाहपूर्ण है यद्यपि इनका फ़ारसी की ओर झुकाव है।

●●●